大律师锤炼计划

33讲

付希业 著

法律出版社 LAW PRESS · CHINA | 北京

图书在版编目(CIP)数据

大律师锤炼计划33讲/付希业著. --北京:法律出版社,2020(2022.1重印)
ISBN 978-7-5197-4386-4

Ⅰ.①大… Ⅱ.①付… Ⅲ.①律师-工作 Ⅳ.①D916.5

中国版本图书馆CIP数据核字(2020)第060465号

大律师锤炼计划33讲
DA LÜSHI CHUILIAN JIHUA 33 JIANG

付希业 著

策划编辑 周 洁(editor-Z)
责任编辑 周 洁
装帧设计 汪奇峰

出版发行 法律出版社
编辑统筹 司法实务出版分社
责任校对 朱铁佳
责任印制 胡晓雅
经 销 新华书店

开本 710毫米×1000毫米 1/16
印张 25.5 **字数** 352千
版本 2020年5月第1版
印次 2022年1月第2次印刷
印刷 固安华明印业有限公司

地址:北京市丰台区莲花池西里7号(100073)
网址:www.lawpress.com.cn
投稿邮箱:info@lawpress.com.cn
举报盗版邮箱:jbwq@lawpress.com.cn
销售电话:010-83938349
客服电话:010-83938350
咨询电话:010-63939796

书号:ISBN 978-7-5197-4386-4
定价:88.00元
凡购买本社图书,如有印装错误,我社负责退换。电话:010-83938349

序一：如何成为大律师

我读了付希业律师的《大律师锤炼计划33讲》，觉得很好。长期以来，大律师都忙着自己做业务、服务客户，却很少对如何成长为大律师在专业、营销、技能等方面进行系统全面的总结和梳理。付律师的这本书无疑是开了一个好头，对所有有志于成长为大律师的朋友会带来很多的启发，往大处说，这对于我国法治事业的建设也是极为有利的事情。

付希业律师不仅个人业务做得好，赚了不少钱，也愿意分享自己在成为优秀的律师过程中的经验。在我看来，这种分享精神最是难能可贵。这必须有一点情怀和愿意牺牲挣更多金钱机会的人才能做到。我个人在过去六年里出版了六本跨境并购实务方面的专著，从我个人的经验来看，写作本身不仅对于写作者的水平要求高，而且对于干法律专业的人来说，的确需要有一定的精神层面追求才有可能花大量的时间在这个收益—付出显然不成正比的事情上。

我认识付律师好多年，印象中这哥们总是忙忙碌碌的。业务做得好也就罢了，还在喜马拉雅上开了音频，兼职社会事务也很多，专著也出几本了。中国优秀的律师就应当像付律师这样，既能干专业帮客户解决难题，又能成为“样样红”的多面手。

因为我长期以来从事公司法律工作，趁着为付律师作序的机会，我就如何成为大律师也顺便谈点个人看法。我认为，大律师需要做到“专业”“商业”“行业”和“职业”四点。

所谓“专业”，就是指法律人的专业水准，也就是站在法律和风险角度来考虑问题、判断风险和提供解决方案的能力。法律人专业水平是分级别的，一般来说，我把专业水平分为“懂”“会”“专”“精”“深”五级。“懂”就是看得懂、听得懂，是公司法务专业水平的初级阶段；“会”是指能写、能改、能谈；“专”是对专业事项有充分的认识和处理能力；“精”则是熟悉专业事项的各类变化和发展，能游刃有余地处理疑难复杂问题；“深”则是到了体系化、“庖丁解牛”般的水平。

专业能力是一个非常精深的东西。我认识一位专门做天然气争议的律师，他的专业水平就达到了非常清楚一个天然气合同的每一个条款背后的含义、可能风险和发展的水平，比如，天然气价格审视条款涉及的争议解决因素包含哪些，价格重谈的触发条件是什么，市场重大变化应该如何界定，管辖如何考虑。如果让不专业的人写天然气销售合同的争议解决条款，他可能不知道应当有哪些内容，如果你专业水平做得深，就会知道过去的几年间，仲裁庭仲裁时有可能重新写合同里的价格条款，有经验的律师就会在争议解决条款里直接限制仲裁庭的权利，例如，要求仲裁庭不能重写价格条款，不能任意决定不在之前约定的价格区间内的数字。专业能力来不得半点虚假，搞专业的人，彼此说上十分钟，就能大概判断出各自的水平。因此，法律工作者需要在专业上下功夫，打好基础，这是法律工作者安身立命的基础。付律师在这本《大律师锤炼计划33讲》中，讲到了不少如何提升庭审技能、起草和审查合同、法律检索、尽职调查等提升律师专业技能的方法，值得各位读者一读。

所谓“商业”，就是法律工作者大多是为商业服务的，为商业服务的前提就是与公司的业务或者商务人员建立良好的关系，得到商业伙伴的认可，提供商业伙伴认可的解决方案，为商务活动的顺利推进出谋划策。能否提供商务上可行的法律解决方案是判断法律工作者经验的重要标准之一。识别法律风险只是法律实务工作的第一步，在风险识别完成后，如何提供商务上认可的手段去控制法律风险才是真正检验法律工作者功力的地方。

所谓“行业”，就是法律工作者必须对自己客户公司的行业特性有足够的掌握，也就是我们所说的“懂行”。懂行的意思是懂得所服务的客户通常的行业知识。比如，你服务的客户是金融机构，如果你对于金融知识、公司的金融产品等没有一个良好的了解，很难相信这样的法律工作者会做好各类金融衍生品相关的合约审查、合规以及法律风险防控的工作。作为法律工作者，花费时间去了解行业、了解客户公司所在产业、了解客户的整体战略方向和业务重点等情况，并不是耽搁法律工作者在专业上的发展，反而在很大程度上能够促进法律工作者进行更加符合商业要求的思考，从而能更好为客户提供法律服务。

所谓“职业”，就是法律工作者在提供法律服务过程中要用职业的方式。《大律师锤炼计划33讲》这本书里，对于律师的礼仪与着装、如何与客户友好相处、拓展人脉、如何收费等做了很好的介绍，这些话题，都是我们在和客户打交道的过程中应当注意用职业方式去处理的。

想为一名大律师，应当做到了解行业大势、了解公司战略、培养商业思维、学习商业语言和商业知识，多做项目，多和商业人士交流，多做商业谈判，积极地提高自己的专业水平和专业能力，养成体系化的思考模式，养成良好的思维方式，同时要用职业的方式做事。

随着中国企业日益走向全球化，客户对于法律工作者的要求是日益提高的。无论是专业水平、商业意识、行业知识还是职业风范的角度，我们都应该不断地提升和打磨自己。付希业律师出版的这本《大律师锤炼计划33讲》，正好迎合了众多法律工作者提升的需要，我向每一位有志于成为大律师的朋友推荐这本书。

张伟华

2020年3月9日

（Uncleleslie并购法商学院创始人。跨境并购专家，国际油气实务专家，现任香港上市公司联合能源集团总法律顾问兼副总裁，曾任中国海洋石油总公司法律部项目管理处处长，曾参与过诸多世界级跨境并购交易。国务院国资委特聘“海外并购法律专家”，2015年入选Legal 500亚太地区最佳公司律师，2017年入选Legal 500中国大陆及香港地区最佳总法律顾问，2017 年入选汤姆森路透 ALB 中国最佳总法律顾问，2018 年、2019 年均获得 legal 500 中国大陆地区最佳总法律顾问，国际石油者谈判者协会（AIPN）全球董事会成员及标准合同起草委员会委员，中国政法大学兼职教授，北京外国语大学法学院客座教授，对外经贸大学国际商学院兼职教授，中国人民大学法治研究所研究员，被多家研究机构聘为教授及研究员，在 A 股上市公司任独立董事。著有专著《海外并购交易全程实务指南与案例评析》《并购大时代：资本的谋略与实战》《跨境并购交易的十堂必修课》《跨境并购交易的十堂进阶课》《国际油气并购全程实务指南》《并购之道：赢家的 65 个商业逻辑与实战》。合著三部国际油气实务英文著作：*Joint Operating Agreements*：*Challenges and Concerns from Civil Law Jurisdictions*，*Understanding Joint Operating Agreements*，*Local Content for the International Petroleum Industry*，曾发表多篇中、英文理论及实务文章。曾应邀为北大光华管理学院、中国人民大学律师学院、复旦大学律师学院、清华大学法学院、上海交大法学院、华东政法大学、浙江大学管理学院，以及多家大型央企、证券公司、金融企业、律所、专业机构、A 股上市公司做海外并购实务及大型项目风险管理系列实务培训，讲课风格生动幽默、深入浅出，深得学员喜爱与好评。）

序二：看，见未来

一

小时候，村子里很难见到汽车经过。碰巧能见到汽车经过时，我会追着车子跑，一直追到村外，跑不动了才会停下来，远远地望着车子慢慢消失在视线尽头。不知道它从哪里来，也不知道它去往哪里，任它匆匆穿过村子，在我幼小的心灵里留下抹不去的印痕，我开始幻想自己坐上汽车离开村子的样子。

从此，每当我看到村子里有人穿上新衣服、背上包要坐车出远门时，我都好生羡慕。

记得有一年暑假，我跟母亲撒谎说去割草，其实就是想偷偷出去看看村子外面有汽车的地方究竟是什么样子。

于是，我头顶毒日头，挎起荆条筐，沿着西沟子河堤就出发了。走了一天，天已抹黑，也只看到了三个和我们村子一样的村子，一路上除了看见耕地的牛、沟边停放的小推车和干活的人，没有看到任何新奇的景物，更没有找到有汽车的地方。快深夜时，被一位好心人送回家。回到家才发现，我的脚长满了水泡，而我的心和挎着的荆条筐一样，空空的……

19 岁上大学，我第一次来到县城高密的火车站。当登上只在电影里看到过的绿皮火车时，我压抑不住内心的激动，终于要离开回来时可以叫故乡的村子了。

在长达近四十个小时的路途里，我没有座位，站立在拥挤的过道里，手扶着行李架，盯着窗外的景色。火车穿过丛林、田野、城市、群山、隧道，载着我的身体一路向前，而自己的心开始回想起程的地方。

最有青春幻想的家乡庄稼地莫过于灌浆期的玉米地。夏天天旱少雨，玉米却旺盛生长，绿油油的，一望无垠。

我喜欢玉米地，可任由我来回穿梭。高高的玉米秆没过那时的我，一个人钻进去，如同一个猛子扎进水里，感觉徜徉在神奇的世界里，无人惊扰，可以倾听内心，风只吹一个人的脸。在那里，我没有任何的矜持，没有任何的束缚，尽情地撒欢。或许，我天生对未知世界充满向往，而这样的玉米地又是那个可以承载得恰到好处的地方……

直到凌晨到站，斑驳的车站灯光下，我才真实地感受到，有汽车的地方是陌生的城市。

有人说，一个人的脾性在孩提时代就暴露无遗，所以，纵是似水流年，一个人游走多远，容易被改变的是身体，难以泯灭的是本性。

或许，我天性就向往尝试，总想去看看外面的世界，看着看着就过成了今天的样子：高考改变了自己，从农村挤进城市。一句“你司考能行”的恭维话改变了自己，误打误撞，西装革履，混进写字楼当起了律师。总觉得自己的身架是“土坯”做的，掉到地上跌碎了有土地接着，所以人生没有太多顾虑，多一次冒险，就多一次人生的体验机会，总想去试试，也不怕去试试。

有个好朋友陪我喝大酒，酒酣之时，要送我一字让我猜，结果不是“二”，是“混”。他用捋不直的舌头给我解释到：“你小子狗屎命，瞎混，但命好。你是学电力系统专业的工科男混进律师队伍，你胆子够贼的！没学过法律复习2个月参加首届司法考试，竟然考过了；没读几本书，还写了几本书，竟然畅销了；没读完四大名著，装蒜写小说，竟然要出版了。不知天高地厚，天理难容，我不服！”他把喝完酒的杯底重重撞击了桌子，发出一声闷响。

被人吹捧，肾上腺激素狂增，酒精助力，自己感觉无比膨胀，我怼他说：“天鹅不飞，给癞蛤蟆留个机会，也过分吗？”说完，端起酒杯，一饮而尽，扔下背影，哈哈大笑扬长而去。

二

2016年，首都的重重雾霾逼走了不少人，亲朋好友也好言相劝不让我进京吸霾，但这些都没挡住我探奇之心的执拗逆行。明知山有虎，偏向虎山行。

7月12日早晨，天蒙蒙亮，我将家中仅有的“金银细软”打点妥当塞进车的后备箱，发动引擎，举家向着北京开拔。

一路上，车上播放着歌曲《太阳最红，毛主席最亲》《红星照我去战斗》《我们走在大路上》，我的脑海里仿佛浮现解放军叔叔进北京的画面和北京电影制片厂金光闪闪的“天安门”的光辉形象……

我们来了，没有准备好的，不是北京，而是来这里的人。

北京真大，大得让我不知道该把家安在哪里，我更不知道赖以养家糊口的业务在哪里。

夜色阑珊，灯红酒绿，应酬归来，醉眼蒙眬，看着长安街上车来车往，鱼贯而行。我忍不住笑出声，小时候找的车，在这座城市里遍地都是，这不就是我魂牵梦萦的地方？

一个陌生人来到一个陌生的城市，无亲无故，无依无靠，背负全部家当，不做“北漂”族，想做“淘金”客，让梦想照亮现实，现实却给了梦想一记耳光。

以前听汪峰的《北京北京》，只觉得不过是南宋诗人辛弃疾笔下的无病呻吟，爱上层楼，为赋新词强说愁而已。几个月下来，未能揽到一单业务，我似乎听清了他敲击我心头的歌声：听到了它烛骨般的心跳/我在这里欢笑/我在这里哭泣/我在这里活着/也在这里死去。

歌声悲凉，在这座拥挤的城市中响起，却又在这座包容的城市中消失，没有人会在意。

而于我，只有舍得一身浮躁与不甘的皮囊，每日拖着疲惫的身子游走在这座城里，求得日进日新，小有建树，衣食不忧。

上苍不负，几年奔波，换得小富即安。做过几个小有成绩的案子，挣得五斗米粮，让自己有闲暇读读书、写写文章，享受一下这座城市的阳光。

三

2016年，我毅然加入北京德和衡律师事务所，投入重大疑难案件研究的紧张忙碌工作中，每日对着法条、证据凝神静思，只求得从错综复杂的法律关系中找到案件绝处逢生的新突破，自己也在那些案件的博弈中慢慢成长起来，对律师执业有了更深刻的领悟。

于是，2018年12月5日，我在“喜马拉雅”平台上尝试着开设了聊天版“大律师锤炼计划”音频分享，没想到受到很多朋友的欢迎，至今已有30多万次的收听量，被封为大“V”主播。

为了让大家更深刻地理解律师成长的经验与教训，帮助年轻朋友成就大律师的梦想，我潜心写作了这本书。这样也可让那些不喜欢我油腻声音的朋友多个选择，用自己甜美的声音自主阅读。

新冠肺炎疫情突然来袭，改变了地球人的生活。这一个月来，我一直冷眼审视着社会发生的一切，这是百年不遇的认识人世和认清自己的机会。在灾难和意外面前，我们都命如草芥，任何富贵苟且都无法战胜，疫情让全国人民停下急匆匆的脚步，慢下来，甚至是停下来，而我们唯一能做的，就是且行且珍惜。

这段日子里，我每天坐在电脑前，静心修订着书稿，更加迫切地想把更多执业感悟写出来、写透彻，趁“老皇历”还没过时，尽快“兜售”出去，让更多年轻律师从中去芜存菁，有所收获。

在本书写作过程中，感谢德和衡律师同事以及社会各界朋友给我的鼓励，感谢法律出版社周洁编辑的辛勤付出。感谢蒋琪、陈浩、徐红亮、牟菲、陆阳、徐晓萌、冯俊超、王森、刘媛、施岚、黎墨、丁涛等朋友的支持，在此一并谢过。本书虽经本人研习写就，但难免能力所限，思考不深，误人子弟，恳请各位朋友批评指正。真诚地期待大家一如既往地鼓励和支持我。

在疫情未完的日子里，写完了书，下一步会交给你，并附上箴言：

踏上律师之路，在不远处看见成功的你。

电影《蜘蛛侠》里有句经典台词：“你是什么样的人，取决于你选择成为什么样的人。”连同本书一同送给你，喜欢不必谢。

付希业谨记

2020年2月20日于北京银泰中心

目　录 / CONTENTS

开篇　踏上律师之路 / 1

职业规划篇

第一讲　“法考”通过后要不要做律师 / 13
第二讲　学校、年龄对做律师有何影响 / 22
第三讲　如何选择律所和师傅 / 34
第四讲　如何做一名称职的律师助理 / 48
第五讲　律师如何选择专业方向 / 55
第六讲　律师跳槽去哪里 / 61
第七讲　法律服务“金矿”在哪里 / 69
第八讲　法官做律师如何转型 / 75

律师素质篇

第九讲　律师应培养哪些能力 / 89
第十讲　律师应该读哪些书 / 99
第十一讲　礼仪与着装应注意什么 / 108
第十二讲　如何与客户友好相处 / 124
第十三讲　律师如何收费 / 137

律师技能篇

第十四讲　诉讼方案如何确立　/ 147
第十五讲　庭审应注意哪些重点问题　/ 159
第十六讲　庭审如何口头表达　/ 179
第十七讲　法律文书写作应注意哪些问题　/ 185
第十八讲　框架法写作要点是什么　/ 217
第十九讲　法律文书写作实训　/ 233
第二十讲　如何起草和审查合同　/ 248
第二十一讲　如何进行法律检索　/ 267
第二十二讲　如何进行法律尽职调查　/ 285
第二十三讲　如何让案件“绝处逢生”　/ 300

律师营销篇

第二十四讲　人脉如何拓展　/ 311
第二十五讲　律师如何自我推销　/ 320
第二十六讲　原单位是否适合做客户　/ 329
第二十七讲　律师如何为客户讲课　/ 334
第二十八讲　律师要不要出书　/ 343
第二十九讲　互联网时代律师如何营销　/ 348
第三十讲　律师参会忙什么　/ 358

律师经验篇

第三十一讲　知识产权律师如何成长　/ 369
第三十二讲　刑辩大律师怎么炼成　/ 378
第三十三讲　合同审查能力如何提升　/ 385
结语：向着大律师的目标奔跑　/ 391
参考书目　/ 394

开篇　踏上律师之路

一句戏言，参加考试

2003年的元旦，和往常一样，是迅老师与朋友们团聚的日子。

青岛市香港中路的瑞丰苑酒店“春光阁”里，七位朋友借新年的由头聚在一起。

按照哥们儿喝酒的惯例，啤酒要“手把一”，为往事往年干杯。在悦哥的提议下，每人三满杯啤酒一饮而尽，菜没动，酒微醺。

李煜，某基层法院的法官，也被大家称为信息“小灵通”“秀才”，他发布的第一条信息，就是司法部、最高人民检察院、最高人民法院联合发文宣布即将开始国家第一考：“司考”。

四证合一的“司考”，含金量高，从报名情况看，三十多万人趋之若鹜。通过“司考”即可获得法律职业资格，那么就可以从事法官、检察官、律师和公证员的职业。一证在手，走遍神州，法律界的四个行当可以任意选择。

迅老师几杯酒下肚，肾上腺激素分泌加速，怯怯地问：我这样的工科男有没有资格报考？

李“秀才”正讲得唾沫星子乱飞，突然被这个三十多岁“贼心不死”的男人的问话打断，一怔，随后曰：然也。只要有本科学历就可报名，而且可以在元旦假期结束后三日内补报名，参加3月30日、31日的全国统考。怎么样，迅哥，想去试试？

其他几个兄弟借着酒劲，一起起哄：迅哥不考则已，一考必过。祝迅哥马到成功。迅老师也不抗怂恿，仿佛真是那么牛，与其他哥们儿一一碰杯，不消说，满满的一大杯啤酒，倒进了各自的肚子……

第二天，迅老师酒醒梦回，睁开蒙眬的双眼，回想昨晚的聚会。大脑"断片"前李"秀才"讲过的什么考试，好像自己吹了牛，依稀记得，自己信誓旦旦称：不考则已，一考必过。

或许是虚荣心作祟，太在乎"夸下海口"后在哥们儿面前丢"面子"，迅老师决定去参加考试，向兄弟们证明自己的实力。

但多年以后，当大家再聚首时，迅老师旧事重提，很多人都已经记不清曾有过这档子事，迅老师才知道，自己太把酒桌上酒友的起哄当回事了，当然这是后话。

迅老师坐了1路公交车，去了中国海洋大学后门的那家法律书店，但没有找到"司考"的教材。询问了店员才知道，这次考试是首届"司考"，因刚改革还没有现成的复习资料，只能以往届律师资格考试辅导材料的内容为主，复习应考。他一咬牙，花了230元买了所有的律师资格考试辅导资料。

他拎着厚重的复习材料回到家后，拆掉有线电视的机顶盒和电脑网线，将电视机和电脑装进了箱子里，一副破釜沉舟、死亦为鬼雄的架势，避免玩物丧志。他要闭关，应对69天后的"司考"。

迅老师想全面投入这次考试，但从内心来说，对通过考试他没有一点底，考试通过后是否就辞职改行，他也从未想过。后来迅老师总结，促使自己参加那场考试的动因，是瑞丰苑酒店那场吹牛的酒和自己那颗不安分的心。

午夜网吧，查询成绩

时光倒流，2003年4月的某个晚上，月光皎洁，桂影斑驳。

终于熬到下班，迅老师无意览景，急匆匆地发动了木兰牌踏板摩托车往回赶，"司考"成绩凌晨0点后可公开查询。

今天上班前他已把准考证号准备好，等待下班后能查询成绩。他去了一家24小时营业的网吧查询成绩。

网吧的电脑是拨号上网，他急不可耐地打开查询网站，输入准考证号码和身份证号码，等待网页以蜗牛般的速度打开，时间一分分过去，网页还在打开中，他恨不得用手掀开这个可恨的网页，看到背后的结果，但等来的却是，“网页无法打开”。

他再次刷新网页，重新输入准考证号码和身份证号码，但最终依然显示无法打开。

他又连续尝试几次，网页还是无法打开。

他有些灰心了。网页打不开可能是考试“挂了”的预兆，这是命运之神在跟自己开玩笑，通过这个方式来宣告最终结果吧。这么激烈的考试，仅仅复习两个月就想通过，可能是自己太异想天开了。

他像霜打的茄子，垂头丧气地走出网吧，开着摩托车回家。

回家路上，他回想起考试时同一个考场的“小黑胡子”（留着一撮小黑胡子考生的绰号）对答案的场景，悲观情绪愈发加重。

那个“小黑胡子”参加过多次律师职业资格考试，但始终没有通过，又赶着参加首届“司考”，与迅老师在同一考场。“小黑胡子”在每场考试结束之后，总喜欢对答案，像一位老学究，会斩钉截铁地说某题是某年律考题，答案应该是 A 或 B 之类。

迅老师听后，感觉自己的答案大多与其相左，哎，听“小黑胡子”对答案越多越没有信心，心里凉凉的。他开始讨厌那个家伙，也开始后悔自己一时冲动参加这次考试，又遇到这么一位晦气的同场考生。

画外音：“小黑胡子”又一次在首届“司考”上败下阵来。后来听说，他是一个矢志不渝的人，苦苦坚持“司考”很多年，喜欢对答案的毛病却没有改，很多律师对他的印象特别深刻，因为大家当年也都像迅老师一样听了他宣布的“正确”答案而对考试失去信心。但后续的事实证明，“小黑胡子”成为中国“司考”之路的见证者，每次考试分数都屈居及格线以下，他始终没有通过“司考”。

回到家，迅老师仍然难以平息内心的忐忑。不甘心就此失败，但又没信心去拨打168咨询台查询成绩。

他躺在床上，辗转反侧，难以入睡。成绩及格或不及格，总要给自己一个交代，“活要见人，死要见尸”，为两个月的辛苦，他需要一个结果，无论如何，他都应该勇敢地承受。

他拨通了168咨询台的电话，输入自己的准考证号和身份证号，他屏住呼吸，努力掩饰住内心的紧张，话筒里传出令他终生难忘的甜美声音，“您的成绩为：61分、64分、63分、58分，总分246分……”他简直不敢相信自己的耳朵，自己超过分数线6分。

为了证实自己的查询没有错，他再次拨通了168咨询台的电话，播报声音依然那么甜美，246分。虽然声音最后提醒，本次查询仅供参考，具体成绩以书面通知为准，但他已顾不得这些套话——自己考试通过了。

他激动地打开窗户，仰望星空，感觉夜空是如此美丽，月光如水，月圆如盘。四个行业的职业形象几乎同时浮现在他面前，向他招手，他觉得它们是那么亲切，忽然觉得未来就在眼前，触手可得……

窗下的人民路，平日里都是车来车往，人流如织，每个人都行色匆匆，忙碌着自己的事情。过去的69天里，从不会有人想到在这条马路旁的一扇窗户下、书桌旁坐着一个人，为了一场考试而做准备。

迅老师是幸运的，短短的两个月，上帝轻轻地抬了一下手，让他溜了过去。一场考试，仅仅超过及格线6分，足以改变他的人生轨迹。

虽然没有太多人去关注这场考试，也没有人知道他在这场考试中经历了什么，但对他来说，这场考试，是上帝给予自己“重生”的一次恩赐。

从体制内辞职

1994年，迅老师大学毕业被分配到一家大型央企，在生产一线从事生产工作，工作之余，开始自学会计知识。

自学是一件非常枯燥的事情。每次上夜班归来，困乏、憔悴、失意袭来，让人感觉精神游离在身体之外。他曾多次想放弃，我能实现自己的目标吗，这一切是为了什么呢？曾几何时，他自学会计的决心有些动摇。

又是一次上夜班，他在巡视设备时，突然蹦出一个念头，在一号除灰设备间的墙上用房间钥匙刻画一笔，作为对自己奋斗的警示和鼓励，时刻提醒自己要坚持，避免在孤独、彷徨中消沉下去。

于是，在那面墙上每 5 天就会刻上一笔，每 25 天就有一个完整的“正”字……

当“正”字越来越多的时候，他就有了更多的信心，正是因为有一种信念，他如期完成了计划中多门课程的学习和考试。

2003 年 8 月的一个夜晚，非常闷热，这是他在这家企业的最后一个夜班。在那面墙上深深刻下最后一笔，看着满墙的“正”字，他回想多年来的辛酸，泪如雨下，从此就将告别这里的一切。

生活中总有巧合，或命运的安排，2004 年年初不经意间他看到美国电影《肖申克的救赎》。

当看到蒙冤入狱的主人公安迪用小锄头在监狱的墙上刻下“A”字，一锄头一锄头地挖出一个逃生通道，再到最后逃离监狱，伸开双臂让倾盆大雨冲刷自己的那一刻，他再也按捺不住内心的驿动，掩面抽泣。

谁都不会明白，在迅老师的内心深处，有一种与安迪无以言表的共鸣。这种共鸣不是那些刻在墙上的“正”字，而是深深刻在骨子里的感同身受，那些场面唤起了自己那段刻骨铭心的奋斗经历。

在实现人生目标的漆黑路上，煎熬之下的坚持、抗争、失望、心酸、彷徨、苦闷，目标实现之后的痛快、喜悦、释放、收获，没有类似经历的人是难以体会的。

回首那段经历，迅老师庆幸、自豪更是惊讶，多年来他竟然能坚持下来。这段经历成为他的人生财富，给他力量，激励他不断向新的人生目标进发。

艰难求职

迅老师的律师职业起步，也是费了九牛二虎之力，首先要过的是自己的心理关。

迅老师曾端着某国有企业的“铁饭碗”，虽然比不了公务员的“金饭碗”、外资企业“买办”的“银饭碗”，但相对于当年想通过高考改变农村“泥饭碗”的初衷来说，在初中同学的眼中，自己已经是吃“国家粮”的“国家干部”了。

捧了近十年的饭碗要扔掉，没有任何的回响，他心有不甘，又恋恋不舍。毕竟他没看到前面摆着一个现成的更好的饭碗，甚至他不敢确定前面会不会有一个属于自己的饭碗。

2003 年，辞职、跳槽、折腾，这些都还不是热词，更不是时尚。

上帝给他开了一扇门，还要犹豫不前吗？他的心理倍受煎熬，对新世界充满憧憬，却难掩心中的担忧，前途未卜，一旦掉进深渊，他不知道有没有救命稻草可以抓住。理想很丰满，现实很骨感，一旦不能以此立家，自己再也退回不到现有的生活。

钱钟书的《围城》里有句台词：人生是围城，婚姻是围城，进去了，就被生存的种种烦愁包围。城里的人想逃出来，城外的人想冲进去。职业亦如此。但像迅老师这样，连律师职业都不甚了解却毅然决定去做律师的，只能算是想逃出来的人，但逃出之后的烦愁，他并没有想，至少是在辞职的那一刻，他是拿运气赌明天的。

辞职的事，他没有告诉家人，准确一点说，是瞒着家人做出的冒险抉择。因为他觉得没必要惊动家人，让他们为自己担心，或许，将辞职一事告诉家人，可能不会获得家人的支持，父母都希望自己的儿子过稳妥的生活，更远的将来，他们也不可能看到，安顿总比折腾来得实际。

天不刮风天不下雨，天上出太阳。当他拿着打印好的简历，去了几家律师事务所求职被拒之后，他隐隐感到青岛凉凉的秋意，对于入职律所做一名律师他过于乐观了。

那天，他拿出了多年前结婚时穿过的西服，打上了灰色领带，洗漱妥当，穿上尖头的黑皮鞋，拎上刚买的商务黑提包早早地出了门，这是他人生的第一次应聘。为了能顺利通过面试，他多次模拟了面试的场景以及假设的种种问题。

三十多岁的人，却是第一次应聘。当年入职国企还是毕业包分配模式下参加工作，称不上应聘，国家包分配工作，你不想去也得去，企业不想留也得留，这是典型的计划经济，只有计划，没有选择。

那家大型律所在一座独门独院的律师楼内，迅老师因为早到，被前台接待生领到会议室坐下，一杯水递到面前，被告知一会儿有人会带他去面试的会议室。

不大一会儿，他被领进面试的会议室，看到对面坐了三位面试的人。从位置上看，中间那位身材高挑的女士应该是这次面试的负责人，她旁边一位助理模样的女孩子，在迅老师进来后随即站立起来，甜甜地说，欢迎你来应聘，随即做了一个介绍的手势说，这位是我们的刘主任。

迅老师脸上立即挂上微笑，伸手想与刘主任握手，看刘主任正襟危坐，没有理会的意思，便尴尬地赶紧把手缩了回去。第一次面试，他意识到自己的唐突，不知所措。好在左手拎着包，他赶紧去开包取简历。

刘主任微微笑了一下，说不用找简历了，我们这里都有。你还是简单介绍一下自己吧。

迅老师急忙挺直身子，把昨晚准备的“台词”背了一遍，一切如愿，他的背诵没出现磕巴或卡壳。

刘主任边听边看迅老师的简历，问道，英语六级，而且刚刚取得证书不久，口语应该没有问题吧？

迅老师迅速地点了点头，内心却很忐忑，担心这位刘主任真的会与他英语对话，那可就尴尬了，因为他学的是哑巴英语，虽然英语六级考试考了 78

分，可听力部分考试录音放完前他就已经在答题卡上选完了 ABCD。

谢天谢地，刘主任并没有要求他用英语做自我介绍。她只是左右看了看，优雅地问身边两位女生需不需要发问，两位女生煞有介事地想了一下，摇了摇头。

刘主任又微笑着问迅老师，你有需要了解我们律所的吗？迅老师识趣地答道，不太了解，希望贵所能给我一次展示自己的机会。

最后，刘主任礼节性地总结发言，迅律师，您很优秀，我们人事部会综合进行测评，及时给您回复，即便我们现在因为合伙人的用人计划有限，暂时不能录用您的话，我们也会将您的简历录入人才库，优先选用。

当迅老师走出会议室时，他看到那个前台女生又领着另一位学生模样的男士进入了面试的会议室。他有些伤感，30 多岁的人了，再次挤进求职队伍里，与刚走出校门的大学生在同一起跑线上赛跑。不用说，这些根正苗红的大学生都是从某某政法大学学富五车、踌躇满志地走出来，而自己除了“多吃了几年米饭”外，真没有什么优势可言。

几天的焦急等待之后，他终于接到了律所的电话，非常感谢您对我所的信任，但抱歉地通知您，目前合伙人的招聘名额已满，本次不能录用您，如果您不介意，我们将您的简历录入计算机系统，在未来合伙人需要招聘助理时，优先考虑您……

他已没心情听后面的客套话，等着对方说完，他礼貌地回答道，好的，谢谢。

挂了电话，他自嘲道，此处不留爷自有留爷处，有什么了不起的，青岛大着呢，等着瞧，自己也有成角的那一天。发泄完心中的不快后，他又觉得自己有点可笑，像鲁迅笔下的阿 Q，心里酸酸的，强作欢颜，却要装出满不在乎的样子。

接下来的三家律所的面试经历如出一辙。没有律所愿意给他一个试用的机会。

早上醒来时，他又急着起床，定神之后，怅然若失，现在他不用赶着去上班了，也不用急着去应聘，除了自己的家，他也无处可去了。

他重新躺下，更觉忧伤，还是起了床，一边刷牙，一边哼唱起《泉水叮咚》的曲子装出轻松欢快的样子，他不想让家人看到自己悲伤的样子。作为男人，他不能先倒下，毕竟全家的生活需要他去支撑。

他骗家人说休年假，可以照看孩子。听别人说，律师很忙，没有时间照顾家人，所以，趁还没有正式上班，可以多照顾一下家人。

他穿上卫衣和运动裤，拿了孩子的奶瓶和尿不湿，抱起孩子，推着婴儿车下了楼。

等他下楼后，才发现自己下来的不是时候，八点钟，同在小区内住的很多原企业同事正急匆匆地赶着去上班。在别人上班的时间里，自己却像“家庭妇男”一样推着婴儿车看孩子，这些原同事会怎么看待自己？会不会笑话自己有福不享瞎折腾？他想到这儿，自卑感油然而生，低着头，逃一样地推着婴儿车跑起来，向很远的公园方向奔去……

其实，每一年都有和迅老师一样经历和想法的人，踏入竞争激烈的“司考”考场，而后又挤进律师或其他法律行当。当这些法律人回想当年考试的初衷，谁的背后没有隐藏一段励志的故事呢？

职业规划篇

唯有真爱，方得始终

第一讲　“法考”通过后要不要做律师

2019 年 11 月 30 日，法律职业资格考试成绩公布。

这一天，有的考生沉浸在喜悦之中，学有所成，不负时光；有的考生却灰心丧气，一无所获，辛劳付诸东流。真可谓，千军万马争过独木桥，有人欢喜有人愁。

这一天，如果你正在偷着乐，你肯定是从 55 万名考生中脱颖而出的最后的胜利者。法律职业资格考试通过率为 10% 左右，你是 5 万名胜利者之一。本次法律职业资格考试分两个阶段，层层筛选，良中选优。通过两个阶段的积极准备，最终顺利过关，相信你心里肯定非常开心。

通过法律职业资格考试后，大家可以从事很多职业，比如，法官、检察官、律师、公证员和公司法务。如果你正在考虑要不要做一名律师，踏上律师之路，本讲将帮你分析。

律师行业执业状况

据不完全统计，近几年，律师职业人数递增明显。2015 年年底全国的律师人数有 27 万左右，2016 年年底达到 28.5 万，2017 年年底达到 36 万左右，2018 年年底达到 42 万，2022 年将达到 62 万。从全国律师人数可以看出，近两三年律师队伍增长迅猛，从侧面反映出人们对律师业前景的看好。

有人认为，中国律师（42 万人）不及美国律师（130 万人）的三分之一，而我国的人口有美国的四倍之多，由此而言，目前律师的数量远不能满足国人的法律需要，亟须大批律师加入。

我本人对这种对比方法有自己的不同看法。美国的法律文化和中国绝不一样，两个国家的客户对律师服务需求也不尽相同，所以，中国律师业发展不能对标美国律师业发展，应该立足中国现实，探讨律师业发展前景。

从目前总体状况来看，律师成为比较热门的行业，从每年参加法律职业资格考试考生人数就足以证明，虽然法律职业资格考试的热度比不了公务员考试，但称之为“国考”也毫不为过。

律师行业近几年的状况一是律师人数在快速增加，二是律师收入保持强劲增长势头。从整体上看，无论是律师个人还是律师事务所的收费都有增无减且呈现大幅增长的态势。目前，像金杜律所这样总收费超过三十亿元的律所已非凤毛麟角。律师个体年创收额达几千万元的也比比皆是，所以说，从近几年的情况来看，律师业发展呈现快速增长的喜人趋势，已是不争的事实。

这一趋势和其他行业发展状况有所不同。其他行业的发展趋势往往是喜忧参半，有可能是创业初期快速增长，不出几年可能会突然衰退，甚至于没落或者是破灭。但是，律师行业近几年的发展超越传统行业，呈现快速增长的大趋势，也没有出现滑坡现象，所以，这也是通过“法考”的人前呼后应挤进律师行业的主要原因。

《民主与法制》总编辑刘桂明曾经这样描述律师业：律师这个职业，其实是一个看起来很美、听起来很阔、说起来很烦、做起来很难的职业。把律师与风光、尊重、高薪等词联系在一起，其实是一个美丽的传说。许多人以为挤过“法考”这个独木桥，对面就是布满鲜花和掌声的彼岸了。殊不知，等待自己的却是一条更加艰难而辛苦的人生之路。

现在很多朋友加入律师行业，可能更多是冲着“律师看上去很美，听起来很阔”而来的，总觉得律师无论是戴的表、穿的衣、开的车、住的房都是那么让人羡慕。

电视剧《精英律师》火遍全国，加之俊男靓女的各色“腔调”，撩起“法考”草根们不安分的心。男律师西装革履，女律师高贵典雅，每日穿梭在高档写字楼里，有高收入和较高的社会地位，用法律的武器捍卫公平正义。“律师之所以选择法律，是因为他们热爱一些不能用钱来购买的东西，比如公正、是非、对错……”罗槟的这句话，深深打动了怀揣律师梦的年轻人，他们梦想着有朝一日，自己能和剧中的精英律师一样奋战在法律一线。

在现实生活中，大批年轻人正是受这些律政剧的影响，怀揣着自己对法律的信仰和一腔热血入了行。荧幕中律师无不光鲜亮丽，但是很多人可能并不知道，律师是做起来很累、说起来很烦的一项职业。用句俗话说，大家“只看到贼吃肉，没看到贼挨打”。只看到律师光鲜的一面，没看到律师的艰辛。

大批通过“法考”的人选择做律师，或许有他们自己的各种考虑，但我认为大家不能对律师行业盲目乐观，或者对自己做律师的前景抱太大的幻想。

这个行业里有非常明显的“二八定律”甚至是“一九定律”，10% 或 20% 的律师挣了行业 90% 或 80% 的钱，年轻律师或者没有长足发展的老律师只分得这个行当 10% 或 20% 的收入。律师年收入从几万元到几千万元，贫富分化严重。

大家更多看到“大”律师、大排场、大气魄、大收入，而没有看到“小”律师还挣扎在生存线上，苦撑着艰难前行。一些三四线城市的律师，甚至一线城市的律师一年收费几万元的也大有人在，所以，如果你想加入律师行业，不能光听成功律师的传奇故事，还要听听离开律师行业的人不愿说的秘密。

一般来说，刚起步律师的薪酬仅有几万元，这并不是个例而是普遍现象，所以，如果你想加入这个行业，无论你多么优秀，首先要做好心理准备，要过几年苦日子。

但是，大家又要充满信心。正如前面所述，在律师行业中，无论律师还是律所，其收入都呈现一个快速增长的状态。律师是一个慢慢积累人脉和慢慢释放价值的厚积薄发的职业，越是干到最后会越好。比如说，某律师执业到第 20 年，其这一年的创收额可能相当于过去 19 年创收额的总和。这种现象告诉我们，坚守修炼，大器晚成。千万别在未得到最大释放价值的时候中途停下，也别在成长的过程中有太多抱怨，想看到朝阳喷薄而出，就要坚持登上山顶。

刚才说到，在55万名普通考生中，你脱颖而出，应该很庆幸；但是，在律师行当里你可能就不一定那么幸运了。

律师艰难生存法则

如果你是刚毕业的大学生，倒还好说一些。毕竟是刚刚参加工作，在目前的就业形势下，一两年甚至三年寻找到满意的工作也是正常现象。短暂的挣扎期一般人都能接受，而且，你还年轻，可以试错，可以像刘欢歌中唱的那样，大不了一切从头再来。你入行做律师总不会有太多的压力，也没有过重的家庭负担，即便不挣钱还会从父母那里得到一些经济资助，生活也不是大问题。

但是，如果你是半道改行，年龄偏大，家庭负担又比较重，或者在其他行业里面做得比较成功的资深人士，再混得上处级以上职位，那么你就不可能像刚毕业的大学生那样风淡云清了，你可能要患得患失，纠结不已。因为你要踏入一个陌生的领域，前途未卜，你不确信未来能否做得比当前更好，已有的职位或者可享受的待遇成为历史，但未来却不知是否可期。

还有一些人，生活在三线城市，想进入“北上广深”改变自己的现状，可真来了这里，才发现现实的骨感那么扎心。

再比如，你是一位大龄女生，面临的问题就更多：要不要在北京找男朋友，要不要在北京结婚生子，要不要让父母凑钱买千万元的北京二手房，这些想想都头痛的问题会压得你喘不过气，更不用说，还要面对案源何处寻找的生存问题。

每个跨入律师行业的人，都要遭受没有人脉、没有市场的艰难挣扎期，没有人能够避免，只不过有能力的人及早地结束了这种挣扎，所以，在选择律师职业的时候，我希望大家能够先从方方面面了解这个职业。

我们看到很多成功的律师是从其他行业转行而来的，也有在其他行业做得非常成功之后转行做律师的，可能会有一种错觉，认为成功没有说得那么难。其实不然。在律师行业，也有很多黯淡离场的律师，只不过他静静地离开，没有带走一片被关注的云彩。虽然律师行业的规模在不断地扩大，但大浪淘沙，同时也有很多律师从这个行业中离开。而这个数据却没有官方的统计，也没有人去关注。

给大家讲上面的不成功案例，是希望大家能够清醒地认识到，这个行业其实同样存在适者生存的“丛林法则”，20% 的律师成为行业顶尖，80% 的律师泯然众人。

梦想踏上律师之路的朋友，还要对照律师职业特征，看看自己是否适合。

律师自画像

第一，律师是社会工作者，要能处理各种复杂疑难的社会事务。当事人只有在遇到难事的时候才需要律师。如果是很简单自己能够处理的事情，他怎么会找律师呢？也就是说，律师是当事人委托去解决难题的，就是需要律师去协调处理客户、相对方、法院、行政机关等各方之间利益的冲突。

之所以要告诉大家律师是社会工作者，就是要你考虑一下自己喜不喜欢去做。子曰：“知之者不如好之者，好之者不如乐之者。”兴趣是最好的老师，也是取得成功的基础。如果你对社会交际不感兴趣、不善于与人打交道、不善于处理复杂的社会关系的话，我奉劝你不要踏入这个行业。

这个行业需要律师跟社会各色人等进行富有成效地沟通，需要具有驾驭错综复杂关系的社交能力。如果你很“宅”，不喜欢跟别人相处或者是不愿意结交朋友，你加入律师行业就会很痛苦。因为很多的社会关系涉及很多人的切身利益，这些利益的协调，不仅仅是法律条文的简单适用，更是社交能力的完美呈现。你如果不善于处理这些纠葛，当事人对你可能就不满意，对你来说就如同在火上煎烤，会非常痛苦。

工作，是我们谋生的一种手段，同时也应是我们的快乐源泉。如果你不能从从事的工作中找到快乐，你就很难成功。律师去处理别人尖锐难办的事情，压力大，日子久了心理可能承受不了，如果你的性格不善于处理人际关系，最好不要加入律师行业，否则，你很难找到工作或生活的快乐。

第二，律师是法律专业工作者，它是以法律服务为谋生手段的职业。也就是说，我们主要的工作是法律专业服务，想以专业立身就要坚持不懈地学习。如果你把律师作为终生职业的话，就要做好不断学习的准备。因为律师是对抗性的职业，它不仅仅是把法律条文的理解告诉当事人就可以了，几乎每个环节都要与对方律师对抗，每位律师都要具备超越对方律师的技能才会有更多胜算，要超越就要不懈学习。

比如，在诉讼中，有原告的律师，必然就有被告的律师，而且双方要在法庭上直接对抗。一方经常会因为某一细节没有考虑周全或者没有打开思路而被对方律师击败，所以，在这种情况下，你只有不懈怠地保持终生学习，才不会屈居人后。

为什么说做律师苦，原因就在这里。需要你不断地去研读最高法院的判例，不断地研究法律的新学说，不厌其烦地钻研法条，坚持不懈地交流学习，只有这样，你才能够以精湛的法律专长立足律师业内。

或许你会认为，自己“法考”都通过了而且是高分通过，在后续的执业中不必再去遭受学习之苦吧。当然不是，律师的技能远不止掌握法律知识，何况，“法考”通过并不意味着法律知识的全面掌握。在法律实践中，大量的工作不是如何记住“僵硬”的法条而是如何让法条“鲜活”起来。为什么大律师收费那么高且有名气？是因为同样的案件在他们手里能够起死回生，而放在有些律师手里就只能寿终正寝。

俗话说，画龙画虎难画鼓。大家都是律师，同读中国的法律，为什么有些律师能从法律中读出“不一样”的意思，因为他们掌握的不仅仅是字面的功夫，所以，如果你不喜欢学习或者看到法律条文就头疼，那么我不建议你从事律师行业。

第三，律师是正义的维护者，是以公平正义为己任，不断追求正义的坚守者。大家都说现在是“钱”的时代，谁还会以法律公平正义作为自己的追求目标呢？确实，有很多大律师是赚钱的高手，无论是出于对律师价值的认可还是尊重，客户有时候要支付高额的律师费。但是，其实比律师挣钱多的行业有很多，没有必要在这个行当挣这点辛苦钱。除了挣钱，律师还应该有一份对法律的敬畏和坚守。

为什么有些人在执业过程中出现了这样或者那样的问题？多数是因为对律师职业的认识出现问题。也就是说，我们在以此谋生的同时应坚持律师的职业信仰。只有认同这个理念，律师的职业生涯才能平安久远。

第四，律师是法治的传承者。通过我们的工作（包括法治精神的宣传），法律得以有效适用和传承。美国的法治环境，当然与130多万名美国律师作为法律传承者息息相关。

大律师“大”在何处

在中国，“大律师”“小律师”并非律师的等级划分，称呼“大律师”，有的是调侃、恭维，也有的则是尊称，人们喜欢把那些名气大、业绩好、资历深、声望高的律师尊称为“大律师”。大律师之“大”，在每个人的心中都有不一样的衡量标准，确实难以用创收数额、办理案件数量、执业年限等指标量化。

在我国香港地区，将律师分为大律师（Barrister）和律师（Solicitor）。大律师又称讼务律师，专门从事法庭的诉讼辩护，在法庭上享有充分的发言权；律师又称事务律师，专门从事非诉讼业务或部分诉讼业务，但在诉讼中，其出庭时的发言权受到限制。

有人说，大律师者，不在于技巧之熟练，不在于口舌之善辩，不在于经验之丰富。有律师者，一心志于法，一生叩正义，于天地之间，以利他之心，以维护权益立身，以匡扶正义处世，谓之大律师。

比如说，被称为“中国律师界的良心”的律师张思之，他称得上中国“大律师”。

再如，上海声望显赫的大律师史良，著名的救国会“七君子”之一，中国第一任司法部部长。她，唇枪舌剑，据理力争，江青受审时点名让她辩护，为新中国法律体系的建立和妇女事业做出了杰出贡献。

泰斗级的大律师，为民请命，匡扶正义，实乃是我辈可望而不可即。本人在此仅谈心目中的识得人间烟火的大律师。我觉得大律师之“大”在于四点：

第一，道德高尚。张思之大律师呼吁，真正的律师，似清澈见底的潺潺清流，如通体透明的光泽水晶，是真正的人，表里如一，道德崇高，事事处处体现着人格的完善与优美。要做大律师，不能轻艺品，艺品要高超，人品要纯正。

张斌生大律师的“三忘”精神，也是律师为人处世的不二追求。他经常引用苏轼的经典名言：“守道而忘势，行义而忘利，修德而忘名。”其中，“守道”就是要坚守做人之道、处世之道、诚信之道，规规矩矩、堂堂正正地做律师，恪守律师的执业宗旨，不搞歪门邪道，不走旁门左道。“忘势”就是不去顾及权势，不惧邪，不怕压，不趋炎附势、不装腔作势，更不要仗势欺人。守道自然就能忘势。“行义”就要身体力行维护法律的公平正义，行义就能淡忘个人私利，忽略个人的得失。这是律师从业的品位和情操，正直的律师要有这样的气概和胸怀。“德”是人的内在修养，“名”是外在的虚荣。

第二，业绩非凡。没有大案、要案“加持”，缺乏“硬核”自然无法称其为大。正如没有事迹的英雄总是难以让人信服一样，律师是法律服务的实践者，没有成功代理大案、要案的业绩，自然撑不起律师圈里的翘楚之名。

第三，专业精湛。律师是法律的专业工作者，专业是其立身之本。大律师的专业精湛，主要表现为业务能力超群、技压群芳、专业权威无人能比，是某专业领域的带头人。

第四，行业垂范。怀一颗公益之心，敢为律师行业之不公、不当之事奔与呼，以身作则，率先垂范，积极引领、推动律师行业发展。

艰难抉择

在我简单地讲述了律师的职业定位之后，各位可以结合自己的性格、爱好以及特长去思考自己是否适合踏入律师行业。

在此，我给大家推荐关于我国台湾地区律师李永然的一篇文章——《踏上律师之路》。在这篇文章中，你可以看到李永然先生的成长史，也能了解律师的一些生活场景。律师业虽然发展了几百年，但这些传统的生活画面并没有大的改变，可以从该文中窥视律师的发展历程。

> 这里只欢迎那些能够吃苦并且具有最大限度的坚韧、自信和忠诚的人。那些带有失败和消极精神的人和意志不坚定者请勿入内。

这是法律殿堂入口处所铭刻的话，法律的大门只对前者开放，允许他由此踏上了法律之路。如果想成为一个伟大的律师，那么，你必须首先做一名伟大的苦行僧。

最后，我想对那些坚持进入律师行业的朋友们说，如果你有信心、有能力、有信仰，欢迎你加入律师行业，我们等着你。

第二讲　学校、年龄对做律师有何影响

经常接受朋友咨询，被问及毕业院校、年龄与做律师的关系，本讲就此问题与大家展开讨论。

简单归结问题主要有两类：（1）非法本通过“法考”是否适合做律师；（2）年龄大是否还可以辞职做律师。关于上述问题，如果我没猜错的话，这些朋友可能感觉自己处于就业的劣势，羡慕律师的生活却又不敢辞职或又不舍得现有的安逸，纠结有余，决心不足。

相对于韩国、美国等国家，我国律师门槛要低很多，且并没有其他诸如年龄的限制，所以，只要你有能力、有决心、有资格，律师的大门对你是敞开的。

大学生入行做律师

大学应届毕业生的就业问题。大学刚毕业的学生考过法律职业资格考试，年龄相对较小，是直接进入律师事务所当律师还是先在其他行业锻炼几年再做律师？

本人认为，刚走出校门的大学生的优势是，一直沉浸在学习的状态中，仍然记得大学里张教授、李教授讲过民法总则的某些理论，基础知识相对扎实。另外，没有生活的压力和家庭负担，没有结婚，不用照顾子女，父母正值中年还无须赡养，自己也正处于人生最好的阶段。因为年轻，所以不会因为资深律师的批评而“面子”上挂不住，入职后心理承受能力较强。

大学生的劣势是，社会阅历浅，刚刚踏入社会，还是一帮稚气未脱的“大孩子”，对社会的人情世故了解得比较少，特别是刚刚毕业的“90后”，多数是独生子女，在家里被爷爷、奶奶、姥姥、姥爷、爸爸、妈妈宠着长大，独立观察社会的能力较弱。律师是社会工作者，工作不仅仅需要专业知识，还需要交际能力、办事能力。在这一方面，对刚毕业的大学生来说，确实需要历练才能成熟起来。

当然，任何一位成功的律师都要从初级阶段熬过来，无论你是大学毕业从事了其他行业转行做律师还是直接从事律师行业，都需要一个艰难的成长过程。世事洞明皆学问，人情练达即文章，只要跟紧自己的师傅，只要踏实肯干，不出三年，定能独当一面。

“体制内”辞职的人做律师

假如你在企业或者机关工作了十几年甚至于二十几年，有丰富的社会阅历和较高的社会地位，有了一定的经济基础，但是，此时家庭状况可能是“上有老，下有小”，自己的职业变迁关系到家庭稳定，对你来说，下定做律师的决心确实也非易事。因为你要做出利益上的取舍，所以你会很纠结。

原来有比较好的安逸的环境，无论是为了挣钱还是为了自我挑战要踏入一个新的行业，从做一名学徒开始人生新征程，前途未卜，确实考验你的决心和信心。虽然你有深厚的社会阅历，但是能否在新行业中续写新篇章，也未可知，压力之大可想而知。

比如，假如你是一位36岁左右有一定社会阅历的人，可能是第二次或者是第三次职业选择，不可能不谨慎，说得直白一点，你可能更急切、更“功利”地要寻找一份可靠的“保底”职业，因为这关系到你养家糊口的现实问题。

再如，有些人可能会说，我在体制内做到某局的局长、副局长的职位，是不是辞职做律师承接案件会“手到擒来”？在此我也给大家做一点提醒，其实并不是那么简单。

你是某局的局长，社会交际面比较广，在当职期间别人宠着你、有求于你，也就是说，你有点“权力”资本。工作时间一长，就可能养成了“被求”的惰性，缺乏主动性，当了律师，让你去求人、求业务，就抹不下面子，更不愿去结交对方，到头来发现，以前曾经求自己办事的人，不来照顾你业务，心里落差就很大。而做律师是到处“求人”的职业，通常不能坐等客户上门，哪怕是过去曾经求你的客户，你也必须“主动出击”才能赢得业务。

所以，我对你的建议是，既然选择了做律师，就应该清楚自己的定位，就不要再把自己想象成“领导”，否则，你可能比较尴尬，做律师也没做起来，领导职务也没了，反而对你打击比较大。

此类人员的不足是，学习能力、心态与刚出校门的大学生不可同日而语。

另外，你可能很难找到带你成长的师傅。为什么呢？大家知道，你到了律师事务所，可能比那些资深的合伙人年龄都要大，在这种情况下，让一位年龄和自己相仿甚至比自己还年轻的“师傅”去领导自己，自己做他的助理，我个人觉得很难，在这种情况下，很多人都会碍于面子，相敬如宾，而不会建立上下级关系或师徒关系。试想一下，如果“徒弟”在工作中出现差错，“师傅”怎么好意思批评“徒弟”，退一步讲，如果“师傅”批评“徒弟”，“徒弟”也不一定受得了，特别是对在体制内做到一定级别“领导”的“徒弟”，哪能忍受别人的指手画脚，最终，只能靠自己的摸索独立做律师，这也是一个现实状况。

但是，这种状况实际上对你的成长并不利，毕竟隔行如隔山，没有师傅的指点，只能靠自己“吃一堑，长一智”，成长的成本太大。

俗话说，听君一席话胜读十年书。这就是师傅一席话胜过你读十年书的原因。为此，我奉劝这些年龄比较大从体制内辞职做律师的朋友，要把自己的心态放低，把自己的“面子”抛开，虚心地向那些比自己年轻的资深律师、优秀律师学习，叫一声“师傅”，得一真传，不吃亏，这一声“师傅”

让你少走很多弯路。

三四线城市的人辞职入行

在三四线城市做律师，工作节奏较慢，生活成本比较低，工作生活压力小。如果你善于交际，就能分享到“熟人红利”，城市相对较小，通过“七大姑八大姨”的相互介绍，能够托上关系，建立联系，揽得业务。

俗话说，有熟人好办事，能结交上关系，事情办起来就容易得多。当然，熟人经济里面，竞争也更强烈。你认识某企业的负责人，别的律师也可能认识，你就少不了与别的律师竞争。

另外，因为城市相对较小，所以大家往往知根知底。如果你的人缘不好、办事能力差，就扛不住客户打听，你想改变别人对自己的看法也难。这些人在这些城市的体制内捧着“铁饭碗”有饭吃，辞职做律师就不一定了。当然，如果你个人的口碑好，转行去做律师，拓展人脉案源就会水到渠成，很快找到感觉。

在三四线城市做律师，因为城市自身经济发展状况所限，律师高收费也比较难，不要过高期望，不要想“大富大贵”，也肯定没法跟“北上广深”的律师比。但是，可以肯定的是，只要努力做，通常会比在体制内工作的薪酬高。如果你特别喜欢做律师，喜欢改变自己，喜欢不同的生活方式，建议你来试试。

当然，在做律师之前，希望大家还是要分析自己做律师的优和劣。反思一下，你的人脉圈子是不是比较广，大家对你评价是不是比较高，自己的办事能力是不是比较强，如果结论是否定的，那我不建议你选择律师这个行业。职业是多数人的立身之本，关系到家庭成员的生存，不能仅凭一张资格证书就轻易去改变职业。

自考本科的人做律师

很多朋友咨询：做大律师是不是必须名校毕业，是不是要“五院四系”毕业？如果自己是自考本科，要不要再去取得“211”或“985”学校的法律硕士再去做律师？

毫不避讳地说，名校毕业的学生做律师，成功率确实是高，但律师行业是一个学无止境的行业，无论你是本科或研究生文凭，是不是“211”“985”“五院四系”毕业，也无论你的“法考”成绩有多高，这些都只是做律师的知识“底子”，这绝不是说，重点院校的学生可以一劳永逸，普通高校的学生不能奋起直追。只要在实际工作中不断学习、不懈总结，同样可以成功。

英雄不问出处，历史不可改变。所以，即便是你是非法律本科、非知名院校，也没必要纠结，纠结也不能改变你的现状。只要你是一个喜欢学、愿意学、认识到应该学的人，你同样可以通过后天的学习把这一“短板”补上。虽然从“面子”上，你可能会因为自己是自考本科生、非知名院校非法本的毕业生而自卑，但我觉得这并不重要，人生的赛道很长，勤能补拙，后来居上的也大有人在，别想太多，奔跑才是最应该做的事。

有些人会说，去应聘一些知名的律所，他们会很看重毕业学校是否为名牌院校，这是事实，但更残酷的事实是，即便去考了“211”院校的法律硕士，很多律所还是只依本科就读的学校是否为名牌院校而优先选聘律师，甚至不看研究生就读的学校是否为名牌院校。

律所为什么要看文凭呢？在中国，文凭成为学习能力的“初步证明”，用人单位不了解应聘者的能力如何，只能根据其教育背景来初步判定其能力。假如用人单位知道应聘者的学习能力、办事能力强，就无须去看其“出身”。

现在谁还会盯着马云的本科毕业院校来判断其能力？马云是一位公认的伟大的企业家且已驰名中外，早已无须靠毕业院校去“背书”他的能力。说实话，我本人也不是“211”“985”“五院四系”的院校毕业，也不是法律本科，求职时也四处碰壁，但没办法，我不可能改变过去的学历，也不能改变用人单位对非知名院校毕业生的成见。只有不懈努力，做出成绩，让更多人认识到自己的能力，才能改变人们通过学校名气衡量人能力的看法。

我觉得，只要你是一个坚持不断学习的人，把学习作为生活一部分的人，不一定非要去读一个学位来证明自己。学位可能是求职的一个参考指标，或者说是一个非常重要的参考指标，但是我觉得，你也可以通过精气神、谈吐气质、法律见识弥补没有“金质”文凭的不足，重要的是，你有更充分的时间，通过学习实践来弥补没有知名院校学位的缺憾。

说实话，因为毕业的本科院校名不见经传，要考知名院校的法律硕士“镀金”也并非易事，特别是年龄比较大的人，重新走进校园，想取得优异的成绩，并不像想象的那么简单。当然，你做梦都想获得一所知名院校的文凭，也不妨去读一下。如果你还年轻、有精力，且学习能力比较强，又不急于做律师，可以去读一个学位。如果你年龄比较大，做律师起步也比较晚，建议别去学校读书了，在职业生涯中边干边学吧，如果你那么看重学位，就读一个非全日制的法律硕士学位好了。

只有做得优秀，才能淡化过去的不足

在回答了前面几个问题之后，现在做一下简单的总结。

争取在 3 年内快速长成一个通常意义上的普通合伙人。为什么是 3 年？作家格拉德威尔在《异类》一书中指出：“人们眼中的天才之所以卓越非凡，并非天资超人一等，而是付出了持续不断的努力。一万小时的锤炼是任何人从平凡变成世界级大师的必要条件。”他将此称为“一万小时定律”。

要成为某个领域的专家，需要一万小时，按比例计算就是：如果每天工作 10 个小时，一年 365 天，那么成为一个领域的专家至少需要 3 年。3 年也是 360 行的基本“成手”的年限，是判断一个人适不适合做某行业的“考察期”。据某调查结果显示，社会公众观察律师发展的期限大致也是 3 年。如果超过3年（当然是一个大约数，或是3年半），你还没有找到感觉，那你可能就不适合做律师；反之，如果你在3年的时间就成为一家律所的合伙人，可能就比较适合做律师，且外界也会认可你。

当客户对你另眼相看的时候，他就会把更多的机会交给你。如果你做了5年甚至10年还是一位普通律师，客户可能就对你有“负面”看法，比如，觉得你不适合做律师或者能力有限，他就不会把案件交给你办理。这就会给你的事业发展造成不利影响，所以，一定要坚持“奔跑”，争取在3年的时间成为普通合伙人。

我本人始终坚持这个理念，曾就职过3家律所，在每家律所都破格成为合伙人。因为我知道只有踏好节拍、不能懈怠，才能借力发展，尽快成就。

士别三日当刮目相看。只要你踏好这个成长节拍，大家就会对你另眼相看。当对你刮目相看的时候，你会获得比别人更多的机会；反之，你会失去更多的机会。俗话说：一步赶不上，步步赶不上，说的就是这个道理。

英雄不问出处，不要拘泥于过去的成败荣辱，那一切都已过去，不要让它成为一种包袱。无论你以前是否毕业于“211”院校，是否为法本，是否在体制内工作过，是否曾担任过领导职务，所有的都已过去，做律师，一切从头开始。

性格决定命运。如果你原本就是默默无闻、不善于交际、不善于学习，那么律师业务就很难开展。不要以为当了律师就会改变自己的性格。性格需要自我的改变，而不是靠职业来改变，自己不改变，你就还是原来的自己。

建议：通过学习，有意识地改变自己的“宅”性格，喜欢上交往。律师行业是一个服务业，服务什么？看似服务案件，实则是服务人。对律师来说，交际能力是律师的基本技能，缺乏该技能就不可能取得令人满意的服务效果。

因人而异，为自己设计起点

上面讲到不同发展背景的律师成长条件的优劣，大家要根据自己的实际情况设计自己的发展路线。比如，如果自己在体制内工作好多年，年龄偏大，起点应该“先案源后业务”。承接案件后，让其他资深律师主导办理，自己跟着学，有一定经验后再自行承办业务。

隔行如隔山，你从一个行业跨入律师行业，无论以前社会经验如何丰富，但是做律师还是刚刚开始，执业经验还微不足道。如果做砸一起案件，可能客户的后续案件就不会再交给你，这就等于自断后路了。所以，利用好自己的社会资源把案件揽过来，首先要考虑的是把它做好，但短时间内你又没有那么强的业务能力，自己做好案件往往不现实也不安全，这个时候就要交给资深律师去办理。等自己的业务能力提升了，再自行操办为妥。

如果你是刚从学校毕业的学子，我的建议是“先业务后案源”。边干边学，通过学做业务，慢慢积累人脉，等条件成熟后独立承揽案源。这种情况下，“学生”律师缺乏人脉关系又没有专业技能，就要学会“两条腿走路”，先跟着师傅学，并与团队成员配合把案件做好，积累经验，然后随着自己社会资源地慢慢展开，再去揽案子，独自做案子。

如果你是大学的老师，教过很多学生，我的建议是，“归零”自己，当好“学生”律师。无论你做过谁的老师，不代表什么，那是工作岗位使然。师生关系是学校安排的结果，并非双方自由选择的结果，也不意味着毕业后学生不可青出于蓝而胜于蓝。

所以，不要认为自己水平永远高于“学生”，不要认为“学生”应该感恩并投靠自己门下，成为自己的客户，要遵从市场规律，多方面努力符合市场需求，努力改变自己去开拓自己“学生”的市场，通过自己的能力赢得他的聘任，而不是以老师的身份或以道德的名义求得“学生”的可怜。

律师服务要顺应市场的需求，律师要根据这种需求去提升自己的职业素养。职业素养就是律师将专业知识应用于市场需求的技能，既有业务本身的需求，比如 IPO（上市业务）的专业知识，又要有除业务之外的人际交往需求。所以，无论是老师还是“海归派”的博士，学识是学识，市场是市场。放下身段，尊重市场规律，顺应市场需求，才能够做一名成功律师。

唯有真爱，方得始终

你真的喜欢这个行业吗？举个例子，很多年轻人都怀有做明星的梦想，但是我想说，想做和能做是两个不同的概念。

大家看到了银幕上明星的光耀，却没看到幕后在排队等着拍戏的演员的艰难。很多群众演员，一辈子可能都在“跑龙套”。除了看到银幕上明星的光鲜，你能看到“跑龙套”演员的艰辛吗？如果你看到这些，你还喜欢做演员吗？

因为我不是演员，不知道成名背后经历了什么，但是我相信，每一个行业的成功者都应该是从“苦难堆”里爬出来的。有些人说，我喜欢接受挑战，律师做的每个案件都很有挑战。我想说，任何人都不会为了接受挑战而喜欢某个行业，这个信念也不足以支撑你在行业中独占鳌头。

有挑战又可克服的行业才可能引起人们的兴趣，律师工作确实有很多的挑战，但你没能征服挑战还那么喜欢就会有点奇怪。

每个行业都有它的门道，每个人都有他的所长。坚持只是做好工作的基础，但很多工作不是坚持就能做好的，确实需要有点天赋才行。

我们看到更多明星演戏很轻松。其实除了他们自身的勤奋之外，他们也确实有表演的天赋。绕了这么大个圈子，其实是不想伤害那些在律师界苦苦求索朋友的自尊心，我真的不想让你走得太远，想回头时，已经年龄太大而不能回头，如果觉得自己不适合做律师，就果敢地换一份新工作为好。

我想说，如果你喜欢做律师，应该是真心喜欢。你喜欢的样子最好是它的原样。比方说，你喜欢演员，你就应该喜欢演员说哭就哭、说笑就笑的表演状态，而不是他们成名以后的种种荣华富贵。很多演员都很刻苦，而且一辈子要做配角，不会踏着红地毯去领奖，但他们依然坚守演员之路，因为他们真心喜欢表演。

由此，我奉劝大家不要看到那些名律师、大律师的外在气场，而应该看到律师本源，高度责任感、处事谨慎的作风、不懈学习的习惯等。你没有义务说，我是学法律的，一定要去实现律师梦想。这个社会没有人强迫你去实现这样的“宏伟目标”，你也无须把学法律做律师作为历史使命，做好自己，才是最精彩的。当然，不应抹杀每个不甘平庸的人的梦想，谁都可以自主选择自己的生活方式，无人可以阻挡。

悟性比学历更重要

想在某个行业做出成绩，除了要有学识之外，悟性至关重要。其实，人与人之间通常的能力都差不多，真正的差距应该在潜质上。各个行业的专家都会有共性的思维方式和方法，他们能关注到某件事物的本质。通俗地讲，专家能用独特的视角，观察到我们普通人看不到的问题，他们去处理特别棘手问题的时候，会有独特的处置方法，会直击问题的核心和关键。

就拿律师分析案件来说，或许你也知道案件中涉及的全部法律关系，比如，本案涉及同一债务人的不同债权，且不同的债权人采取了不同的债权保全或担保措施（如诉讼财产保全、应收账款质押、债权转让），在债务人的某一笔应收债权到期，债权人怎么才能“抢到”这笔债权？律师了解的事实是一样的，但是，有些律师可能很难抽丝剥茧，不为表象所迷惑而发现问题实质，想出解决之道，而有些律师却百思不得其解。这就不仅仅是“知”的问题，更是“悟”的问题。

韩愈的《师说》所讲“闻道有先后”，可能有些律师起步晚，也没有系统学习法律知识，但是，他可以通过后期学习掌握法律知识。也就是说，要“闻道”其实并不难，难的是，闻道之后能融会贯通，有所作为。

另外，我还发现其他行业的成功者都有一种品质，保持好奇心且特别虚心，敢于承认自己的不足。而在生活中，我也遇到很多人，他们把没有成功的原因归于外界因素，主观不努力，客观找原因。他们总会说，我只是缺机会，个人能力没有问题。我恰恰觉得，这种认识就是最大的问题。

我本人也做了多年律师，也经常地开庭，也经常跟别人讨论案件，对自己也很自信，但是我从来不敢自以为是，因为我知道高手无处不在，很多时候都自愧不如。虽然碍于面子，我可能嘴上不去夸别人，但我会从内心暗暗跷起大拇指。每个人都应该有敬畏，应该向那些做得优秀的人致敬和学习，只有拥有这种心态，自己才可能成为被别人尊重或学习的对象。

那些有能力的人，通常有独特的做事方式和立场，而不是人云亦云，他们也不会被别人固有的观点所禁锢，他们之所以能有所突破，正因为他们不想随大流，他们会在理解了别人的思路和观点之后有所创新或者突破，所以，很多疑难案件在他们手里绝处逢生，在别人看来没有胜诉希望的案件，在他们手里能够独辟蹊径，起死回生，取得意想不到的结果。

学会融会贯通，厚积薄发

从复杂问题中不断地总结和提炼解决方法，运用到自己的业务中，才能适应市场的变化。

实践是联系知识和思维方式的桥梁。有能力的人在观察世界、认识世界的时候，共同的理念就是要改变世界，所以，他们就得不断地去突破，从参与的事情中提炼出方法和点子，去解决面临的困难。

如果你也想成为某个行业里的顶尖高手，你也一定要去吸收或者主动地参与这些艰难的事情，并在这些艰难的事情中激活自己的思维，把别人的知识转化成自己的知识，努力探求事物的本质，而不是故步自封，一叶障目，自满自足。

律师绝大多数都是普通人，而不是少数掌握真理的弄潮儿，也没有能力超越很多人的传统观念。所以，当有很多人给你提意见或者远离你的时候，你应该反思自己的做法是对是错，否则，你就会慢慢地被边缘化。

在我们身边，有的行业方兴未艾，有的行业尚在鼎盛之时，但有的行业已开始没落，甚至有很多行业已经消失，但无论哪个行业，正如罗振宇所说，都在纠结和不安，每个人在自己的工作中应当努力创新不是等待。

我本人曾在电力企业工作了近九年，20 多年过去了，电力行业发展的基本模式似乎没有改变，我相信很多行业也是如此，可能几十年都变化不大，虽然有技术革新，但多数是技术改造而不是颠覆性改变。但是，一旦发生革命性的革新，就会是颠覆性的。

几十年不变的行业，在被颠覆之前，这些行业的员工没有太大压力，但一旦被颠覆，这些行业的员工几乎不堪一击。因为他们从未预见过自身所在的行业会有颠覆性的变化，也从未为此做准备。

律师这个行业未来也必然受到人工智能和互联网的冲击，目前能做的是不断地深度学习，包括法律知识和互联网知识的学习。

希望那些苦苦求索的朋友加油，不断地改变自我，克服自身惰性，好好学习和总结。如果自身难以调整，就去寻求新行业以及新岗位吧。每个人都有自己的所长，上帝总会把一个合适的位置留给你，安排你的工作和生活。

第三讲　如何选择律所和师傅

做律师的第一步就是加入一家律师事务所，从实习律师做起。如何选择律师事务所和师傅，是很多刚刚入门的律师需要认真思考的问题。

律师事务所是每位律师起步、发展的重要平台。在国内，虽然没有官方的评选，但是在律师的圈子里，谁是一流律所，谁是二流甚至普通的律所，还是有一定区别的。虽没有一个标准的评判尺度，但还是有一些衡量指标可以评判律所的，比如，业务业绩、客户品牌、人员规模、人均创收、总创收额、参与重大诉讼或项目的业内占比。

精英律所：强中自有强中手

近几年来，有一些第三方机构［如钱伯斯亚太法律指南、亚洲法律杂志（ALB）、The Lawyer 杂志、商法杂志、智合法律新媒体］在做与时俱进的行业排名，如亚太地区发展最迅速律所、综合实力 50 强、TOP15 知识产权事务所。虽然上述荣誉不一定客观地反映律所发展的真实状况，但是，也能从一个角度展现这些优秀律所的骄人业绩。

从司法部发布的数据来看，截至 2018 年年底，全国共有执业律师 42.3 万多人，律所数量 3 万多家，18 个省市律师人数超过 1 万人，其中，广东、北京、山东、江苏、上海、浙江、河南、四川 8 个省市的律师人数超过 2 万人，广东省以 43,434 名律师人数稳居第一，位居第二的北京律师人数为 32,205 人。合伙制律所是主流，有 2 万多家，个人所近 1 万家。从人员规模上看，50 人以下的律所是中国律所的主流，50 人以上的律所就成为“小众”，2000 人以上的律所（含各地分所）更是凤毛麟角。

律所发展模式各有不同：有立足当地发展的区域性律所，不设分所或设立有限分所；有全国布局发展的开放性律所，设立几十家甚至上百家分所。

律所发展理念各有千秋：有追求小而美的精品律所，也有追求大而全的规模律所。

国内知名律所从成立的时间上可以大致划分为“80 后”“90 后”“00 后”和“10 后”律所，目前这些律所红旗不倒，你追我赶，共赴前程。

“80 后”的律所是根据 1980 年颁布的律师暂行条例成立的律所，也就是那个时代俗称的“国办所”，1988 年中国第一批被批准合作制试点的将近 30 家律所开始登上历史舞台。

“80 后”律所比较有名的有北京的环球、康达以及杭州的天册三家律所。君合律所虽成立于 1989 年，但是因为它很多的特点符合“90 后”律所，所以在这里我介绍“80 后”律所的典型代表就是环球所、天册所和康达所。

环球所的前身是中国国际贸易促进委员会法律顾问处，后来设立为环球律师事务所，是当时的四大国办所之一，那个时候的环球所汇集了中国早期涉外的法律精英，他们的专业水平以及英语水平几乎无人能及，使环球成为那个时期高大上的涉外法律服务的“黄埔军校”。

天册所的前身是杭州市对外经济律师事务所，也是杭州当时成立的第三家市属的国办所，它定位涉外法律服务，成为那个时期“浙商”走出去和外资引进来鼎盛时期的一家知名法律机构，1994 年杭州开始了第一批合作制律所试点，天册所顺时而动走上市场化的道路。

康达所成立于 1988 年，1995 年就在海南、上海、西安、深圳四地设立了分所，且在当地已初具发展规模。关于该所，无须多言，该所网站首页显示有“彭真基金”“付洋文编”，足见根基深厚。

“90 后”律所特别多，目前我们全国知名律所的中坚力量可能都是“90 后”的律所。1992 年第二批合作制律所开始试点，1994 年合伙制全面开放，那个时期可以说是律所设立的爆发期。一个个鲜活的“生命体”靠自己的不断求索，慢慢发展起来。比较有名的或者比较典型的有君合、方达、竞天公诚、天元、海问、国枫和通商。

这些律所的共同特点是以早期资本市场的商事服务起家，以独特的专业优势为突破口发展起来，比如，竞天公诚、海问、通商是在证券方面早有口碑，天元和国枫在资本市场上有不俗的业绩。

还有一些律所是通过合并壮大或者通过其他联营最终扩张发展起来的，比较典型的就是号称全球最大律所的大成（近几年，合并走上国际化，与全球十大律所之一的德同国际律师事务所“喜结良缘”），还有金诚同达、观韬中茂、浩天信和。

2004年前后是中国律所规模化的开始，比如，金诚和通达分别成立于1992年、1993年，2004年两家合并。2005年前后，律所的合并成为一股热潮或者规模化发展的新模式，比如，观韬中茂是2015年由观韬、申达、中茂三家律所合并而来。

还有一些律所是通过联营——建立分所——分所再整合的模式发展起来的，比较典型的如德恒、炜衡。目前这些律所已有几千人的规模，在全国各地也设立了几十家分所。

还有自带光环的知名律所，比如金杜和中伦。随着中国法律服务国际化市场的发展，越来越多的国际知名律所将目标瞄准中国律所，希望能够与其“喜结良缘”，同享中国法律服务市场这块大蛋糕。澳大利亚历史最悠久的万盛国际律师事务所与金杜合并，走上强强联合之路。中伦的高速发展已不是“秘密”（参见2013年畅销书《中伦的秘密》），这个带着创业者传奇色彩的律所，在张学兵和他的伙伴努力下，问鼎中国三甲。

现在“90后”律师事务所正当年，绝大多数保持着旺盛的生命力，通过专业领域优势发展到一定规模之后，再进行综合性的转型或海外市场的新突破。

“00后”的律所虽属晚生，但有几家律所锐不可当。比如中伦文德，在律所的管理以及合伙人的激励等方面确实有自己的独到之处；再如，泰和泰，从成都走向全国的一家律所，在西南地区业绩骄人。盈科、京师通过模式创新，在全国乃至全球赢得了一定名声。汉坤，虽然2004年才创立，但是它的基因里潜藏着一种创业状态的紧迫感，在2011年就把入门律师的薪酬提高到了每月2万元，2017年在那些“红圈所”全面提薪的情况下，又把底薪提升至每月2.5万元，实力自不待言。

“10后”的律所，生不逢时，生又逢时。在大所、名所林立的市场中，“10后”律所想分得一杯羹，难度可想而知，但此时正逢律所快速发展的黄金时期，它们反而可以站在巨人的肩膀上，汲取老律所的先进经验快速成长。

就拿安杰、星瀚以及恒都来说，2012年刚刚成立的安杰，在知识产权和竞争法等各个方面很有建树，而且经过了几年的发展之后，增加了保险与再保险、知识产权、反垄断与反不正当竞争、私募基金等律师服务内容，并因此成为一家综合性的商务律师事务所。

星瀚，也是2010年成立的律所，保持着强劲的发展势头，与同样是精品所（海商法为主）的明瀚合并，两家合并之后显示出“1+1大于2”的效果，发展迅速。

恒都，经过几年的快速发展，已经从定位知识产权到高品质工业化模式，在争议解决诉讼代理、资本市场方面也很有建树。

最后，还要说说北京德和衡律师事务所。2010年5月20日成立，当属于“10后”律所，经过10年的努力，已在商事诉讼、刑事辩护、海关业务、知识产权等领域取得骄人业绩，被亚洲法律杂志评为亚太地区“新锐律师事务所”。该律所的正统“血脉”源于1993年成立的山东德衡，坚持奔跑，一往无前，是德和衡与山东德衡一脉相承、矢志不渝的追求。

“红圈所”、名所一直是志在成为律师的法学生们的理想，但是，那些高大上的律所每年提供的招聘数量有限，门槛也越来越高，成为很多求职者难以企及的高地。

有些朋友说，我是“五院四系”的正规毕业生，再难也要吃这些家的粮。我的意见是，地主家也没有余粮，你的家里也等着米下锅，还是先找家适合的律所安顿下来，伺机而动为好。

近年来，随着法律服务分工的细化及市场的扩大，小而美的“精品所”蓬勃发展，并逐渐进入人们的视野。

普遍来说，精品所的规模不大，但是其在相关领域具有较高的知名度，业务能力和工作待遇也毫不逊色，因此逐渐成为炙手可热的求职去向。

北京铸成，目前规模有300余人，其中包括9位合伙人，在精品律所中属于规模较大的所。铸成所实行公司制管理，客户群集中在欧美地区，也上榜了2019 ALB China精品律所。优势领域：知识产权、公司法律事务、诉讼与争议解决。在人才招聘方面，其更偏向于外语、法律、理工类复合型人才，海外留学背景者优先考虑。

卓纬，成立于2011年11月，是一家专注于提供公司、商事以及金融方面的法律解决方案的精品所，上榜2019 ALB China精品律所。卓纬目前拥有合伙人、顾问、律师及律师助理等50余人。团队成员均毕业于国内外著名高等院校的法律专业，且大多拥有多年国外学习和工作的经验。律所实行公司制一体化管理。

广东固法，是全国律师协会首批跨境律师人才库入库律师事务所，上榜2019 ALB China精品律所，其客户包括箭牌、美赞臣、汤臣倍健、苏宁、众生药业、雀巢、中国银行、羊城晚报、珠江实业集团等，对应聘者英语能力有较高要求，有海外留学背景者优先考虑。优势领域：公司法、涉外投资并购、建设工程、跨境劳动用工。

北京柯杰，是一家拥有全球网络的交易型律师事务所，专注于为领先的国内及国际公司、金融机构及政府部门就其最具挑战性的交易事项提供中国法律服务。业务领域：兼并与收购、证券发行和资本市场、私募融资和投资、公司和外国直接投资、房地产、保险。薪酬体系和其他以金融、并购为主的“红圈所”差别不大，工作强度较大，跨国并购的业务较多。

北京采安也上榜了2019 ALB China精品律所，且荣获法律500强（Legal

500）《2019 亚太法律指南》建筑工程受认可律所，客户为海内外各类顶级企业、政府机构。由于涉及国内外工程，招聘要求最好有工程相关背景、中英双语工作能力。

上海通力，系上海滩“大佬”级律所，相比于其他所，虽说在北京的名气不算很大，但在上海比较强势，如果你想留在上海发展，它是不错的选择。通力所的定位很明确，一直致力于商业法律服务。优势业务领域：公募基金、私募基金。

上海建纬，是大陆首家以建筑、房地产、城市基础设施建设为特色的老牌律所，总部位于上海，全国有 10 处分所，选拔人才时优先考虑具有建设工程及房地产领域工作经验者。

北京天同，其官宣口号是“一家与众不同的律师事务所”，总部坐落在故宫东侧四合院里，装潢风格古色古香，因其寸土寸金的地理位置，一砖一瓦都透露着两个字：有钱，堪称精致的天同律师人数非常之少，但人均创收却多次位于各大榜单前列。

奋迅，在业界一直享有“低调的高端精品所”的美誉，几位合伙人学历背景和业务能力较强，和“红圈所”相比毫不逊色。合伙人的海外留学背景、工作语言以及奋迅提供的服务领域等，使英语水平成为招聘新人时着重考量的因素之一。奋迅目前和 Baker 联营，实行统一招聘。作为资产证券化领域的顶级律所之一，奋迅在资本市场领域表现优异，因此也很受券商金融机构的欢迎。

世辉律师事务所，业务领域主要集中在投融资、上市、并购、基金设立、期权计划、财富管理等，为 2019 ALB China 精品律所。现已成功完成数百家企业的私募融资、并购、红筹回归及上市项目，知名客户包括京东、猎聘、高榕资本、贝塔斯曼、华创资本等，国际化氛围浓郁。

北京华税，作为国内第一家专业化税法律师事务所，多次被钱伯斯、ALB 等国际法律评级机构评为“最佳中国税务律师事务所”，是中国税务律师行业的领跑者，并多次作为专家代表应邀参加了全国人大、国务院、财政部、国家税务总局等机关的税收立法工作。拥有行政、刑事或涉税法律服务经验的应聘者更容易受到华税的青睐。

北京世泽，内部培养和晋升机制很完善，业务也具有市场竞争力，在跨境交易业务领域表现优异，是反不正当竞争、反垄断业务领域的顶级律所。

北京权亚，在TMT领域占据领先定位，交易案件较优质，作为通信及媒体领域的顶级律所，权亚的律师在业界非常受欢迎。

文康，从山东青岛起家，合伙人队伍低调内敛，为人谦和，业务水准在法律圈内口碑颇佳，在海事海商、建设工程、争议解决等方面取得骄人业绩。多次荣登钱伯斯、ALB、商法法律机构优秀评选榜单。最近几年“进京赶考”，与北京君益诚建立紧密联盟，意气风发，意图全国市场。

上面所列举的精品所只是国内3万多家律所的杰出代表，还有好多优秀律所在特定领域的业务影响力不输“红圈所”。

作为刚入行的律师，如何从形形色色的3万多家律所中甄选一家心仪的律所呢？言归正传，下面我给大家分享一下选择律所的原则。

适合的才是最好的

女怕嫁错郎，男怕入错行，选择适合自己的律所比选择知名律所有意义。律所是律师工作和学习的舞台，很多刚起步律师的梦想是加入一家知名律所，正如我们学生时代梦想考取知名大学、毕业后梦想加入名牌企业一样现实。在知名的律所里面可以获得比较丰厚的福利，享用比较优雅的办公环境，追随比较优秀的律师团队，接触到高精尖的业务。但是，并不是所有人都能如愿以偿，尤其是律师刚刚起步的时候，如果你没有光鲜的教育背景或骄人的业绩，那么你根本没有选择的权利，只有被选择的等待。有些时候，你苦苦等来的，是石沉大海的沉寂，连回绝你的电话口信都没有。

有些知名律所的底薪比较可观，应届毕业的实习生2万元月薪也并不稀奇，但与之相配的条件是，毕业于知名院校、海外留学归来、英语口语流利，等等。由此说来，大多数人并没有那么幸运。

根据自己的实际情况去追寻相对理想的律所是比较实际的，我认为的比较理想的律所是，有一定规模、成立时间较长和口碑较好的律所。通常来说，这些律所的管理比较规范，专业分工比较明晰，平台带来的业务机会相对较多。在这样的律所里，你能增加见识。虽然有些重大案件不一定参与实际操办，但是在参加这些案件研讨过程中你能够看到案件的原形，至少可以向这些案件的代理律师讨教。

一些微小型律所（在此我并没有贬低同行的主观故意），毕竟有它的发展局限，几乎没有团队合作、专业分工、业务转介、宣传推广等，当然也有它的优势，比如，提成比例比较高，律师比较自由，没有管理和被管理的困惑。

但是，我的建议还是去成立时间较长（5 年以上）、管理规范、口碑较好、合伙人为人正派的中型律所。成立时间较长、管理规范的律所，往往是经受住市场考验、其合伙人磨合度高、发展已趋于稳健的律所，去这样的律所，就如同选坐稳当的船只一样，行百里而不忧。

比薪酬重要的是技能

在律所学到技能比挣得薪酬更重要。无论是取得法律职业资格直接加入律师行当的学生朋友，还是在别的行业已经做得非常优秀转行做律师的朋友，大家都希望能在律所中得到一份保底的较高薪酬，既让自己不失体面，又能确保家庭生活无忧，所以，底薪或提成比例成为很多刚入行律师关注的重点。

目前律所的薪酬制度主要有两种：一种是公司制（又称记点制），另一种是提成制。公司制下的律师薪酬不与具体案件的收费直接挂钩，根据律师对律所的贡献大小计发薪酬，其中贡献考核与在律所工作年限、成为合伙人年限、案源承办数量、管理投入等因素相关。一般来说，实行公司制薪酬的律所是比较知名的律所，客户找上门、案源充足、收成颇丰，律师无须自己去单打独斗却能衣食无忧，捧的是“金饭碗”。而提成制下的律师薪酬与具体案件的收费直接挂钩，以一定比例计提自己的收入，自己为自己打工，自己做自己的老板，捧的却是“泥饭碗”，案源充足的，可赚得盆满钵满，揽不到案件的，温饱难继、坐卧不安。

提成制是目前国内律所的主要分配体制，提成制分配体制下的合伙人团队内部薪酬往往实行授薪制，即合伙人负责团队成员的薪酬，一般是基本工资（底薪）加年终奖金，团队负责人（合伙人）挣多少钱和授薪的律师没有太大关系，双方按照约定发放薪酬或奖金。这种方式对助理律师的好处就是有固定收入、不需要考虑市场拓展、生活压力小，当然，助理律师也很难获得高收益。

现在的年轻律师多是“90后”，相互之间喜欢攀比收入，相对于自己的消费，总抱怨自己的薪酬低。在此，我谈谈自己的一点看法。

律师挣钱是早晚的事，总有一天，你会发现，你工作到第20年，这一年的收入是你前19年收入的总和，这就是律师收入的累进现象，也是律师厚积薄发的直接表现。所以说，律师界没有暴发户，大律师也是一步一步积累后才获得好收成的。当然，也会有极个别的年轻律师执业不久突然接到一个大案子，并挣了一笔大钱，但像这种天上掉馅饼的事情毕竟是个例，且多属于偶发事件，不代表律师发展的趋势。律师事务所和律师业务收入总的趋势是慢慢累加、逐渐爬升。

所以，我想告诉大家，初做律师的时候，你的眼界不要仅仅停留在前3年的薪酬多少，而应该看到3年以后的薪酬。

因为前3年是学徒阶段，你要过苦行僧的生活，忙得像头驴，对团队的贡献却并不大，薪酬自然较低。在这个阶段，一定要知道自己看重什么——技能还是薪酬？一种情形是，优秀的合伙人带你，手把手教你，但人很“抠”，薪酬并没有达到自己的预期；另一种情形是，负责人喜欢做“甩手掌柜”的，揽案子不做案子，让你野蛮成长，只要赢案子就分钱，你如何选择？这两个情形都有点极端，只是想告诉大家一个理念，自己成为“名角”

最重要，学艺别图钱。学好了手艺，还怕挣不到大钱？但如果仅是盯在眼前的利益上，那你可能会失去很多的机会。具体的原由不点透，这是我给你的明确建议。

众所周知，过去年代，很多的师傅带徒弟的模式，比如山西的晋商、安徽的徽商，就是管吃管住，年终时给一点点银子作为赏钱。他们的理念就是，师傅免费教、徒弟白干活。

其实，在目前的律师界这种形式也非常普遍，具体原因无须分析，存在即合理，这可能是目前市场选择的结果，所以，我的忠告就是，别抱怨，把眼界放得长远一点，你才能得到你要的。

当然，从律师业发展来讲，要大力倡导师傅们能够“为富不仁”，与年轻律师共致富的良好风气。比如，德和衡律的文化就倡导高级合伙人要给年轻的律师更多的扶持，包括业务帮带和薪酬提高，让我们的年轻律师能够分享到团队发展和律所发展带来的红利。

但是，毕竟每个律所的情况不一样，每位合伙人的想法不一样，年轻律师没有能力去改变。在选择律所或师傅的时候遇到这样的问题，应该明白提升业务能力比获得薪酬更有意义。

人往高处走：理想律所

年轻律师要充满自信地去应聘，争取加入理想中的律所。很多年轻律师对加入律师行业不是很自信。比如，你是一个“三本”院校非法本毕业生或者是非全日制本科生，虽然也通过了“法考”，但是总觉得自己不是“五院四系”的毕业生，根不正苗不红，在目前激烈的竞争环境下就很自卑，如果再遭遇求职碰壁，那就感觉天要塌下来了，很长时间都不敢去律所求职。还有一些年轻律师虽然是名牌院校毕业，曾在律所实习受过几次批评或者面试被拒绝几次，自信心就倍受打击，就在犹豫要不要做律师。

其实，这种情况不光在律师行业，在其他行业中也普遍存在。年轻律师应聘缺乏自信可能有两个原因，外部原因是招聘“唯文凭论”，内部原因是自身“抗打击能力”弱。每个律所招聘时，对应聘者没有更深的了解，可能只看他的教育背景、毕业院校，以此来推测应聘者的能力。在这种情况下，非知名院校毕业的就比知名院校毕业的年轻律师吃不少亏，但这却是现实，无力改变。

但是，我想说，其实律师是最容易检验出个人技能的行当，只要你有能力，总会有展现自己的机会。有人说法学院是梦想开始的地方，我想说律师界是梦想实现的地方，也就是说，你有很多的梦想，在知名的法学院可能是个非常优秀的学生，但到了律所，很快能看出你的技能是不是跟你的文凭相配。反过来说，虽然你的教育背景没有那么显赫，但是如果你做事为人很到位，悟性比较高，并且有特长的话，你很快就能在这个行业站稳脚跟。到那个时候，没人还去问你的教育背景。对成功的人来说，有时候前世的不足却成了他成功后的骄傲。

所以说，年轻的律师朋友们，无论你经历了什么，请你坚定信心，律师业是块试金石，是金子迟早会发光。

引路人：师傅（师父）

《西游记》讲述悟空、八戒、沙和尚徒弟三人护送唐僧西天取经的故事。一路上经过九九八十一难，可是这位师父，除了惹来妖魔鬼怪的追杀增加徒弟们救援难度外，似乎是一无是处。但是，正是这位领头人，在徒弟们意志飘摇之时，用自己坚定的行动引领徒弟们消除散伙回家的杂念，勇往西天前行，并最终修成了正果。所以，师父的引领作用是徒弟无法取代的。

在讲述本部分之前，有位朋友告诉我，此章节中最好用“师父”两字称呼传授年轻律师技能的资深律师，因为“师傅”虽也有尊敬之意，而“师父”将“师”作“父”一般敬重，在感情上更显深挚。

在此，我想说，无论使用哪个字，真心地希望师徒之情真挚长久，有缘相聚，彼此珍惜。

在律师行当，师傅带徒弟做业务是一种传统的培养模式。找到一位人品正、社交能力广、办案能力强的合伙人做自己的师傅或职业向导，应该是年轻律师的福分。俗话说，师傅领进门，修行在个人。好的领路人会胜过你自发野蛮生长的几年甚至十几年。一位好师傅，会让你少走弯路，尽快成长。哪怕是他的一个眼神、一次点拨，都会胜过你苦苦挣扎的很多日子。

当你成功进入一家律所之后，如何找到一个比较理想的师傅？我想对大家说，诚心拜师，能胜其托。但是，要找到一位好的师傅并不是容易的事，因为“僧多粥少”，求职的年轻律师多，有职业经验愿意带徒弟的师傅少，所以，目前现状是师傅选徒弟，而不是反之。

我也是团队的一位师傅，做师傅的最朴素的想法就是，希望把自己的经验传授给有上进心的徒弟，让他快速成长。

俗话讲，一日为师，终身为父。在律师这个行业里，师傅教会你的不仅仅是某条法律条文，他会像父亲那样教授书本里没有的很多社会知识和办案经验。在律师圈里，更多的资深律师找到优秀的助手，更多的年轻朋友们找到心目中的师傅，各美其美，美美与共，律师的社会地位和服务质量才能得到提升。

律师是一位社会关系工作者，是一个给予客户信赖的依靠者。客户都是在遇到困难的时候才会找信赖的律师，困难越大，付费越高。因为信赖，所以简单，正是因为律师和客户之间的信赖关系，才把自己的困难托付给律师。在我们的实际工作中，有些案件当事人没有委托你，就是因为他不信赖你。有些案子他没有支付你高额的律师费，可能他觉得你没有那么大的能耐或者说对你信赖不足。客户委托律师代理案件，是把信赖交给律师，律师再把信赖扩散至自己的团队及徒弟，最终完成客户任务。由此，师傅组建团队、选聘助手，首先要考虑的也必然是信赖。

所以，你要想成为师傅愿意带的徒弟，人品首先要靠得住，让师傅信赖你。如果他不信赖或者你做事赢不得他的赏识，你就不可能成为一个好助手、好徒弟。比如，我们团队的口号是：由我负责，一定能行。简而言之，就是在团队成员之间、团队与客户之间建立信赖：我办事，你放心。以责任赢信任。

赢得师傅的赏识

如何赢得师傅的赏识？我觉得至少要有两点：一点是要有好人品，让人信赖，这博大精深，无须多言。另一点是你要有办事能力。没有办事能力，交办的工作不能出色完成，即便你人品再好，也不会获得信赖。很多人经常把律师比作医生，那我就举一个看病的例子。假如你的父亲是一名医生，你知道父亲医治水平不高，如果得了重病，你会为了照顾父亲的面子让他去给你治病吗？当然不可能。为什么不信赖自己的父亲呢？从亲情上论，信赖自不待言，但在关乎一个人生命或健康的大事面前，对能力的信赖胜过其他。

我们不可能把自己的健康交给没有能力的人去试验，哪怕是最亲近的人。即便客户与律师的私人关系再好，如果律师没有“金刚钻”，当事人不可能把他的“瓷器活”交给律师。推己及人，如果你想成为一个让师傅信赖的人，除了人品好，你更要业务棒，否则的话，他很难把重要的事情交给你，也很难吸收你成为他团队的一员。

你或许会说，我刚刚做律师，怎么会有业务能力呢？确实是，闻道有先后，术业有专攻。师傅也是从初始阶段来的，他当然知道这个道理，他看重的绝不是你开始时的笨手笨脚，他更会看重你是不是一个乐于学习、有悟性的人。虽然你“闻道”在后，但是一旦“闻道”，你就应融会贯通、快速提升。师傅不会因为你不知而责怪你，怕的是你知后还犯同样的错误，给师傅留一个“孺子不可教”的坏印象。所以，跟随师傅，请你坚守两点：一是诚实可靠，二是要努力把手头的事情做得更好。

或许你会说，做助理太难，这个工作太累。律师业确实是一个奋斗不止、不能松懈的职业，累是常态，无论是助理还是合伙人没有不累的，幸福生活是干出来的，放在这里最恰当。

有些助理工作一年后，感觉师傅对自己的评价也不错，有些案子还不时会给师傅提出新思路，到年底的时候师傅没给涨薪或者涨薪数额没有达到自己的心理预期，就要“下山打拼天地”。

其实，这个行业真的不是你一个念头、一个想法就可以支撑的，厚积薄发才是律师业发展的基本规律。千万不要在稍微有点成就的时候就沾沾自喜，以为自己可以独当一面、独闯天下了，这是一个舍本逐末的危险想法，一年时间只能学些“皮毛”，并不能获得真传，操之过急只能是个“半把式”，有害无益。

在管理规范的律所，“三年级”的律师既不允许接案子，也不允许独立办案子。或许有些律师会说，接一个案子拿的提成比拿到的薪酬还要高，禁止助理律师接案子是剥夺年轻律师的执业权利，那我只能说，薪酬迷住你的双眼，只会让你踏入信赖的危机中。

试想一下，如果接手的案子做不好，你失去的不仅仅是客户，也包括师傅和其他人对你的信赖。信赖无价，挣钱是迟早的事，一旦信赖失去，就再也难以建立了。

由此，我建议刚刚从事律师行业的助理朋友，请耐住寂寞安心做三年，踏踏实实地做好手头的工作，学成后再辞别师傅独闯天下为妥。急匆匆地单干，也还是野蛮生长，半拉子手艺根本挣不到你想挣的钱。

有些助理会说，我觉得师傅不如我，有些案件还不如我分析得深刻，那可能你是太自负了。修炼有种境界，叫“看山不是山，看水不是水”。师傅的才能、待人接物的方式、坦然处事的态度是你作为助手看不明白的，有些时候是你高看了自己，低看了师傅。

师傅爱护自己的徒弟，徒弟更要敬重自己的师傅，只有这样，我们这个行业才能将“传帮带”的优良传统发扬光大。对那些法学院刚毕业缺少职业培训的学子们来说，有这些资深律师的传授、帮助、带领，可以少走很多的弯路，快速成长起来。

第四讲　如何做一名称职的律师助理

正可谓：听君一席话胜读十年书。上一讲谈到在律所里如何找到一个好师傅。得到一位热心的有经验、有能力师傅的引路，对助理律师来说，是一种缘分，也是一种福分，自己因此会少走很多弯路、冤枉路。

安心做学徒

现在很多年轻律师想尽快地挣到大钱，想尽快地接案子，哪怕是接几千元钱的小案子，也想尽早通过自己“操刀”，自力更生，披荆斩棘，独上高楼，成长为一名资深大律师。

实际上，我个人并不建议这样的做法。原因是，在这个过程中，助理毕竟是一名新手，没有执业经验，难以确保办案质量，搞不好会给客户造成损害，有些损害可能是致命的、难以弥补的，自己也跟着遭罪。比如，独自代理仲裁案件，因为自己的过错或准备不足导致案件败诉，而仲裁又是一裁终局，客户就会因此失去法律的救济机会。

虽然俗话说吃一堑长一智，但是，有些“智”并非必须用悲壮的形式“吃堑”而获得，资深律师的善意提醒或轻轻点拨，就可能帮你避开“坑”，又何必要靠“掉进去爬上来”的方式获取经验呢。要独立执业、要“单飞”，不与团队一起成长，就不能博采众家之长，不能获取合伙人的成功经验，这样的律师如同缺乏温暖的家庭中成长的孩子，他的人格可能是残缺的。

如果你有幸遇到一位和蔼可亲、有能力又热心的指导律师，作为助理，怎么做才能与指导律师形成良性互动呢?

一般而言，越是成功的律师，他对年轻助理律师的要求或者依赖可能越高。因为成功律师承接的案件标的额或复杂程度相比较而言都比较高，因此他更需要有能力的助手帮他分担一些基本工作，这样可以腾出更多精力去把控案件大局。

如果你有幸成为这些有名气律师的助理，你也应该知道自己身上的担子会比较重、工作压力比较大，还要闷头做好看似“鸡毛蒜皮”的事。在国外三年级以下的年轻律师是没有机会出庭参加庭审的，他们的主要工作就是闷头做案头的琐碎事务，辅助其他资深律师去出庭或参与重大事项的谈判。

所以说，对年轻律师来说，要有心理准备，要耐得住寂寞，珍惜学徒的三年时间，把这段时光当成自己锤炼的好机会。

唯物辩证法告诉我们，任何事物的发展都需要经历一个过程，律师的成长也不例外。千万不要觉得自己是研究生、博士生、“海归”就飘飘然，认为自己已超越律所的高级合伙人或者是自己的师傅。

律师职业是一个技能性、实践性很强的工作，它不仅需要你掌握法律知识，更需要你知道如何把法律知识运用到具体案件中，而将法律知识运用到具体案件中的技能是校园里学不到的。因此，希望新入行的律师，包括刚从法学院毕业的年轻学生、半道转行的中青年律师甚至以前官至厅局级的领导干部，踏入律师行业前要把自己“归零”，虚心地跟随你的师傅，开始一个新的远航，才是正道。

养兵千日用兵一时。每位师傅在平时对年轻律师的“传帮带”之后，都希望徒弟在关键的时候能够给自己以强有力的支撑，这是一个非常现实的问题。当前，很多律所加强对年轻律师包括法律文书写作、演讲等基本技能的培训，无非也是希望在未来能够“用得上”，这也是每个律所塑造企业文化、实现传承不可或缺的部分。

比如，每个律所都会对新入职的年轻律师进行一些基本礼仪的培训、工作流程的培训，包括立案、结案、费用报销等一系列基本的事务性培训，希望刚入所的年轻人认真地去学习，不要眼高手低、不屑一顾，这是助理律师应当具备的基本技能，只有学好了才可以为合伙人或者为师傅接替一些日常工作。

其他有些细节问题，包括自己的穿着打扮、个人卫生、礼貌等，也应引起年轻助理的注意。鉴于经济条件的改善，年轻助理在穿着打扮上比我这个年代的人高档了许多，但是，由于律师行当的特殊职业要求，年轻人不要穿搭奇装异服，穿戴更应符合职场基本要求。有些年轻律师彩色的鹦鹉般的发型（红黄相间）、过分暴露的吊带装、个性十足的订制皮鞋等就不符合律师的职业身份。

我的建议是，既然你进入职场那就要符合职场的规则，包括男士应当穿着西装，女士应当穿着职业装，职场毕竟不是时装秀的舞台。你作为助理，在团队中就是成员之一，客户要看的也不仅仅是团队高级合伙人或者师傅的着装，还会看这个团队里每个人的精神面貌。客户往往从细节之处观察律师团队，通过他的社会经验或团队成员的面貌来判断律所的文化、律师的职业操守。

所以，年轻的朋友们，律师业是服务业，虽然不是一个“凭脸”吃饭的职业，但穿得有点“品味”还是很有裨益的。人靠衣裳马靠鞍，在穿着方面做点投资还是非常有必要的。高雅的穿着打扮对律师气质或气场的培养也有潜移默化的作用，这些是你未来成为大律师的“标配”。

做好师傅的好帮手

在工作过程中，助理如何跟自己的师傅做好衔接或者配合呢？

首先，应该对师傅的工作风格充分理解，包括做事的一些原则都要细心去观察和理解。从角色分工上，助理是做辅助性工作，要做到服从、不被动，毕竟你是个助手，要辅助师傅去完成一些法律基础工作，所以要服从师傅的工作指派。但又不能被动，虽然助理是由师傅来安排工作，但是不要认为他不安排你就没事干，你应该创造性地去为师傅考虑一些问题，还要主动地想师傅办案时没有想到的问题，拾遗补阙。只有这样，你才有价值，才有成长。

其次，作为团队中的一员，助理应该懂得及时地相互补位，让师傅能够腾出更多的精力去做一些更重要的事情。比如，你平时要注意观察或思考接待客户的准备工作，包括联系会议室、准备桌牌、茶水、纸笔、行程安排以及酒店预订等，不需师傅为此再牵扯精力；再如，要召开一次案件的研讨会，涉及资料准备、法律检索等工作，助理要提早梳理和准备，这样的话，就会让客户感受到团队训练有素、有条不紊。

如果师傅安排什么你就干什么，不安排就不做或者想不到做，那只是服从、被动地工作。当然，也有些资深的、强势的师傅会喜欢“一言堂”，很多事他定了方案，就要你照着去做，不喜欢你有变动，那你就坚决贯彻他的安排即可。

但我个人的建议是，服从命令的同时，如果对有些事务有一些合理化的建议，可以去反映。但要注意的是，选择适当的时间去反映。

第一，为了维护这个团队特别是师傅的权威，要顾及大局，不要在客户面前草率地提出所谓的“合理建议”。应事后跟师傅请教，让师傅对你的建议是否正确、是否要采纳做指导，让你知其然，又知其所以然。

第二，既然是助理，就要注意自己是辅助角色，不能喧宾夺主，以为自己是律师就要独当一面，在客户或者师傅面前展现自己的能耐或担当，这是禁忌。在主办律师、客户面前，不要乱讲话，因为很多事情你还没有能力胜任，唐突地表达意见，一旦说错了，主办律师不好圆场。即便是通过主办律师的解释圆了场，不仅是你丢面子，关键是会让客户感觉到你所在的团队没有组织性和纪律性。如果给客户种下冒失的印象，以后要跟客户对接业务，客户就会觉得你学识短浅，可能不认可你，对你工作也不利。

说到这里，并不是说助理只能缩手缩脚当配角。既要让当事人能够感觉到团队是热情、高效、勤勉的，又要让师傅感觉到你的价值，这就需要助理在日常的认真观察、模仿和思考配角如何发挥作用。如上文所述，你既要主动补位又要完成主办律师安排的任务，补位时要注意所处的环境，要合时宜地提出自己的建议。

第三，要能吃苦耐劳。年轻律师的工作可能会比较辛苦，一方面是因为年轻律师是新手，能力有限，师傅一个小时能完成的工作，年轻律师可能要一上午的时间，特别是在事情紧急的情况下，师傅要求限时交付文件的时候，年轻律师们往往手忙脚乱，手足无措。

关于这点，请大家不要灰心。每个律师都是从“毛糙”的阶段发展过来的。只要你坚持，随着你对于处理案件经验的积累，你也会得心应手的。耐住寂寞，忍受清贫努力地做好本职工作，这是一个助理律师的本分。

在商界（特别是金融界、互联网界），天才可以一夜之间涌现出来，年轻的程度让你咂舌。但在律师界这几乎不太可能，律师界没有一夜暴富的“土豪”。厚积薄发是律师行业的一种客观规律，千万不要幻想一蹴而就、一夜之间暴富，马上就可以赚到大钱，这不现实也不可能，因为客户不会把高额的律师费支付给一名新手律师，所以，请大家要耐住寂寞，不要认为自己挣得少，与资深的律师差距大而感到沮丧或者是泄气，你也会挣大钱的，只是没到时候。

在此，我也想对那些师傅们说，其实年轻律师也不容易，他们没有经验，有的时候写的文书、做的事情确实是价值不大，甚至还会频频出错，而且还可能是重复的错，但是没有办法，每个人都是在这种反复中成长起来的，所以，年轻律师和师傅都应该认识到这种规律，相互理解，努力磨合。

年轻律师需要培养，只有把他们培养好了，他们才能助力师傅宏图大展，所以，在这个过程中，师傅应该经常请年轻人吃饭，化解合作中的小小过节，师徒相向而动，亲密无间，合作制胜。

同时，年轻律师也不要总抱怨薪酬过低，因为师傅确实不是需要年轻律师的体力健壮去干粗活，他们需要律师能够提交有效的成果。年轻律师提交给师傅的修改多次的法律文书，可能没有任何价值，还需要师傅重写或重改。年轻律师可能会说，自己加班一晚上的时间，没有功劳也有苦劳，师傅怎么这样不尊重自己的劳动呢？我的建议是，请调整好心态，一份对师傅没有价值的法律文书不仅耗费了他的时间，兴许还耽误了师傅向客户交付成果，在这种情况下，你还要去跟他谈苦劳，我相信他可能会更生气。

所以说，从长计议，耐住寂寞，未来你可以飞得更高，别在这些小事上计较太多。如果自己觉得做了很多工作而获得的薪酬太低，可以跟师傅心平气和地去谈一下。千万不要因为薪酬的问题而怄气，甚至于做一些不理智的事情。

其实，每位律师都是聪明人，要不然也不可能处理好各种社会关系，赢得客户的尊重、赢得法官的认可、赢得同事的赞赏。在这种情况下，大家能够本着诚实信用、诚恳平等的心态，去跟合伙人、师傅把你的想法说出来，相信合伙人、师傅也会理解或支持，千万不要因此而有怨气，不认真工作而耽误了客户的事情。

最后，我觉得，大家要有相互感恩的心。不仅仅是助理对师傅的感恩之心，也包括师傅对徒弟的感恩之心。对师傅来说，有这么一位年轻助理帮你递资料、查法条，伴你左右，也是一种缘分。只要有了感恩的心，很多的事情就容易达成共识。律师的工作已经非常辛苦，在短暂相处的时光里，何必心生芥蒂呢？

作为年轻律师，要做一个仔细人和有心人。什么叫仔细人和有心人呢？世事洞明皆学问。既然是跟着师傅学，你就必须要搞清楚师傅为什么这样做而不那样做，师傅这样做得到了什么。做有心人去铭记、去思考，这样自己才能有所提高。如果只是师傅说什么就做什么，做完了就万事大吉，这样的话你就只会看到生产线上的一个局部环节，很难看到全局，很难有大的提升。在你工作的两三年里，你用心和不用心会有很大的差距。

另外，要做一个仔细的人，整理的材料、办理任何事情要有条理和章法。比方说，自己的师傅在北京第二中级人民法院九点开庭，如果你粗心大意告诉他九点半开庭，法官最后以律师未到庭做出缺席判决的话，就会酿成可怕后果了。

做一个有心人，而不要做一个局外人。你觉得自己是助手，什么都依赖于师傅。师傅问多少，你就想多少，其他方面事不关己高高挂起，这样对自己是不利的。你应该要像在学校里做模拟题一样，虽然老师不去给你评分，你也要像对待正式考试那样，应该认真答卷而不是敷衍了事。千万不要觉得这只是模拟考试，对自己没有任何影响，就有一搭没一搭地去对待它。

对助理而言，虽然自己不是案件的主办律师，但是你也要像主办律师那样去思考：如何开拓思路、如何准备证据材料、如何在法庭上发言，只有在自己心目中不停地演练，你才能够快速地成长。

做个助理不容易，不光要让自己的师傅满意，还要让当事人满意，苦活累活拼命干，还时常被批评。每位助理都有一肚子的委屈没处说，个中滋味没人懂，但是，是坚定者就不应因此而畏惧，哪种人生不是经历风雨后迎来彩虹。

在艰难中修行，是每位助理的必经阶段，是化蝶高飞前的脱茧蜕变。勇敢地面对，你才能快速告别青涩的自己。

第五讲　律师如何选择专业方向

闻道有先后，术业有专攻。律师是法律专业工作者，以专业立身是每位律师赢得成功的关键因素。那么，一位刚刚入门的律师如何选择专业呢?

有人说，我是“海归”，在海外学的是海商法专业，回国后我想做海商法方面的专业律师；有人说，我在美国学的是航空法，应该从事对口航空的专业；有人说，我是工科出身，有法律职业资格，还可以考专利代理人资格，做专利方面的专业最适合；我原来做过警察，个人想选择刑事辩护作为自己的专业……本讲就来说一下律师如何选择专业方向。

专业选择的基础

个人观点：律师专业是不同发展阶段的选择，没有一劳永逸的专业，只有瞬息万变的市场需求。律师专业化，是市场、机遇、学习等多种因素的共同结果，并非律师自行选择的结果。

首先，入门律师还没有选择专业的资本。正如大学毕业后找工作的道理一样，不是学过工商管理，就一定能去公司做职业经理人；不是因为学过政治学，就一定能去政府当公务员。律师的专业取决于市场需求和个人背景，但最重要的是基于市场的需求而确定。律师的学习经历、工作能力又决定着专业选择宽度。

如同考大学，如果自己有天赋，可选择相对专业的大学。比如，国画画得好，可以报考美院的国画专业；有表演天赋，可以上北京电影学院表演系去当一名学生。但是，多数人是没有能力选择专业的，比如，自己学的理科，高考选报专业志愿时，无论是船舶动力还是电力系统自动化，只是自己心里向往的一种专业，最终能读哪个专业，要看你的考分和报考院校的录取比例。实际上，自己能操作的空间并不大。

举这个例子是想告诉大家，除非你在某方面有特长、有建树，否则你是很难选择自己专业方向的。比如，你对知识产权有深入研究，是一名知识产权博士，那你可以申请加入知名律所做知识产权方面的业务，这种情况下，你有能力选择自己的专业。但多数的人可能没有这个能力，只是考取了法律职业资格证，甚至都没有接受过法学院的系统法学教育，只有对想象中专业的向往，在这种情况下，根本没有选择专业的基础或资本。

比如，经常做案头工作的非诉业务律师，没有做过对抗性的诉讼。看了几部《律政俏佳人》之类的电视剧，感觉给犯罪嫌疑人做辩护人非常牛气，就萌生做刑事辩护的念想，做了辩护律师后才发现其实并没有那么简单。

其次，选择专业要结合自己的经历，从熟悉的领域着手。比如，曾经在检察院工作多年，做过检察官，转行做律师，可选择做刑事业务。这些律师选择的专业基本靠谱，至少有一定的实践基础，但如果你连这些基础都没有，甚至大学都不是学法律的，只是通过了“法考”来做律师的话，最好不要有太多念想，也不必纠结，一步一个脚印慢慢来，师傅做什么专业，你就先从师傅的专业慢慢学起。正如高中没学过船舶专业，考上了船舶学院后，学校教什么我们学什么，这也是一种选择。

根据自己的优势和市场的捕捉能力来选择专业。专业所长、性格爱好、成长环境等优势以及市场的捕捉能力都是律师选择专业的资本。成长环境主要是律师以前的工作经历，比如，以前是税务核查员，做律师，税务方面业务比较容易上手；以前在电力系统、矿产系统、海关系统工作的，可以考虑在这个领域继续深耕。当然，后者严格说来应该是领域律师而非专业律师。

捕捉能力是指从现有客户中发现未来的市场或商机的能力。比如，中伦从自己的“贵人”潘石屹的房地产发展中嗅到中国房地产发展的巨大潜力，并依托房地产业务步入律所发展快车道。

最后，没有一劳永逸的专业，任何专业都要根据市场需求适时调整。为什么做律师很累，就是我们始终要追随市场需求去做业务，要不停地学习新领域的新知识，否则，即便是做了十几年已经特别精通的专业，也可能会被市场淘汰。

根据市场需求来选择专业。比如，选择 IPO 主板上市业务，不管是能源行业、电力行业、矿产行业还是汽车行业，共同的市场需求就是公司上市；再如，做知识产权业务，不管是化工行业还是石油行业，只要是涉及商标、专利、外观设计的诉讼或者注册申请，共同的市场需求就是知识产权保护。

律师应该根据市场需求考虑自己的专业，而非根据自己的专业选市场，否则，律师的基本生活都将难以为继。销售行业有项规则是，产品要跟着市场走，而不是领着市场走，符合市场需求的产品销路通畅。律师专业服务也是同样的道理，要根据市场需求设计自己的服务产品，何况律师的专业服务不足以引领市场。

在 2011 年前后，本人曾试图将专业定位于“产品质量法律服务”，查遍很多律所的专业服务范围都没有该项目，就觉得这个“专业”可独树一帜，且具有前瞻性。市场定位为知名企业的产品（汽车、电器、药品）质量法律服务，为此，本人写了专著、专业文章进行宣传，并拜访北京、上海等地的知名企业，坚持了几年，只承接了一些不大不小的案件，最终并未“功成名就”，就此偃旗息鼓。

虽然很多企业视产品质量的声誉高于一切，愿意花十块钱“打”一块钱的官司，但是，产品质量的纠纷大多以调解方式结案，并未形成“水火不容”的对抗诉争，所以，企业并未将该事项作为专业需求去聘请“专业”律师。还是那句话，没有市场的支撑，就不会有专业的蓬勃发展。

市场决定专业兴衰

下面给大家举几个真实案例：

2004年，我刚做律师的时候，老同事看我是理工科毕业，就建议我去考专利代理人资格，未来可以做专利业务。当时我也心血来潮，法学院的学生不能考专利代理人资格，工科毕业反而成了优势，加之自己在电力企业工作九年有一定的实务经验，也觉得这是适合自己的立身专业。

事不宜迟，马上行动，购买了专利代理人资格的考试资料开始复习并报名考试，但最终我放弃了考试。为什么呢？与做专利代理业务的律师了解了业务状况后发现前景并不乐观，即便自己考试通过了，我的客户在哪里？特别是在一座二三线城市知识产权纠纷少之又少，仅靠专利业务怎么能养活自己？

现在回过头来看，当时没有去参加专利代理人资格考试是正确的，没有市场需求，就不可能有专业的发展。

再如，2000年左右，是海事海商业务的黄金时期，专业律师少，利润空间大。海事法院很少在本部外设立派驻法庭，周边地区涉及海事海商的案件就要到海事法院本部去诉讼，比如，青岛海事法院专门管辖烟台、威海、日照等地的海事海商案件。那个时期，很多青岛律师特别是学过海事海商专业的律师，凭借地缘优势，确实赚得盆满钵满。

但是，到2011年前后，那些曾经在海事海商领域有所建树的大咖们，几乎都撤离了这个领域，不再做海事海商业务了。为什么呢？市场发生变化了，海事海商领域的法律以及海事秩序越来越规范；法院发生变化了，青岛海事法院已经在烟台、威海、日照分别设立了派驻法庭，当地很多海事海商纠纷无须去青岛海事法院本部诉讼，客户一般就近找当地的律师代理案件，而很少再在青岛寻找律师代理。加之海事海商专业毕业的年轻律师涌入该领域，与老律师们抢夺市场，粥少僧多，业务利润大幅退减，青岛的老律师只好掉转“船头”，另寻出路去了。

又如，20世纪90年代后期，很多律所赚的“第一桶金”都是银行的欠款清收业务。那个时期的银行借款合同纠纷案件给各级法院贡献了巨额的受理费，也促成一批金融律师或者银行律师的快速成长。

但是，现在大家看到，大律师们不再去做银行的清欠业务了，一方面，银行贷款手续完善了，诉讼难度降低了；另一方面，银行资产管理部门的工作人员经验丰富了，外聘律师的现实需求减少了，由此，案件胜诉就没有太大悬念，律师费也有了“封顶线”，银行业务不再是律师重点的关注。

最后一个例子是房地产业务。2000年左右，房地产开发热潮兴起，那个时候“土豪们”只要有钱都可以做房地产开发商。开发初期秩序混乱、开发经验缺乏，由此产生大量房地产纠纷案件，为此，法院也收到不菲的案件受理费，律师得到高额的律师费，真可谓：一些人的纷争，一些人的盛宴。

但现在房地产纠纷案件数量已大不如前，房地产专业的律师也慢慢改弦易辙转向其他专业寻求发展，原因很简单，市场规范、行业认知增强，纠纷自然减少。

综上所述，你会明白，当年那些曾经非常光鲜的专业已经消失，或者变得不那么光鲜，包括IPO业务在特定的时期特别火爆，每单上市业务至少收150万元甚至两三百万元的费用，但现在因受市场经济形势影响，IPO业务成为“一块可啃可不啃的硬骨头”了，食之无味弃之可惜。

前两年比较时兴的“新三板挂牌”业务，一时期曾成为各律所的热门专业，但是，这几年你会发现，很多“新三板”企业正在忙着摘牌，“新三板”专业也是昙花一现、明日黄花。

现在很多律所围绕新时代出现的新行业、新需求而储备人才或研发产品。比如，娱乐业法律服务市场是近几年新兴的市场，已被北京星权盯紧切入，以当红明星的个人肖像权和知识产权维权等业务为主打，短短三四年时间在演艺圈内已小有名气。新能源、大飞机、5G应用等新行业、新产能势必催生新需求，金杜、中伦等知名律所已将其列为新的业务增长点。

在当前全国“反腐”以及金融、上市公司监管加紧的大形势下，刑事犯罪的辩护业务会大幅增加，而且多数是政府公务员的职务犯罪、公司高管犯罪，在这种情况下，做刑事的律师迎来了业务量暴增的黄金期，虽然不宜称之为“政策红利”，但确是因为政策原因引发的市场需求。

很多律所要求律师的专业定位为“一主两辅”，实际上就是要求律师“一颗红心，两手准备”，既要强调专业主打，又要兼顾副业发展，确保市场创收，不要把鸡蛋全都放到一个篮子里，无论未来如何变幻，艺多不压身，有备总无患。“一主”就是要有重点突出的主导专业，“两辅”就是要有与主专业相关两个专业做辅助，最终形成“三足鼎立”的稳定格局。

俗话说，风水轮流转。2018 年需求量大、收益率高的专业，可能 2021 年就风光不再。比如，私募基金和 PPP 业务已悄无声息花落去。无论市场如何变化，唯一不变的就是我们“遇山开路，逢水架桥”的应对态度。比如，矿产方面的业务，涉及了采矿权、探矿权合同的效力以及国家行政机关审批等政策问题，还包括矿产转让的商业模式等，原来都是专业问题。但是，当这些专业问题由法律做出明确规定（如最高人民法院《关于审理矿业权纠纷案件适用法律若干问题的解释》）的时候，律师的专业性就不再明显了。这方面的专业律师怎么办？跑赢客户的认知，就是律师的价值。当做矿产业务的前同事坐在我办公室抱怨市场变化太快的时候，五年前他跷着二郎腿抽雪茄悠然自得的样子又呈现在我的眼前。

我只想说，年轻的朋友，立足当下，做好手头的业务，就是最好的专业选择。没有最好的专业，只有最好的律师，以此共勉。

第六讲　律师跳槽去哪里

岁末年初是各行各业跳槽的季节。作为律师，站在新的一年展望，你是不是也在考虑要不要换家律师事务所执业呢？本讲就针对这个话题展开讨论。

律师行业和别的行业一样，是一个流动性很强的行业。律师对律所的案源依附性较弱，律师业务和案源多数是靠自己而不是依靠律所来获取，所以，在律师行业里，律师跳槽非常普遍。有些律所会因为某些团队的离开而一蹶不振，反之，有些律所会因为某些律师或团队的加入而名声大噪。

跳槽换所的隐情

俗话说：树挪死，人挪活。在一家律所干了很多年之后，有些人想换个环境，到有精气神的律所平台重拾激情，焕发青春，再出发，实现人生再突破。也有些人在律所遇到了“瓶颈”，想到别的律所换一种不同的业务模式或团队去展业。还有些人是因为与律所的合伙人或者其他律师发生矛盾，影响自己的收入、口碑甚至业务，不得不跳槽离开。更有些人考虑到所在的律所是小所或普通律所想到“高大上”的律所去“镀金”而跳槽。

在年关之际，处在不同发展阶段的年轻律师、资深律师都会纠结，心里直打鼓，到底要不要到其他律所去看一看、闯一闯，让自己的业务有大的飞跃。其实，纠结是跳槽季中常见的一个现象。

很多的律所也会利用这个心情驿动的时节招贤纳士。本人所在的北京德和衡律师事务所当然也会在这个时节摇动橄榄枝去结交情投意合的律师，欢迎他们的加盟，共闯天下。

变化的市场倒逼律师换所。一般认为，平台决定一个人的眼界、业务水平和未来成长空间。

首先，律师从区域城市的律所跨入北京、上海、广州的律所，主要是看好这里的市场。目前“北上广”的律师收费占据全国的半壁江山。这里有大客户、大业务、高收费，这里的“商机”是国内其他城市无可比拟的。

其次，由于交通和通信的便利，使律师与客户的地理距离大为缩短。比如，原来北京到上海，火车可能要八九个小时，现在我们坐“复兴号”高铁只用四个多小时即可。另外，视频会议成为商务活动沟通的重要方式，很多交流无须通过长途跋涉聚到一起面对面地进行。相信不远的将来，5G时代视频交流会成为一种常态。

过去因为地理距离较近，同一地区的文化相近，客户喜欢聘请本地的律师进行服务，图的是知根知底、节省时间、提高工作效率。而今天的大高铁时代，很多的地方与中心城市的距离大大缩短，地方城市律师“近水楼台先得月”的优势逐渐消失。比如，青岛到北京的动车五个小时车程，现在乘高铁只要三小时到达，早上六点从青岛坐上高铁，九点多也就到达了北京，通常并不影响业务开展。这些便利因素使区域城市越来越多的客户开始寻求“北上广”的律师提供法律服务。地方的法律服务市场受到挤压，很多律师只好来到“北上广”抢夺市场。几年前，本人从青岛来到北京，正是预感到这种变化给青岛法律服务市场带来的冲击，提前“逃离”被挤压的市场。

最后，因为缺乏法律服务业绩无法承接大业务，小所律师向大所流动。现在很多客户特别是集团、上市公司都在开展律所以及律师入库的招标活动，也就是说，这些公司要对律师及律所进行一个初步筛选，要成为他们的受聘律师首先要进入他们设定的律师库。很多在小所执业的律师因为缺少业绩而不能够进入这些公司的律师库，而无法承揽这些公司的业务。

比如，在公司上市服务领域，客户要看律所做过IPO业务的业绩。如果是一家知名的律所，往往有骄人的业绩，自然很容易获得中标机会。相反，一家名不见经传的小所可能从没有做过此类业务，自然也很难发展IPO业务，想做IPO业务的律师只能离开小的律所加盟大的律所。

再如，北京市高级人民法院系统的破产管理人资格入库，就将很多律所挡在破产业务之外。有些律所因为成立比较晚，缺乏破产管理人的业绩而无法入库，从而也就很难承揽到破产管理方面的业务。对于想从事破产业务的律师来说，就要到成立较早且已经进入北京市高级人民法院破产管理人库的律所去，才可能有资格进入这个圈子。如果所在的律所没有法院破产管理人的资格，律师就无法承接这方面的业务。这也是很多律师为了业务拓展而选择大所的重要原因。

当然，跳槽还可能有其他的原因，比如说，喜欢某个城市，喜欢上海，就去上海执业；或者是因为家庭成员到北京工作，自己随从家属来到了北京。但是，前面说的情况可能是大家选择换所的主要原因。

跳槽换所的原则

在换所的问题上，我的建议是：有所为，有所不为。

第一，对于一个执业律师来说，换所并不是简单的事。换所需要办理的手续比较烦琐，包括要跟原来的律所解除聘用关系，要把办结的案件归档，协调客户与律所确定未结案件的“去留”，需要与客户签订补充协议，对自己离职后的案件承办和收费要做进一步交代。在律师行业中，大多数客户是奔着某某律师办理的委托，所以，在律师换所时，客户一般也跟着律师转委托到新所。当然，也有些客户与律师事务所建立业务合作是奔着律所的名气来的，在主办律师发生工作变动时，客户不会跟着律师换所，但这毕竟是少数。跳槽的律师需要权衡自己的客户是否会跟着自己与新的律所签约。另外，如果你是合伙人，还要考虑办理退伙手续，也比较烦琐，费时费力。

第二，不要单纯为了换所而换所，应为发展而谋变，而不能为折腾而变。因为律师圈比较小，如果在不同的律所之间频繁地跳槽，外界对律师的忠诚度可能会产生怀疑。比如，客户在原先的律所签订委托协议后，没过几年律师就跳槽到别的律所，客户也可能会对律师的忠诚度、稳定性等产生顾虑，进而不再与该律师合作。

第三，更换律所并不必然使业务有突飞猛进的发展。在换所时，需要慎重考虑业务未能提升是不是自身的问题。比如说，是不是因为跟原所同事的合作、跟客户的沟通等方面存在冲突或其他障碍，如果是因为这些问题导致自己发展没有起色从而产生跳槽想法的话，那么就不能简单地认为，只要离开这家律所，自己就会变成另外一个人，这些问题就会迎刃而解。

每位律师都需要慎重考虑自己离所的原因，是主动求变还是因为其他问题。只有清醒地认识到自己的不足，才能在换所后有所改善，这样才能成为一个受人欢迎、与其他同事协同发展的律师。

跳槽换所“五因素”

从一个旧平台踏上新平台的目的是什么？当然是发展。我认为在选择律所的时候，至少要考虑五个方面的因素：

第一个方面的因素是律所品牌的成长性。这一点，年轻律师需要特别关注。大家在向客户介绍自己的时候，经常会遇到这样的场景，如果自己所在的律所是知名律所，律师自我介绍后，客户会迅速反应说，你们的律所很有名气，你立马信心大增。相反，如果自己的律所名不见经传，客户想老半天说，自己好像知道某某律所（知名所），你们的律所以前没有听过，你就得费很多口舌去介绍自己律所的亮点，不用说，此时黯然失色的伤感也会油然而生。

没有对比就没有伤害，就承揽业务的成功率而言，律所品牌带给律师的赋能效果是显而易见的。但是，我今天要重点强调的是律所品牌成长性。这里的品牌成长性，是指律所的品牌虽不耀眼，但律师士气高涨、律所发展迅速、口碑业绩声名鹊起、潜力无限。

对于一些资深的律师或合伙人来说，客户可能不知道他所在的律所的名字，只是看重他的业务能力和他本人的名气，至于他是在A律所还是B律所，都并不关注。在这种情况下，这些资深大律师对律所品牌的依赖性就很低。他去承揽业务，凭的是自己的个人品牌而不是律所品牌。当他们成为律所的管理者或实际控制者时，投入资金或精力建设律所品牌的积极性就会降低，更多会考虑节省成本，追求利润最大化，自然不舍得加大在律所品牌推广、年轻人扶持、新业务开发及培育等方面的投入。年轻律师加入这样的律所，去开拓客户的时候就会面临上面的尴尬场景。这种情况下，律所品牌不能为自己的出身"背书"，也不能给自己业务拓展赋能。

常言道：人靠衣装，马靠鞍。一个非常成功的人无须再靠外在的装饰去彰显自己的实力，但是对于一个刚刚出道的年轻人来说，他可能先要靠外在的平台影响力去获得别人的认可，所以说，对律所品牌依赖最强的应该是年轻律师。所以，有能力的年轻律师，最好争取到知名律所去发展，你站得高一点，客户容易看到你，退而求其次，也应该到有成长性的品牌律所去求职。

第二个方面的因素是律所的创收留成。提成比例高低是很多资深律师重点考虑的问题。因为提成比例关乎律师实际的收入或实际利益，当然地成为律师由一家所跳到另一家所重点考虑的现实因素。人各有志，律师和律师有不同的考虑。我给大家的建议是，肉烂在锅里，吃得多，留的少，吃得少，留的多。提成比例高和低，其实是一个眼前与未来利益取舍的问题。

提成比例高，律师得到得多，律所留存的少，律所的品牌建设和推广就缺乏资金支持，这样必然对律师的业务拓展产生一些掣肘。正如企业要不要扩大再生产一样，如果挣了钱拿回家，仅靠原有的资本赚钱，永远也做不大。

现在已经有很多知名律所把提成比例降下来去做一些长远布局，比如，加大对年轻律师的培养、新业务人员储备和研发，在未来，律师会普遍得到实惠。

另外还有一些律所，开始考虑合伙人晋升福利、合伙人退休养老问题。这些问题其实就是利益先得或后得的问题，关键是你是否想长期做下去。看似提成比例降低，实际上潜在的有很多福利。所以，我希望大家在考虑提成比例的同时，要辩证地考虑业务发展后劲的问题。从长远发展来看，提成比例低的律所通常是“志在千里”的律所。

第三个方面的因素是律所合伙人的事业心。就是要看律所合伙人特别是核心团队成员是不是有一股精气神。是不是为了创品牌、实现自己的梦想而团结拼搏，是把律所当成事业来做还是为了盈利而做。很多律所会在不同的场合展现了本所核心团队的理念。核心团队成员秉承“不服输、坚持奔跑”的拼搏精神，不仅仅让律师“富起来”，重要的是想把律所做成知名品牌，吸引更多优秀律师一起开创律师行业的新纪元。心有多大，舞台就有多大，在舞台上如何出色表现，就要看有没有不服输的劲头。

关于很多“90后”的律所，有些已经功成名就，有些还在奔跑的路上。去这些律所你会有不同的感受。有些律所能激发你的干劲，激活你的业务圈子，顺势发展起来。而有些老牌律所，可能已沉浸在“小富即安”的幸福生活中，继续开疆拓土的激情已消失殆尽，你去了估计也跟着“乐不思蜀”，慢慢地也懒得拼搏了。

如果你还想逼自己奔跑一下，不用说，你应该加入那些具有事业心和精气神且不断奔跑的律所。

第四个方面的因素是考虑规模化的律所。规模化会带来一些发展红利。我们的律所倡导：要兼顾两级市场的开拓。一级市场就是直接面对客户，二级市场就是直接面对律所同事（业务转介、合作）。在一家十个人的律所，这十名同事之间转借的业务机会是非常少的。如果十人中没有做刑事的律师，那么其他律师就不敢承揽刑事的业务。而在一家上千人的律所，由于有规模优势，大家的业务就可以分工协作，相互补位，形成合力。民事业务律师可以承揽刑事业务，自己不能做就转介给做刑事的同事，这样的话就会形成互动和共享，产生“1+1>2”的效果。刑事专业律师也会承揽民事案件，承揽过来以后交给其他做民事业务的同事，这样不但能够带给客户增值服务，也能以最小的成本获得业务机会。

目前很多律所包括金杜、中伦、天同等也在做规模化，增设分支机构和综合性业务部门，这样做的目的就是分享规模带来的业务红利。因为业绩共享的原因，十人律所和百人律所的优势是不一样，比如，在投标的时候，相比于十人团队的业绩，一百名律师的业绩肯定更加丰富，在这种情况下，谁最可能拿到案件也就不言自明。

当然，规模化律所也会产生一些客户的利益冲突。在这个方面，有很多律所也在考虑是不是通过“联盟”所的形式进行合作，使业务机会不会丢失。比如，北京德和衡律师事务所发起全球精品律所联盟（EGLA），就是跟国内外的很多律师事务所建立业务合作关系，把业务的转借机会交给这些信得过、相互熟知的联盟律所来做，这样既保证了质量，又共享了案源。

第五个方面的因素是考虑律所文化氛围和办公环境。我们常说“以厂为家”“以院为家”的企业文化，讲的就是企业对职工的吸引力以及职工对企业的依赖感。律师除了周末待在家里之外，更多的时间是在办公室或者是在办业务的路上，因此律所的办公环境和文化氛围对律师来说至关重要。

有些律所倡导“和而不同”的理念，律所里有油画兴趣组、合唱团、文学爱好组等小团体，让大家除了工作之外，还能享受很多共同爱好。还有一些律所是学院派的文化，师兄弟姐妹在一起，校友情缘让大家天然地亲近。还有一些律所是“海归”派的文化，有许多在世界不同地方留过学的律师。他们有相同的教育背景和海外生活经历，极容易达成紧密合作。无形的文化，有形的业务，大家合作起来就非常顺畅。

律所文化看似非常缥缈，但律所的文化氛围确实会影响心情与合作。比如，有些律所在外界有良好的口碑：充满正气、民主、正派。他们在业务风险把控、人际交往等方面给外界的印象很好，该所的律师就会有一种荣耀感，大家就更愿意传播正能量，珍惜自己的职业形象；相反，有些律所存在拉帮结派、相互争斗的办公室风气，就容易使大家产生摩擦，甚至发生拳脚相加的情况。在这样的律所里，会让人感到烦闷、压抑，待的时间越久，就会变得越消极。所以说，一家律所的文化氛围和工作环境是跳槽时应该认真考虑的问题。

综上，我建议，跳槽前，最好跟要去的律所创始合伙人、高级合伙人进行面对面的沟通，去现场感受律所办公环境，倾听他们的创业故事，从侧面了解这家律所合伙人的“三观”和为人处世哲学，再做决定也不迟。

最后，我想对大家说的是，即便你决定离开原来的律所，也要注意处理好与原来律所的关系。铁打的营盘流水的兵，律师在律所之间的来回穿插、流动，成为律师行业的一道风景线。律师合伙是为了一个共同的目标而聚到一起，如果有一天大家的志趣不同了，也应该好和好散。在这种情况下，别让律师带着伤心离开，也别因为律师的离开而给律所留下积怨。别带着愤怒去评价原来的律所，也不要因为跳槽而结下不良之缘。

如果决意离开原来的律所，我觉得，应该开诚布公地怀着感恩之心跟老东家告别，并且处理好跟原来律所的关系，包括案卷的交接、客户的转承、财务的结算等。

律师离开律所，应该怀有“女儿出嫁”的情缘，把原律所当成自己的“娘家”，因为大家还是在律师圈子里，抬头不见低头见，你是我的好兄弟、好姐妹，只不过你会在别的律所与我隔窗相望。

如果你决意离开原来的律所，能听着身后老同事的真诚祝愿，挥挥手不带走一片云彩，留一片念想给他们，就最美。

第七讲　法律服务“金矿”在哪里

律师要想挣大钱，就要像那些采矿的人一样，追着金矿走，所以，首先应该了解法律市场的真实状况，知道法律服务的“金矿”在哪里，然后再去开采。

那么，问题来了：“北上深”以及各地主要城市的法律服务市场如何？目前“北上深”法律服务市场是“金矿”吗？在二三线的省会城市有前途还是直接去“北上深”发展有希望？偏僻的县城案源少、收费低，是不是应该去地级市发展？“金矿”适合我开采吗？

“北上深”的“金矿”

截至 2018 年年底，全国的律师人数为 42.3 万，比 2017 年增加了 14.8%，按照目前司法部的规划，在 2022 年律师人数要达到 62 万。

从目前的增长速度来说，估计不用等到 2022 年，甚至在 2021 年就可能达到 60 万的总人数。北京的律师执业人数，包括兼职律师一共有 3.2 万多人，占全国的 7.61%。上海的律师人数已突破了 2.5 万人，比北京要少 7000 人。北京律师 2018 年总创收是 234 亿元，比上年增加 35 亿元。上海律师总收入是 237 亿元。按人均创收计算，北京律师人均创收 68 万元，上海人均创收 90 万元。

深圳律师的总创收额为 65 亿元左右，律师人数 1.4 万，人均创收近 50 万元。律师人数增长迅速，2016 年的数据，深圳律师人数只有 7000 人，短短两年多，人数翻番。从人均创收和总收入这两个指标看，上海均排名第一。

在2015年到2018年的三年间，上海律师人数增加了41%，北京律师人数增加了27%。也就是说，从三年的增长速度来看，上海律师人数是增长最快的。从总收费上来看，2015年上海律师总收费只有140亿元，北京只是100亿元。短短三年间，北京和上海律师总收费差不多翻番，占据全国的半壁江山。毫无疑问，目前中国法律服务市场含金量最高的“金矿”是上海、北京。

从统计数据看，北京的律师总创收和人均创收屈居上海之下，这其中可能会有税收优惠政策引发的计费差异，个人认为，如果排除外部因素，北京的律师总创收应该在上海之上，在此不展开论述。

从发展的趋势来说，上海作为长江三角洲城市群的龙头城市，经济增长潜力巨大。未来上海律师总创收以及人均创收必将遥遥领先于全国。从长远来看，北京律师也只能望其项背。

接下来说一下深圳。自2016年到2018年短短的两年时间里，深圳律师的人数已经翻番，2018年总创收已有大的飞跃，接近70亿元，但是，这个数仅相当于北京和上海四分之一，从体量上看，差距巨大。但是，随着深圳人才引进政策的实施，律师人数和总创收必将“核爆级”增长，律师行业的“深圳速度”将再次亮眼。当然，与北京和上海相比，长期仍会存在巨大差距。

“十大”市场等待有准备的人

从网络媒体统计的数据来看，目前有十座城市的法律服务市场是律师的“金矿”或者“银矿”，他们分别是北京、上海、深圳、杭州、苏州、广州、成都、东莞、长沙、青岛，上述城市的律师人数、总创收、人均收费等指标名列全国前十。有些数据可能在统计上会有差异，但总体来说，上述十座城市作为法律服务的重量级城市，当之无愧。

接下来一个问题是，这些“金矿”“银矿”，你可以去采吗？

作为律师，你要去这些地方执业，从现实角度讲没有任何障碍。前几年，因为手续原因律师异地进京执业难度很大，2018 年北京市司法局颁布新政，尽最大可能放开进京执业限制，外地律师也可以来北京申请执业。

但问题是，你自身状况适合去“开采金矿”吗？我的观点是：

首先，市场决定律师业绩和收入，此处的“市场”包括外在的大市场和内在的小市场。外在的大市场是指法律服务市场存量，一线市场存量当然大于二线市场存量。内在的小市场是指律师个体拥有的业务市场，该市场是因人而异的真实市场。打个比方，大市场相当于大海里的鱼，是渔夫可以期待捕到的鱼，小市场相当于渔夫捕到的鱼。俗话说，大河有水小河满，大河无水小河干。大市场经济越活跃，企业发展越好，小市场里挣钱就越容易。

从刚才的数据可以看出，北京、上海、深圳经济总量领先，律师收费也同样强势。深圳有众多上市公司、知名公司，北京和上海更是如此，都属于全国总部经济的中心城市，相反，在一些经济欠发达的地区，律师想高收费也不现实，没有市场的支撑，律师业务也不可能有大的起色。

本人曾在青岛执业多年，比较了解当地的市场状况。青岛是山东经济发展“龙头”城市，它的法律服务市场需求比较旺盛。青岛人口及地域在全国的排名并不靠前，但是它的经济发展势头非常强劲，与之相伴的法律服务需求也相对旺盛。北京知名律所几乎都在青岛设立分所，足见其市场的吸引力。

毋庸多言，市场决定律师的流向、创收的流向，以北京、上海为例，有两大独特因素决定了北京、上海“金矿”的不可替代市场地位。

第一个决定因素叫总部经济。北京是很多公司总部所在地、国家级机构所在地，统管全国各地的法律实务。例如，中石油总部在北京，在各省、直辖市设有分公司或子公司，其法律事务实行集中管理，即全集团公司的法律服务由中石油总部来统管。所以，北京律师看似服务于北京的中石油公司，实际上服务于中石油的全国公司。也就是说，北京律师利用总部统管的先天优势，实际上抢占了总部统管下全国其他公司的法律业务。

2015年，北京律师总创收100亿元，而上海律师同期总创收140亿元。2018年，北京律师跟上海律师发展步伐，创收总额只有3亿元之差，这足以凸显北京总部经济的强势力量。

第二个决定因素是，北京是中国权力的中心，是最高人民法院、最高人民检察院、公安部所在地以及其他重要审批机关所在地。这些都是天然的“吸金”特质。

比如，全国各地公司的上市审批需要到证监会办理，外商金融投资审批需要来银保监会办理，而这些审批机关都在北京。深圳上市公司多，但IPO的法律服务还要聘请北京律师，因为公司的上市审批机关在北京，北京律师有得天独厚的优势，所以，深圳的经济指标虽然在全国是遥遥领先的，但律师的收费只有70亿元左右，相当于北京的1/4，因为很多业务被北京律师“抢走”了。

再如，重大案件的二审或再审要到最高人民法院审理，自然需要到最高人民法院的所在地北京，通常来说，当事人会聘请北京律师代理诉讼，因为他们认为北京律师有天时、地利、人和的特殊“光环”。当然，未来随着各地巡回法庭的设立以及中级人民法院审理权限的提升（受理标的额50亿元以下案件），很多案件被分流到地方，将可能惠及各地律师，北京律师会少“一杯羹”。

比说，天津律师2018年年底总创收16.8亿元，南京律师人数同天津相近，但是南京律师的总创收是28.64亿元，相差12亿元之多，这其中必然与最高人民法院第三巡回法庭设立在南京有一定关系。

其次，执业经验决定律师业务拓展能力。当事人通常会聘请有经验的律师代理自己的案子，由此，没有承办案件经验的律师就被忽略，难以参与此类业务的办理，而被选择代理案件的律师会慢慢占领此类案件的市场。

比如，企业很少会聘请地方律所的律师提供公司上市服务，而更多聘请北京律师或上海律师具体操办该类业务。此类业务真的是只有北京律师或上海律师才有能力做，地方的律师就不会做吗？当然不是。只不过是因为北京、上海的律师最先接触到 IPO 的业务机会，并由此积累了经验和业绩，再凭借这些经验或业绩吸引了更多客户委托而已。对北京律师或上海律师而言，这是可遇不可求的业务先机，后来者只能望洋兴叹。

客户不聘请地方律所的律师承办这些案件，律师就没有实践机会，没有实践机会就不会有服务经验，没有服务经验，就不能承揽此类案件，这形成恶性循环，但地方律所的律师却无力改变。

在大舞台上长袖善舞

地方律所的规模相对较小，律师之间的经验交流、业务合作也相对较少，在这种情况下，很难完成重大复杂案件的协作，所以企业只有到北京、上海等大城市去寻找有经验、见多识广的律师。

另外，因为高铁和互联网的便捷，地方律所的律师慢慢失去上门服务迅速的优势，北京律师或上海律师长驱直入服务到门的能力增强，客户选择律师的范围增大，律师的竞争更加激烈。

要想去“采矿”就要具备相应的能力。谁不知道“金矿”好，但问题是，你有开采“金矿”的技能吗？

技能需要锻炼，锻炼就必须有现实案件承办做基础，但往往是没有技能就承揽不到案件，似乎形成一个死循环，无法突破。建议如下：

从律师发展的角度讲，应该到大平台、大律所去学习锻炼。因为在那里见多识广，能有机会结识到律所总部的高级合伙人，了解市场信息和律师业务拓展的经验。大平台、大律所是很好的学习平台、信息平台，你可以共享信息、资源，每位同事都是你延长的“手臂”，能帮你做自己做不到的事情。等你有了经验，服务客户的能力就会提高，案件自然也就不愁了。

还是拿看医生的例子来打比方。为什么大家喜欢到大医院去看病？因为大医院的资源广、设备好、医生见识多。同样的道理，你所在的律所规模小，客户很难信任你，律所人少对应的资源也会少。你只有与大律所联合，才能承揽到大的业务。现在很多医院也在这样做，小医院与大医院“结对子”、联合会诊，实际上就是为了实现医疗资源的对接。

在北京大平台执业多年的律师，到地方城市去发展可能相对容易，因为他参与的案件比较多，经验相对丰富，没做过的项目可能也听说过，业务能力相对较强。反过来，地方城市律师到一线城市的律所去发展，开始时可能要面临经验相对匮乏的难题，你需要比别人更努力地积累。当然，在大律所历练几年，很快也会磨炼出来，所以，地方城市的律师去一线城市“淘金”，就要做好心理准备，你能看到这些地方的机会多，别人也能看到，所以在这些大市场竞争自然也最激烈。

2018 年北京律师总创收 234 亿元，人均创收 68 万元，这些指标只是行业宏观数据，无论多少对律师个体来说没有太多意义。真正有意义的是，自己去北京能挣到多少钱？所以，人均数并不意味着你到北京做律师就能够挣到 68 万元，到上海做律师就能够挣到 90 万元。

有位朋友发微信问我，自己当兵要复员了，是回原籍的小县城执业还是到大城市去发展。我回复说，没有人阻止你去你认为最适合的地方发展，但是，去之前请问一下自己有什么，要什么？

有了金刚钻去揽瓷器活。你必须对自己有信心，同时要具备基本的能力，包括交际能力、写作能力、表达能力、学习能力，等等。你有信心吗？如果有，那就向着那些“金矿”出发吧。

第八讲 法官做律师如何转型

法官是司法审判队伍中关键的一员。在此特别声明，本讲不对现任法官做诱导或者劝说其离开法院进入律所，仅对已经辞职和经过慎重考虑决定做律师的朋友们的发展问题进行探讨。

按照最高人民法院关于法官辞职的有关规定，律所不得直接接收最高人民法院辞职的法官，这可能是国家法治改革的一项重要举措。未来类似规定是否会在全国基层法院系统推开，即律所不得接收法官，现在尚不得而知。

但是，根据《法官法》的规定，法官从事律师职业的，两年内不能够担任辩护人或者诉讼代理人，终生不得代理在其工作法院的相关诉讼或辩护案件。在自己代理的案件中，直系亲属担任法官的，应予回避。这些举措都是为了保证司法的公正和独立。

当然，作为法官，按照法律的规定有权自主择业。公务员或法官的职业流动是我们国家正常的就业现象，也没有必要大惊小怪。

辞职后的生活保障

很多朋友在辞职之后面临的第一个问题是：生活保障。由法官辞职做律师，由体制内的四平八稳转向个体经济的“动荡不安”，没有生活保障的职业能否熬下去，成为众多刚刚辞职法官的“心病”。

以前是安安心心地做本职工作，“朝九晚五”生活有规律，家庭收入稳定，小日子优哉游哉。现在要做律师，一下子没有基本的生活保障，心里自然发慌。虽然知道可通过辛勤的劳动赚取丰厚的收益，但是，毕竟是前途未卜，家中“上有老下有小”，一旦断了经济来源，那可就“叫天天不应，叫地地不灵”，而且，永远回不到从前的岗位和生活了，所以，内心非常忐忑。

关于这个问题，我的观点如下，供大家参考。

目前全国绝大多数的律所以提成制为主要分配模式。提成制就是律师承揽业务收费汇到律所之后，扣除税费、办公费用之后，剩余部分都由承办律师提取作为自己的收入。其中，公共行政人员的薪酬由律所作为办公费用统一支付。如果辞职的法官去律所做行政人员，按照所里薪酬标准取得薪资没有问题。

但更多辞职法官都想直接做执业律师，且希望律所有个“保底”工资，这种情况比较难。一方面，律所收入的绝大多数被律师提取（每个律所都最大可能地将提成比例提高，以招揽更多律师加盟），预留的费用较少，且每年每个律所的预留费用几乎是固定不变或相对稳定的，除非发生办公室扩租或变迁的情况，要求律所支付“保底”工资根本不可能。另一方面，在提成制律所里，律师都是自己给自己打工，自己的饭碗自己端，让“老律师”为一位“新律师”打工，让资深律师给新律师“保底”，估计难以服众。

当然，给“保底”薪酬的律所也不是没有，如果你确实是一位有实力、有潜力的新人，公司制律师事务所有特殊的人才引进政策，给予你“保底”薪酬并不难。但是，天下没有免费的午餐。如果你拿到“保底”薪酬却不能为律所创造价值的话，我相信，你也不好意思拿下去，这种情况下还不识趣地拒绝领薪或者静静地离开，别人的脸色估计就不太好看了。当然，如果你能力非常强，你也不需要占便宜而要这份“保底”的薪酬。

还有一种“保底”薪酬方式叫“预付倒扣”，实际就是预支薪酬。也就是说，考虑到辞职法官的特殊情况，在两年内不得从事辩护人或者代理诉讼案件，执业存在比较大的限制条件。转行来到一个新行业，如果没有基本生活保障的话，很难安心地做好业务，故律所会根据你的能力以及未来预判，提前支付工资或者“保底”薪酬，等你未来能够承揽业务为所里创造价值的时候，再“倒扣”支付的薪酬，多退少补。这种模式通常切实可行，既解决了个人的基本生活保障，又不增加所里的负担。

我给大家的建议是，无须过分担心挣不到钱。在我的身边，有很多辞职法官做律师在很短的时间内就能成功地转型。当初担心的“保底”薪酬根本不是问题，毕竟在法院时做得比较出色，或者在专业上能够成为资深法官，是经受过职场考验的，再做律师的话，通常来说也都会水到渠成。

当然，与前面的声明一样，我不是在鼓动正在审判战线的法官辞职做律师，也不能够仅因薪酬的差异而鼓动法官加入律师队伍。即便是来到律师队伍，工作干起来还是蛮辛苦的。虽然收入有所提高，但是说实话，这个世界上从来就没有无缘无故的爱，也没有从天边飘来的薪酬。所以，即便有些辞职法官做律师成功转型，且收入也不菲，我也奉劝大家低调内敛，每个行业有每个行业的辛劳，没有必要以收入多少去论成败，也无须把挣得的薪酬给以前的同事展示。

“六要点”：角色转变，投身市场

第一点，由法官做律师，要做好角色的转变或者身份的转化。在我熟悉的法官辞职做律师的人中，有些在法院中已经做得非常出色，无论是审判经验还是政治觉悟各方面都非常优秀。说白了，这些人无论是去做律师还是从事其他行业，我相信都会很优秀，有能力的人走到哪里都不怕。事实也证明，这些人在律师队伍里面，很快就成为资深专业律师或者合伙人。

当然，辞职法官做律师有表现优秀的，就有表现“不温不火”的，具体的原因可能有很多，比如，在三四线城市做律师，当地的法律服务市场“体量”有限，竞争激烈，且收费很难，想成功就不容易。

角色的转变为什么这么重要？很简单，隔行如隔山，加入一个新行业就像跨越一座大山，相当不容易。说实话，我本人是从电力系统转行来做律师的，在转变过程中真的非常痛苦，这种痛苦既包括生活方式转变带来的不适，由以前在体制内比较安逸的生活转变到不懈奔波的生活，也包括知识结构的重建和积累带来的辛劳，从电力行业跨越到法律行业，相当于“门外汉”一点一点地学习法律知识。

大家知道，江山易改，本性难移，要改变习惯是备受煎熬的。法官辞职做律师也要经历角色的转变或者蜕变，虽然不至于用痛苦这个词来描述这个过程，但是转变总是艰难的。以前做法官，不用“看客下菜碟”，不用求着谁，不用看谁的脸色办事，也不用担心没有案源，烦心的不过是审不完的案子、写不完的判决书。庭审时，你高高在上，坐在审判桌上，双方律师或原被告分立两旁，都要在你的指挥棒下参加庭审。从心态上讲，你是公允或者中立的，不急不慌，稳坐“钓鱼台”。

但是，你做了律师，就很难这样泰然自若了，你要处处求人，希望得到案源，希望得到好的判决结果。你要去宣传自己，让客户认可自己并把案子委托给自己，要去说服法官接受自己的观点。以前你做法官时是被说服，现在你做律师是要去说服。这两个过程的感觉是截然不同的。

一位前法官、现律师向我抱怨说，某人当律师的时候，参加我组织的庭审，经常被我训斥，现在他做得比我好，我就不服了，他都能做好，我怎么就不行。这段话反映出两个问题：一是，这位法官可能从骨子里觉得这位律师不如自己，以能“训斥”别人彰显自己水平高；二是，律师有不足就不可能弥补吗？从这些抱怨看，他并没有认清律师角色定位或者学会用发展的眼光看待律师。

虽然我不清楚这位法官为何训斥这位律师，也不评论他训斥的对错，仅训斥的本身，是法官的地位所赋予的“特权”，一般来说，律师也不愿去争对错。但挑别人毛病和自己实际做是两回事，如果让你做，能否不被“训斥”也不尽然。即便被“训斥”，也并非“一棍子被打死”而不可救药。做律师只要知错就改，及时改正，一样可以不断进步，成长为令人尊敬的人。

因为角色不一样，所以心里期盼就不一样，期盼不一样，压力就不一样。做法官时，不说是高高在上但至少你没有必要去求谁，但是现在做律师，你对案件的结果能否做到“可控在控”，法官会不会支持自己的观点，就会让你非常忐忑，你就要想尽一切办法去争取，而不是静静地等待。这是角色或者定位的不同而导致的不同做法。

当事人都是以成败论英雄的。你代理案子败诉，客户是不愿意接受的，哪怕是欠债还钱的案件，你代理的是被告，如果你未能为当事人争取到利益，当事人也会觉得你不行，他花了钱雇你，却没有用处，他就会觉得花了冤枉钱。客户的这些期望反映到律师身上，就是巨大的压力。

有些事务也许不是法庭上“唇枪舌剑”的对抗，而是与对方当事人纠纷谈判。如果是因为你脾气不好触怒了对方，最后无功而返，责任的板子还是要“打”在你的身上。

角色转变也包括工作方式的转变。体制内有很多的管制，比如，法官讲课、出书这种收益性的活动要受到限制，必要时需要领导的批准。律师就不一样，你是自由职业，只要在法律法规的许可范围内，想讲课就讲课，想写书就写书，你可以帮助客户寻找投资方并正大光明地收取相应报酬，没有人去约束你。所以，法官辞职做律师的感觉像是突然被松了绑，在清新的空气中，天高任鸟飞，海阔任鱼跃，你觉得特别放松，只要不违法，没有不可以干的事。

但实际上并非这么简单，律师看似自由职业者，实际上并不自由。法官下班之后就可以放松了，没有人再去打扰你。但是，律师实际上是 24 小时等候客户的命令。客户的需求就是命令，不管星期六还是星期天都要立马响应，甚至于晚上刚要上床休息，客户来电话告诉你情况紧急，你也要收拾行囊去机场。而律师是随时待命要去解决客户难题的，而难题的出现是根本不分时间的。

如果你服务的客户多，飞机刚落地，下一个客户已经预约你坐高铁去另一个地方，晚上深更半夜回家，早上又要赶往新的目的地。我曾经早上五点起床赶往机场，飞机晚点凌晨三点半赶回家，一天差一点一个对时，这就是“自由职业者”的不自由，这也是律师服务业的现实需要和特点。而法官是公务员的工作作风，不急不慢地“走”程序。

我了解到一位辞职法官就很有脾气，辞职以后做律师还是那么有范儿，但是，很多的客户还是接受不了这种“耍大牌”，他也渐渐体会到孤芳自赏的难处，慢慢地改了自己“盛气凌人”的毛病。所以，在律师行业里面没有大牌，成功的大律师，清一色的彬彬有礼、平易近人，没有拒人千里之外的冰冷感。

很多法官做律师多年而未能有所建树，我个人认为，可能是性格问题。如果认为自己是名牌学校毕业的、在审判岗位上审案无数、吃过的米比别人走过的桥都多等，那么这种心态就很难融进律师同行和客户，就很难取得大家的信赖。法官和律师不一样，他只要解决法律问题就万事大吉，自己有判决的权力，该权力是法律赋予的，不需要求人。但是，律师不是仅仅研究法律问题就可以的，他要拿出大部分时间去与客户、对方当事人、法官等做沟通工作以及拓展案源，所以，法官和律师的工作重点也不一样。总之，有志于做律师的法官或者是已经在做律师的前法官，一定要解决好角色转变的问题，不转变观念，客户和市场不会青睐你。

第二点，应主动做好营销工作。很多法官一听律师营销，感觉不可理解。在我们国家，做律师的很多精力还在于拓展市场，即便是自己的业务能力很强，也不见得就有案子做。酒香也怕巷子深，当事人怎么会慕名而来？在目前的律师行业光知道“低头拉车而不抬头看路”的人是很难有所作为的。有没有案子做得好，靠口口相传而登门委托的？市场之大，当然会有，但不会很多。

在我们这个特定的人情社会或者案源经济的特定环境下，十有七八还要靠自己去开拓案源，这也是很多辞职法官刚刚做律师的时候最担心的问题之一。开拓案源是律师的一项重要工作和重要技能。

以前在法院里不用担心案源，交办的案子都办不完。现在一下子踏入市场自谋出路，就要靠自己去揽案子，怎么办？首先要营销好自己的同事。营销好自己的同事是获得案源合作的最好方式之一。为什么要营销同事呢？大家想，刚辞职的法官两年内不能够以诉讼代理人的身份去开庭，你必须找同事合作。这是你生存的“刚需”，没法选择避开。

另外，找你合作也是很多同事的“刚需”，比如，你审过保险合同的案件，同事恰好有个保险纠纷的案件，如果他了解到你有审判经验，或当事人需要这样有审判经验的律师来承办案件，他自然就要找你合作。

同事之间的合作有天时之利，无须再花费时间去深交。大家知道，如果两个人互不认识又不是一个单位的，首先需要一段时间来认识，其次需要时间加深了解，甚至还需要一位中间人的信用背书才可能有合作。而如果大家是同一个单位的同事，不会再需要较长时间去了解就可以直接合作。

刚辞职的法官一定要掌握好这一点：先跟同事交朋友，让同事了解自己。比如，工作过的法院、审判过哪些案件、擅长办理哪类案件以及自己的其他优势，这是营销的开始，也是最好、最快捷的营销。一旦通过这种快捷方式获得合作，可能很快就能解决辞职之后的生活保障问题。

要营销就要大胆说出口，别羞于启齿。有些辞职法官做律师很久，都不好意思对外宣布，更不好意思“求”客户给案源。有位法官曾说，原来我审过保险公司的案件，他们公司的法务对我也很客气，现在我做律师找他们承揽案件肯定没有问题。在这一点上，我个人觉得，还是应该客观地看待这个问题。现实生活中，大家都懂得说客气话，有具体事情需要帮忙的时候，能否兑现客气话，那就是另一回事。

有时候，你在一个特定位置上（如领导岗位、审判岗位），别人可能会仰视你，绝非是对你本人的客气，大家无须大惊小怪。当然，也不要天真地认为别人对你客气，你就可以信手拈来，要风得风，要雨得雨。做法官时，别人对你很客气，做律师时，别人不再逢迎你，这很正常。世态炎凉本是很自然的事，也不必伤心。

当然，不要因为有这种态度的转变而就放弃与这些客户的接触，还是要靠自己的实力、服务态度慢慢地去赢得别人对你的信任，毕竟以前曾有过交集，发展客户有一定基础。

过去他认识你是法官，现在他要认识一位律师，所以，你要尽快转变成一名训练有素的律师，去重新赢得他们的信赖。

第三点，不要利用“法院资源”去迎合客户的“不合理”期望。有些辞职法官喜欢夸大自己在法院里的工作能力，过分夸大与其他法官的亲密关系，让客户产生额外预期，这是非常危险的事情，轻则失去客户的信赖，重则涉嫌“诈骗”，违背律师职业规范。

所以，这是很多法官比较纠结的问题。不去强调以前的身份或荣誉就承揽不到案件，宣传一下过去的业绩或“资源”，承揽案子就很容易，而且也容易提高收费。比如，我原来在某地中级人民法院做法官，需要委托的案件在自己曾经工作法院的下级基层法院审理，主审法官以前都给我汇报过案件，我跟他们都很熟，随即说出很多法官的名字等信息，并编造与主审法官亲密接触的故事，让当事人产生幻觉，觉得你神通广大，随即委托你代理本案。但是未来等你接手案子后，客户发现你跟某某法官并不熟，案件最终也没有胜诉，也没有达到客户的预期效果，怎么办？

律师行业是服务业，它是以信任赢得委托的行业，绝不是“一锤子买卖”行当。如果你认为，即便代理的案件败诉，只要收了代理费，以后找不找自己也无所谓，那可就太短视了。特别是在三四线城市，城市不大，你做事的态度、能力很快就传遍小城。如果你的口碑毁了，未来想再接案子，可能就寸步难行，所以，我奉劝各位，千万不要杀鸡取卵，责任、信赖是在客户那里种下种子，是自己未来持续发展的动力。

种什么样的种子就结什么样的果实，所以，大家要把握好尺寸，避免给客户过高的许诺而无法实现，造成投诉甚至是诉讼。

第四点，在以人脉关系为主导的案源经济市场中，结交人脉至关重要。

关于律师的营销，拿一个漏斗来做形象的比喻，流出漏斗的物品是案源。漏斗内物品系潜在客户，漏斗口开得越大，装的物品越多，预示结交的人越多，漏斗下端物品聚集越紧密，就预示着交往越密切，就越容易形成案源。由此可见，承接案源主要做两项工作：一是要广交人脉、广结善缘。法官可能交往比较少，因为没有交往的需求，而且按照职业纪律也不能与当事人私下随便交往。平日里的交际也基本是正常的人情往来，而不是一种工作需要的主动交际。律师就不一样，要获得别人的信赖，就得跟人交往，人不交往就不了解，不了解就不会把自己重要的事情交给你，也就不会有案源，所以，大家必须有意识地去交往或者应酬。如果你觉得自己性格不善交往，可能未来市场拓展会受到限制。你想做大律师就要改变，有意识地去交往。

交往的模式有很多，比如，加入一些协会，参加一些公共活动，然后有针对性地结交一些人；也可通过出书、讲课、聚会，就是把自己做律师的业绩展示给别人，及早地做自我推销。腿迈不开、人不出门，案件不会自己迈进你的门。

交际不能光追求数量，更要追求质量。也就是说，要追求有效交际。有效交际是什么意思呢？如果把商场顾客的流量比作交际量，那么顾客的购买量就好比是有效交际量。对律师来说，有效交际才是有意义的。有些人说，自己的微信圈有几千人，但跟你交往密切的只有几十人，除这几十人可能形成案源外，其他都应该属于无效交际。无效交际不会给你带来安全感，他们更大可能是简单咨询，而不会形成付费委托。需要跟这些人开诚布公、心贴心地交际，让对方认识到你的能力、为人，才会发展成有效交际，否则只会浪费时间。

所以，既要多认识人又要密切交往认识的人，及时甄别并选择合适的人深交，走进对方的心里结交朋友，而不仅是留个名片、拍张合影了事。留下对方的电话号码、微信，通过交流了解对方，判断对方是不是愿意与自己交往，自己需不需要交往对方，这些都要看你的交际和判断能力，慢慢地去学习、总结才能掌握。刚开始可能不习惯，慢慢地就会适应，积极地调整心态，你就可以做得更好。

第五点，关于业务方向的重新定位很重要。

律师是一个需要不断学习的职业，因为你的竞争对手是对方的律师，人家在不断地学习，法官在学习，如果你不学习，就跟不上法官的思路、理念，如对方律师在某个案件或某一观点上见解超越你，对方可能更容易说服法官接受其观点。

对那些曾经在法院工作比较忙的法官来说，不是忙就意味着你的专业水平有多高，不要因为你审理了大量案件，就代表你的审判水平有多高。因为有很多的案件是类似的，比方说，票据纠纷案件，你可能审理500件，但从法律关系上看没有太大的差异，所以说，不要以为你审理1000件案件，就比审理500件案件的法官水平高。因为法院有充足的案件等着你去审理，也不要认为自己的审判水平高就放弃继续学习，不要认为审理的案件多，自己的专业功底就深。

律师为了击败对方律师或说服法官，要不停学习研究。虽然在时间的安排上，法官更多的时间花在审判一线，而律师的很多时间在拓展市场，研究业务的时间比法官要少一些，但是法官和律师的学习动力是不一样的。律师为了取得案件的胜利，学习动力比法官强烈得多，学习的深度也会强一些。当然，我不否认有很多法官特别能学好学，并且法律功底了得。

专业的定位要依靠市场来确定，没有永久不变的市场，也没有永久不变的专业。律师既然是提供法律服务的，当然要围绕市场开展服务。市场发生变化了，专业当然要调整。比如，很多客户想“新三板”挂牌，所以“新三板”挂牌业务前几年就非常火，基金投资也很兴盛，律师就及早跟进。可是，这几年这两项业务随着市场的没落而消沉下去。

法官做律师如果主攻争议解决的业务，相对熟悉现有案件的类型，不用投入太多时间去学习相关业务知识，但是，也应随着市场的变化做一些前沿业务的探讨。比如，在融资方面最近出现保兑仓业务、托盘交易等新型商业模式。这些对法官审判来说，万变不离其宗。主要看纠纷的法律关系来最终确定法律责任，案件基本的审判逻辑和思路是恒定的。而律师因为服务范围比较宽广，有诉讼类与非诉讼类服务的不同，特别是非诉讼业务是紧紧跟随商业交易模式而发展变化的，没有一定之规。

当然，诉讼的类型也可能随着市场的变化而变化。比如，以前会有大量的票据纠纷，但现在票据的纠纷越来越少了，为什么？因为互联网时代，科技发展了，以前常用的纸面票据慢慢被电子票据所代替，以前因为伪造、编造票据以及印鉴不符的票据纠纷已不复存在，以此为专业的法官就要转做其他纠纷了。市场根本不需要票据纠纷专业的律师，该怎么办？当然，要优先考虑与以前的工作经历相近的专业方向。比如，你审理过票据纠纷，虽然现在票据纠纷少了，但可以稍微拓展一下，转做与借贷担保融资相关方面的诉讼代理业务。以前你在法院刑庭审过案件，做刑事辩护业务就有一定的优势。如果以前是做执行的法官，你不妨从执行经验去寻找自己的业务方向。

执行法官转行做律师也会有一个小小的“坎”。所谓的“坎”是什么呢？以前执行环节有很多的工作可做，需要执行经验和技巧为当事人争取利益最大化，比如，在评估拍卖环节，在多大范围内公告以及在何种媒体上公告所能够达到的效果是不一样的。但是，大家现在也看到，拍卖上网、全程透明，法院法官委托拍卖以及竞买人上网竞拍都通过互联网完成，根据制度的设定，做到既透明又隔离，防止“围标”“串标”的发生。以前做过执行，找到熟悉的法官，进程就能快点，反之，就会很慢。现在好了，一切都按照流程进行，人为介入或干涉的少了很多，“操作空间”自然也就慢慢消失了。

举这个例子是想告诉大家，专业定位要以市场为主导向，也要遵从司法改革目标及时调整。刚才说到执行，其实，未来的破产业务，也会随之规范化、透明化，而失去律师参与的空间。由此，我也提醒大家，在专业定位的时候也要有一定的前瞻性，否则，专业方向选择好了，相关知识也储备了，发现根本没有客户采购该服务，那这样的专业就没有实际意义。

第六点，法官要训练自己的写作和口头表达。

法官在做律师以前是看双方律师的法律文书，根据原被告律师提交的材料写判决书。做律师之后，自己要写法律文书提交给法官，希望法官采纳自己的观点。你可能觉得，自己写过上百份判决书，写作也是轻车熟路。其实不是那么回事。

现在最高法院就判决文书的写法有很多的要求，再加上原有的固定模式，很多法官并不注重说理，只是简单地写上证据名称，然后找准法条，按照“三段论”的模式支持某一方的主张，驳回另一方的主张，最终得出判决结论。所以说，法官写判决书是有章可循的，但是律师的文书就没有这么简单了。

法官转行做律师之后，要写的可不是判决书，而是答辩状、代理词，这些文书里面要注重说理的环节。因为这两种文书的作用是去劝说法官接受你的观点，所以，它对说理的要求更严格，要不然法官不接受“劝说”。而判决书则不然，最终发挥“威力”的或当事人最看重的还是判决事项，至于说理则没那么重要。

法官作为中立裁判方在法庭上很少“讲”，重在“听”，法官只要控制好审判程序即可，无须创新性地去发挥。但是，法官做律师，就要反过来，以说和写为主。这两项技能，我个人觉得，辞职法官做律师应该狠下功夫。

隔行如隔山，这些功夫在以前接触少，现在需要补课，因为你的角色变了，角色不同，需要具备的技能也就不同。希望你沉下心来，以“归零”的心态应对新行当。过去只代表历史，再辉煌也随风而去了，现在要做的就是用心学习新技能。

做律师，要给客户讲法律、讲策略，而且要讲得精彩，就要好好训练。

律师素质篇

责任至上，客户自来

第九讲　律师应培养哪些能力

本讲的分享是，律师应当具备哪些内功？答曰“四大能力”和“四大精神”。“四大能力”是指交际能力、研究能力、沟通能力、写作能力，“四大精神”是责任感、荣誉感、团队精神、锲而不舍。律师应该在这八个方面重点提升。

律师的“四大能力”

第一项能力：交际能力。

大家会慢慢明白，律师和其他行业很相似，都是案源经济，也就是说，每一位律师的工作时间里相当一部分时间用在拓展客户、开拓案源上。不像很多美国律师那样，似乎只要专业立身，很多客户就会慕名而来，不用愁没有案子做。目前中国律师业仍是以案源作为主导的经济模式，律师的一大部分时间是花在老客户的案子上或新客户的开发上。

在这种模式下，创收指标是每个律所面临的问题，也是各家律所之间比拼的一项重要指标。如果你觉得自己从名牌法学院毕业，学富五车，踌躇满志，似乎成功指日可待，那可能有点异想天开。必须要清醒地认识到一个严峻的事实，你有“金刚钻”，却不见得能揽到“瓷器活”。这就要求每个律师首先要有交际的能力，通过自己的专业展现、情商、交际最终获得客户的认可和信赖，才能“活”下来。

赢得案源，这是成功律师的一项基本技能。在现实生活中，律师虽然是一个受人尊重以专业立身的职业，但说实话，律师也是需要处处求人办事的职业，既需要求得客户把案件委托给自己办理，又需要求得法院认可自己的观点或主张，否则就难以为继，而客户委托和法院裁判的决定权都不在自己手里，给不给、认可不认可，都是别人说了算。

第二项能力：研究能力。

在中国，很多当事人找律师，把材料交给律师之后，就急不可耐地想得到一个结论——这个案件能不能赢。他觉得你是专家，在法律方面就应该是“万事通”，他问你，你就要对答如流，否则你就不专业。

在有些国家比如美国，客户似乎没那么急切，他们会给律师研究的时间，并且有耐心等待律师的分析意见。在律师研究的过程中，律师所投入的时间还要按小时收费，这有点像我们法律上说的“加工承揽”。客户把案件材料交给律师，律师开始研究，最终向客户交付研究成果，整个过程都算律师的工作。

客户希望律师是一名专家，有问必答。在这种情况下，律师就需要提前进行专业研究或者知识储备，包括积累亲身办理案件的经验，也包括学习别人办案经验，这样的话，当客户把一个案件交到律师手里的时候，律师才能够及时地捕捉到关键点，让客户在见面交流的时候就对律师产生信赖，从而建立委托关系。

这就需要律师具备案件研究的技能，特别是，遇到重大疑难案件的时候，比如，一审、二审都已经判决败诉的案件，如何从中找到新的突破口帮助败诉方摆脱困境，就需要律师的高超技能。

吹尽黄沙始见金。欠债还钱的案子，通常事实比较清楚，往往很难展现律师独辟蹊径的办案能力，而有些特别疑难的案件，哪怕是关于合同中某词语或某法条理解发生重大歧义的案件，恰恰是最能见到律师的真实功底。

如果律师没有研究能力，不能从这些纷繁复杂的关系中抽丝剥茧、理出思路，估计也不能赢得客户的委托或者赢得案件的胜诉，所以，疑难案件是区分大律师与普通律师的“试金石”。

各位年轻的朋友们，如果你喜欢律师这个职业，你就应该具备研究的能力或者研究的强烈意愿，否则的话，未来做律师可能难有作为。

第三项能力：沟通能力。

沟通能力，说起来跟交际能力有所关联，但它更强调一种口头表达能力。大家都有这种感觉，病人到医院看病的时候，他只要把自己的症状简单描述一部分，医生就能说出病人还未说出的症状，这样会很容易让病人对医生产生专业信赖。

律师经常被比作医生，其实也存在同样的道理。客户好比病人，当他遇到了一件烦心的案子，自己感觉受了很大的委屈或者隐隐约约感到案子的判决结果不公平，但他又梳理不出头绪或者找不出问题症结的时候，律师能三下两下地把整个事实、责任分得一清二楚的话，往往会让客户茅塞顿开，同时也会获得他的充分信赖。

相反，如果客户讲述半天，律师还是一头雾水，自己也说不清楚或者是听不清楚别人要表达的意思，就很难获得客户的信赖。

再如，在法庭上，律师夸夸其谈，法官眉头紧皱；法官发问，律师一脸茫然不识真意，语无伦次、不知所云，顾左右而言他，这些都是沟通不畅的表现。

从整体上说，沟通能力不会因为律师考取了职业资格证书就自然地获得，而需要后天的刻苦训练和不断学习。当前律师的沟通能力或者口头表达能力是不尽如人意。我本人参加庭审也经常遇到有律师在法庭上说不清楚案情的情况。

中国人的木讷与美国人的善言可能与文化差异相关。

孔夫子曰：讷于言，敏于行。就是告诉我们，少说多做为美德。不要花言巧语，要以自己的实际行动去践行，方为正统。在中华传统文化里面，孩子多嘴多舌属于管教不严的表现。特别是在大人讲话的时候，小孩发言都会被大人制止。在学校里，老师在讲，学生在听；在企业里，领导在讲，职工在听。大多数人往往缺乏发言的机会，除了我们日常的口语交流，在公众场合下的发言机会少之又少。

而在美国，孩子们的思想可以得到尊重，自由发言得到鼓励，所以，孩子们长大后，无论做了州长还是议员，面对竞选演说都不发怵，手到擒来，侃侃而谈，这些得益于从小到大的自由训练。在中国，正式的竞选或发言几乎都需要拿着稿子读，鲜有即席发言的演说者或领导人。

美国总统林肯，出身于农民家庭，当过雇工、石匠、店员、舵手、伐木工人等，社会地位卑微，但他从不放松口才的训练，经常徒步二十千米到镇上，听法院里律师慷慨陈词的辩护，听传教士高亢激昂的布道，听政界人士振振有词的演讲，回家后就模仿演练，终于口才日益进步，成为世界著名的演说家。

所以，很多人因为缺乏训练，在一些重大场合讲话就会出现诸如卡壳、口吃的表达障碍。这一点对我们这个要"靠嘴吃饭"的职业来说是大忌。

1990年前后，中国社会兴起演讲，很多人开始学习相关演讲的知识来提升自己的表达能力。《演讲与口才》月刊也顺势推出，在20世纪90年代非常流行。而如今，在互联网时代，文字替代了人们本能的发声，很多人懒得说话，说的能力正在慢慢退化。

在此，我建议大家多听听比较流行的TED演讲，演讲者能用几分钟讲述一段故事或者人生感悟。每段演讲的逻辑性强，且短小精悍、观点明确，很值得律师模仿、学习。

另外，与TED类似的演讲非常多，可以模仿、学习，如国内视频"一席""二更"，建议大家去认真听一听，甚至把它下载下来，反复收看，看看人家是如何开头、延伸、收场，对比自己演讲的录像找不足，有意识地改进提升。

为何口头表达能力对律师尤为重要？一方面，客户在与我们交谈的短短半小时甚至一小时的时间里，会根据律师的谈吐来决定要不要委托，蹩脚的谈吐可能会错失客户的委托；另一方面，律师跟法官直接见面的机会越来越少，庭审的时间非常有限，要在短短的庭审时间里说服法官，如果不能清楚表达观点，将会浪费说服法官接受自己观点的机会，律师的作用得不到发挥。

所以说，为了客户的利益，为了自己，请大家重视口语表达能力的提升，有意识地通过各种方式去训练语言表达能力。

第四项能力：写作能力。

法律文书的写作课程，我在很多场合下做过分享，参加听课的同学不计其数。这说明，大家已经意识到它的重要性。

法律文书是律师表达法律意见的一个重要途径，但是，在工作中，因为律师缺乏针对性的训练和意见反馈，律师写法律文书多是通过自己的摸索而得来的经验，所以，法律文书良莠不齐。

法律文书提交到法官那里，法官不可能向律师反馈法律文书的读后感，如果觉得某个律师写的法律文书观点明确、语言表达顺畅，他会看两眼，如果觉得律师写的法律文书还不及他的水平和理解，他可能就不会去看，所以律师无法知道自己的法律文书水平状况。

法官每天要处理大量的案件，阅读大量的法律文书，如果他发现律师写的法律文书不值得一看，自然没有性子去读律师写的文书，毕竟律师的文书仅供合议庭参考，而不是必须看。如果律师的法律文书没有引发法官的阅读兴趣，自己在法庭上又没有向法官清楚表达代理意见，那律师代理就没有任何作用。

有的朋友说，我学的是法律专业，也会写作文，感觉法律文书的写作没那么重要，无论白猫黑猫，捉住老鼠就是好猫，律师代理案件的关键看结果，其他无所谓，法律文书好坏不影响大局。

那么，问题来了，口头表达不重要，写作文书也不重要，那么律师还能靠什么能去赢得案件的胜诉结果呢?

在此，我不想再展开讨论上述四项技能的重要性，只想告诉读者，口头表达和法律文书写作是每位律师的基本功，需要大家充分地重视和训练。

律师的“四大精神”

第一，要有责任感，要以责任赢信任。责任感是律师的特有潜质。前面的课程我已跟大家说过，这种责任感建立靠什么？要靠我们的人品。俗话说，做事先做人，让客户觉得你这个人可以信赖、值得信赖。人品包括但不限于你的诚实、韧力、信心和能力。

责任感首先体现在律师自身的责任上。怕没做好事情让客户失望，才会竭尽全力、战战兢兢、如履薄冰地去做，才能够做得更完美。责任感是律师对客户的信诺。只有以责任赢信任，才能最终赢得我们的律师费。如果是大家光盯着钱，而不靠责任建立信任，客户不会把钱白白地支付给我们。

律师的责任感，就是表现在任何时候都不放弃任何机会为客户争取利益，并视之为最重要的“事”。

有一个羽毛球打得好的朋友问我：“你经常去打羽毛球吗？”

我说：“是的。”

他又问：“你什么时间去打羽毛球？”

我说：“没事的时候去打。”

他又问：“什么是没事的时候？比如：周六上午，某客户有案子要委托你，是不是就是有事，上午就不能去打羽毛球？”我点了点头。

他说：“我每周六上午都去打羽毛球，雷打不动。如果这个时候有客户找我谈业务，我会说，上午有事，时间冲突了，只能找别的时间谈业务。因为在我心里，打羽毛球就是有‘事’。”

在此，我并不是为了评价朋友对待客户的态度，我是想说，当把一件事当成“事”的时候，你才能倾尽全力干好它。当一个人说，有事不能干某某事的时候，那就是说他没有把某某事当成“事”，当他把某某事当成“事”的时候，其他的一切都不是“事”。

第二，要有荣誉感，即靠自己的手艺和敬业精神赢得社会的尊重，并以此为荣。有人说，很多律师到处求人办事，见人说人话，世俗油滑，点头哈腰，没有国外律师应有的高大上的职业形象。

我觉得，律师自己要对律师职业、行为方式充满自豪感，不能因为社会上说某些黑心律师或某些不良现象而动摇我们对职业的坚守和自重。任何一个行业的群体，都有这样或者那样的事情发生。

年轻律师首先要做好自己的事，没有能力和精力去关注太多的世事纷杂。如果你想加入律师行业，请坚信这个行业的纯洁，坚守自己的道德底线，才会越干越有劲头。有了精气神，有了对职业的尊重，你才能干出个样子来。

第三，要有合作精神。团结一致，就是要求我们跟同事“扭成一股绳”，坚不可摧，所向披靡。俗话说，兄弟齐心，其利断金。有很多案件，特别是一些大型非诉讼案件，需要团队成员联手才能完成。如果你在这个团队中不能够跟大家友好相处，比如，相互之间有隔阂，甚至于你的心胸容不得其他人的成长、见不得其他人的优点，那么你在这个团队中会很累，也不可能有所进步，重要的是，无法与其他同事共同为客户服务。

不能与同事友好相处的人，也不可能与客户亲密无间长期合作。我的建议是，既然你选择了这个职业，就要学会包容，学会取长补短，学会利益让渡。

据我了解，有很多律师喜欢独来独往，自由自在，井水不犯河水，老死不相往来。与同事见面点点头、微笑一下，业务交集很少，甚至没有。虽然嘴上说要团结协作、合作共赢，但落实到实际工作中，就总看不上其他同事的技能，久而久之，就各自为战，相安无事。

我个人觉得，随着市场的精细化、专业化，律师的合作应成为必然趋势。理由如下：

首先，团队成就大律师。律师和普通百姓之间的区别就是，对法律进行了投资并因此获得了特定资本，获得了法律知识和技能。

一位律师和另一位律师分享客户关系、职业声誉或者经验，并不会使律师所拥有的利益或者是资源消失，相反，一位律师的资本仅限本人所用，可能不会给自身带来额外的价值，如果同时与别人分享，就会产生更多额外的价值，即增值服务。

比如，有些律师所拥有的资本远远超于他本人的能力范围，即常说的有些律师的业务做不过来，他可以挑选业务做。而有些律师案源少，无所事事。

当案源多的律师将自己剩余的资本与其他律师分享的时候，他其实就把这些资本出借或者是转让给别的律师来增加自己的收入，即“转借业务”获得收益。

在律师事务所的合作伙伴应当是执业水平大致相当的人。律师为什么会赢得别人的合作和尊重？就是因为他有可以交换的价值，包括业务能力、社会资源。注意：合作也是讲究“门当户对”的，资源多的人往往看不上缺乏资源的人，即便暂时建立合作，也往往因为观念、能力的差异而终止。

当然，团队同样也会成就律师，发挥“1+1>2”的效力。独行侠是孤掌难鸣的，虽自由，自己说了算，但难成“大气候”。

其次，市场需要团队，而不是“独行侠”。

两个人之间合作，结果往往是加法，而三个人以上的合作，结果往往是乘法，这就是团队合作的重要性。当然，俗话说，一个和尚有水吃，两个和尚抬水吃，三个和尚没水吃。人多也会产生惰性，但是，三个和尚没水吃，是因为没有等到关键时候，如果等到要渴死的时候，相信他们也会团结起来去一起抬水喝。律师这个行业也是这个道理，真想把业务做大，市场需要你找队友合作来承办，大家都没有能力选择懒惰。

项目收购、重大诉讼、海外投资、公司上市等业务需要团队才能完成。除非是传统民事纠纷案件可以由一两名律师代理完成，其他重大案件包括新领域业务的开拓，要想取得良好效果都需要团队律师的协作。因为律师都有认知的局限性，没有其他律师加入就容易出现疏漏，造成不利后果。

比如说，在30年前还没有互联网，那个时候没有案件的数据检索，对代理案件的结果判断，主要靠自己的办案经验，办案经验成为老律师的独家秘籍。但是今天，这些老律师的经验已不是秘密，法院如何判案，几分钟的检索即可查清楚。时代不同了，新的检索技术缩短了新老律师之间的经验差距，改变了老律师倚老卖老、以自己的经验为独门绝技的状态。过去老律师非常神秘，他的经验是别人无法复制的，但是今天，我相信那些固守成规老律师可能也不得不向互联网寻找案件审理的新答案，不得不向更多年轻律师求援，共同商讨案件的办理新思路。

最后，学会借助团队他人的力量，收获“1 + 1 > 2”的效果。尺有所短，寸有所长。大家通过合作会发现自己的不足和别人的长处，凡事不能只靠单打独斗显示自己的强大，而拒绝团队的合力，学会依靠别人的力量，这既是一种谦虚的姿态，也是一种智慧的做法。

有个小故事，一位妈妈带着孩子到杂货店买东西，老板对孩子说，小朋友，你可以从我这里拿走一把糖果。小孩问，叔叔你能不能帮我拿？叔叔就帮他拿了。回到家里，妈妈问他为什么让叔叔帮他拿，自己却不去拿？孩子回答，叔叔的手比我的大，可以拿得更多呀。

这则小故事告诉我们，要拿到更大的东西，一定要用更大的手，这双手不一定是自己的。在团队中及时发现比你更强大的人，让他来完成他所擅长的，团队中成员各有所能，像孟尝君的门客一样，“鸡鸣狗盗”各显神通，在关键的时候发挥各自的优势。

第四，要有锲而不舍的精神。当客户把他的难事交给我们的时候，他相信我们就和《致加西亚的信中》的主人公罗文一样，会把信（案件）送到目的地（维护客户的最大利益）。

当美西战争爆发后，美国必须立即跟西班牙的反抗军首领加西亚取得联系。加西亚在古巴丛林的山里，没有人知道确切的地点，无法带信给他，但美国总统必须尽快地获得他的合作。

这时有人对总统说，有一个名叫罗文的人，有办法找到加西亚，也只有他才能找到加西亚。他们把罗文找来，交给他一封写给加西亚的信。

那个叫罗文的人，把信装进一个油布制的袋里封好，吊在胸口，划着一艘小船出发。四天之后的一个夜里，罗文在古巴上岸，消逝于丛林中，接着在三个星期后，从古巴岛的另一边出来，徒步走过一个危机四伏的国家，把那封信交给了加西亚。

最有意思的桥段是，麦金利总统把一封写给加西亚的信交给了罗文，而罗文接过信之后，竟然没有问“他在什么地方”就出发了。

这本书在世界各地被翻译成多种语言并不停地出版，成为众多企业的培训教材，主要是因为这个故事传递了一种精神：接受重托，使命必达。

做律师，也应该学习罗文，接下案件就是接下一份重托，不达目的，决不罢休。只有竭尽全力为当事人争取利益，你才可能获得理想的结果。当然，不能为了达到目的而不择手段，因为一旦触犯法律，不仅仅是毁了律师自己，也把客户的利益给毁了。所以，对律师来说，要依法积极争取合法利益，努力表现在法庭的辩论中、在证据的准备中、在为客户出差的路上，要不辞劳苦、事无巨细地去为之奋斗。

执业十六年，有的时候睡着觉会突然梦醒，惊得一身冷汗，想到某个案子是不是过了诉讼时效；有时候吃着饭会突然放下筷子跑到电脑前查阅文件，担心代理词遗漏了某个观点；有时候跟别人聊着天会突然笑起来，因为考虑多日的难题，茅塞顿开、豁然开朗。

律师看似是一个自由执业者，其实并不自由，因为我们的整个身心都浸泡在客户的实务中，不能自拔。

记得有一位助理曾经征求我的意见，今天北京到济南的高铁列车没票了，明天上午去法院行吗？我跟他说，如果是你自己的事，又是非常重要的事，你怎么办？无论是自己开车还是买“站票”，你也要去济南，对吗？因为那是自己重要的事，任何的风雨都不能挡住你，客户的事情也能这样做吗？

他没说什么，立即买了短途票先挤上高铁，站着到达济南……

在此，我想跟即将踏入律师行业的年轻朋友说，受人之托，忠人之事，接受委托的责任太重了。我们能感觉到责任之重，是因为我们的心与客户的心贴在一起。

第十讲　律师应该读哪些书

很多人通过“法考”后，激动之余，想为即将开始的律师之路做知识储备，但不知道该读哪些书。虽然通过了“法考”，甚至高分通过，但是真要去承办案件或跟客户去谈案件，年轻律师总觉得心里没底，唯一可以慰藉内心的是，利用相对空闲的时间去“恶补”法律专业书籍。

很多朋友给我发过微信咨询，初级律师该读哪些书。从这点上看，大家还是认识到“法考”仅是一种应试手段，并不意味着掌握多深厚的法律知识。特别是对非法本的这些人，很多人是通过短时间地集中“刷题”的方式通过了考试，由此获得的法律知识真正地理解了多少更不得而知。

取得法律职业资格，仅仅是一个律师入门的门票，并不意味着你已经全面掌握了法学的基础理论。我本人做了16年的律师，每天都要不断地学习。读书学习应该成为每位律师工作和生活中不可或缺的一部分。下面我为大家推荐一些书，供大家参考、学习。

推荐的书目主要分为三类：

第一类是基础理论书。这些书内容主要包括：合同法、债权、民法总则、不当得利、侵权、物权等。这些基础理论，可能大家在大学法学本科阶段都学过。在此，我还是奉劝大家，继续认真学习，不要以为“学过”了就“掌握”了，这是两个不同的概念。在学校的时候，大家可能为了不“挂科”而学习备考，并不可能深入地理解它。如果你想做律师的话，基础理论是根本，值得大家不厌其烦地学。对那些非法本的朋友们来说，更应该如此。

第二类是技能实务书。这些技能实务的书属于每一位律师想做的专业有关的技能类书籍。实务类的书籍应该不断地去读、仔细地读、用心地读。

第三类是理论研究书。这些理论研究的书对提升自己的法律修养非常重要。想读博士学位或是硕士学位而做理论研究的话，这些书还是不错的。

对刚做律师的年轻朋友们而言，我建议大家把读书的精力还是放在第一类基础理论书和第二类技能实务书上为好。第一类和第二类书籍是年轻律师迫切要读的书，如果你有更多的精力或者有更强的理解力，你当然可以去读第三类的书。

一旦你进入律师事务所，你的闲暇时间就会非常有限，你既要忙一些具体事务，又要抽时间读书，并不是一件容易的事。因为你刚入行，是职业新手，手头的事务已让你焦头烂额，根本抽不出时间去读理论研究书。除非你做几年律师之后，基本实现“财务自由”，时间上可以自由支配，那个时候你去读第三类的书籍才现实（详见表1）。

表1　推荐的购买阅读的书单

法律基础理论书（建议：买、读、研、查，非法本要通读，同类书选一名作者即可）	韩世远	《合同法总论》
	王利明	《民法总则详解》
	崔建远	《合同法》
	梁慧星（陈华彬）	《物权法》《民法总则讲义》
	刘俊海	《公司法学》
	邓峰	《公司法》
	施天涛	《公司法》
	赵秉志	《刑法学》
	王泽鉴	《民法思维请求权基础理论体系》《民法概要》《民法总则》《债法原理》《不当得利》《侵权行为》《民法物权》（该系列可选读）

续表

法律技能实务书（建议：买、读、研、查）	薛晓蔚	《实习律师指南》
	蔡世军	《企业合同审查法律实务》
	何海波	《法学论文写作》
	高云	《思维的笔迹——律师思维与写作技能》
	君合	《律师之道》
	申林平	《上市公司并购重组解决之道》
	张明楷	《刑法的私塾（之二）》
	付希业	《企业合同管理33讲》（毛遂自荐）
	最高法院系列丛书	关于各种法律及其司法解释的理解及适用
		关于合同、借贷、公司等审理的案例指导与参考
		商事审判指导丛书（金融、知产等）
		司法观点集成（民事卷、商事卷）
		商事指导丛书（企业改制、破产与重整案件审判指导）
理论修养提升书（建议：选读）	孟德斯鸠	《论法的精神》
	卢梭	《社会契约论》
	伏尔泰	《哲学书简》
	博登海默	《法理学：法律哲学与法律方法》（邓正来版/潘汉典版）
	陈瑞华	《看得见的正义》
	彼得·德恩里科	《法律之门》

我建议：大家要把上述书籍买来仔细读，这些都是一些经典教材。当然，如果你时间没有那么充足，同类的可以选一本来读。比如，关于合同，很多著名教授都有专著，你可选一本合同法、民法总则、公司法学的专著即可。我国台湾地区著名法学家王泽鉴的书，如《民法思维》《民法总则》，都是训练律师法律思维、奠定法律基础的必读书。

当然，因为王泽鉴是我国台湾地区的知名法学家，所以他的书更多的是以台湾地区的实践为基础写就，但是通常来说，对我们理解民法没有太多障碍。大家可以有选择地去买书，可作为工具书保存，有时间的话要经常地读，慢慢强化自己的法学功底。

第二类书是法律技能实务书。这类书要根据大家各自专业来重点选择。作为技能的初级入门书，我给大家推荐几本，主要定位为法律写作和律师入职基础。说和写是律师的两大基本技能，现实中很多律师写作水平非常低，只不过是没有人去披露这个现实状况。很多律师是凭借着高中学的作文知识和大学学的法律知识，结合自己的理解而写法律文书的。

其实，法律文书的写作不仅仅是法律知识与语文知识的简单“嫁接”，而是需要将包括逻辑学在内的多门知识有效融合，为此，我给大家推荐了清华大学何海波教授的《法学论文写作》。何教授原来做过编辑，而且又是学法学出身。虽然这是针对法学论文写作的书，但是对写作其他法律文书也有帮助。

另外一本书是高云的《思维的笔迹——律师思维与写作技能》。这是一本主要介绍律师思维与写作技能的法律畅销书。高云，真名叫汪宏杰，喜欢写作，文笔不错。当前正在热卖的《思维的笔迹——律师思维与写作技能》还讲述了法律人的成长之道，推荐大家阅读。

入职培训类的书籍，我推荐君合律师事务所曾经出过的培训教材《律师之道》，刚入行的律师可以买来看看。这本教材涵盖法律文书写作、尽职调查、合同审查等实务内容，讲述得比较浅显，但内容全面，适合刚入行的年轻律师阅读。

张明楷教授的《刑法的私塾（之二）》，实际上是课堂上案例交流的一本书，读起来比较轻松，它也是一本适合刚入行的律师特别是想做刑事业务的年轻律师读的书。

另外，就要根据自己的专业去选择图书。比如，你加入公司上市业务团队，你自然要去看与 IPO 和公司法相关的实务类图书。

如果你进入商事诉讼团队，你就要多看最高人民法院指导案例丛书。鉴于本人是做商事诉讼业务，所以平时关注和购买的最高人民法院出版的图书比较多。这些书除了供团队成员阅读之外，也是很好的工具书。平时代理案件，会时不时地翻翻这些书，看看目录，有时候能找到匹配的案例，进而仔细研读和借鉴。

为什么要极力推荐最高人民法院指导案例丛书呢？主要的理由如下：最高人民法院的指导案例，其权威自不待言，关键是该系列丛书由专家法官编写，比如，沈德勇、杜万华等做主编，他们的理论功底和实务说理堪称行业“标杆”。他们都属于博士生导师级别的专家，而编委会委员也多数是最高人民法院拥有博士学位的法官，他们的著作注重理论和实践相结合，文字功底也相当了得。我们可以从最高人民法院的这些系列丛书中了解法院观点，学习他们的表达方式和写作方法。

最高人民法院关于各类法律的司法解释的理解与适用，建议大家务必买。

当然，最好也要与从事专业领域相符合，做建筑工程业务的，就买建筑工程的司法解释理解与适用的书籍；做公司业务的，公司法四个司法解释的理解与适用的书籍，当然要买；想深入研究合同，合同法的司法解释的理解与适用的书籍，当然要买来研究；做金融业务的，要去买担保法以及银行法相关的司法解释的理解和适用的书籍。这类书内容包括立法的本意、立法背景到司法实践应该关注的问题，说理透彻，内容翔实，值得购买。

最高人民法院关于合同借贷公司案例指导与参考系列书，建议大家购买。这类书有大量的真实案例，堪称经典。对刚刚从事律师职业的朋友来说，可以拿来研读，填补自己实战经验缺乏的不足。

最高人民法院商事审判指导丛书（金融、知产等卷），也建议大家购买，道理如上。

最高人民法院的司法观点集成，有民事卷、商事卷、金融卷等，大家可根据自己的专业去选购。如不差钱，全买更好，因为你的工作中难免会遇到银行业务或建筑工程业务等案件，可以参考这些工具书中的意见。

律师同行写的书，我个人感觉，与最高人民法院的系列丛书或学者的专著相比，无论是理论基础还是文字功底确实存在较大差距。大律师或许没有时间去写作，或许不想将自己的独家秘籍公之于众，律师著作较少，且质量有待提升。

但是，有很多讲授职业技能的书对大家的工作有指导作用。比如，大成律师事务所申林平律师的《上市公司并购重组解决之道》，读者反响不错。实务性知识丰富，即便你没做过并购业务，看一看也能明白一二。

当然，处于不同发展阶段的律师阅读需求是不一样的，大家可根据自己的实际情况来买书。如同购物一样的道理，同样的价格，有些人感觉高，有人感觉低，因为购买能力不一样，所以感觉就不一样。同一本书，不同的读者就会有不同的评价，所以，在网上购书时，不能仅看读者泛泛的评论，也要看看是不是适合自己这个阶段要读的书。

蔡世军律师的《企业合同审查的法律实务》写得不错，值得年轻律师学习。年轻律师经常会帮助客户审查合同，读完该书，至少会明白合同审查的关注点、风险点在哪里。

山西薛晓蔚律师的《实习律师指南》，详细介绍接案、办案、开庭、写代理词、担任法律顾问、客户营销等内容的律师办案经验。读此书可以窥视诉讼律师工作的全貌。

在此，本人毛遂自荐自己的专著《企业合同管理33讲》，一本有趣有料有用的合同管理教材。说它有趣，就是该书是用诙谐的语言讲述深奥的合同专业知识，读起来不枯燥；说它有料，就是书中包含大量企业曾经发生的真实案例并引用80多起最高人民法院的判例，供读者参考；说它有用，此书不仅让读者学到合同法相关知识，更多指导读者如何管理合同。

另外，如果你去给客户分享合同法律风险防控的时候，可以直接借鉴该书的现成案例，都是企业的真实案例。

前面的书单是我曾经看过的书，现在推荐给我团队的年轻律师看。大家经常在讨论某个案子的时候，突然想到在某书中曾看到某种观点，赶紧找来对着手头的案例进行对比分析，使用很方便。与裁判文书网的判决书不同的是，书中通常会进行详细说理和点评，让你知道判决的缘由，更能懂得所以然。

第三类书是理论研究书。如果你是一位法律的爱好者，且本科时读书也不错，现在还想拔拔高，写写文章体现高度，或者说你的精力充沛，想挑战一下理论，就可以读读这些书。

比如，《论法的精神》，这是孟德斯鸠的著作。内容主要涉及政治、法律、经济等方面的理论。政治理论方面，孟德斯鸠把政体分为共和、君主、专制三种，并指出了每种政体的原则，对共和政体极力褒扬的同时也无情抨击了专制政体。书中不乏经济学理论，孟德斯鸠主张尊重私人财产权，大力发展工业和商业，减轻赋税，废除奴隶制。在 1748 年，孟德斯鸠就写出如此经典的论著，提出如此前瞻性的理论，非常了得。读此书，对我们理解法理学很多理论会有所帮助。

卢梭的《社会契约论》，也是在那个时期写就，书中主权在民的思想是现代民主制度的基石，深刻地影响了逐步废除欧洲君主绝对权力的运动，以及 18 世纪末北美殖民地摆脱英帝国统治、建立民主制度的斗争。美国的《独立宣言》和法国的《人权宣言》及两国的宪法均体现了《社会契约论》的民主思想。

《哲学书简》是伏尔泰的作品。伏尔泰在 1726～1729 年避居英国期间，潜心考察英国的政治制度、哲学和文艺，回国后以 25 封书信的形式发表了这部重要著作。在这部书中，伏尔泰宣扬英国资产阶级革命后的成就，抨击法国的专制政体，宣传唯物主义哲学思想。在国外读法律硕士的年轻律师可能会接触过原版，国内的读者可以看一看中文译本，目前这些译本也不错，读起来比较通畅。

《法理学：法律哲学与法律方法》，作者是美国知名法学家博登海默。这本书有两个版本，分别是邓正来教授翻译的和潘汉典翻译的版本。这本书可以说是经典，告诉我们法律哲学、法律方法等概念及其理论由来。如果你有时间又有兴趣的话，可以买来通读。

还有一本是法理学的经典教材《法律之门》，它是美国各大学法学院通用的一本法律教科书，也可以看成一部英美法的微型百科全书。它在展示美国的法律发展过程，不只通过描述的方法，而是通过让读者置身于你来我往的争辩，来强调法律讲论的重要意义，每一文章和案例都提供了探索人的紧张关系的机会。

《看得见的正义》是北大陈瑞华教授的一部著作。正义不仅要被实现，而且要以看得见的方式实现。看得见的正义，主要是强调程序正义。书中列举很多典型的案例，可以提升自己的法律功底，比如，被警察叫住盘问的法律逻辑，通过陈瑞华教授的讲述，即可明白。你讲给你的客户听，让人觉得你很专业。

法律书选购方法

我本人始终在写书出版，知道写书的艰辛。为了写书，我选购了大量的参考书，市面上的图书也真是良莠不齐，有些书，真心写得不错，让人爱不释手，但也有些是粗制滥造，纯粹是为“博得眼球”而写，名不副实。

大家如何选择比较心仪的书呢？

首先，如果是网上购书，要认真浏览当当网、京东商城等平台的书评，这些书评为我们提供比较客观的参考依据。销售量，能反映书的受欢迎程度。评语字数多，能反映出书的可读性强。当然，也不能全看评论，大家知道网络销售会有“刷单”的虚假现象，另外，因为阅读水平的差异，评论也并不能真实反映书的品质，同样的书，有人读后觉得浅显，有人觉得非常实用。所以，评论只是购书参考的一项指标，但不是唯一指标。

其次要看作者的学识背景。学识背景，主要是指作者受教育背景，如学历、毕业院校、专业、职业年限、发展轨迹。无论是写作文笔、理论功底或是实务经验，都是重要的考察内容。当然，这些背景也仅是判断的一些参考指标，并不意味着金字招牌的人写的书就一定有水平，但至少是一个参考指标。

再次要看书的目录。目录是书的骨架，看看骨架就基本上能判断它是什么样的形体。如果目录都不成体系，这本书也很难写得好。

最后，现在网络图书都提供试读，试读一下，就基本能对书的品质做出判断。俗话说，行家伸伸手，便知有没有（武艺）。如果你喜欢读书，一读便知作者的写作功底。

大家从小到大读书无数，给你一本书，无论文学书还是法律书，先不说作者的观点对错，写得好不好，是不是抄袭、粗制滥造，相信大家翻一翻就能看得出。我买书以后随便地看一看，就知道书的作者是不是倾其心血写就。

第十一讲　礼仪与着装应注意什么

因为某项庆典，与近百名韩国首尔知名律师事务所的合伙人律师进行了联欢。短暂的交流，给我触动最大的是他们的礼仪和穿着。个人觉得，这两点值得中国律师好好学习。

律师礼仪

律师行业是高端服务业，少不了与各色人等打交道，交往中的商业礼仪非常重要。在商业礼仪中，最重要的是尊重和礼貌。很多大律师在法律服务的过程中修炼了和气生财、和蔼可亲、彬彬有礼的职业形象。年轻律师仔细观察身边大律师的样子，就会明白气场从来不是从天而降而是后天修炼来的。

在此，我先给大家讲一个真实的故事，用以说明尊重和礼貌给我们带来的巨大收益或回报。

这个故事发生在加州的一个肉类加工厂。有一位负责巡视设备的女员工进入了冰库，进入之后，电动门出现故障自动关上了。在冰库里，无论她如何呼喊、敲击大门，没有人听到她的声音，因为这时已经是下班时间。

五个小时过去了，她被冻得奄奄一息，失去了活下去的信心。结果奇迹发生了，冰库大门被打开了，公司保安发现了她，并把她拯救了出来。后来这位员工问保安："你怎么发现我，来救我的?"

保安说："在这些厂上千名的职工中，只有你给我留下了非常深刻的印象。因为每次早上上班，你会和蔼可亲地跟我打招呼，说早上好，当下班的时候你又会说明天见，这些问候给我留下了非常深刻的印象。今天下班人潮散尽的时候，我没有听到‘明天见’的问候，所以我要在企业里找一找你，上班的时候来了，下班的时候怎么没有看到你。只此而已。”

讲述这个故事的目的就是要告诉大家，对别人的尊重，哪怕是对对手的尊重，有的时候会获得意想不到的效果。

做律师，彬彬有礼应该成为日常习惯。比如，等电梯的时候是排队还是“加塞”；进电梯之后是不是主动为别人按楼层按钮；上公交车的时候是不是会奋不顾身向前抢；与别人同乘大巴车的时候把最便利的位置留给别人，表现出谦让的姿态；在公共场合打电话是不是语惊四座；别人不小心丢落在地上物件，是不是随手帮他捡起来。这些看似与你并不相干的事情，你会不会很绅士地帮助别人？这些习惯可能不会给你直接带来案源，但是把它们植入你的骨子里，至少有助于你赢得案源。

作为律师，在法庭上要尊重法官，因为他是决定案件结果的人，但是，除了法官外，你还会尊重人民陪审员、书记员吗？你会尊重对方律师以及对方当事人吗？无论对方是盟友还是对手，不会因为尊重而让你丧失什么，反而会因为尊重赢得对方的另眼相看。

尊重是人与人交往的基本礼仪，更是律师执业的起码素质。即便在法庭上，原被告律师唇枪舌剑、针锋相对，但是也只能是有事说事、有理说理，而不是搞人身攻击。俗话讲，有理不在声高。义正词严主要表现在言之有据，而不在于声嘶力竭，甚至恶语相伤。

律师着装原则

俗话讲：人靠衣装，马靠鞍。在我们世俗的社会里，穿着反映出个人的格局和品味。对律师而言，穿着会反映你在律师行业的格调或者层次。关于律师的穿着有两点建议与大家分享：

第一点，我们的穿着应当符合社会对律师职业的看法和接受程度。律师以专业立身，社会给律师的标签也是严谨、整洁、高大上，所以，我们应该围绕这种普遍认知去考虑穿着。

第二点，我们的穿着要干净利落。这既是对别人的尊重，也是律师职业形象的展示。穿着看似外在的东西，反而值得大力投资。特别是一些刚入行的年轻律师，因为你阅历不深，稚嫩有余、沉稳不足，更应该考虑通过穿着打扮弥补气场。同样的白衬衣、黑西服，穿在年轻律师和资深律师的身上，表现的气质决然不同。新入行的年轻人遇到困境就紧张不已，而同样的事情发生在资深合伙人身上可能就表现得云淡风轻，由此可见，穿着会与人本身气质、态度形成互动，所以，请大家认真对待。

长期不洗澡、头发油腻或者抽烟等导致身体异味，都会给人造成不适的感觉，从而影响别人对自己的评价。去五星级酒店时，独特的香氛会让我们感觉舒适，进而产生对酒店的好感。同样的道理，虽然不倡导律师都使用香水，但是适当的香薰、干净的衣服都会给人留下清新的感觉。

在选择服饰上，要注意如下几个方面：

首先，不能太花哨。有些人喜欢穿浮夸的衣服，比如，带有格子、花鸟的衬衫或领带，张朝阳先生、俞敏洪先生等在创业初期就比较喜欢此类风格，但是至今，随着公司上市以及商务活动的增多，他们也都以西装为主打。

律师是一个低调内敛的行业，所以尽量不要穿大 logo 的服装，显得浮夸任性，反而会让人觉得像“土豪”，但也不要穿得“标新立异”。比如：“佛系”的律师手腕上带着佛珠链，身上穿着亚麻大褂。“追时尚”的律师喜欢留长胡子，甚至还留小辫子，不修边幅或太过随意，这些都会有损律师的职业形象。

其次，要注意服装搭配以及穿着场合。经常被吐槽的搭配有，黑鞋配白袜子、黑色内衣搭白色衬衣、西服搭白色旅游鞋。我们经常看到韩国和日本的律师，在夏天无论多热都会穿西装打领带，难道他们不热吗？但是，正是因为这样的忍耐，让我们感觉他们对职业形象的坚守。

但是有个例外，在夏天中国律师很少西装革履，除非出席特别正式的会议，多数情况下是穿着长袖白衬衣，不穿西服外衣，这种服饰是为了与中国客户的穿着相照应，客户穿着相对随意（如穿T恤衫），律师西装革履也不太适宜。

最后，别盲目追求奢侈品。无论是年轻律师还是资深律师，大家应该根据自己的经济实力以及不同发展阶段来配备不同的品牌衣着。大道至简，宁缺毋滥，别盲目追求奢侈品作为自己的标配。建议：男律师不要佩戴花里胡哨的手表，女律师也不要随意地穿戴淘宝上购买的低廉服饰以及劣质首饰等。很多客户眼睛很尖，懂得商品的品牌价值和样式，律师注意别弄巧成拙，最好不要买“假名牌”商品，那些抄袭版的商品反而会露了马脚，起到相反的效果。

细节决定气质

（以下为特邀嘉宾安徽天贵律师事务所律师施岚的友情分享。）

服饰穿搭有讲究，一般需要遵循以下几点原则：

第一，尊重当地的律师行业习惯。这就需要我们多观察自己所在的律师事务所或者是本地别的律所的律师们是如何穿衣搭配的，尽量穿得商务一点，穿得正式一些。当然，学别人如何穿搭，并不代表要一味地模仿，因为有些老律师自由散漫惯了，穿衣不讲究，作为新人律师不能盲目模仿，要保留自己的独立思考。

第二，着装永远要以自己为基准，要照顾自身特点，量体裁衣、扬长避短，切莫人云亦云，随波逐流。

第三，任何得到过多关注的衣服、首饰或是妆容都不是好的搭配。如果说律师的穿搭让当事人关注律师的衣着多于关注律师工作本身，那律师的穿搭也是失败的。

第四，善用单品。新律师刚入行收入微薄，服装购置能力有限，可以学习借鉴国外律师们的穿搭，买经典的单品。根据不同的场合组合搭配，这样同一件衣服能常换常新，省钱又富有变化，这是一条品位提升的快速通道。

第五，记得“少即是多”原则。摒弃过于夸张、花哨、轻浮的设计，简洁才是永恒的时尚，着装越简洁、越流畅越好。真正会穿衣的人，是不会让自己被衣服遮挡住光芒的。说到底，是我们在穿衣服，而不是衣服在穿我们，衣服是为我们的律师职业服务的。

精英男律师的穿搭

能言善辩、彬彬有礼、西装革履是外界对律师们的刻板印象。因此，深色西服套装、白色衬衫、素色领带、黑色皮鞋、黑色公文包是我们经常看到的律师职业穿搭，这套着装给当事人传递一种信任感和责任感。很多情况下，我们需要结识新客户，新客户不了解我们，那我们给他们留下的第一印象就很重要。

当事人大多以貌取人，他们对我们的信任经常从观察我们的仪表开始确立。因此，从我们选择律师这个行业开始，就要脱离特立独行的穿衣风格，时尚运动装、日韩潮流范儿，还是留给周末的休闲时光吧。无论实习律师还是大律师，都得从外在穿着上“武装”自己。下面分西装、衬衫、领带等多个板块展开介绍。

西装

精致笔挺的西装，是男律师的“战袍”。

西装是最会装扮男性的服饰，能让男性变得更专业、更有格调。成功男律师，最少需要购置三套西装。因为连续穿同一套西装，衣服很容易变形。穿好后，一定要拿衣架挂起来，切不可折叠或重压，这样才能使衣服内的纤维成分恢复舒展，寿命延长。最好用西服罩套在西装外面，防止灰尘玷污。另外，挑选西装有以下几点注意事项：

第一，西服上下同质同色，是最高级别的穿搭，最好是纯色的。尽量避免选择纯黑的，可以挑选灰色、深灰色、藏青色或是深蓝色等颜色，这些颜色是公认的最具权威、最具信任感的颜色。另外，西装要选择一些考究的剪裁和优质的面料，不然穿起来就像卖保险的业务员。我们挑选西装时，要在经济能力许可范围内选择质地优良的面料，纯毛或者是含毛量比较高的混纺面料，通常具有悬垂、挺括、透气等特征，是高档西装的标志。

记住：选择西装，重要的不是品牌和价格，而是剪裁、面料、做工等内在的细节，同时要遵循“衣服品质感与年龄俱增”的基本原则。

第二，不要挑选太宽的领子，会给人不稳重的感觉，领子宽 8.5 厘米是比较合适的宽度。

第三，西装上的细条纹或者暗纹越淡越好，要选择那种只有仔细看才能看得出图案的面料。

第四，西装通常都会有两个口袋的设计，口袋的设计只是为了修饰，不是真的用来装东西的，请不要在西服口袋里装一堆东西，鼓起来，真的不美观。所以，西装买来的时候，口袋是封着的，那个线就不要拆。因为你拆了，就会习惯放东西的。

第五，西服裤忌太短或太长，标准西裤的长度为裤管盖住皮鞋，所以要及时找裁缝修改成合适的尺寸。

第六，西装最好是成套搭配着穿，因为上下一致的色彩具有拉长身材比例的功能，且一定要合身。不能过于宽大、松垮、没有腰身，也不能过于紧身，像拿了别人的衣服，显得拘谨、局促。

西装真的是最值得律师投资的单品。切记，不要穿双排扣的，少穿有胸袋巾的，等成了大律师、合伙人再说吧。

衬衫

衬衫应是男律师衣橱必备。

第一，颜色可以选白、黑、蓝等庄重色。和西装同色系的衬衫搭配起来，也很好看。场合越正式，衬衫的条纹应该越细，尽量避免穿格纹、花色衬衫。

可以多准备几件衬衫，好换洗。另外，推荐大家使用蓝月亮的衣领净，十几元钱带刷头那种，洗衣领真的很干净。

第二，衬衫领口与袖口分别高于和长于西装领口和袖口1~2厘米，衬衫领最好选领尖撑的，这样硬挺又有型，衬衫领不要翻在西装外面。

第三，衬衫面料最好选百分之百全棉的。因为律师真的很忙，到处奔波，聚酯纤维面料不透气、不吸汗，穿着有一种在蒸笼中的感觉。当然，经济许可的情况下，可以挑选有免熨烫功能的衬衫。

第四，衬衫的袖子，不要胡乱地捋起来，先折到手肘处，再折一下会比较优雅，否则一捋到底，更像是体力劳动者而非脑力劳动者，这些细节的地方都得注意。

第五，衬衫胸口的口袋是不能放东西的，有些律师习惯在胸口口袋里放一些什么香烟、笔，反正是放什么的都有，这是最具有破坏力的造型。请把这些杂物放进自己的公文包里，不然自身形象显得格外邋遢。

第六，如果不系领带，衬衫领口的纽扣不要扣上；一旦系上领带，衬衫所有的纽扣均要扣上，才符合商务礼仪规范。

第七，衬衫的袖口应露出在西装袖口外面，且衬衫袖口扣子一定要扣上。

切记，不要穿领子上带两颗扣子的衬衫，它仅适合休闲场合穿，绝对不可以搭配西服进入正式的商务领域。

领带

在商务服饰上，领带被称为西装的灵魂，是律师重要的服饰配件，能够起到化腐朽为神奇的作用。美国一位著名的形象设计师说："领带是展现男人个性的最好方法。你是保守的、花哨的、权威的、沉默的、还是严肃的个性，人们能迅速从你的领带中去领悟。领带是男人的概念和风格，是男人全身唯一能表达自我的工具。"因此，我们在挑选领带时，更要留意以下几点：

第一，买高质量的领带。亚光面、质地光滑的真丝领带无疑是最好的选择。颜色也不要过于抢眼，最好选素色领带。

第二，宽领带比窄领带更正式也更稳重，细长的领带一般多用于休闲的场合，最好挑选宽领带。领带的标准长度，应当是领带下端正好触及皮带扣的上边缘，过长或过短的领带都会影响整身搭配。领带系好，要对着镜子认真整理调整，使之规范、定型。

第三，领带要多买几条，便于和不同的衬衫搭配。每天戴完领带，回来记得把领带解开，挂起来或者是卷起来，这样领带的寿命会更长一点。

记住，不要选择易拉结的“懒人领带”，不适合律师们在正式场合穿戴。

皮带

人们常说：“皮带之于男人，就像项链之于女人。”所以，作为男律师，更要留意自己腰部细节的修饰。因为男律师的职业特点，腰带应适用“低调”原则，不要选太夸张突兀的腰带。

黑色皮带被称为“万能皮带”，商务且百搭，可以与任何服饰搭配都不会抢眼，是最不容易出错的。

牛皮通常是制作正装皮带最佳的材质，牢固耐用且考究精良。皮带宽度应保持在三厘米，太宽不够庄重，太窄又显小气。

皮带的款式，最好选择没有 logo 的。大 H 的皮带扣，真的是法律男的噩梦，炫富还是低调点好。另外，不要在皮带上挂任何物品，比如，一串钥匙。

皮鞋

建议选择保守的黑色皮鞋，黑色可以搭配任何颜色的服饰，可以说在任何场合都可以使用。最好不要穿棕色的皮鞋。

多买几双换着穿，可以延长鞋子的寿命，而且也可以起到保护脚的作用。质量再好的皮鞋，经过一两年都有点破损不堪，穿着破旧的皮鞋也是致命的败笔，所以要常换常新。还有每天出门之前记得擦一下皮鞋，干净发亮的皮鞋会给人很专业、精英的印象，不要让自己的皮鞋看起来风尘仆仆的。要知道，好的外表不仅仅指的是长相。

袜子

建议还是选黑色的，应该摒弃穿白袜子的念头。搭配正装，黑色的皮鞋露出彩色的袜子，或者袜子上有破洞，是败笔中的败笔，一定要避免。

而且，袜子最好买袜筒高一点的。如果太短，坐下来露出一小节满是腿毛的小腿，着实令人尴尬。袜子的材质，最好选含羊毛、丝毛，或者毛棉混纺、纯棉袜子，吸汗又护脚。袜子和皮鞋同色是最好看的，浑然一体。

手表

有人曾说："手表不仅仅是男人的首饰，而且是男人最重要的首饰。"在社交场合，佩戴腕表，通常意味着时间观念强、作风严谨，所以腕表绝对是律界精英必备的物件。

手表一般分为豪华表、高档表、中档表、低档表四类。律师们在购表时，一定要量力而行。

在款式上，我们要选择正装表，适合上班场合。另外，手表的功能要少而精，不要过度追求表的附加功能。表的造型应保持统一的庄重、保守风格，避开花哨的手表。在色彩上，正式场合宜选单色、双色手表，黑色、金色、银色手表都是最佳的选择。

公文包

曾经有一位美国黑人部长，他每次去旅行时，都带着一个昂贵、精致的公文包。有人就问他为何每次都带公文包，他解释说："没有它，我只是一个普通人，有了它，我就是一个黑人绅士。"

公文包，是律师隐形的名片，也是品味和地位的象征。律师们需要带很多资料上法庭，带合同见客户，公文包是最实用的，所以每一个男律师都必须有一个公文包。

当然，公文包也不是越贵越好，朴素、简单、空间充裕的公文包其实是最实用的。但我们也不要买劣质的公文包，不然显得很低档。黑色的皮质公文包，是绝大多数男律师的首选。

总之，男律师们，如何挑选到适合自己，和自己气质相搭的西装、手表、衬衫呢？要根据我们的需求、身份和性格，俗称“三性”来考虑，所以无论你高矮胖瘦，牢记“三性”就可以选到适合自己的服饰，在重要的场合尽显男人风采。

律政俏佳人的穿搭

与男律师乏善可陈的着装选择相比，女律师的着装相对自由一点，可选择性也更大一点。而职场如战场，女律师经常会因为性别而被当事人质疑专业能力，所以除了加强专业知识学习，让自己的专业过硬之外，女律师更需要了解穿搭技巧，摆脱“小女人”情结，穿出自己的职业气场。

端庄稳重是女律师穿着的最高原则。职场中，打扮得过于时髦，并不一定给人留下好的印象。提醒女律师一定不要选性感、暴露、透明、紧身的服装，虽然这么穿会让你成为办公室的焦点，但也会成为同事和当事人非议的对象。如何得体适度地穿搭，是一门学问，我们展开详细介绍。

西装

好的西装同样也是女律师的“战袍”，尤其是出庭这样重要的场合一定要穿正装、穿正装、穿正装，重要的事情说三遍。

我的女律师朋友就有过一次血泪教训，她第一次独立出庭，穿了件休闲裙，结果对方律师穿了一套质地精良的西装，瞬间从气势上她就感觉自己矮了半截，答辩也感觉不自信了，所以，投资几套做工精美、能够重复使用的正装真的是太重要了。女律师的西装挑选有以下几点建议：

第一，西装一定要合身，即使西装价值百万，不合身，一切白搭。合体的服饰能够让女律师在人群中熠熠生辉，但是试穿西装也要注意留出 2 ~4 厘米的松量，保证日常工作和身体的舒适度。

第二，面料要好，质量也要好，但这并不意味着一定要挑昂贵奢华的。建议买羊毛面料的，春秋天都很适合穿着，实用性强。另外，内衬也要关注，丝质或者棉质内衬，会让西装更加精致。

第三，最好选择收腰修身剪裁或者流畅线条感的西装，会显得女律师的身材玲珑有致。V 领的西装外套更加严谨专业，适当的垫肩设计，会使身姿更加挺拔，走路也会更自信。

衬衫

衬衫能展现女性的柔美，首推还是真丝或者是带点垂感面料的，或者是具有免熨烫功能的棉质衬衫，穿起来才有质感。衣服的面料真的很重要，一些劣质的面料穿在身上起静电，怎么穿怎么不舒服。另外要多准备几件好换洗。

第一，颜色和款式上，女律师相较于男律师可以更多变一点。可以参考电视剧《都挺好》里苏明玉的穿搭，她几乎没有一件经典款的白衬衫，大多选择垂感质地、缀饰领、颜色多样的衬衫作为内搭，更能穿出女律师的优雅与英气。

第二，衬衫不要太紧身了，会勒到胸部。衬衫的胸口最好有暗扣，免得春光乍现，当然也不要过于宽松，显得不够正式。不要在白衬衫里穿什么碎花、豹纹的胸衣，裸色光面的文胸是最推荐的。露胸更是禁忌。如果穿着带乳沟的衣服去见当事人，你会发现当事人只会盯着你的乳沟看，根本不关心你在讲什么，而且也会给当事人留下轻浮、不够专业的印象。

第三，会见当事人洽谈工作的时候，不要穿短袖衬衫、无袖的衬衫。在正式的商务礼仪中，短袖、无袖衬衫真的从来都没有被当作过正装。

工装裙

完美的工装裙的长度，是在膝关节的中部，并且可以比膝盖低两英寸。

如果穿太短的裙子，你会发现自己大部分的时间都在做一件事情，拼命地把短裙往下拉，这样会大大降低工作质量。

工装裙的颜色最好选冷色系的，更容易穿出高级感。而铅笔裙是工装裙里面最值得投资的，可以凸显女律师的窈窕身材。我们最好选及膝的、长款的铅笔裙，太短有点太俗气了，不够专业。

黑色衬衫搭配白色铅笔裙，整身装扮非常干练、专业。

裤装

剪裁恰到好处的裤装，可以修饰女律师姣好的身材，呈现成熟、稳重的气质。黑色修身长裤分分钟可以帮你解决大腿略粗或者是穿裙装行走不便等困扰。长裤不仅能够拉长下半身的比例，还可以很好地修饰腿形，帮女律师塑造简洁利落的职场形象。

裤装，一定要买合身的，堆在脚面的不要买，裤腿太肥的不要选，这些有问题的裤子会给人很邋遢的印象。

连衣裙

女律师投资连衣裙与男律师投资西装一样重要。

一条剪裁得体的连衣裙是最简单的着装方式，接待当事人可以穿、商务宴会可以穿、出差更是合适，既体现了专业素养，又很好地勾勒出女性姣好的曲线。连衣裙选择应注意下列事项：

第一，剪裁要好，要合身，修身但不能太紧身。连衣裙的长度控制在膝盖附近就好，太长会显得老气，太短有失礼貌，颜色以黑白灰或米色等浅色系为主，袖子在肘部的位置是最适宜的。大家要记得，好的连衣裙，气质上可以甩别人几条街的。

第二，基础的小黑裙，女律师应该人手一件，优雅又不失干练，可以和很多单品搭配，绝对是百搭圣品。

第三，凸显缺点的裙子不要穿，比如说最近发胖了，小肚腩鼓鼓的，就要避开这些缺陷，选一些能够遮挡自己缺点，有设计感的衣服。

第四，不要穿露背装，不要穿深开衩的裙子。除了被当事人一览春光外，对自己的案件真的没有任何好处。

高跟鞋

高跟鞋，是女人的魅力伴侣。穿上高跟鞋，女人的身材也更接近“黄金分割率”，可以使女律师更有气质、更自信，体态也会更好一些。所以，女律师见客户的时候，一定要穿高跟鞋。平时办事或者在办公室办公可以购置一些舒适的平跟鞋。女律师购置鞋子，有以下几点建议：

第一，不要穿露脚趾的鞋。

第二，鞋子最好选黑色的或是裸色的，不要挑选颜色过于艳丽的。款式以典雅大方为主，随着收入的增加，相信我，你的鞋子也会越穿越高级的。

第三，太高跟的鞋子，还是不要穿了。律师经常在外奔波，跟太高会让人想死的心都有。跟高在六厘米是最美观、最合适的高度了，而且还不累。

第四，不要穿运动鞋上班，穿皮鞋。皮革以质地细腻、柔软的小牛皮、小羊皮为最优选择，因为真皮材质吸汗、透气、曲张度好、穿着舒适。在这里告诉女律师们一个选鞋小窍门：用手指按压皮面，皮纹均匀细小，放开手指后，细纹瞬间消失的皮鞋，是一双好皮鞋。

此外，选购高跟鞋最好在下午三四点钟进行，因为脚经过一上午的充分活动，更适合买鞋。鞋子和人一样需要休息，多买几双轮流穿。

配饰

配饰不妨选质地好、价格比较贵的，来打破全身黑白灰的黯淡和乏味。

可以选颜色低调的基础款，不要选花哨的 logo 和浮夸的造型，以精致的小件为主，比如说小耳钉、小戒指、小钻的项链，搭配起来精致又耐看，可以起到不张扬但画龙点睛的作用。饰品物小作用大，搭配适宜，可以为女律师的魅力增辉。

发型

发型是整个精神面貌的焦点，所以，无论是发型或者是发色都不能太新潮，做个“自然主义者”是最稳妥的方法。不要选择那些蕾丝材质、小花造型、闪亮材质的浪漫发饰，和律师工作场景不太协调，会给当事人留下“你太嫩”的感觉，可以挑选一些自然色或者深色的发饰。这些小细节都要注意。

女士包

女律师的包还是别考虑什么精致小巧了，质地精良、轻便、空间充裕、结实耐用才是女律师购置包首选的理由。选择什么样的包，真的取决于我们的工作性质。

包的颜色不建议选太浅的，不耐脏。也不要选择太鲜艳的，不符合律师的身份。包的颜色上，相较于男律师，女律师可以有更多的选择空间。

心态

俗话说得好，只有懒女人，没有丑女人。只要我们用心学习穿搭技巧，就一定能使自己成为一名懂礼仪、知进退、得体优雅的女律师。除了注意穿搭技巧，我们更重要的是注意保持良好的生活习惯，拥有一个好心态。女律师相较于男律师，更不易，已婚的女律师更是难上加难。上班忙于工作，下班还要兼顾家务、孩子，偶有抱怨不满意是常事。但抱怨和不满要及时消化，否则时间长了，便成了让人望而生厌的庸俗神色。所以，才有人说：“摧毁女人的，不是岁月，而是坏心情。”

生活中诸事难两全，接纳并宽容自己和他人，调控自己的情绪，保持一份平和的心态，再学点实用的穿衣术，女律师的职业之路也可以走得异彩纷呈。

最后再总结几条男律师、女律师通用的穿衣小贴士：

第一，在律师这个严谨的行业，服装款式和配色都必须简洁大方，不要花哨，多穿净色服饰，多穿保守的西装。不要追求流行，要谨记我们是法律从业人员。但我们可以恰当地运用胸针、项链、腰带、手表等配饰，提升我们的个人魅力。

第二，衣服一定要合身。不合身的衣服，总是给人一种随意、邋遢的印象。如果真的很难买到合适的衣服，可以选择高级定制。一些高级定制的设计师会根据每个人的体型，定制出适合我们的专属服装。

第三，一定要穿带领子的衣服，无领不职业。而且，无领显老，脖子部位最显老，领子具有修饰功能。

第四，勤换勤洗，整洁很重要。如果胸口有油渍，记得洗干净了再穿。衣服皱巴巴的，记得买个熨烫机，穿之前好好熨一下。其实，我之前穿衣风格大多是休闲装、平底鞋，现在从事律师行业后，慢慢地开始研究穿衣技巧，认真购置正装了。大家不要着急，我们一件一件地添置，一定能挑选出适合自己的好看又时尚的职业装。

另外，职场遇见的问题和穿衣打扮的问题的思维方式是一样的，那就是角色互换。大家把自己与律所主任、指导律师、当事人的角色切换一下，一切问题都会迎刃而解。

如果说你是律所主任，你喜欢看你所里的律师穿着汗衫、大裤衩、人字拖吗？如果你是指导律师，徒弟穿着公主纱裙，你想带她去顾问单位、带她出庭吗？如果你是当事人，接待你的律师穿得旧旧的、脏脏的、皱巴巴的，你是不是本能地觉得这律师混得不好，业务也不好？所以，不要怪当事人以貌取人，在这几分钟需要决定委托、掏钱，他也只能从表面，从你办公室的装潢、你的穿衣打扮等来判断你的专业素养了。毕竟没有哪个当事人会透过你邋遢的外表发现你内在的专业能力，因为你的形象就在眼前，你的内心又太远了。

着装，是一种自我的表达，更是专业精神的组成部分。律师大部分时间都在和当事人互动，真的需要衣服作为辅助来呈现职业的仪式感，因此律师需要了解服饰的穿搭技巧，扬长避短，律师应该以当事人期望的样子来展现自己。

人很难改变自己的容貌，但改变自己的着装却是切实可行的。人都是视觉动物。庄重的外表、干净的衣着、得体的服饰，一定会给律师们在社会交往中加分。

身为一名法律人，我们用心经营的不单单是自己的事业，自身的形象更是我们一生的战略。除了注重外在装扮，更重要的还是坚持早睡早起、多锻炼，保持良好的生活习惯，内外兼顾，才能使我们的气质更佳。

第十二讲　如何与客户友好相处

当事人是律师的客户、上帝、衣食父母。他们是给律师案源、与律师休戚与共、与律师一起努力争取自身合法权益的人。对律师来说，如何与客户相处是律师执业过程中一个非常重要的问题。在本讲中，我也给大家分享一些思考。

与客户相处的基本原则

当然，这些原则不是权威界定，只是我个人的感悟。

第一，应当是有同情心。客户委托律师去办理案件，往往是他自己遇到搞不定的事情或遇到法律上的困惑，在这种情况下，律师应出手相助，既是法律职业的表现又是法律服务的根本。无论是否接受委托，都要对见面的客户表现出同情心，让客户感到你是站在他的立场上坚定地为他筹谋划策。具体表现为，支持客户的立场，将法律上的抗辩发挥到极致，努力实现客户的目标。

要注意：切不可让客户感觉到你像法官一样在审判他、怀疑他。比如，如果客户讲述的事实缺乏书面证据佐证，且有些事实不符合常理，这个时候，不要打断他或怀疑他的陈述，要先听完，再根据其他证据做出初步判断，即便有些蹊跷，也要委婉讲出来，而不是直接揭露对方说谎，可以向他讲明对律师实话实说的重要性。以医院看病为例，讲述不向医生讲明病情可能造成误诊的后果。相信他会慢慢还原事实的真相。

不要让客户感觉你在“偏袒”对方，即便客户有不占理的地方。记住，律师不是法官。律师能以非常谦和的态度去对待客户、同情客户，让他感觉到尊重和理解，让他心理上得到宽慰，他才能敞开心扉与律师无话不谈。

第二，要建立信任，就必须让客户感觉到安全感。安全感就是不要让客户感觉到恐惧、心里没底或者感觉律师不靠谱。让客户知晓案件办理的进程，即办案的透明化。

大家都去过医院，医生会给病人详细地描述病情、病因以及治疗方案，目的就是让病人感觉到安全，病人能了解到整个诊治过程就会减少恐惧感。同样的道理，律师办案要及时地向客户汇报案件进展，包括案件遇到的困难、取得的成绩以及律师的工作计划，就会让客户心里踏实，对律师产生信赖。

细节决定成败。有时候，工作中的一些细节会影响客户对律师的看法和印象，所以，哪怕是一些小事，律师都应该做到尽善尽美，退一步讲，倘若客户对律师的执业水平还能有一点容忍的话，对律师的不尽心、不负责是绝对不能容忍的，所以，律师要以责任赢信任，不敢有丝毫的懈怠。

第三，要让客户了解案件的真实处境和现实可能。这就需要律师运用智慧、经验去思考和推理以获取案件事实的整体情况，并根据该情况做出正确的判断和采取措施。特别是，在客户对案件真实状况不清楚或者抱有幻想的时候，要让客户清醒地认识到案件的难度以及最坏的结果，避免出现最终结果超出他的预期，反过来就会埋怨律师无能。

选对合适的客户

俗话说，做人容易，为人难。做人是你根据自己的修养、素质、能力自主地去做事情，而为人，是对赢得别人认可和尊重的考量，是要看别人的反映。所以，后者就难许多。因为是两个人的事，是一个人对另一个人评价的问题，你要得到别人的喜欢，就没有那么简单。对律师来说，为人难，主要不是给自己办事，而是为客户办事，办得好不好，要由客户说了算，这确实考量律师的办事和协调能力。对于一件案件，律师既可接受委托，也可不接受委托。没有人会强迫律师接受客户委托，但一旦接受，律师的为人之道就要全面展现。

首先，律师会与各式各样的客户接触，自己应该对客户有一个基本的判断。如果感觉客户难相处，比如，客户以为自己花了钱雇了律师，律师就得听他使唤，以他为中心，颐指气使，对律师指手画脚，没有应有的尊重。如果你不能扭转局面，又不愿意忍受这种“屈辱”，你还是拒绝委托为好。别为了钱委屈了自己，感觉累就很难以最佳状态投入工作，也很难取得良好的代理效果。

对律师来说，还是要接受自己能够认可的客户的委托为好，因为每个客户都会支付律师费用，只不过有多有少，但是，如果律师和客户不能同心协力，那很难取得双赢的效果，最后如果再因合作不愉快而产生投诉，那更得不偿失。总之，要想与客户相处得好，当然需要找到好相处的客户，远离与自己性格不合的客户。

其次，要评估客户的期望值，慎重决定是否接受客户的委托。通常来说，客户的期望值太高或不可能实现，律师就不要接受委托，硬着头皮承接案件，未来你会很难堪。

另外，也不要抱着试试看的态度接受委托，把客户的案件当成“实验田”，耽误了客户的事情。有些人就有这种理念，赢了沾光，输了不伤自己筋骨，输赢也无所谓。我的建议是，客观评估一下，感觉有能力办理的就代理，没有能力的就远离。只接受自己有能力、有把握甚至有信心办好的案子，既是律师职业道德的要求，也是对自己的一种保护，否则，你会很狼狈。客户的利益实现以及律师自身的声誉都要依赖于律师的为人之道，大意不得。

律师法律技能发挥得好，客户会理解、配合和信任，法院会接受你的观点，媒体也会给你正面宣传。反之，结果就很可悲，客户失望，法院不支持你的观点，有些媒体可能还借机炒作，让律师和客户难以招架。

为客户追求最好的结果是处理好与客户关系的关键。毋庸置疑，客户都很实际，都会以案件成败论英雄。前面讲到了，你没有能力接的案件，最终又没有好结果，客户的脸色自然就难看甚至还有可能要求退律师费。有了好结果，就会“一好遮百丑”，其他的什么都不重要。所以，如果你不能为客户争取到好的效果，尽可能地不要去接触这类案件。俗话说得好，没有金刚钻，不揽瓷器活。我的感悟就是，优秀的律师应当出现在明智的客户身边，强强联合才能马到成功。

律师在不知不觉中就会发现，律师或者其他行业的服务人员都会在感情上偏重于保护自己的客户，尤其是在客户与第三方对抗的时候，律师就会像对待“敌人”一样去对待第三方，从原本感情上，大有“凡是敌人反对的，我们坚决拥护；凡是敌人拥护的，我们坚决反对”的气势。这也是人之常情，这也是客户判断律师是否跟自己站到一起的一个视角。

另外，需要注意与对方客户或代理律师的关系或交往。为了表示对客户的“忠心不二”，在与对方客户或律师交往中要保持适当的距离，避免让自己的客户产生误会。无论与对方客户或律师多么熟悉，在办案的时候最好与之保持适当的距离和礼貌。即便对方客户认为你矜持、冷漠到不近人情，其实也无所谓，只要是让你的客户感觉到你和他站在一起就行了。你和对方律师法庭相遇，做到彬彬有礼、不失风度即可，没有必要表现出亲密无间，即便对方律师是老朋友，也一定要顾及客户的心理感受。

在此补充一点，律师在法庭上见到法官也没有必要表现出特别亲密或“低三下四”的样子，表现得特别亲密，让对方客户反感；表现出“低三下四”的样子，有损律师的气节和客户的尊严。

当事人对律师的选择是自由的，即便与律所签订了委托协议，通常也可以解除委托。面对当事人中途解除委托，律师应该有什么样的心态呢?

我个人觉得，应该有一种理念，既不要耽误当事人案件的转接，也要勇敢地面对现实，那就解除合同，积极配合当事人完成案件的交接，让当事人原谅你办案中的疏忽或者错误，如有别的案件可能再来找你，虽然这种情况希望渺茫。

另外，从律师的职业道德来说，失去了一宗案件对自己不会产生巨大的影响，但是，对客户来说，案件可能关乎企业生死存亡，不能因为自己抱住不放而损害到客户的利益。

律师应该把眼光放长远一些，尊重市场规律和客户利益，自己被替换掉，确实是一件很丢面子的事，但对一位客户利益至上的职业律师来说，虽然痛苦，但是别无选择。

律师在执业的过程中，会遇到形形色色的客户，他们来自五湖四海，来自各个行业，来自不同的家庭背景，生活品位、教育背景、经济收入等存在巨大差异，这就要求律师与客户面谈之后，根据自己的社会经验来判断客户的状况、性格，根据其期望值和案件的难易程度决定是否接受委托。只有这样才能实现律师与客户对接，才能为案件的办理创造最有利的条件。如果感觉客户不是你的“菜”，那就不要往自己的篮子里“挖”。

维护客户利益是律师的本分

常年法律顾问服务是律师陪伴客户时间最长的一种法律业务。才华出众的律师大都是足智多谋的战略顾问，也是企业不可或缺的“护甲侍卫”。企业受形势所迫急需律师指点的时候，律师出手相助，设计出高人一筹的谋略，最终帮助企业化险为夷，这种实例不胜枚举。法律顾问的作用在于始终跟随企业发展，并为之“保驾护航”。优秀的律师应当具备预见企业发展的法律需求的能力，未雨绸缪，为企业设计超前的防范措施，防患于未然，占得先机，在法律上立于不败之地。

由此，法律顾问与客户接触的过程中，不仅要掌握法律的知识，更应该掌握企业发展的商务动态，包括公司运作的商业模式等，只有充分了解这些信息，才能够帮助客户在特定的商业模式中防范风险，及时有针对性地设计出预防方案。

律师面对重大案件，特别是群体性和复杂性的重大案件，要灵活运用自己的社会知识、专业技能以及沟通技巧去赢得最佳效果。当然，这项技能也不是一日之功，也需要在执业的过程中慢慢摸索。但是，你一定要用心，不能觉得自己是专业人员，只要专业好就行了，其实，律师执业中，交际能力有时候胜过专业技能，很多事情不是依仗法律而是依靠协调能力来解决的。

与客户沟通贯穿我们办理案件的始终。在每一个案件的处理过程中，我们必须自始至终地与客户保持良好的沟通。我还是把律师比作医生，病人去医院看医生，对医生来说，每天见几十位病人，但对病人来说，他只看这一位医生。在这种情况下，病人经过长时间的排号才能坐到医生面前看病，每位病人都希望医生对他有足够的关注或“优待”，多了解一下他的病情，多给他一些细致的讲解。

其实，客户对律师的期盼也肯定是这样的，经常听有些客户抱怨说，律师没有明白他的意思或者说律师没有及时地告诉他们案件情况，所以他们觉得心里很不舒坦。客户最希望律师能腾出所有的精力办理自己的案件，急他所急，全神贯注，及时向自己汇报案件进展，让自己能感觉到一切在掌握之中，看得见，摸得着。

客户如何了解谁是最优秀的律师？除了律师的个人影响力、毕业院校、从业年限、社会职务外，就是其代理的重大案件。当然，这种了解一般都是间接的，因为律师间隔了居中裁判的法官，也正是因为隔着这样的中立方，律师之间并不是直接的对抗。比如，原告提交证据材料证明的事实以及代理意见，最终不是让对方律师去接受，而是让法官去接受。

在这种情况下，律师之间优劣的对比效果不是特别明显。当然，资深的律师可以通过跟对方庭审“过招”感觉出对方的水平。俗话说，行家伸伸手便知有没有（技艺）。在律师行当中的好律师，只是一个普遍意义上的概念，好律师未必是适合办理某件案件的律师，有的律师可能是符合普遍意义上的好律师标准，比如，名牌大学毕业、取得博士学位、获得国外律师资格、用外语工作、专著等身或参与重大案件（项目）的代理，但是他未必擅长代理某客户的特定案件。

对客户而言，也不是说某位律师的光环就一定产生多大气场，对他的案件产生多大威力，合适的、擅长处理自己案件的律师才是好律师。

在经济条件允许的情况下，找最好的律师，这是律师对客户的一个忠告。起码能远离那些不靠谱的律师，因为有些律师不仅不能够帮助客户解除烦恼，反而还会给他增添一些烦恼。在后面的案例中将讲到，某些案子本身并不复杂，但是律师错失了时机，最终把客户拖入泥潭。

为什么做律师难，难就难在如果有一次因为自己学业不精导致败诉的情况，便可能是你职业生涯永远的深深的痛。当然，对于客户来说，他已遭受了不可挽回的损失。这种损失就和病人被庸医所误一样，不该输的案子输了，客户却很难找到律师的责任，因为律师完全可以说，我也没有办法，毕竟最终判决不是我做的，是法官“枉法裁判”的结果，等等，这个时候客户也只能欲哭无泪，后悔晚矣。

客户接待“四要点”

第一，要注意客户接待的礼仪，做好接待工作。

客户来了之后，律师应该在哪里接待客户？我的建议是，安排在会客区洽谈，不要带到律师工作区域或者带到律师办公室洽谈。

主要原因是，如果你是一个年轻的律师，通常没有办公室，你的身边也都是年轻律师，卡位区是敞开式的，每位律师有很多案卷材料堆积，比较杂乱。去卡位区洽谈事务，隐私性不强，客户一般也不会习惯，且在这种环境下也不便于案件交流，影响其他同事正常办公。

当然，也不建议将新客户直接领到合伙人办公室洽谈。合伙人的办公室可能有些重要的文件，且房间布置风格通常比较个性化，初次来访的客户不一定适应。比如，一般来说，合伙人办公室是以合伙人为主人设计，办公桌（合伙人坐）一面是主位，对面的座位是副位，客户坐副位，不能与律师平起平坐，可能会有被冷落的感觉，有悖于以客户为中心的价值理念，让客户感觉不被重视。所以，除非是律师熟悉的老客户，否则不要邀请客户到办公室里谈事。

当然，有些资深高级合伙人，他的办公室非常气派，想在客户面前展现自己的实力、格局，会有意识地邀请客户到自己的办公室接待，那另当别论。

但是，我个人觉得，对于有些客户特别是公司高管无论办公室的陈列装修如何奢华，对方也不见得喜欢或者由此对合伙人产生多么崇高的看法，而律所会客室往往比较简洁且私密性好，在此会客符合商务惯例。会客室的桌椅没有高低主次之分，一视同仁，且茶水等饮品提供取用以及文档展示系统使用都很便利。

年轻的律师要注意，在客户到来之前，应该根据洽谈需要，准备好律所简介、律所杂志、案件基础材料以及视频接入、座位桌牌、饮品等。

接下来的问题是，接待客户时如何安排座次。

通常来说，为体现客户和律师对等，一般要面对面入座，这样便于交流，平起平坐，客主平等，主要负责人坐在双方的正中央，其他人员要根据自己职务资历等分坐两旁，辅助性岗位人员要坐到最边上。年轻律师要知道基本座次安排，别坐错位置。如果坐错位置，再去调整，就显得慌乱和尴尬。

第二，要认真细致地倾听客户的陈述，并对重点问题做好记录。

记录的工作可安排专职秘书完成，也有些主办律师安排自己的助理律师去做。律师对客户陈述，要谨慎地分析，不能全盘接受客户给你的信息。也就是说，作为律师，你不能对客户的全部陈述信以为真，而是需要根据自己的经验仔细甄别。

有些客户出于习惯或者为了自身利益，往往专挑有利于自己的事实讲述。有故意为之的，也有自己如此认识的。对于客户描述的虚假事实，如果律师不假思索地全盘认可，可能会误入歧途，难以找到最好的方案。同时，也反映出你不够专业，不能及时地识破或者辩证地看待客户陈述的事实。我们不能为之所惑，必须用批判的眼光，根据自己的经验，及时地对客户的陈述进行修正，并给他适当的提醒，让他顺着律师的正常思路去表达。

比如说，双方系买卖合同关系，一方是另一方的代理商，双方达成关于代理协议终止的补充协议。双方就销售某产品的年度销售协议达成终止履行的一致意见，对已经销售的产品质保做出约定。协议最后一条约定：卖方愿意赔偿代理商巨额损失。看到这样的条款，律师就应该问赔偿的原因，因为正常情况下，协议终止了，不会产生巨额赔偿问题，这一质疑应及时提出，让客户解释。客户可能会说，该条款是真的，协议有双方的盖章确认，之所以赔偿如何如何。

对此，律师要有自己的初步判断，但不可轻视倾听客户的争辩，虽然客户可能没有法律知识，他的见解也可能缺乏法律依据，但多听听他们的争辩可能会有意外收获。

法律是什么？法律是生活中的道理上升为国家意志的一种产物。有的时候不要瞧不起客户，觉得他们不懂法，他们的观点不值得参考，其实，他们可能比我们更懂“道理”或者对问题的理解比律师更深刻，所以多听听客户的观点是非常有必要的。

在听客户陈述的时候，也不要期望他与你谈的事情都是相关的，有的时候客户的思绪可能会“飞得很高”，话题会扯得很远。在这种情况下，你一定分清楚他叙述事实的主线是什么？别让他牵着自己的鼻子走，干扰自己对基本事实的了解。

当然，有些案件（如刑事案件），客户受了冤屈。往往会把他激动的情绪带进话题中，把律师当成一位倾诉对象滔滔不绝地倒苦水，此时，律师又成了“心理医生”，要耐住性子陪着听。

客户遭遇法律的困难，非常希望得到律师的援助和尊重，更希望律师把他当成真心朋友来帮助，所以，他们也会把工作和生活中的许多事情讲给你听。在这种情况下，律师应该耐心地倾听并表达适当的关切，这个很重要，因为人都是感情动物，也不可能在陈述事实时没有一丝的感情成分。虽然他谈的事情可能与案件没有直接关系，但是静心倾听会拉近你与客户之间的感情距离，双方的关系会趋于紧密，对案件的代理会有积极影响，不要小看这种感情交流，在特定的情况下，也会起到意想不到的效果。

律师可以对客户的固执或者偏执感到惋惜，但千万记住，不要鄙视或者取笑客户，律师不可以用自己的为人处世标准和价值观去衡量客户，应当以明智的语言去关心和帮助他们，使他们感受到律师的职业操守和业务能力。你的爱心终会有回报，不仅仅是律师费的回报，也是客户的长久尊重。

在客户讲话的时候，让他把话说完，不要轻易去打断他。在案件准备的时候，听客户的陈述对律师来说至关重要。虽然在客户所述的事实中，可能许多都与案件事实不相关，但是，有时客户不经意间的一句话可能让律师茅塞顿开，找到问题的解决办法。也就是说，由于客户不是专业的法律人，他对事实重要或不重要分不清楚，案件的关键点是什么可能都拎不清。所以说，如果不让他全面地去讲述，嫌他啰唆而阻止或打断他说话，你可能会错失一些关键事实或证据。所以，给予客户充足的时间让他放松地去讲述所遭遇的那些背景事实是必要的。

无论他讲得多么啰唆，也不论他的话题扯得有多远，都不要轻易去打断，除非聊的话题与本案没有任何关系。当然，也不要以律师自己的见解或观点去否定他的话，比如，不要啰唆，不用说了，大家心里都明白。律师是法律人，就要理智地看待问题，不要把看明白的事情都“说破”。

另外，对于客户的为人，我建议不要去做评判，还是围绕案件的事实进行交流，就事说事。在客户叙述的事实之外，我们尽可能向客户询问更多与案件相关的事实，因为只有掌握了更多的信息，律师才可能从这些信息中甄别出更多有用信息。

第三，注意与客户核实相关事实时倾听和互动。

律师要多研究听的技巧和问的技巧。听的技巧就是既要听明白客户的意思，又要让客户顺利地讲下去。这就和说相声一样，捧哏与逗哏相互配合，别看捧哏“对”“是的”这些简单的应付，它的重要作用是让“逗哏”能说清楚并有兴趣说下去。在与客户交流的过程中，“我明白”“说得对”“确实是”这些看似随和的应答，如果运用好，会使律师和客户产生流畅的互动。

沉默在有些情况下也是必要的，甚至比说更有效，短时的沉默可以鼓励客户继续陈述下去，也可以让客户思考或调整自己的思路。

问询是律师与客户互动的起点。在问询时要注意不可冷落或者刺激客户，用适当的方法去问询才能得到自己期待的信息。也就是说，问询客户是有一定技巧的，包括语调语速甚至表情上也都有讲究。

客户并不知道哪些事实对案件来说至关重要，他们会紧张，也有可能一时想不起来关键事实的细节。律师应该意识到询问技巧的重要性，不要因为自己办了几个案子有一定经验就取笑客户在隐瞒事实或者陈述不实。如果我们有了这种心态，关闭了倾听客户讲述的大门，可能会抹杀客户讲述的积极性。客户可能会暗暗想，你不是他心目中的律师，他不想聘请你，因为你老是跟他对着干，这样反而不利于你与客户的交流。

如果觉得客户太啰唆，律师应该及时调整谈话的节奏，比如，客气地说，对不起，张总，您说的这个事能不能先放一放，我比较关心某某问题，您能否再讲讲某某问题，把话题引到本案纠纷中。

及时引导客户不偏离事实陈述的主线是律师的一项重要技能。这项技能发挥得好，有利于树立律师在客户心目中的形象。就如我们去看病一样，如果医生根据你的情况，提前把你的症状描述出来，你就会感觉这位医生特别专业，病人当然地会认为，医生治疗自己的病也是轻车熟路。

律师也是通过提问的方式，让客户感觉到你所提问题都是关键问题，且能感到你对该行业非常熟悉，让客户感觉你对案件理解得透彻和专业，这样对你获取该案件就非常有利。

律师在洽谈时还要注意观察客户的反应，如果发现客户频繁地看手机或者心不在焉，就要终止话题或者停下来听听客户发言。律师不要光埋怨客户把话题扯远，我们也可能扯远，客户不想听。

还有一个细节，律师跟客户交流时尽可能使用通俗易懂的语言，不能开口闭口法言法语，让客户听不懂。如果客户用法律语言或词汇跟律师交流时，说明他已具备（或储备）相关法律知识，律师就要针对他提出的问题做出明确的答复或给出意见，不要抓不到客户的重点，顾左右而言他。比如，客户见面就问案件是不是过了诉讼时效？律师就应该在了解到案件事实之后明确告诉客户过了还是没有过。客户能说出“诉讼时效”，说明他可能通过百度查询过相关案例或者“货比三家”向别的律师咨询过，他已经成为“半个法律专家”，掌握了相关法律常识，所以，律师不能敷衍了事。

在与客户交流中，如客户神情凝重或出现怒色时，就要适可而止，千万不要再把客户的“火药包”点着了，不欢而散就得不偿失了。

在此顺便讲一下谈话过程中录音笔的使用。小巧的录音笔或者随身携带的手机为随时录音提供了便利。除了在法庭上不得使用录音笔外，律师经常为了方便（录音转换成笔录文字或者查找遗漏内容）或者为了做音频证据使用，很多情况下会使用录音设备。

在这里我想提醒读者，如果你要录音，最好事先向客户介绍录音目的或方式，并征得客户同意。有的时候客户第一次见律师，在决定委托之前，他不希望讲述的情况被录音。在这种情况下，如果未经得他的同意而录音，一旦被他发现，就会引起尴尬。在征得客户同意后，最好把录音笔放在明处，别让客户感觉律师在偷着录音，心里不舒服。

第四，与客户交谈时，不要伤及客户的自尊或者感情。

律师不要自认为见多识广，因客户是“土豪”没有法律常识且不讲道理，就产生鄙视的表情或态度。比如，根据经验判断，客户在虚假讲述案件事实，你毫不客气地揭穿他。这样你不但接不到案子，对客户也不尊重。客户不但不委托你，还可能与你大吵大闹。

在与客户洽谈的时候，除了要了解案件事实外，还要了解坐在你面前的洽谈人与公司之间的关系，避免说话“越位”说出“不该”说的话，不利于案件的承揽。也就是说，要了解洽谈的人以及他代表公司的利益是否存在“隐形”的冲突。如果他是（或曾是）公司的总经理或者某项目的负责人。你跟他洽谈案件时，要注意说话方式，避免伤及洽谈的人，最终对案件的承接产生不利影响。

比如，洽谈的人担任法定代表人的公司因印章管理不严格，导致公司与第三方的对账单上加盖了公司财务专用章，第三方起诉公司要求偿还欠款。如果律师只关注案件本身，不注意洽谈人与代表公司的实际关系，说出“公司出现这种情况，肯定是公司管理人严重失职造成”的话，那就相当尴尬了。

再如，某纠纷发生是源于合同条款约定不明，如果律师看完合同说出“合同经办人水平太差，这么低级的错误都看不出来”的话，会有什么后果？律师可能并不知道，坐在你对面的人就是该合同的经办人。洽谈人肯定会恨你，无论他是否当场怼你。

对新接手或洽谈的案件，尽可能不要妄下结论，有意识地了解洽谈人与案件的关系是有必要的，包括律师出具方案是否会触及“潜在”的利益或个人责任。比如，某项目的巨额损失是因为管理人没有尽到起码的注意义务或玩忽职守造成，这种情况下，律师要不要在书面的法律意见书中建议刑事报案或起诉管理人赔偿，要与公司关键领导磋商确定。

第十三讲　律师如何收费

本讲主要分享一个大家最关心的问题：律师费的收取。律师是通过服务客户赚取律师费的职业。说实话，有很多客户抱怨说，中国的律师费太高了。但我觉得，客户应该理解，律师费是律师用尽自己的智慧、勤奋、辛苦甚至是体力为客户争取利益赚取的劳动报酬，并不存在商业暴利。

目前有一个不容忽视的现实，客户与律师因为律师费而产生许多矛盾。比如：很多优秀的律师给客户提供了优质的法律服务却得不到应有的报酬；还有些律师事务所不得不将拖欠的律师费计提呆坏账，忍气吞声，不了了之。有些律所实在气不过，起诉客户追讨律师费，反而遭到某“大个头”客户关联公司的联合“封杀”，这是律师的一种悲哀，也是客户对律师价值的轻视。

当然，我个人觉得这毕竟是个别现象，不足为奇。随着律师行业的发展，以及客户对律师价值的认可，前述现象会有所改变。我们看到更多的大律师正用自己的智慧挣得高额的律师费，为律师业树立榜样。当然，不可否认在律师执业的过程中，有些律师为收取律师费而不择手段，引发了这样或者那样的问题，其中包括刑事犯罪，对此不展开议论。

《论语·颜渊》曰：“听讼，吾犹人也，必也使无讼乎。”谁也不希望官司缠身，惹是生非，因此律师建议客户去诉讼，应该慎之又慎，不应为了区区的律师费怂恿客户去打官司。赚取这样的律师费，我相信，你的内心也会不安。我个人觉得除非有绝对的必要，律师都不应该为了赚取律师费而鼓动客户打官司。只有在客户生命财产或者声誉受到威胁迫不得已的情况下，律师才应建议其启动诉讼维权。实际上，每位客户都是聪明人，他们一旦看透你为了赚钱而怂恿诉讼的“伎俩”，对你的信赖也就消失了。

让客户了解案件的难处

律师与客户谈律师费，从商业角度讲，就是对立的双方谈交易价格，双方的利益不同、视角不同，态度自然也就不一样。律师认为自己价值高，律师费无论多高都不算高；而客户的认识恰恰相反，自然希望能少给就少给。这种利益之争无可厚非。

有些客户把律师服务看成一份清闲活，总觉得律师不过是动动嘴、喝喝茶、谈谈事，没干多少活，还挣那么多钱，所以，在谈律师费时，客户老是觉得律师收得高。如果案件办理得很顺利，客户就误认为案件不复杂，律师不用费多大事、出多大力，就不愿意去支付高额律师费。

曾经有位律师同我讲，有两家公司因为股权转让纠纷打得不可开交，他想出了一个出奇制胜的办法，但当时他内心就很矛盾，如果几句话把方法讲透了，担心收不到钱，其实他的方法就如同“一层窗户纸”，不捅破，挡住（风）路，捅透了，没价值。不捅破，从内心里觉得对不起客户的信任，所以他内心很纠结。

上述情况确实普遍存在。有些客户认为用两年时间把案子打赢了，案件难度大，律师辛苦，付高额律师费很值。反之，如果承办律师业务能力强，在短时间内获得胜诉，客户反而觉得案子太简单，不愿支付律师费。虽然在未取得胜诉判决前，客户急得像热锅上的蚂蚁，一旦解困，他就“好了伤疤忘了疼”，认为事情很容易，支付高额律师费就是冤大头，从而拒绝支付律师费。

这确实是一种怪异的现象，律师遇到这种事，想起诉，又怕律师起诉客户反而有损自己的名声，不起诉，心里又气不过。如此往复，很多律师学“聪明”了，复杂的事情不用简单的方法办，把简单事情向着复杂办，让客户感觉到律师挣钱不容易，为的都是让客户付费时感觉“不亏”。个人觉得，这与“受人之托，忠人之事”的职业理念相悖。君子爱财，取之有道。律师靠自己的劳动赚钱天经地义，但不能为了赚钱而放弃本分。

律师费约定要落在纸上

为防范客户拒绝支付律师费的情况，我建议，务必在代理前与客户签订委托合同以防范风险。也就是说，先签订委托合同后代理，别等事情办完再去签合同，口说无凭，最终可能会吃“哑巴亏”。

另外，不但要先签约后服务，还要详细约定律师费支付条件及违约责任。一旦与客户因为律师费发生争执，至少可以依约主张自己的权益。另外，即便不去打官司追索律师费，也让客户知道理亏，调解时也能占得先机。

目前律师的收费方式大致有三种，一是按小时收费，二是按件收费，三是按风险代理收费。如果客户选择风险代理收费方式，律师要考虑好案件出现和解的情况下，律师费应当如何收取。有些案件可能在律师的斡旋或者律师建议的方案下达成和解，并没有诉至法庭，在这种情况下，如果是按小时收费的话，你的智慧成果可能只值几千元钱，但给客户解决了一件非常大的麻烦，显然律师的收益与付出不成比例。所以，类似情况，应该约定一揽子收费方式，比如，无论诉讼还是调解结案，也无论律师参与工作时间为多长，均按最终执行回款的10%支付律师费。

在现实工作中，律师与客户签订的委托合同关于律师费的收取约定不详细，往往是因为律师为了接下案子，不得不屈从于客户提出的种种要求。经常出现案件办结需要收取律师费时，才发现合同订立不完善，合同并未约定某种情形下可以收费。在没有与客户明确约定的情况，去跟客户协商收取律师费的难度可想而知。

所以，律师在与客户签订委托协议的时候，要全面考虑可能出现的案件情形，并就不同情形下律师费支付做出约定或安排，避免出现协议约定未涵盖的情形而无法收取律师费的情况。比如，在合同约定风险收费情况下，约定案件胜诉情况下律师费收取办法，而未约定客户撤诉情况下律师费的收取办法。

受人之托，忠人之事，无论律师费约定高低，一旦接手案件，律师就应竭尽全力完成客户交办的案件。只有秉承这个原则，律师才能对得起自己的客户。一位诚实敬业的律师收了客户的钱财，却未能为客户干好分内工作（如自己准备不充分导致案件败诉），就应该受到良心的谴责。

律师战战兢兢、如履薄冰、殚精竭虑，不敢有丝毫闪失，一旦闪失，客户便承受不起。因为律师失去的仅是一宗案件，而客户可能失去了全部家当。

律师报价技巧

在与客户洽谈律师费的时候，律师也不应为能揽到案件而报价过低（低于市场价），以免客户怀疑律师的能力。正与购物一样，太便宜的东西，大家反而觉得质量有问题而不敢购买，所以，律师既不要过分地高估自己的业务能力而报价过高，也不要小觑自己的价值而报价过低。当然，如何把握收费的分寸，确实不是一两句话能说清楚的，毕竟报价高低与多种因素相关。

我的建议是，要综合案件的难易以及本案对客户的重要程度等多种因素去报价，并要试探性地了解客户的付费能力以及对律师的评价，先报一个比心理价位略高的价格，看客户的反应，并在此基础上与客户讨价还价。在报价前，最好抓紧时间收集有关信息，比如，客户的经济状况（如公司规模、影响力）、付费习惯，综合考虑报价。

有句话叫，谁先急，谁就输了。你去买一件商品，卖家说800元钱，如果你表现出急不可耐的样子，卖家是不会轻易降价的。但如果你很淡定，表现出可买可不买的样子，卖家就有可能自行降价了。这是我们生活中司空见惯的场景。

讲这个例子就是告诉大家，虽然律师很缺业务，特别急切地想接下这个案子，但在与客户谈价时，要表现出案子可接可不接的淡定，不要在脸上挂着迫不及待的表情。

收得高额的律师费是每位律师的朴素愿望。时间就是金钱，这句话对律师来说，再恰当不过。美国律师与客户谈话时，会轻轻地启动计时器计费，因为律师的专业技能也是用时间和金钱换取的，得到较高的律师费也是应有的回报。

但是，中国律师在提供法律服务的时候，经常会遇到一个很特别的情况，客户不愿意计时付费，更喜欢在任何时间随时联系律师。因为律师是他花钱聘用的，既然不是计时付费，那就没必要区分工作时间和非工作时间，所以，如果你不愿意在非工作时间接受客户的工作安排，应该事前向客户讲清楚。

当然，在目前激烈的市场竞争状况下，律师多数都是 24 小时在线服务，无论节假日还是“996”。特别是刑事辩护律师，更是如此。由于刑事犯罪方面的客户对律师“贴身”服务的需求更急迫，他们经常会在深更半夜给刑事律师打电话，而且通话时间非常长。不过，刑事律师也应该多多理解，一方面，客户都承受着巨大的精神压力；另一方面，普通百姓遇到刑事犯罪的事情都缺乏基本的应对常识，除了需要法律咨询之外，他们更需要听到律师的内心安抚。

律师不要为了“挣大钱”而“火中取栗”、剑走偏锋，突破职业底线。也就是说，律师不能仅以案件胜诉结果、收费数额作为追求的终极目标，不顾一切地为胜诉铤而走险。

一个不可回避的现实状况是，胜诉结果是与律师费紧密关联、密不可分的。案件胜诉了，律师费高点，客户也不会去计较甚至还会额外给律师奖励，毕竟案件胜诉后客户享受的利益最大，多给点也愿意。但案件败诉的情况就不一样了，客户除了要承担败诉的后果外，还要向律师支付律师费，他们心里就不开心甚至想讨回律师费，毕竟案件败诉后客户遭受的损失最大。

无论律师分析案件多透彻，客户还是要看最终判决结果。律师的胜诉率是律师赢得声望的重要指标。对有些律师看来，只要胜诉，就能得到客户的信赖和自己的律师费，无论案件占不占理，都要想尽一切办法追求胜诉结果，风险往往抛在一边，一旦触及法律底线，一切悔之晚矣。

大咖律师往往会选择有把握、当事人“占理”的案件办理，不接受没有把握案件的委托，这样不但能收到较高的律师费，而且能树立“常胜将军”的品牌形象。当然，并不是所有的律师都有能力去选择案件和客户，况且，诉讼双方总有“占理”的一方和“不占理”的一方，都需要律师去代理，都希望能胜诉。那代理“不占理”一方的律师怎么办?

当然要“没理找理”“没理争三分”，努力为客户争取利益最大化。这种情况下，如何把握争取利益的方法，确实考验律师的职业操守，如果去想一些“特殊”的办法甚至非法办法赢得胜诉，赚取高额律师费，就是前面所讲的“火中取栗”求富贵，万万使不得。

不要抬高客户期望值

律师要注意控制好自己和客户对案件的期望值，对案件结果绝不要轻易“打包票”。当然，有些律师苦苦等待案件，为了获得客户的信赖、接下案件或收取高额律师费会说一些“过分自信”“疑似承诺”的话，但要注意分寸，既要让客户感到自己对案件的自信，又不要误导客户，让他误认为案件胜诉没问题。

在判决生效之前，一切都是不确定的，应该给客户讲清楚，律师费是律师的劳动报酬，不是胜诉的保证金，所以，案件胜诉不是律师的保证责任，只是律师努力争取的结果。为了保护律师自己，在与客户的交往中不要过分许诺。有的时候要勇于说“不”，因为我们必须根据法律、经验和相应判例去出具意见，不能随着客户的心愿出具意见，只有这样才能摆脱危险和无穷无尽的烦恼。

商业活动讲究交易安全，律师办案更要讲究职业安全。首先，要搞清楚客户的要求或期望。这里特别要强调一点，把客户对案件的期望或者要求记录在接待笔录中（或通过邮件确认），以防客户在目标没有实现时责怪你，让你难堪。经过对案件的研究，如果发现案子没有胜诉的可能，那你应该告诉客户，千万不要让客户抱有太大的幻想，否则在收到败诉判决的时候，客户会感到律师在为赚取律师费而欺骗他。在这种情况下，即便收取了高额的律师费，也会感到内心不安。

一位客户问我，一审的代理律师当初接他的案子时，说把握性很大，怎么案件却败了，是不是被律师欺骗了？我给客户解释说，如果律师对案件代理没有把握，你还会给他代理吗？一个律师基于他的职业道德，应该承接比较有把握的案件，这是负责任而不是欺骗。当然，如果那位律师知道案子实际上没有胜诉希望，还假装说有把握，那么他的人品就确实有问题了。

虽然每位律师都急切地渴望承揽到案件，但是如果没有把握，那真的不如不接，否则就是一个烫手的山芋，被烫的滋味是很难受的。虽然律师收取了律师费，但是我相信客户一个不屑的眼神就能打伤你的心，让你无地自容。

我们对待每一宗案件都要竭尽全力，而不要为了赚取律师费而去欺骗客户。因为虽然案件有成败，但其实每位律师都有内心底线，案子能不能在自己手中获胜都会有初步的判断。不要觉得反正案子谁办也是办，输赢是兵家常事，别人办也不见得就会赢，自己试试又何妨。这种想法真的要不得，这样你能“骗”得一个案子，却必将失去一个客户，自己的事业长远不了。

承诺案件结果，弊大于利

经常遇到客户问，我们的案子胜诉的把握有百分之多少？80% 还是 60%。这个时候，我会认真研究案卷之后，结合自己的经验，做一个初步的保守的预测。但会跟客户特别说明，仅是我的个人分析，不是案件结果的承诺。

从策略上，律师不宜把预测的结果告诉客户，特别是不能把过于乐观的分析结论告诉客户，更不能为了赢得案件，过分地抬高客户的期望值，到头来遭罪的还是自己。律师在执业的过程中会遇到这种情况，客户不停地问你能不能赢？言外之意，不能赢的话就要去找别人。在这个时候，对律师特别是对年轻律师就是扎心的考验，为了获得案件，有些律师可能会违心地说出一些“绝对性”的话语。

本人也处理过一些类似情况的投诉，也了解律师与客户在交际过程中的一些问题。有的时候是律师过高地“吊起”客户的“胃口”，客户也觉得如果案件能够胜诉，即便多付点律师费也未尝不可，毕竟案子赢了，自己收益最大，但是，到最后却是竹篮打水一场空，没有达到自己的期望值，就一气之下投诉律师。所以说，律师的答复必须根据案件事实、法律规定以及已有的判例客观地分析，千万不要一味地奉迎客户的需求，为了接下案子而“夸海口”。

另外，在目前执行难的情况下，律师千万不要向客户做出不切实际的承诺。比如，声称跟某法官关系多么熟，肯定可以执行到财物。随着执行透明度的提高以及执行强度的加大，很多案件的执行效果要取决于被执行人的经济实力而不是法院的执行措施。如果被执行人确实濒临破产，你想通过强制执行把钱要回来也不是那么容易，所以，不要“夸海口”，否则，到头来会成为客户投诉的一个理由。

律师技能篇

业精于勤，行成于思

第十四讲　诉讼方案如何确立

毛泽东主席在《论持久战》中曾讲到："'凡事预则立，不预则废'，没有事先的计划和准备，就不能获得战争的胜利。"打官司，和打仗很像，要目标明确，策略得当，否则就一败涂地。

诉讼请求与法律依据的确立

做原告的代理律师有时候要比被告代理律师任务重，虽然看似有准备地启动一次诉讼，但是，从证据准备的角度讲，原告的诉讼难度可能会比被告大。因为民事诉讼的举证要求是"谁主张，谁举证"，而如果举证不能，就有败诉的风险。

在诉讼中，原告要提出诉讼请求、找到法律依据、准备相应证据。被告反而要简单些，他只要对抗、突围，多数情况下是一种防御性的对抗。被告主要针对原告的诉求和证据去挑毛病，当然也会提供一些相反的证据，但多数情况下，是一种防御性的对抗。所以，从诉讼博弈的角度上说，做原告的代理律师并不比被告的代理律师容易。在我代理被告的案件中，确实有因为原告律师未能正确选择诉讼请求而险胜的情况。

诉讼请求是诉讼的最终目标，也是案件审判的"启动器"，包括庭审在内所有的诉讼行为，都要围绕诉讼请求这个根本点展开，关于诉讼请求如何列，民事诉讼法也有明确的规定。

当事人起诉立案必须有具体的诉讼请求，不诉不理。诉讼请求就好比我们作文的命题，律师的诉讼准备和法官的审判者要围绕这一个命题展开，所以，诉讼请求是诉讼的一条重要主线。

如果大家看过邹碧华的《要件审判九步法》这本书的话，可能知道，诉讼请求是该书强调的审判核心。他在书中讲到，上海某区法院曾做过一个统计，案件审限拖长，90%是律师或原告不断变更诉讼请求导致的。

关于这个90%的数据，本人不太认同，毕竟是上海一家区法院的取样统计，基层法院受理较多的是老百姓自己提起的诉讼，在这类诉讼中，确实存在诉讼请求来回变更的情形。

在律师代理的诉讼案件中，估计诉讼请求多次变更的情形不会很多，但无论如何，从90%的数据可以看出，诉讼请求的确立确实是个大问题。

正如前文所述，诉讼请求好比作文的命题，没有好命题就没有好文章，没有正确的诉讼请求就没有委托人利益的最好保护。诉讼请求不当导致的问题主要有以下几类：

第一类：诉讼请求不明确，未得到法院支持。诉讼请求不明确的起诉状提交法院，遇到认真点的立案庭法官，可能要求你明确诉讼请求后才会予立案，在这种情况下，相当于法官帮你把关审核“诉讼请求”。但有些法院的法官可能不审核诉讼请求是否明确，有案即立，法官审理认为诉讼请求不明确再由法院驳回起诉或驳回诉讼请求，情况轻的，浪费诉讼费，可以在修改诉讼请求后重新起诉；但是，如果是情况严重的，比如因此错过除斥期间，委托人失去的就不仅仅是诉讼费，重要的是丧失实体权利。如果这种后果是由于律师的过错造成的，那么律师就难辞其咎，赔不赔偿暂不说，至少是律师终生难忘的沉痛教训。

第二类：诉讼请求不全面，未能解决客户的实际诉求，也就是说，客户取得了胜诉判决，却没有达到自己的目的。比如，在房屋买卖合同纠纷案件中，诉讼请求只列“买卖合同合法有效，被告应履行买卖合同”，而没有列“办理房产过户”的事项，等案件胜诉后，原告兴冲冲地拿着判决书去法院申请强制执行，却被告知房屋不能强制过户，因为判决书中没有“房屋过户”的判决事项。要解决房屋过户问题，需要另行提起一个给付之诉予以确认，再申请强制执行。

第三类：诉讼请求主张方式不当，导致权利落空。比如，本来应当是主张撤销权，却错误地选择代位权，最后代位权诉讼败诉，反过来再主张撤销权，却发现已错过五年的除斥期间，官司没法再打了，这样给当事人造成的不仅仅是经济损失，重要的是当事人权利的丧失。这种错误对当事人来说是灭顶之灾。

举一个股权转让的实际案例，受让方甲公司收购证大公司，向出让方乙公司提出一个先决条件：乙公司应豁免证大公司的到期债务3100万元。双方签订股权转让协议，并将该条件列为特别条款。后来，乙公司豁免了证大公司的3100万元债务，甲公司收购了证大公司。

股权办理变更后，2016年7月，丙公司起诉证大公司，并诉讼保全了证大公司的土地厂房，其诉讼请求是判令证大公司向丙公司支付3100万元及其利息。事实和理由是，乙公司拖欠丙公司欠款6500万元，乙公司豁免证大公司的到期债权侵害了丙公司的债权。但是，在起诉状中丙公司又称，2012年3月19日，乙公司已经豁免证大公司的欠款3100万元。这起案子就属于“诉讼请求主张方式不当”的情形。

大家知道，代位权诉讼的基本条件是有两个债权：债权人对债务人的债权、债务人对次债务人的债权，且两个债权已经到期。在满足这两个条件的情况下，如果债务人不通过诉讼或者仲裁方式去主张债权，那么债权人可以直接起诉次债务人。

在本案中，曾有两个债权，但在2012年3月19日其中一个债权因为豁免而消失，这种情况下，自然已缺失代位权诉讼的要件，就不能再提起代位权诉讼了。

本案按理说应先提起撤销之诉，法律依据是《合同法》第74条第1款①，“因债务人放弃其到期债权或者无偿转让财产，对债权人造成损害的，

① 可参考《民法典》第538条。

债权人可以请求人民法院撤销债务人的行为”。乙公司豁免目标公司到期债权3100万元，侵害到丙公司的债权，丙公司有权撤销乙公司的行为。待撤销之诉得到支持后，债权恢复原状，具备两个合法债权，那个时候再去提代位权诉讼，从理论上说，可以获得支持。

该案件原本胜诉的希望非常大，且诉讼保全了足够的财产，按说丙公司的债权应该得到有效实现，但本案因为错误地选择了代位权诉讼，希望变成绝望，想在案件驳回后去提起撤销之诉也为时已晚，因为到2017年9月审理时，已超过撤销权的五年除斥期限，撤销权丧失。丙公司再也不能从头再来，后悔晚矣，这个案子败得太可惜了。因为诉讼请求错误，导致了当事人实体权利的丧失，这是一件很可怕的事情。

下面再讲一个代持股权的案例。在股权代持案件中的基本故事情节是：代持人发现代持股权升值，往往会拒绝履行合同或找各种理由主张合同无效、不承认股权代持。在这种情况下，委托人即实际出资人往往要抗辩或反诉要求继续履行合同，并判令将股权变更到自己名下。

2011年，某保险股份公司因业务发展需增发股份，公司发起人购买股份可优先购买并享受优惠价。其中一位发起人甲公司没有资金认购，就联系乙公司以甲公司的名义购买，并享受优惠价格。当然，也不能白帮忙，甲公司收取好处费2200万元。乙公司支付1.87亿元以甲公司名义认购1.5亿股，并委托甲公司代持股份。乙公司有权要求甲公司随时将股份变更至自己名下。

2014年，甲公司翻悔不想履行合同，拟退还乙公司认购款。乙公司反诉请求继续履行合同，并支付违约金。

法院审理认为，双方签订的合同系双方真实意思表示，且不违反合同法的禁止性规定，应认定为合法有效，双方应该认真履行，判令甲公司继续履行合同并支付违约金3000多万元。

等乙公司拿着判决书到法院申请强制执行，要求将1.5亿股的股份变更到自己名下的时候，执行法官一脸无奈地说，只能强制执行3000多万元违约金，要将1.5亿股的股份变更到乙公司名下，确实勉为其难，因为判决书上并无该判决事项。

2017 年 4 月，乙公司只好另行起诉，要求持股人甲公司把股份变更到自己的名下。2018 年 1 月，案件还在审理过程中，保监会发布新的《保险公司股权管理办法》，禁止代持保险公司的股份，且保监会就乙公司代持甲公司股份一事作出行政处罚，并责令保险公司撤销增发的 1.5 亿股份。

2019 年，法院一审判决驳回乙公司的诉讼请求。

问题来了，乙公司在诉讼过程中有何不妥？

首先，在 2014 年的反诉中，乙公司的诉讼请求应该包含股份变更的事项，不应疏漏。另行起诉不仅造成时间上的拖延，而且增加诉累和诉讼成本。

其次，因为政策变化等因素，无形中徒增案件结果的变数。本案历经两次诉讼，承办法官不同，认识也可能不同，再加上 2018 年保险监管力度加大等因素，出现了意想不到的败诉结果。

如果在第一次反诉中不遗漏股份变更的请求，说不定在继续履行合同的思路下"顺势"就支持股份变更了。而现在，案件历经五年尚未能尘埃落定且取得实效，不得不说，诉讼请求的确立存在重大缺陷。

第三个案例是一起房产纠纷案例。某城市的一处地标性建筑因投资纠纷而陷入困境——部分房屋被查封。甲公司作为投资人，与乙公司签订委托协议，自愿把房产交给乙公司管理，并需要乙公司参与投资。后来乙公司提供了一些虚假材料蒙骗甲公司，且未实际投资。甲公司为此起诉乙公司，诉讼请求是确认合同无效，案件从济南市中级人民法院到山东省高级人民法院，再至最高人民法院申请再审，均未得到法院支持。

实际上，《合同法》第 52 条①对合同无效的情形规定得很清楚，没有一款可以支持甲公司主张合同无效，甲公司应该根据《合同法》第 54 条②的规定，以显失公平或重大误解来要求撤销合同。

几年下来，等甲公司明白过来，想行使合同的撤销权时，才发现已经过

① 可参考《民法典》第 146 条。

② 可参考《民法典》总则编相关内容。

了撤销权的除斥期间。重要的是，打官司的几年里，乙公司已经金蝉脱壳，暗度陈仓，偷偷将房屋销售一空，卷款离场。在这个案子中，甲公司的损失巨大，但是大势已去，欲哭无泪。

还有一起本人代理的房产买卖案件，原告的诉讼请求是撤销双方的买卖合同。开庭后，我作为被告代理人向原告律师发问，房产抵押的事实在什么时间知道的，对方答，两年前。我以撤销权已过除斥期间为由抗辩，对方没办法，要变更诉求为解除合同，而未得到法院允许，最终，法院驳回原告的诉讼请求。

上述案例告诉我们，在确立诉讼请求时，要围绕客户的目标反复论证和推敲，假设诉讼请求得到支持，是否能够达到客户的最终目标，即诉讼请求是否具有可执行性。

法院现在都实行立案登记制，已经不像过去，很多资深法官不再出于“好心”为你审核诉讼请求，给你指导、提醒，如果律师自己不缜密思考，等收到判决书时才发现诉讼请求错了，那可就后悔晚矣，更甚者，因为律师诉讼请求错误导致客户权利丧失，那罪过更大了，一念之差，可能一败涂地，千万大意不得。

综上，诉讼请求的确立非常重要，大家可以用正向和反向两种方法来确定诉讼请求。

正向方法是围绕客户的目标确定诉讼请求。比如，客户的目标是办理房产证，那么你的诉讼请求就要有给付的事项。再拿债权转让来说，如果债权还没有到期，只能做债权转让的确认之诉。如果债权已经到期的话，应该提给付之诉。

有些时候，律师可以基于法律关系、管辖权等因素向当事人建议管辖法院。如果案件标的额小，为了摆脱地方保护，可以增加诉讼金额，把案件提交上一级法院管辖。

另一种方法叫反向验证，就是假设法院支持诉讼请求，判决基础和结果是什么。刚才讲到了一个股权转让的案例，即便胜诉了，当事人拿着判决书能否申请执行，执行能否解决自己的需求？

再如，轴承的买卖合同关系与轴承的加工承揽合同关系，是两个不同的合同关系，诉讼时的举证责任就会有所不同，这可以从判决基础上进行反向验证，了解举证的责任分配，从而确定如何起诉，诉讼请求是什么。

除非有特殊情况，起诉之后案件的诉讼请求不能随意变更。诉讼请求随意变更既增加了当事人的负担，还会耽误诉讼时间。另外，会让当事人感觉律师执业经验不足，在时间上、财力上、精力上都会产生不必要的麻烦。所以，作为原告的代理律师，在确定案件起诉的时候应该充分的论证，确定好诉讼请求，做到“一锤定音”。

在《要件审判九步法》这本书里，其中的“两步”即是，一步要固定诉讼请求，另一步要有法律依据。

事实的描述在法庭庭审的过程中经常被用到。建议大家做一份大事记或者法律关系的脉络图，开庭的时候一目了然，庭审法官一旦问及该事实，你能够立即予以答复。

不同法庭的不同法官，其审判风格可能不一样。但通常来说，都会问：诉求有没有变化，诉求中的利息怎么算，违约金怎么算，要求偿还借款还是投资款，等等。还有些法官会问，诉求的法律依据是什么。所以，在开庭前要充分准备，一旦法官问及能够随机应变，并及时予以答复，展现自己的职业素养。如果你没有准备回答不上来，就会很尴尬，这不但丢了面子，而且容易因为紧张而乱了阵脚，接下来的庭审就很难泰然自若地进行，所以，大家要准备得充分，才能在法庭上不慌不忙。

比如，在代位权诉讼案件代理中，合同法以及司法解释涉及代位权的法条要打印出来放在自己的手边，一旦法官提问或者对方律师谈及某法律观点，你能依据法条及时回答或驳斥。

诉讼方案的确立——以代位权诉讼为例

下面以代位权诉讼为例谈谈诉讼方案的确立。传统的欠款纠纷通过基础合同关系诉讼的，往往“清欠”效果不如意，为此，笔者重点研究和运用了代位权诉讼，帮助客户“回款”，效果明显。

为了清除“连环债”相互拖欠的问题，我国的立法机关包括民法学者，参考和借鉴了其他国家及地区的立法经验，创设了《合同法》第73条①债权人代位权制度，突破合同的相对性，可跨越式追偿，最终希望破解“连环债”的社会问题。“连环债”的社会问题拖累了市场经济的正常发展，因此创设该制度的目的就是激发“连环债”中债权人、债务人积极主动地主张债权或者追偿欠款，解开“连环债”的死结。

我个人认为，《合同法》第73条规定的代位权诉讼虽立法初衷很好，但实际效果有限。按照《合同法》第73条的规定，代位权诉讼适用的场景是，债务人怠于行使其到期的债权，对债权人造成损害的，债权人可以向人民法院请求以自己的名义代位行使债务人的债权，但该债权专属于债务人自身的除外。代位权的行使范围以债权人的债权为限，债权人行使代位权的必要费用由债务人承担。

为了大家更好地理解该法条和制度，我们有必要对于《合同法》第73条的规定进行细致的梳理。我在《企业合同管理33讲》一书中用了很大篇幅讲述代位权诉讼，大家可以参考。

在这里，我还是用通俗的案例来解释代位权诉讼。通俗地讲，A公司的债务人是B公司，B公司的债务人是C公司，A公司是债权人，B公司是债务人，C公司是次债务人。《合同法》第73条的意思是，因为债务人B公司不积极地向次债务人C公司去要账，影响到了A公司实现自己的债权，在这种情况下，A公司就可以越过B公司直接起诉C公司追要欠款。如果法院支持了A公司的诉讼请求，A公司就可依据胜诉判决直接执行C公司。这就是代位权简单的法律关系。

代位权诉讼最常适用的场景是，A公司是B公司的供应商，B公司给C公司供货，C公司通常是最终用户或者业主。在现代市场经济状况下，因为买方市场强势地位，通常C公司拖欠B公司货款，B公司拖欠A公司货款。在这条供应链上，C公司的市场地位最高，其次是B公司，A公司的处境最

---

① 可参考《民法典》第535条，下同。

差，因为B公司是A公司的买方，所以也是A公司不敢得罪的“金主”。虽然从法律关系来看，A公司是债权人，B公司和C公司是债务人，但实际上，欠钱的往往更强势，这种现象比比皆是，其中道理不必赘述。

B公司不向C公司追讨货款，不去起诉或者申请仲裁C公司，往往是考虑到C公司是自己的重要客户，为了未来能给C公司继续供货而不敢得罪他。反过头来，B公司又开始要挟A公司，说C公司现在没有给我付款，你愿意继续给我供货就等着C公司付款后给你付款，以后不愿意继续供货就算了，爱起诉就起诉吧。

所以，通常情况下，只要B公司不发生严重的经济危机，A公司也不会考虑去直接代位起诉C公司，B公司真的出现经营困难，A公司起诉B公司的意义不大。

通常来说，像这种债权债务关系比较清晰的案子胜诉应该不成问题，但可能面临两种风险：一是B公司歇业停产没有偿付能力，强制执行无济于事，A公司的债权难以得到全部清偿；二是假如B公司资不抵债破产，A公司的债权将大打折扣。假如能通过代位权诉讼C公司并在破产前胜诉执行，债权将得到最大限度的实现，这也是A公司在特定的条件下提起代位权诉讼的初衷或背景。

代位权诉讼可减少诉累、快捷清结债务，是一项创新制度，但在司法实践中，通过这种方式主张权利的比较少，且得到法院支持的就少之又少。通过案件检索到的胜诉判例确实是凤毛麟角，所以说，代位权诉讼是一道美丽的光环，其实并不实用。既然代位权诉讼很难获得胜诉，我们为何还要去研究它，通过这种方式来主张权利呢?

本人曾经通过代位权诉讼帮助众多企业实现债权清偿，下面结合自己的办案经验，与大家分享一下代位权诉讼的办案心得。

代位权诉讼的目的和关键点

代位权和撤销权共为合同的保全，又称责任财产的保全，指债权人行使代位权和撤销权，防止债务人的责任财产不当减少，以确保无特别担保的一般债权得以清偿。从保全责任财产的角度，保全属于一般担保的手段。保全责任财产，最终目的是使债权得以保障。

债务人以其财产承担债务责任为一般担保，作为一般担保的债务人的财产亦称为责任财产，责任财产的增减与一般债权能否实现息息相关。虽然债权人不能支配债务人的财产，倘若债务人任意处分财产，自由地减少责任财产，就会损及一般债权，故法律赋予债权人干预债务人责任财产的权利。当债务人消极地怠于行使权利听任责任财产减少害及债权时，债权人可以行使代位权，维持责任财产。当债务人积极地减少责任财产损及债权时，债权人可以行使撤销权，恢复责任财产。债权人通过行使代位权和撤销权，可以有效防止责任财产的不当减少，使债权得以保全。

提起代位权诉讼往往是迫不得而为之，分两种情况：

第一种情况是，B公司可能濒临破产，代位权诉讼一旦胜诉，判决的履行方或者被执行人是C公司而非B公司，所以执行难度减小，如果及时执行完毕，这样就变相地避开了C公司债权成为破产财产，A公司不再需要作为普通债权人再去参与破产财产分配。

第二种情况是，在A公司起诉之前，B公司的其他债权人已经申请法院对B公司应收C公司的到期债权做了财产保全，如果A公司也申请法院进行到期应收账款保全的情况下，只能轮候保全，执行阶段再按照保全顺序去分配执行款，应收账款不足以支付给保全在先得债权人，自己只能空手而归，在这种情况下，A公司就会通过代位权诉讼起诉C公司。

结合《合同法》第73条的规定来看，通俗地讲，代位权诉讼要有两个债权债务，一个是A公司对B公司的债权，另外一个是B公司对C公司的债权，两个债权合法、到期且不能够专属于债务人。比如说，B公司对C公司的债权是因为车祸而获得的补偿，这种专属于个人的债权是不能够通过代位权诉讼的。从构成要件上讲，两个独立债权应当是确定的，但不必存在对应关系，也就是说，A公司对B公司的债权和B公司对C公司的债权数额必须是明确的，否则，A 公司的代位权诉讼请求就被驳回，这也是代位权诉讼难以取得胜诉的主要原因。

代位权诉讼构成要件的另一个要素是，因债务人怠于主张债权，导致债权人利益受损。也就是说，到该付款的时间点，债务人不去要款造成无能力向给债权人付款，可以适用代位权诉讼。什么叫给债权人造成损害？也就是说，假如 B 公司的资产有 5000 万元，它对 C 公司到期应收债权 3000 万元，而它欠 A 公司的只有 1000 万元，在这种情况下，从理论上讲 A 公司不能够通过代位权诉讼起诉 C 公司。理由是，虽然 C 公司到期没有还款，但是因为 B 公司有足够的财力，C 公司不还款的行为没有影响到 A 公司债权的实现，只要是有证据证明由此不会给 A 公司造成损害，A 公司就无权行使代位权。

但是，实务中法院审查 C 公司不偿还 B 公司欠款是否造成 A 公司损害的事实并不严格，只要 B 公司不偿还 A 公司的债权，就会认定 A 公司享有代位权诉讼的实体权利。

其实，代位权诉讼的关键难点是，A 公司很难举证证明 B 公司和 C 公司债权数额确定且已到期。按照“谁主张，谁举证”的诉讼规则，如果 A 公司不能完成举证证明的责任，应该承担举证不能的法律后果，即诉讼请求被驳回。

因为代位权诉讼中两个债权是由合同或其他原因形成的债，三方主体独立存在，债权产生的原因和事实只有相关的当事方才能知晓，在这种情况下，A 公司很难获得 B 公司和 C 公司之间债权的证据。如果只是道听途说 B 公司和 C 公司之间有到期债权，是很难在法庭上举证证明的，最终也很难够获得法院的支持。

代位权诉讼胜诉的案例大致分几种情况：

第一种情况是，B 公司提供了证据帮助 A 公司证明了 B 公司对 C 公司有到期债权，且数额确定。

第二种情况是，C 公司自己承认拖欠 B 公司欠款且已经到期，或者是因为 C 公司是上市公司，其在披露的年报上承认了拖欠 B 公司欠款的事实，由此可见，代位权诉讼对于 A 公司来说，确实是一种“铤而走险”的策略，但是，从本身债权来说没有任何损害，值得尝试。

即便是代位权诉讼没有获得法院的支持，A 公司对 B 公司的债权并不受损，如果是代位权诉讼获得胜诉的话，那么 C 公司直接偿还 A 公司，实现 A 公司的利益最大化。

第十五讲　庭审应注意哪些重点问题

俗话说，台上一分钟，台下十年功。我们每位参加庭审的律师，要高度重视庭审短短的一上午甚至几个小时的难得机会。在开庭时，有些律师可能对事实不清楚或者证据准备不充分，只希望庭审时简单应付一下，待庭审后提交代理词再去阐述自己的观点，但事实上，庭审过后又把提交代理词的事抛于脑后，这是不负责任和非常危险的。

我觉得，庭审应当是律师诉讼代理的一个非常重要的环节，是法院查明事实、当事人充分表达观点的最关键环节。庭审是法官对审理案件（包括律师）的第一印象也可能是最终印象，如果律师不能抓住庭审机会充分展示证据，说服法官接受自己的观点，那么律师就不可能发挥专业代理的作用。

大家知道，现在法官手头上审理的案件非常之多，让他庭前针对每一起案件、每一个细节去阅卷或准备估计都比较难，很多法官可能只是在开庭时才去了解案情。这倒不是法官不负责任，这可能因他的工作性质、工作强度、工作时间等因素造成的，这种情况也是目前没有办法的事。所以，庭审是法官可能投入心思和时间了解案件、对案件做出初步判断的关键阶段。如果诉讼律师不把庭审看成发表观点的最后机会，就不会在短短的庭审阶段尽其所能去争取让法官采纳自己的观点、支持自己的主张。

实际上，希望通过庭后提交的书面材料或代理意见来表明自己的观点，通常没有任何效果。很多时候法官是不会看或不会认真看律师庭后提交的代理意见的，除非案件确实存在观点分歧，法官很难判断，才可能参考你的法律意见。所以，大多数情况下，法官会记住你在法庭上所呈现的事实和观点，很少去关注法律文书中的意见。

由此，我想给大家说句掏心窝子的话，请各位重视庭审的两个小时、一上午或者最多一天的庭审机会，一旦失去了，就像演员在舞台表演一样，表演已结束，法庭不会再给你展示的机会。

很多的案子可能只开一次庭，有些复杂的可能开两三次庭，但多数的案子可能一次庭审就结束了。所以，请大家务必在宝贵的庭审时间里尽自己所能去还原案件事实、充分准确地表达自己的观点。如果把打官司形象地比喻为“拼图”，那么庭审就好比让律师通过不同的证据展示（“拼块拼接”）最终再现事实的过程，律师就要在有限的时间内（庭审阶段）完成“拼图”，否则，法官就看不到“全图”（事实），就有可能做出对当事人不利的判决。

有些老律师不以为然，他会拍着胸脯说自己跟某某法官很熟，开完庭之后再去跟他沟通，不行吗？本人的拙见是，能在法庭上出色表现的，为什么还要再寄希望于另外找机会单独地去沟通呢，重要的是，目前的司法环境越来越清廉，又有多少法官愿意和你单独沟通呢。

所以，我的观点是，做诉讼律师还是要靠技能吃饭，从证据准备到法庭辩论都要事无巨细，确保不出纰漏。

开庭前的准备

熟悉法律规定

诉讼律师应该不厌其烦，和读小说一样，阅读《民事诉讼法》及其司法解释，充分了解诉讼规则，这是从事诉讼专业的基础。我这里说的主要是民事诉讼，同样的道理，你做刑事辩护和行政诉讼，当然应该对《刑事诉讼法》《行政诉讼法》包括司法解释了如指掌。

学好合同法

为什么要大家不停地读、仔细地读、认真地读、不厌其烦地研究合同法呢？因为我们多数的案件，当然主要是民事纠纷几乎没有不与合同有关联的，无论是股东之间的合资协议，还是建筑工程合同，虽然还有其他的特殊法调整，但万变不离其宗，都离不开合同法的知识。

合同法是市场交易的基本法，很多诉讼只不过是针对不同的专业、不同的合同类型展开的而已，所以大家要把合同法包括合同法中的代位权诉讼、第三方的撤销权等内容融会贯通，才能以不变应万变，大有作为。

再往细里讲，律师还应根据不同领域，做好纵向知识储备，比如，做房地产诉讼的，就要做好土地管理法、建筑法等方面的法律法规、部门规章等纵向知识储备。做并购的，要做好公司法、国有资产管理法等方面的法律法规、部门规章等纵向知识储备。

要训练自己的演说和倾听能力

庭审是法官、当事人及其代理人高效沟通的过程，这就需要案件的参与方在有限的时间里听清对方发言，又要准确无误地表达自己的观点。原告要先把他的诉讼请求、事实和理由阐述清楚，被告予以针锋相对地答辩、反驳，最终法官总结诉讼焦点、要求双方围绕争议焦点发表意见。只有听清对方的意思，才能有的放矢地进行反驳。

原被告双方是各说各话，只管照着事先准备的稿子读，谁也不理会对方的发言，甚至也不理会法官总结的焦点和关注的事实，就很难形成有效辩驳。只有法官及时地有效地引导，否则，庭审难以进行下去。

这和我们日常聊天有点相似，有些人跟别人聊天总不在同一个“频道”上，一方说的事，另一方根本不理会，两人说的不是一回事，一会儿就“把天聊死”了。

有一个故事，父子俩一起开车出行，坐在副驾驶的儿子说，加油，到前面路口停车。爸爸却说，是黄灯，加油可以冲过去。

爸爸猛地踩了油门，车赶在红灯亮之前冲了过去。

又过了一个路口，儿子又说加油。

爸爸自信地说，这次距离路口近，不用加油，在变红灯前也能冲过去。

跑了一阵子，车厢内的油用尽，车熄火了。这时爸爸才想起儿子加油的提醒，但为时已晚。

这个小故事就说明有效交流的重要性，此“加油”与彼“加油”实际上不是同一个意思。

有些人说话啰唆，且说不到点子上，等说到点子上，已绕完一个大圈子，浪费时间不说，关键是严重影响彼此的沟通效果，这就需要我们提升沟通基本技能——口头表达。

说和写是我们律师的基本技能，不要以为自己做了律师就自然具备了这两项技能，或者说，这两项技能因为做了律师就自然得到提升。律师应该明白，口头表达只有持之以恒地训练才能得以提升。

人们期待律师拥有能说会道的嘴皮子、能写能辩的笔杆子。其实，这仅是外界对律师的朴素期盼，至少在他们心里，律师应该是这个样子。但实际上，律师的这两项技能参差不齐，差距非常之大。

我本人也参加过很多庭审，见过高手，也见过不如我的人。我觉得，在法庭上，最起码应该努力做到适度放松紧张情绪、有条理地表达自己的观点，但在法庭上语无伦次、说话啰唆的律师并不少见。

再次建议大家多看看精彩演讲的书籍和视频，推荐大家看一看全球非常盛行的TED演讲，看看那些演讲者如何在短短的几分钟之内表达一个主题而获得好评。在那里，演讲者的语气、叙事方式等都值得大家好好学习。

既然我们想做律师，“说”是我们的看家本领，需要去训练提升。不要以为自己不停地说就是会说，这是截然不同的两个概念。

我曾在律所创立了训练演说的讲坛，倡导律师同事都站着练习演说。这个看起来很简单，但其实并不容易做到。站着说跟坐着说有何区别呢？学问很大。咱们朋友之间聊天吹牛，随便说到哪儿，天马行空没人在意，但是到法庭上情况就不一样，话筒放在你嘴边，对面坐着对方当事人或律师，你的发言被记录下来作为呈堂证供，这种架势下，你自然要紧张。

在多数情况下公开发言，大家都会紧张，只不过不同的人紧张的程度不一样而已。如果不去有意识地训练，你上了法庭就有可能经常思维“断片”、语无伦次甚至“卡壳”。当遇到法官提醒，“某某律师，请你声音大一点”，“请说得慢一点”，或者“重复的话不要再说了”等，那确实是该重视训练了。如果确实是因为自己发音不准或者是语气太低，就要有意识地进行矫正。在此不再赘述。

庭审发言要有理有据。在法庭上发言是很严肃的事情，作为执业律师，无论是自己的陈述，还是向对方律师发问，或者接受法官的提问，都应该郑重其事地对待，而不能嬉皮笑脸，也不需要诙谐求趣。很多律师不把开庭当回事，好像是在自由市场，没有对法庭的基本敬畏或尊重，不是手指不停在玩弄签字笔，就是有一搭无一搭去编故事，这些都不是诉讼律师应有的表现。无论你是多么资深的律师，也无论你跟主审法官有多熟悉，都应该尊重法庭、好好说话。在法庭上，也希望大家惜字如金，不要太啰唆，让法官生厌，不愿倾听你的发言。

另外，要注意提高语言表达的连贯性。现在很多的审判庭都已是多功能法庭，当事人面前都有一块显示屏，书记员输入的字随时看得见。律师表达是不是连贯，看看书记员的记录就很清楚。我们平时说话感觉不出来，但一旦转化成文字，就很容易发现自己的表达是不是连贯，句子的主、谓、宾、定、状、补是不是完善，句子是不是病句。所以，大家可以将庭审笔录拍照回去，仔细检查一下自己的表达存在的缺陷，在未来庭审中有所改正。

参加庭审的穿着及准备

穿律师袍还没盛行，但是我觉得男律师西装革履和女律师职业装是必备的。千万别上穿西装下蹬旅游鞋。虽然律师穿戴和庭审效果没有直接的关系，但是作为律师，我们应当有社会普遍认可的穿着打扮。看到某人穿得歪歪扭扭的，内心感觉不舒服，你会跟他有一个有效的沟通吗?

另外，我们在开庭的时候要保持精力充沛，并不因为生理问题牵扯自己的注意力。比如，出差到外地开庭，要保证头一天比较充足的睡眠或饮食，避免第二天庭审时精神萎靡，不在状态。如果头一天没睡好，甚至身体不舒服，或者吃了辛辣的刺激性食物肠胃不舒服，你就没心思参加庭审。

另外，开庭前尽可能少喝水，因为有的时候开庭可能持续一上午，中间要去洗手间，大家都在等你，不合适，别因为这些小事让庭审中止。

还有，准时出庭并尽可能提前熟悉环境。在稍微熟悉的环境里，发言的时候会很放松。提前到法庭，将开庭用的材料摆放好，让桌面显得有序、不凌乱，开庭时能顺手找到需要的材料。

有些律师开庭迟到，进了法庭，急匆匆地脱外衣，开包取材料，在包里翻来翻去，显得很慌乱。如果再被法官批评两句，就更狼狈。

早到五分钟和晚到五分钟，虽然只是五分钟的事，但对律师的影响是不一样的。我的建议是：早到半个小时，熟悉场地，等候开庭，给客户与法官留下敬业的好印象。

如果大家看过话剧，你会发现剧场演员和律师是很相似的。北京人艺的经典剧目《茶馆》，有很多知名话剧演员参演过，他们的台前幕后一丝不苟，很多演员只有几句台词，但他们都会早早地候在场外。其实，演出跟我们的庭审非常相似，要想在法庭上“演”得出彩，法庭外的每个细节都要一丝不苟。

证据准备

打官司就是打证据，但在庭审时，我发现证据准备环节存在一些问题。

按照民事诉讼法的规定，证据准备要有清单，清单上要写明证明的事实、证明目的、证据来源，而且要为法院和对方当事人提供复印件。但在开庭的时候，经常会遇到有些律师仅给法院提供证据复印件，而不给其他当事人提供。

我认为，这些律师的小私心，无非是变相的证据突袭：不给对方当事人准备证据复印件，不让对方有所防备。开庭的时候突然拿出证据，让对方当事人或律师措手不及，对方当事人没有己方提供的证据目录和证据的复印件，其质证时只能临场发挥，不能深入研究。

我个人觉得，这不符合庭审礼仪，也与民事诉讼法的规定相悖。其实，完全没有必要这样做，真要碰到“较真”的律师，完全可以要求你提供，让你很难堪。

无论是原告的律师还是被告的律师，共同的目标应当是努力促成案件顺利审理，而不是无故拖延庭审，增加案件审理的难度和复杂性。说实话，这些小“伎俩”，法官会看在眼里、记在心里的，可能还会让他产生厌恶感。

所以，我建议大家认真准备证据目录和证据复印件，写明证据的名称、拟证明的事实、证据来源、页码，同时给对方当事人以及法庭各提交一套。

另外，在不影响证据原状的情况下，最好用荧光笔对关键材料复印件或展示内容做出标识或用标签纸区分证据种类，便于开庭时及时展示。你如此用心的准备，会赢得所有人的尊重，并因你的执业操守而高看你一眼。

还有一个就是，根据各地法院的要求，开庭时要提交证据目录、答辩状、起诉状等材料电子版（保存到 U 盘中），便于书记员庭审笔录时引用。希望大家用心准备，给书记员便利，这既是对书记员工作的充分尊重，也是配合庭审顺利进行的积极行为。

模拟庭审

开庭前，如果有条件，建议团队人员模拟一次庭审，特别是邀请资深律师参加，通过模拟开庭过程，摸清对方可能的抗辩观点，并提前准备如何对抗。

建议大家可以通过两个方式来揣测对方可能提供的证据和观点：一个方式是，根据承办案件的情形进行大数据案例检索，如果能查找到相似案例，其中肯定会有原告、被告的意见以及法院审理的意见，可以从这些生效的相似案例中全面了解案件焦点、抗辩点。另一个方式是，通过百度以及法律专业检索引擎做案件相关法律观点的检索，这些观点有学术的法律分析。

通过上面两种方式，你可以全面了解涉及此类案件的关键点。只有做好这些工作，你才能够胸有成竹、了然于心，开庭时能抓住所有关键点，预料对方律师的观点，做到游刃有余。

每次成功的庭审，说白了，就和考试是一样的，你准备得充分，就会很自信地坐在法庭上，甚至有“表演”的欲望，跃跃欲试，反之，就会忐忑不安，如坐针毡。

举个例子，笔者曾代理的一起代位权诉讼案件中，债务人被列为第三人，次债务人是被告，我代理的原告是案件的债权人。庭审中，债务人代理律师提出，应该列债务人为本案被告，而不是第三人。他为什么要求自愿做被告呢？因为按照最高人民法院的内部通知，凡是涉及债务人为被告的案件应移送到债务人所在地的杭州市中级人民法院审理，而债务人为第三人的案件不在移送之列。

此时该如何应对？如果你对该事项没有做过研究或者没有考虑过，你只能说第三人的主张缺乏法律依据，但你说不出所以然。如果你做了充分的准备，你就能对答如流：

第一，根据最高人民法院《关于适用〈中华人民共和国合同法〉若干问题的解释（一）》（已废止）第16条：“债权人以次债务人为被告向人民法院提起代位权诉讼，未将债务人列为第三人的，人民法院可以追加债务人为第三人。”代位权诉讼中债务人应该列为第三人。

第二，选择谁做被告，是原告的权利，本案中原告不选择债务人做被告，法院或债务人无权替原告选择被告。

第三，本案诉讼请求并没有要求债务人承担责任，债务人只是无独立请求权的第三人，参与诉讼的目的是查清事实，不具有列为被告的基础。

第四，法律没有规定债务人应列为必要的共同被告，即不属于法定的必须列为共同被告的情形，所以债务人不能与次债务人作为共同被告。比如说，《继承法》（已废止）明确规定，其他继承人没有起诉要求分割财产的，可以要求作为共同被告，这属于法定的必要的共同被告的情形。

如果在庭前进行过相关研究，开庭时一定会说得头头是道。如果律师不能讲清楚，主审法官又对此没有研究或者没有审判经验，有可能就按照最高人民法院内部的指定管辖通知移送到第三人所在地的法院审理了。确实是，我发表完上述意见后，主审法官当庭驳回债务人的申请或主张，案件仍留在原审法院审理。

由此，我想告诉大家，你庭前准备得细致还是不细致，庭审效果会大相径庭，恰恰是因为及时准确地回应了债务人的主张，才获得了法官对于律师业务水平发自内心的赞赏。

律师参加庭审的目标是说服法官接受自己的观点，获得法官对律师专业能力的敬重。如果法官对律师的学识都看不上，那么他对你的代理观点也不会重视，你想说服他接受自己观点的难度就会大。

有时候，代理案件的诉求是合理的，最终也得到判决的支持，但可能是基于法官自己对于案件的独立判断，而不是基于律师的代理意见。这种情况下，即便律师没有发挥作用，案件也会胜诉。但是，绝不能反过来，只要案件胜诉了，就是律师的功劳。律师有没有功劳，当事人有时候也不知道，而律师内心最清楚。

因此，在庭审中的每一步都应该展示自己的专业水平，才能收到良好的效果。天下没有白费的工夫，台上一分钟，台下十年功，庭审亦如此。

为了庭审，在接手案件的时候，收集证据一定要全面细致。只有充分掌握证据，无论是做原告还是被告的代理人，你才能够对事实的每个细节了如指掌，才能用足用活手中的证据“武器”。

上面主要从原告代理律师的角度讲述庭前准备工作。作为被告的代理律师庭前准备也大致相当，但是因为被告是被动参与诉讼，所有的准备工作要基于原告的诉讼请求、证据而展开。

有的时候，原告为了证据突袭，起诉时提交的证据比较少，开庭的时候又补充了大量证据。在这种情况下，作为被告的代理律师，如果代理的是二审案件，一定要提前阅卷，了解相关事实、证据状况。如果代理的是一审案件，尽可能地跟法官沟通，让法院督促原告尽早提交全部证据，给你留出更多时间做准备。能否从原告的证据清单里看出可能隐藏的证据、可能提交以及未来要提交的证据，这个只能看律师的经验。如果原告提交法院的材料非常少，比如，一份合同、一宗发票，有些关键的证据没有提交，作为被告代理律师要提前设想和论证，并准备相应证据。

对于被告来说，自己是在暗处，而原告是在明处，原告可以对提交的证据有所取舍，而且原告往往了解被告的情况，起诉前原告已经进行了较长时间的准备，原告和律师之间有更长时间研讨和论证。

被告往往都是收到法院的传票才开始准备应对。对被告代理律师来说，案件准备时间较短，客户也往往很急切需要律师做案件设想和论证。另外，通常来说，被告往往是没理的，防御性的抗辩证据可能比较少，找到“逃避责任”的理由比较难。

原告提交的起诉状往往只从宏观层面讲事实和法律依据，可能细节没有展开，能一句话带过的绝不深入地去论证，与国外律师写的诉状内容相比，简单得不能再简单。所以，对于被告代理律师来说，想从起诉状获得充分信息的难度比较大。被告代理律师毕竟是防御性的，原告属于进攻性的，且看上去非常有道理，所以，被告律师想发现起诉状背后的问题就得慧眼识珠，必须要有特别的洞察力。

倾听团队律师的意见非常重要。俗话说得好，三个臭皮匠胜过一个诸葛亮。鼓不敲不响，理不辩不明，律师之间的学术讨论非常必要。哪怕团队里面年轻律师提出的意见，都可能起到启发作用，律师通过“头脑风暴”可能撞击出新思路，所以，团队办案，群策群力，大有裨益。

举证技巧

接下来讲证据的举证和质证。近几年，律师同行在法庭上提交证据的条理性、规范性在不断提升。十几年前我刚做律师的时候，很多律师提交法庭的证据几乎没有证据目录甚至没有装订，边开庭边从公文包里翻证据的情景并不少见。现在情况非常好了，证据封面、目录、正文、页码应有尽有，且装帧精美。证据材料的规范化对提高庭审效率非常有意义，不仅法官查阅方便，当事人质证也方便。从这一点上讲，正是全体律师的共同努力，才促进整个行业的规范化、标准化发展。

开始举证的时候，要注意提交证据的顺序。比如说，2011～2013 年，原被告之间进行了四次货物买卖，后发生欠款纠纷。该案可按照合同履行的先后顺序单份举证，即将每一次货物买卖的合同书、发票、交货单、付款凭证等作为一组，共四组。也可以按照同类归组进行举证，即将四次货物买卖的合同书归一组、发票归一组、送货单归一组、付款凭证归一组，组组之间一一对应。

如果证据复杂，可分大类，再细分组。根据法官的习惯进行举证，有些法官会要求按大类举证再由对方质证，也有些法官喜欢从细处着手，一份一份地单一质证。我个人觉得，在做证据清单的时候，把证据能够分清楚，比如：一类分三组，每一组里面都分别有什么，每一大类证明的事实，每一组证明的事实，每一份证明事实，环环相扣，让人一目了然。

另外，开庭时，准备用于庭审核对的证据原件，摆放顺序要与证据复印件一致。待对方律师或法官需要核对时，能够尽快找出，节省举证、质证时间。

质证技巧

质证时，要做好质证笔录，记录提交的证据名称，对方的质证意见，证据存在的瑕疵，针对证据的真实性问题，法官是否提出补证的要求。

质证要围绕证据的“三性”即真实性、合法性、关联性发表意见。证据的关联性，指的是作为证据内容的事实与案件事实之间存在某种联系。关联性是实质性和证明性的结合，关联性不涉及证据的真假和证明价值，其侧重的是证据与证明对象之间的形式关系，即证据相对于证明对象是否具有实质性，以及证据对于证明对象是否具有证明性。

在质证时，很多律师将质证当成法庭辩论，不停地讲述自己的代理观点，此时通常法官通常会予以阻止，同时会说，“请就该份证据和本案的关系发表意见，辩论环节法庭会给你充分发表意见的机会”。言外之意，法官认为你“跑题”了。

有些证据可能是诉讼一方当事人与其他第三方形成的，比如，一方当事人与第三人签订的合同。质证时，可以说因己方不是当事人，无法核实合同的真实性，说清楚即可，但是不妨碍对拟证明的事实、证据与本案的关联性发表意见。不要因为是一方提出的证据，一定要说与本案无关或者对其真实性提出异议，要看能否通过其他途径验证真伪。比如说，从网上打印了一份工商登记，就说没见过原件所以真实性不认可。其实，真实性完全可以通过网络查询予以验证。你完全可以跟法庭说，我查证过了，网上公示的内容属实。如果还需要到工商部门进一步查证，可请求庭后去向工商部门查证，请法庭能够给予时间。

再如，对方律师提交了送达通知的EMS投递记录。律师可以通过单号直接网络验证，不要非以邮政部门未加盖公章而否认其真实性。当事人确实是没有收到或快件已经退回，质证时说网络记录有误，可申请庭后提交邮政部门的相关证明。

总之，对于对方提交的证据不需要时间进行准备，律师可以马上发表质证意见，使法庭调查继续进行。如果律师对当庭提交的证据有异议，而且需要时间形成质证意见，或者需要举证来反驳对方，律师可以要求法庭休庭给当事人合理的期限举证质证。

要客观地表达质证意见，不要对对方证据的真实性一概予以否定。“只要敌人倡导的，我们坚决反对；敌人反对的，我们坚决拥护。”这种对着干的做法只会引起法官的反感，对律师的庭审并没有益处。

关于证人出庭与质询。在商业诉讼中，证人出庭比较少，证人也通常不愿意出庭，且证人证言被法院采纳的概率也比较低。在一些传统民事案件如继承、离婚等纠纷中，证人出庭可能会多一些。

在此简单谈谈关于证人出庭和质询的看法。一是，按照法律的规定，应该在举证期内提前向法院申请证人出庭，否则可能不会得到法庭的允许。现实中，证人坐在旁听席上倾听了老半天，律师才向法庭申请证人出庭，往往会遭到法庭的拒绝。二是，如果根据案件确实需要证人出庭作证，要提前跟证人沟通，告诉他证人出庭作证的基本常识，以及请他出庭作证的目的和证明的事项，避免证人出庭，摸不清门道，不知所云。否则，证人不但起不到证明的目的，反而可能被对方代理律师抓着把柄，为对方所用。所以，对于证人出庭要认真研究是否必要，别弄巧成拙。

法庭提问

为了查清事实，法官通常会根据当事人的陈述、举证情况就有关事实向双方当事人或一方当事人发问。这时，律师的答复要注意，对自己有利的问题如实回答。有时候法官会直接询问当事人某个事实情况，代理律师不要抢着回答。对自己不了解的问题，申请庭后核实。

律师不可以对法庭说谎，但什么也不说却是律师的权利。也就是说，律师不能有意对事实做出错误的叙述或者隐瞒已经存在的事实，但可以不予回答，这是已经被公认的律师行为准则，遵守这一行为准则会为你带来许多好处。对自己不利的问题，通常还可以坚持“谁主张，谁举证”的举证原则要求对方举证证明。

律师有时也许可以侥幸骗过法官，但是，一旦法官发现了这个律师有意歪曲事实或者试图欺骗法官，法官将永远对这位律师持有坏的印象并且将永远对他持警惕的态度。

优秀的代理律师是那些使法官产生信任的律师，他们能使法官确信：信任他们是绝对安全的。

另外，法官会允许当事人互相提问。在开庭之前，律师就应精心准备一些问题。这些问题主要是己方没有证据证明想从对方的回答中得到有利于己方的答案，或者通过提问让法官注意到该事实对本案的影响。

我的建议是，提问时不要直接提出你的重点问题或直接切入主题，防止对方有所警觉而拒绝回答或者说假话，应该先从一些无关紧要的小问题出发，慢慢诱敌深入，最后击中要害，得到满意的答案后及时撤出，防止对方察觉之后改口。

实际上，对于大部分的律师发问而言，应当都是明知故问，即律师心中已经有答案，是希望从对方当事人的口中将该答案当庭说出来，以引起法官的注意。如果律师自己不知道答案或者知道答案对自己不利就不要发问，否则容易提醒对方或者法官。如果在发问过程中，对方当事人的回答没有按照我们事先预想的那样，则必须立即停止发问。

比如，2004 年 5 月，本人曾代理一起房地产买卖合同纠纷案件：原告（房屋买受人）诉称，因被告开发商在商品房买卖合同订立后在未告知买受人的情况下又将该房屋抵押给第三人某银行，根据最高人民法院《关于审理商品房买卖合同纠纷案件适用法律若干问题的解释》的规定，原告（买受人）要求撤销商品房买卖合同、返还已付购房款及利息、赔偿损失，并可以请求开发商承担不超过已付购房款一倍的赔偿责任。

庭审提问时，笔者问原告代理律师，你们是怎么知道房屋被抵押的，抵押给哪家银行？什么时间去查询的抵押事实？有证据吗？

原告律师回答，在 2002 年 6 月左右，原告去房产交易中心查询过，了解到案涉房屋已经抵押给农业银行，目前没有书面证据。

而根据《合同法》第 55 条规定：“有下列情形之一的，撤销权消灭：（一）具有撤销权的当事人自知道或者应当知道撤销事由之日起一年内没有行使撤销权；（二）具有撤销权的当事人知道撤销事由后明确表示或者以自己的行为放弃撤销权。”① 合同撤销权行使期限是除斥期间，该期限不能中

① 可参考《民法典》第 152 条。

断、中止或者延长，权利人如果不及时行使，将丧失该项权利。

笔者提问的目的是让原告回答“知道”的时间，以判断是否超过一年的合同撤销除斥期间，但我没有直接发问“什么时间知道的抵押事实”，而是“轻描淡写”地询问了其他很多问题，将该问题混入其中，最终“诱敌深入”。

法庭辩论

一些法官在法庭调查之后、法庭辩论之前会做一番总结，以限定双方辩论的范围，律师则需要注意看法官总结的观点是否正确。

辩论一般先从原告开始，由原告律师发表第一轮代理意见。第一轮代理意见的原则是“既立又破，以立为主”。立就是首先充分阐明自己的观点，根据法庭举证的结果对自己的主张做充分的阐释。破就是反驳对方的观点，在阐释自己主张的同时适当反驳被告的主张。在立与破的关系处理上，立是主要的，破是次要的。律师不要着急反驳被告的观点，应该先把自己的观点立起来，向法官充分阐释。自己的观点立起来了，对方的观点不攻自破。

律师应该养成脱稿演讲的习惯，自然的讲述更能吸引法官的注意力。语言要有气势，不可有气无力，拖泥带水，但不能有声嘶力竭之感，可以配以适度的手势，但不能有张牙舞爪之嫌。轻、重、快、慢要适度，根据所表达的内容予以调节，要饱含感情，忌装腔作势。

注意不要试图去说服对方当事人和律师，律师说服的对象是法官。因此，律师在陈述自己观点的过程中，应该观察法官的反应，看是否理解掌握。如果法官顾左右而言他，律师应该以适当的停顿来重新唤起法官的注意。如果法官面露不解之色，律师则需要略为详细阐释；如果法官不断点头，则可以简短截说。

代理词的习惯性开头是：“审判长、审判员：某律师事务所接受本案原告的委托，指派我为代理人参与诉讼。”其实，不必拘泥于此，律师的身份在开庭核对身份时已经查明，没有必要加以说明，律师可以直奔主题。比如，

“经过刚才的法庭调查，原告认为，原告的诉讼请求是成立的，法庭应该依法支持原告的主张。理由如下……”也可以结合本案的具体情况，设计一个开局，这样的开局应该和案件有关联，目的是吸引法官的注意和同情，但不可太长，以免喧宾夺主。

代理词的观点用一二三罗列清楚，但不能有太多的小1、2、3，以防搅浑法官的头脑。每段首先提出观点，然后论述，观点应该明确，论述应该细致。

第一轮辩论被告发言时，原告律师应该尽快把握被告的基本观点，考虑与答辩状中观点的差异，与举证时观点的差异，原告律师应该在记录对方观点的同时，考虑反驳的基本思路，并简单记在开庭笔录里。

第二轮辩论重在“破中有立，以破为主”，就是要针对被告的观点展开反驳，在反驳中再次阐述原告的观点，在反驳中要注意寻找对方观点的支柱，揪住不放、釜底抽薪，不要拘泥于细碎的问题。不必事事反驳，句句辩论，有些无稽之谈法官都不予理会，原告律师更不必费口舌，不要太多重复第一轮辩论时的观点，法官对此非常反感。

第二轮辩论结束之后，一般情况下双方的基本观点已经明了，法官会终结辩论程序。如果原告律师认为被告第二轮的辩论中有新的看法，则需要反驳，但反驳应该简洁而有力。

最后陈述

法庭辩论结束之后，法官会要求当事人进行最后的陈述。经过法庭调查及法庭辩论，双方的证据和观点基本明了，法官希望在最后听取当事人的意见，希望知道当事人的诉讼请求有没有改变。

一般情况下，原告的回答应该是：“根据今天的法庭调查和法庭辩论，原告认为原告的主张是成立的，希望人民法院依法判决，支持原告的诉讼请求。”或者简化为：“希望法院支持原告的主张。”

法庭调解

除离婚案件由法官宣布依法进行调解外，其他案件在最后陈述之后，由审判长或者承办法官询问当事人是否愿意接受调解。如果有一方不同意调解，法庭则不再主持调解。如果双方同意调解，可在法官的主持下当庭调解或者休庭后调解。被告方同意调解是基本上认可原告的诉讼请求，力求减少损失。原告同意调解，除考虑以后双方的关系外，主要应该考虑执行的难度。

在调解的问题上，可以不必苛求绝对按照事实和法律的结论去谈，双方可以在做一些让步的基础上，达成一个都可以接受的方案。

在中国，法院重视调解而且将其作为评价法官审判能力的一项指标。既然法院甚至仲裁机构都强调提高调解结案率，律师也可对此加以利用，为自己的当事人争得一个最好的结果。

除非原告方对判决后的执行有相当的信心或者被告有充足的财产可供执行，原告不应该拒绝调解。原告若坚持法院判决，会很快拿到判决书，但真正得到财产也许要很长时间，也许还要付出很多。在此过程中，原告律师应该帮助当事人权衡利弊，审时度势，决定是否同意调解。这样的调解必然是原告做出让步，是原告放弃自己的一部分利益。放弃的幅度应该决定于预测执行所需要付出的代价的大小，一味地无原则让步也没有道理。

原告同意调解后，法官会要求双方提出调解方案，律师应当在确定自己希望得到的目标后，略高一些提出自己的调解方案。该方案不可太高，出乎被告的想象的话，会吓走被告不再调解，但也不能太接近自己的目标，没有“降价”的空间。能否调解成功，需要讨价还价，也需要许多技巧。无论如何，必须把握一点，调解必须以被告现场给付为条件，如果被告做不到这一点，调解就失去了意义。如果被告在达成调解协议后不愿意立即履行，原告最好拒绝签收调解书使其不产生法律效力。

庭审收尾工作

休庭之后，当事人和律师都要校对庭审笔录。目前的记录普遍会相对完整，当然也会有疏漏，因此，律师不必责备书记员没有记全，律师主要把握对本案的事实的认定起关键作用的陈述，看是否记上。

看笔录时，书记员往往强调只看自己一方的不管别人的，这是不对的。比如，上述本人在商品房买卖合同纠纷案件的提问内容，原告回答的时间非常重要，如果书记员记错了或者对方擅自修改过，把“2002 年 6 月”写成“2003 年 6 月”，那时间就没有超过一年的除斥期间，如果关键事实被篡改，原告的撤销权并不丧失，那笔者的努力可就前功尽弃了。这种情况下，应该督促书记员补正。

现实中，律师只需在庭审笔录结尾签字，当事人则不仅需要在庭审笔录上签字，且须在每一张庭审笔录和书记员笔误修改处捺指印，以防止有人事后篡改。

许多律师在庭前写好代理词，辩论中宣读完就交给法官。笔者认为，事先写好的代理词绝不可能囊括所有的观点，特别是辩论中临时出现的新观点，不会出现在准备好的代理词中，由此建议，开庭前撰写代理词提纲，庭后再在提纲的基础上撰写代理词。这样，在双方的观点明了之后，律师可以沉下心来重新考虑自己的主张，梳理自己的思路，一些新的观点也可以补充进去。

比如，某些案件通过庭审后，争议焦点非常明确，可以针对焦点问题发表意见。本人代理的某案件，争议的焦点是案涉合同的第 16. 8 条是否是对仲裁管辖有另外约定，为此，律师找到专著《最高人民法院仲裁法司法解释的理解与适用》，但遗憾的是，第 9 条并未对“当事人另有约定”进行阐释，但该书就第 8 条中的“当事人另有约定”进行了阐释。为此，律师通过对比的方式来解释案涉的第 16. 8 条不属于双方就仲裁管辖的特别约定。

《仲裁法解释》① 第 8 条与第 9 条对比	
《仲裁法解释》第 8 条	《仲裁法解释》第 9 条
当事人订立仲裁协议后合并、分立的，仲裁协议对其权利义务的继受人有效。 当事人订立仲裁协议后死亡的，仲裁协议对承继其仲裁事项中的权利义务的继承人有效。 前两款规定情形，当事人订立仲裁协议时另有约定的除外	债权债务全部或者部分转让的，仲裁协议对受让人有效，但当事人另有约定、在受让债权债务时受让人明确反对或者不知有单独仲裁协议的除外
当事人发生合并、分立或者死亡时（也即原签约的当事人发生变更），仲裁协议是否约束继受/继承主体的问题	合同主体变更（也即原签约的当事人发生变更）时，仲裁协议是否约束受让人的问题
《最高人民法院仲裁法司法解释的理解与适用》第 82 页载明，“当事人另有约定”意即：（1）“当事人在合并、分立或者死亡前订立的仲裁协议明确约定权利义务继受人、继承人可以不受该仲裁协议约定的”；（2）“权利义务继受人、继承人就合同纠纷与原合同其他当事人协议变更争议解决办法的”	同理，本条的“当事人另有约定”，应理解为：（1）原合同的当事人明确约定，原合同的仲裁协议对受让人无效；（2）原合同当事人及受让人中的三方或两方达成新的管辖条款，比如：约定法院管辖或其他仲裁委仲裁
结论：“当事人另有约定”中的“约定”是对仲裁协议本身是否约束受让人（继受人）这一问题作出规定，系程序性条款。本案的第 16.8 条（未经一方当事人同意，不得将合同的权利和义务转让给第三方）是对债权债务是否可以概括转让这一问题的规定，系实体性条款，不属于《仲裁法解释》第 9 条的除外规定。因此，本案仲裁条款对受让人有效	

庭审总结汇报

庭审结束后，律师应该与团队律师进行复盘、总结。需要提交补充材料

① 最高人民法院《关于适用〈中华人民共和国仲裁法〉若干问题的解释》（以下简称《仲裁法解释》）。

或核实事实的，应按照法庭要求在限期内提交或回复，并应在庭后三日内提交代理词。

另外，对客户来说，法院的庭审如同医院的“手术”，肯定非常关注庭审效果或结果，所以，律师应该在庭审结束后及时电话汇报庭审的大致情况，并尽快出具书面的庭审报告。庭审报告要围绕客户关注的问题介绍庭审情况，主要内容包括原被告双方提交的证据情况、各方诉讼主张、案件争议焦点、庭后待核事实、下一步的工作内容等。庭审报告要客观反映庭审情况，不要夸大自己的庭审表现，报喜不报忧，更不要对案件结果做出过分自信的预判。

第十六讲　庭审如何口头表达

经常听年轻律师讲，自己在法院开庭发言时特别紧张，既怕说错话被对方律师揪住不放，又担心自己的观点表达不清或法官听不明白自己的意思，导致自己代理的案件败诉。这对很多律师特别是诉讼律师来说，确实是一个重要问题。在有限的庭审时间内，准确地向法官表达自己的观点是诉讼律师的必备技能。那么，开庭时如何做到准确表达？本讲就此问题进行探讨。

虽然法院设立不同的多个业务庭室，分别审理不同案由的纠纷案件，比如，民一庭审理建筑工程纠纷，民二庭审理买卖合同纠纷，但这种分类也是比较粗放的。虽然某庭室审理的案件基本上能做到“同案同判”，但是，同一庭室不同性格的法官审判风格或审判理念也各不相同，对庭审中律师的发言有不同的要求或看法，但总的要求不外乎思路清晰、口齿清楚、言简意赅、重点突出、言语顺畅。如下建议供大家参考。

充分准备，有条不紊

为缓解开庭发言时的紧张情绪，建议开庭时准备两套资料。

有律师说，我发言紧张时会出现“卡壳”，在法庭上呆若木鸡。为什么会出现这种情况呢？我个人觉得，主要是因为对案件研究不够透彻。律师开庭如同学生考试，功课没有复习好，上了考场就不能从容应答。由此建议，在开庭前要仔细研究案件，并假设对方律师可能提出的抗辩以及法官可能的调查发问，可以考虑准备两套资料，一套是书面答辩状或质证意见，一套是口头发言的书面要点提纲。比方，代理比较专业的案件（如期货纠纷）时，要研究透期货纠纷的法律关系以及该纠纷项下的权利义务关键点，并把这些关键点记录下来或者通过示意图的方式表示出来，开庭时就能够结合这些点去阐述自己的观点，不要高估自己的临场发挥能力而不认真准备。

关于期货纠纷案件，基层法院可能审理的比较少，而且有些法官也不一定接触过。如果代理律师不能准确清楚地描述法律关系，“引导”主审法官尽快厘清案件的关键点，庭审可能只会“走过场”。此时，如果对方律师对本案有深入研究，他可能会“引导”法官顺着他的观点去认定，你如不能及时予以反驳或抗辩，那么案件的结果就很危险。

律师在代理每件案件时，只有把自己当成参加考试的学生，以面对挑剔考官的心态去准备，庭审才能取得满意效果。即便法官不是某方面的专家，但是法官也是法律人，你只要把案情和法律关系讲清说明，法官可能很快就理解你的意思或者了解案件的大致状况。

大家都希望演讲时能脱稿，甚至即席演讲，但年轻律师在开庭时切忌脱稿发言。为什么？年轻律师应准备书面稿子（第一套资料），开庭时能流利地念稿，慢慢地脱稿（书稿口语化）发言，但不是全面脱稿，因为一旦忘词，往往就不知道从何说起，等法庭辩论或自由发言时再根据第二套资料的要点展开。千万不要空着双手不提前准备书面稿子而直接参加庭审。建议大家还是要遵循这个规律，因为你对语言的把控、庭审的把控还没有达到炉火纯青的程度。

用习惯的言语来表达自己的观点

要驾驭语言，就要充满自信，且要有前述书面稿口语化的不断训练，而且要使用自己习惯的表达方式发言。不要因为法庭要录音录像而刻意改变语调、语速、口音，只有这样，你才能够清晰有力地在法庭陈述观点。庭审虽然有程序或仪式要求，但最终目标是在倾听双方意见的基础上查明事实。各方事实和观点披露是庭审的核心，所以，双方律师要紧紧围绕争议的焦点，有针对性地进行争辩，简练而有序。

比如，在某买卖合同纠纷案件中，原告某供应商与四家关联公司签订货物买卖合同，而且是多批次的合同，四家关联公司是“四块牌子，一套人马”，在供应商起诉四家公司欠款纠纷中，四家公司就相互推诿，不认可自己收货（理由是，虽有公司员工签字签收，但不代表本公司签收）。在这个时候，作为原告的律师就应该把合同的签订背景、合同履行实际情况向法庭说清楚，必要的时候还应向法庭提交一张网络图表或 Excel 表，把合同编号、名称、合同标的额、付款情况等一一列明，让法官一目了然，迅速了解诉争合同项下的欠款数额以及项目。

上述案件中，如果不先提纲挈领地梳理出框架，再针对具体细节进行阐述，而是一开始就细数大量合同的履行情况，法官会急得发狂，或者直接要求律师“我问你答”，帮律师梳理事实脉络。在现实生活中，我们也确实遇到了不少律师，不遵循这种规则去描述案件事实，只会“东一榔头，西一棒子”地不停说，却不能让法官明白他在说什么。

记得有一位文绉绉的法官曾经这样对某年轻律师说：“某某律师，难道你看不出来，只要为你的发言引入一点秩序，可能你那一堆废话就会变得很容易，大家都能理解了。当然，不能理解你的发言，可能也是我本人的一个过错，也许我的脑筋跟不上你的陈述，但是，我觉得无论如何陈述事实，你的发言总得有点秩序，因为有秩序总比没有秩序强。”其实，这位法官是变相地批评了这位律师陈述没有条理。

我们看律政电影，大律师在法庭上滔滔不绝、口若悬河，一看就气场十足，这些桥段的关键点是演员在开始拍摄前已经将台词背诵得滚瓜烂熟，律师想在法庭上侃侃而谈，也要在庭前认真演练，熟能生巧。

总之，除了简洁之外，还要有序地去表达观点，即在发言时控制好自己的感情，集中一条主线捡重点把要陈述的核心内容表达出来。如果律师不能在有限时间内把自己的观点传递给法官，那么，律师作为代理人其实并没有起到关键的作用，所以，希望大家能够重视口头表达技能的提升训练。

只有不断努力，在法庭上发言才能做到游刃有余。记得某法官曾说，有些律师在法庭陈述的时候，都会让我感觉他说的是个事实，而不是一种说辞。

说服法官，从喜欢听你讲开始

说话的态度和措辞是吸引人的一面招牌。内容再好，因为措辞不当，就难以让人听进去，听不进去，自然难以达到说服别人的目的。

在现实生活中也经常有这样的情况，你喜欢听某个人讲话，你觉得跟他交流非常通畅，同样的内容，他讲起来就吸引人，而有些人说话声音刺耳，啰里啰唆，语无伦次，让人听后生厌，再重要的信息在他嘴里说出来也被忽略了。比如，有些人说话时掺杂太多口头禅（如然后、这个、对、啊），每句话中必带口头禅，虽然大家知道很多重复的词汇只是口头禅并没有实际的意义，但是，因为过多口头禅的加入，往往会打破说话的节奏，让你听起来很难受，如鲠在喉，时间长了，就不愿意听他讲话了。

再如，有些律师喜欢“嬉皮笑脸”地说“俏皮话”，但不分场合，把这种说话方式带到法庭上，可能激化当事人之间的矛盾，且会给法官留下不好的印象。本人曾听说，在一起民间借贷纠纷案件的庭审中，被告代理律师笑呵呵地说，原告（某女士）每月收得利息 4 万多元，每月去两趟泰国美容也花不完，这和那种不劳而获躺在家里赚钱的工作有何区别？话音刚落，原告就拍案而起，破口大骂被告律师……

如何才能吸引听众的注意力呢？要使用听众习惯、喜欢的表达方式，即简洁、明了、准确。这种表达方式确实需要功底和训练。律师的工作语境虽然要经常使用法言法语，但是更多表达却不用法言法语，而要用通俗的语言去表达法律上的事实、观点、道理，有意识地去改善你的那些不良说话习惯，让别人喜欢听你讲，这是成功说服别人的第一步。

另外，庭审不是学术论文报告会，谁也不愿意听照本宣科的律师读稿子或背诵，法官和对方律师当然也不愿意听。庭审是事实调查和意见阐述的交流会，不是说完就结束的报告会，所以，需要律师对法官、律师对律师的语言互动交流，我们应该抬起头向法官和对方律师认真地讲述。

口语是信息传递的最便捷方式。正如前文所述，开庭时要准备两个稿子，一份是书面正式稿，一份是口语化的提纲稿，供开庭发言时参考。比如，我们曾作为被申请人的代理人参与一起国际贸易纠纷案件，仲裁申请书洋洋洒洒写了六页多，申请人的律师按照仲裁申请书原文，一字不差地读了一遍，虽然字正腔圆，但是看得出仲裁员并未全神贯注地听下去。

大家都参加过很多会议，一旦发现主讲人在读稿子，很多人就会分神，不再听主讲人的宣读，而是根据自己的阅读习惯去浏览或不浏览。这个时候，仲裁员发现律师在读申请书，他就不会去听了。其实，律师完全可以脱稿用口语言简意赅地讲述，让仲裁员短时间内了解申请人的诉求及理由。

说话时要注意控制语速

在现实中，我们要注意说话的效果，不能因为自己对案件熟悉而不顾法官的反应而独自“表演”，要注意语速，要关注法官的表情，看他是否听清楚，是否存在疑惑。听不清楚的地方，要重复一遍。特别重要的地方，要稍事停顿，等等法官的思绪。现在很多法院的速录系统已配备语音识别软件，同步识别律师的发言，在这种情况下，你说得太快，软件的识别率会降低（错别字会增多），这个时候，要适当降低语速。

大家平时都不大注意自己的嗓音和语速，毕竟都不是从事主播工作，但其实嗓音是口头表达的重要因素。现在有很多语音软件和播音课程，大家可以尝试录音和收听，熟悉自己的声音并且能够控制你的嗓音。你可以听听自己说话速度快慢、声音太尖锐还是太低沉，以后说话时有所调整。

只有控制好自己的语音，在法庭上就不会出现对方不愿听或者听不清楚的情况。自己的语音控制好了，你在法庭上可能就不会太紧张，经历一段时间庭审锤炼后，你就可以慢慢脱稿侃侃而谈了。

另外，律师要注意与法官的口头交流礼节。律师对法官的最大尊重不是出自礼仪上的恭敬，而是不要在案件叙述方面颠三倒四，更不要在法律渊源的引用上张冠李戴，律师应在法庭上保持镇定、自制和良好适度的轻松感。律师应当尊重法庭，之所以有这种义务并不是因为律师对当事人的那种暂时责任，而是为了维护整个司法的至上性，律师应当恭敬但不流于谦卑。

当法官讲话时，律师绝不要打断他的话，而应当等到法官的话讲完之后再发言。对于法官向你提出的问题，你应当花费一段时间从各方面加以考虑，然后再予以回答。

当法官已经倾向于律师的意见时，律师就不要再多说什么了。法官没有做出律师所期待的反应时，律师不应该失去理智或者大发脾气。如果律师想到的解决方法确实是一个不错的解决方法，那么应谦和而有节制地以有说服力的方式提出这一方法，而不是采用一种挑战姿态，倒更有可能使法官转过来支持律师的意见。

第十七讲　法律文书写作应注意哪些问题

法律文书是律师向客户、公检法机关书面表达意见的必要手段，值得我们认真研究。今天急切地给大家分享这个题目，是基于我最近与客户的一次交流感触。

北京金融街某央企办公楼16层，沙发上坐着一位穿着灰色短袖的中年油腻男人，跷着二郎腿，一手端着白色茶杯，一手捏着茶杯盖，缓缓地呷一口茶，操着一口方言高谈阔论：本人虽是公司的总法律顾问，但是大学读的专业是历史不是法律，做了十几年的办公室秘书，对法律文书虽不擅长，但对律师的法律文书优劣却能分出三六九等。见字如面，没吃过猪肉，还没见过猪跑？看了有些律师写的文书，真是不敢恭维，甚至应该说是惨不忍睹，都弄啥嘞？要不是因为公司对律师费用有预算限额，我才不会聘用写作都搞不好的律师做业务……

（接下来当然是迅老师感慨的环节。）

各位同事，公司因费用所限而不聘用收费高的名律师，聘用的律师又瞧不上，这位律师会知道吗？如果知道，他还会为担任这家著名央企的代理律师而沾沾自喜吗？那位律师写的法律文书会是什么样子呢？在座的各位肯定也能推测一二。

今天之所以想跟大家讲述这个事情，就是因为大家都不想做那位总法心目中的律师，都想做一名依靠专业赢得尊重的律师，能写出一流法律文书的一流律师。

写作水平：未说出口的秘密

很多律师对自己的写作水平不自信，这可能有三个原因：

第一个原因是，很多律师都是野蛮成长起来的，没有系统学习过法律文书的写作技能课程，只是依靠以前学校语文课里学的作文知识的基础，结合掌握的法律知识，摸索着写作法律文书，所以，最终写作水平的高低，只能看个人的造化。

第二个原因是，我们的法律文书写作没有认知的反馈，也没有一种外在的考评方式，无法让写作者发现不足。我们写法律文书和在学校里的考试不一样，在学校上学时，考试交卷以后，老师最终会给我们一个分数，并且会告诉我们标准答案，通过这个分数和答案，我们就能知道自己的问题所在以及在学校的排名。而法律文书不一样，我们将法律文书交给法院，虽然法官心中会有评分，但法官既不会告诉我们也不会给我们标准答案，他认为不合格的法律文书，最多是不看，绝不会去给我们批改。

因为法律文书没有反馈的过程，所以我们交了很多“答卷”却不知道“考”了多少分数，也不知道标准答案是什么。对法官是否读了自己提交的法律文书或者是否认可自己的法律文书，律师都蒙在鼓里，这也是造成很多老律师对自己起草的法律文书沾沾自喜的原因。

第三个原因是，律师同行之间关于法律文书的评比、交流与相互学习的机会少，没有对比就看不出差距。俗话说：同行是冤家，文人相轻。个人觉得，不排除这种迂腐思想作怪。法律文书似乎成了律师自己的“后花园”，外人不宜参观，很多人都捂着自己的法律文书“宝贝”，除了给客户提供外，轻易不给同事或同行看。

如果律师自己的文书写得不好，又没有自知之明，那是一件很可悲的事。如果总觉得自己是老律师，办过的案子比年轻律师看过的案子还多，法律文书也自然高人一等，那就更可怕。任何事情都一样，无知者无畏。

律师同行之间（可通过全国或各地律协组织）应该加强交流和学习，通过系统课程培训、优秀法律文书评比等方式提升律师的写作技能。在此，想对有些老律师说一声，办案数量和法律文书的水平并不成正比，不要拿办案数量去标榜自己法律文书水平高，这两者之间没有必然联系。

前几年，笔者和一位资深律师合办一个案件，笔者从没有主动要求去看看对方写的法律文书，毕竟合作律师也是执业二十多年的律师，其办案经验也不应在自己之下。

但当自己的助理将打印的文案草稿摆到办公桌上，笔者惊奇地发现，助理使用的“废纸”（单面打印）另一面，是合作律师写的合办案件的答辩状。正是这份答辩状，颠覆了笔者对那位同事固有的认知，让笔者认识到，即便是同行，笔下的法律文书也存在差别。

这位律师的法律文书，不正是那位金融街央企总法律顾问不屑的法律文书的样子吗？看着眼前密密麻麻的文字，林林总总的条目，错别字、病句、逻辑错误比比皆是，不敢想这样的文书交给法官会起到什么效果。

在此重申两点：第一点，律师要重视法律文书的写作，不要以为会写作文就会写法律文书，不要以为法律文书就是那么回事，差不多就行。第二点，法律文书写作是一门专门的学科，是写作、法律、逻辑的综合学科，所以仅仅想通过几节课的分享，就收到立竿见影的效果，根本不现实，需要大家长期艰苦训练才行。通过本讲的分享，最多让大家在法律文书排版上、用词上、叙述方式上有所提升。

法律文书容易犯得“通病”

要写好法律文书，首先应该避开下列“坑”：

观点过分偏袒当事人

这种法律文书，即便是以被告的身份去写欠款的原因，也写得像关汉卿笔下的窦娥一样“冤情”深重。而本人觉得，这样的文书会讨人生厌——因为强词夺理。法律是什么？法律不过是生活中的道理上升为国家意志，是非曲直，自有公评，不要觉得律师就比别人明白。

大家想想，法官和律师是一样的，也是一个法律人、善良人，他有基本的法律判断，能轻易被一个满口“跑火车”、特能“搅和”的律师所忽悠或者愿意被这样的律师糊弄吗？显然不可能，既然如此，律师何必卖弄口舌，落得一个“搅和”的印象。

我发现，过分偏袒当事人的法律文书，多是出现在一些老百姓个人的民事纠纷中。律师为了在当事人面前表现出自己据理力争、竭尽全力的样子，无论法庭辩论还是书面的法律文书都要“无理争三分”，或许，这些律师会觉得，能为当事人争理的才是称职的好律师，如果不口若悬河、无理争三分，就不能赢得客户，就不能展示自己的水平。

但笔者觉得，这种情况下还是要根据事实和法律去发表意见，如果当事人想抒发个人情绪，那就让当事人自己去抒发吧，我们说得太多，反而会增加法官的反感。当然，这不是说感觉不太有理的案子就不去争取利益，据理力争和无理狡辩是两回事。

无视证据和事实，只是重复陈述自己的观点

这类法律文书的问题是，律师始终不结合证据和事实去说理，只是自说自话，满篇都是猜测和推断。比如，很多上诉状，全篇只有一个主题，就是认为一审法院的法官是如何枉法裁判、无视事实、缺乏职业道德，全篇充满主观推测甚至侮辱的语言，关于事实和法律反而讲得不多。

这样的上诉状，二审法院的法官绝对不可能喜欢，法官对当事人或律师的第一感觉只会是两个字：刁蛮，即便事实上确有冤屈。

我想告诉大家，律师写的东西，要的是事实、证据、法律，不要太情绪化，还是要有理说理，就事说事，即便一审法官没有支持自己的主张。其实，越是上诉案件，越要冷静分析，越要依据事实和证据去说理，而不是“告

状”式的喊冤。

其实，通常情况下，法官看完一篇上诉状，就可以知道这个案子的大致情况了。如果是优秀的上诉状，看完应该基本知道案子怎么判了。而有很多律师写上诉状，总在“哭诉冤屈”，却没有写明“冤”在什么地方，这样的上诉状，怕是法官都没有耐性读下去，怎么会去支持？

结构松散，长篇大论，思维混乱

长篇大论、不知所云，到最后加一句万能的结束语：依法支持上诉人或原告的诉讼请求（或者是依法驳回上诉人或原告的诉讼请求），但看不出文书主题思想和说理用法。

法律文书交给法官，你觉得法官会看吗？我曾经与多位法官交流过这个问题，他们的回答差不多，一般的会看，特别是自己认可的律师写的东西肯定看，有些律师写的文书不会看。

听明白了吧，我们的法律文书法官不是都看的，法官每年审理那么多的案件，那么忙，看了老半天你写的文书却让他浪费时间，他会怎么想。

设身处地地想想，我们为什么喜欢看张三写的东西而不喜欢看李四写的东西，道理很简单，因为李四写的东西只会浪费我们的时间。

排版混乱，错字连篇

律师写的文书，先不说法律观点是否正确，至少读完之后，能让人觉得文书可以读下去。想获得别人的尊重，就要有让人尊重的地方，没有用心的排版和校对就是对读者缺乏基本的尊重，自然也不可能赢得读者的好感。

为什么我们小时候学写作文的时候，老师总强调要保持卷面干净，不要随意乱涂乱画、随意删改，就是让那个批改考卷的老师看着舒服，在看内容之前，打眼一看卷面清洁就给一个印象分，我们的法律文书也是这样。有的文书排版很随意，甚至都说不上是排过版的，上下左右也不调整，内容不多，却错字连篇，这样的文书能打动读者吗？

当拿到一份民事起诉状的时候，从这份起诉状的用词、说理、排版就能掂量出对手律师的水平。同样地，咱们的法律文书交到对方律师手里的时候，对方也会揣测出我们的水平，所以，千万不能在这些方面露出破绽。建议在电子版文稿校对完成后，再打印出来仔细校对，查漏补缺。

再看下面这份法律文书。

华太公司与张红红股权转让纠纷案件代理提纲

三个主要焦点：

第一个焦点：张红红交付的二道岭煤矿是否应为高瓦斯矿井及矿井性质认定的后果。

我方认为，根据相关证据材料，《股权转让协议》约定的二道岭煤矿应为高瓦斯矿井，主要理由如下：

一、资产评估报告所附矿井资料显示二道岭煤矿为高瓦斯矿井，根据《股权转让协议书》第8.1.7条款约定，资产评估报告真实存在，且附有经双方确认的资产明细表。

二、二道岭煤矿30万吨技术改造于股权转让前已经进行，30万吨改造初步设计针对的是高瓦斯矿井。

相关证据：

1. 30万吨技改初步设计。

2. 内蒙古自治区煤炭工业局内煤局字［2012：306号文件（批复）］，文件记载："顺舸二道岭煤矿在技改工程实施过程中，委托河南理工大学煤矿安全工程技术研究中心进行了煤与瓦斯突出鉴定，并提交了《顺舸矿业公司二道岭煤矿煤与瓦斯突出鉴定报告》（编号：HPUAQ/WS－0120－2010），该报告经自治区煤炭工业局内煤局字（2011）223号文件批复，认定该煤矿为煤与高瓦斯突出矿井。为提高安全保证程度和符合自治区煤炭产业政策，建设单位对原初步设计进行优化是必要的，原则同意优化初步设计"，该部分内容可推断出此前的30万吨技改初步设计针对的不是双突矿井。

3. 2012年3月7日的“国家煤矿安全监察现场监察笔录”记载：“该矿已备案为煤与瓦斯突出矿井，初步设计与安全专篇未重新设计、审批”，该记载表明此前的技改设计针对的不是双突矿井。

4. 一审中，被上诉人对河南理工大学的鉴定报告质证意见为：“鉴定报告系河南理工大学出具的技术文件，不能作为确认煤井是否为煤与瓦斯突出矿井（的证据）”，该质证意见说明被上诉人诉讼中还不认可二道岭煤矿为双突矿井，由此推断约定转让的是高瓦斯矿井。

约定二道岭煤矿为高瓦斯矿井的后果：

自治区煤炭工业局内煤局字（2011）223号文件已确认二道岭煤矿为双突矿井，说明被上诉人交付的矿井不符合约定，华太公司有权要求降低价款，也可以以合同目的不能实现为由行使法定解除权，解除股权转让协议。

说明：考虑到撤销权的时效问题，不宜主张被上诉人实施欺诈，而应主张所交付的矿井不符合约定，至于被上诉人签订《股权转让协议书》时是否明知二道岭煤矿为双突矿井，则在所不问。

第二个焦点：第三笔股权转让对价款的支付条件是否成就或不能作为支付条件。

关于支付条件一：条件不成就

一、根据政策，二道岭煤矿必须进行45万吨改造。

1. 2011年颁布的内蒙古自治区人民政府内政发（2011）81号文件要求“2012年底前，年生产规模在45万吨以下的煤矿（井）全部退出市场”，顺舸煤矿如不提升产能至年产45万吨，不可能取得安全生产许可证和煤矿生产许可证。

2. 内蒙古自治区煤矿整顿关闭领导小组办公室《关于全区年产45万吨以下煤矿管理有关事宜的通知》发布日期为2012年12月17日，二道岭煤矿45万吨改造的优化初步设计获批时间为2012年8月7日，该通知不否定顺舸煤矿必须进行年产45万吨改造的政策影响，且《通知》中相关事项是“为保证冬季群众取暖和边远地区用煤需求”，“结合当前工作实际情况”采取的临时措施，其基本精神仍然是“根据《指导意见》要求”，“积极推动和支持具备条件的年产45万吨以下煤矿进行资源整合、技术改造”，不允许更不鼓励已经或者正在实施产能提升改造的煤矿恢复原有规模进行生产，顺舸煤矿提升产能完全是政策使然，不得不为之。

二、产能提高至45万吨后，取得安全生产许可证和煤矿生产许可证仍然是支付第三笔对价款的条件。

1.《股权转让协议书》第8.1.10条款约定：“为了确保目标公司持续经营，甲方（被上诉人）应全力协助目标公司在本协议签署之后取得公司经营、生产所需相关有关政府部门合法有效的批准文件、证件及相关土地使用权等。”

2. 将取得安全生产许可证和煤矿生产许可证作为第三笔对价款的支付条件，是对8.1.10条款约定的被上诉人配合义务提供保障，该条件表述为“目标公司取得年产30万吨安全生产许可证和煤矿生产许证”不是被上诉人配合义务的限制，其基本精神和核心是配合目标公司取得安全生产许可证和煤矿生产许可证，而不是将配合义务限定在30万吨产能技改范围内。之所以如此表述，是因为签订《股权转让协议书》时正在进行年产30万吨的技术改造，当时尚不知晓《指导意见》的发布，没有提升产能的打算，该付款条件的本意在于明确被上诉人的配合义务，被上诉人是否承担配合义务与顺舸煤矿的产能无关，年产30万吨只是对矿井当时状态的客观描述，如果当时进行的是年产45万吨的技术改造，同样也会将付款条件确定为“目标公司获得年产45万吨安全生产许可证和煤矿生产许可证”。

如果按被上诉人的主张，将被上诉人配合取得安全生产许可证和煤矿生产许可证的义务限定在年产30万吨，因30万吨安全生产许可证和煤矿生产许可证已确定不能取得，条件确定不能成就，且不是华太公司阻止条件成就，华太公司则已经确定没有支付第三笔对价款的义务。按照该逻辑，必然的结论是提高产能与被上诉人无关，二道岭煤矿通过提高产能，获得安全生产许可证和煤矿生产许可证后，被上诉人也无权要求支付第三笔对价款，被上诉人显然是不认可的。

3. 在30万吨安全生产许可证和煤矿生产许可证确定不能获得的情况下，

如果二道岭煤矿不提升产能，被上诉人确定不能获得第三笔对价款。二道岭煤矿提高产能既是为了通过验收，获得安全生产许可证和煤矿生产许可证，也是在为被上诉人取得第三笔对价款创造条件，实施有利于被上诉人的行为，创造付款条件的行为完成前，华太公司不应付款。

4. 产能提升至45万吨有利于通过验收，没有加重被上诉人的配合义务。

关于支付条件二：条件有效且没有成就

一、股权转让涉及的税种为印花税和个人所得税，限定为个人所得税是错误的。

二、将所附条件与法律行为的关联性作为条件成立的要件，没有法律依据。

三、通过所附条件，督促交易对方依法纳税是公司承担社会责任的表现，该条件并我不当。

四、被上诉人是否纳税，对华太公司的利益有直接影响。根据个人所得税法规定，华太公司为本次股权转让个人所得税的扣缴义务人，第三笔对价款支付前，华太公司应向被上诉人支付共5.63亿元，已经发生代缴义务，而根据约定，华太公司应将包含税款在内的全部对价款付给被上诉人，如果被上诉人不实际缴纳，将直接损害华太公司的利益，被上诉人是否缴纳股权转让个人所得税与转让行为由密切关联。事实上，因被上诉人拖欠税款，税务机关已多次向华太公司发出责令限期改正通知书。

第三个焦点：违约金的计算。

一、付款条件不成就，计算违约金没有依据。

二、被上诉人认为设定纳税条件是为防止其逃税，其已经进行纳税申报，不存在逃税的可能，该观点明显不成立，申报纳税不等于实际纳税，不能排除逃税的可能。即使该观点成立，自提升产能初步设计获批之日计算违约金也没有依据。

三、违约金过高。

上述文稿本是案件分析的一份提纲，供发言者发言提示之用，一般也无须太复杂，但是该文稿交付给客户后就不能以“提纲”的要求去评判了。这样的文稿作为自己的发言提纲，排不排版自己看明白就行，但要交给客户就要认真撰写、排版。就本文稿而言，很显然，律师没有用心排版，没有对页眉页脚进行必要的处理，没有使用律所的 Logo，而且病句、错别字（如：“并无不当”写成“并我不当”）随处可见，会让客户对律师的好感大打折扣。

现截取两个句子进行简单分析，比如：“第一个焦点：张红红交付的二道岭煤矿是否应为高瓦斯矿井及矿井性质认定的后果。”这句话后半句是标准的病句，因为这是句子（“及”前部分）加词组（“及”后部分）的组合，不符合句子成分构成规则，这句应该改成：第一个焦点：张红红交付的二道岭煤矿是否应为高瓦斯矿井及矿井性质认定的后果由谁承担。

“二、二道岭煤矿 30 万吨技术改造于股权转让之前已经进行，30 万吨改造初步设计针对的是高瓦斯矿井。”这句话看不出有承上启下的关联关系，前一句“技术改造是在股权转让前就进行了”与后一句“30 万吨改造初步设计针对的高瓦斯矿井”，这两句之间存在何种逻辑关系，要表达什么意思，读来感觉一头雾水。

本人推测本句话的主要意思应该是，30 万吨改造初步设计针对的是高瓦斯矿井而非双突矿井，且改造于（本次）股权转让之前已经进行。如果这样改，要表达的意思可能就清楚多了。

总之，无论是段落还是长句，前面句子做铺垫，后面句子做落脚，千万不要出现前言不搭后语的现象。

下面再看一下这家机构的服务合同文本（截取部分），看看哪些地方值得我们学习。

2、所有者权益

- 获得并分析资产负债表日留存收益相关科目
- 评价会计确认和处理的政府补贴（如有）

3、固定资产及在建工程

- 按大类汇总固定资产，并了解资本化及折旧政策，包括历史期间固定资产资本化情况
- 汇总在最近资产负债表日借款资本化金额和资本承担金额，并与管理层讨论未来资本支出计划
- 取得资本支出预算按不同组成的明细，根据工程支出分析完工状态
- 取得融资结构的预算明细，及当前融资状态（包括潜在资金缺口和股权承诺）
- 与管理层讨论，了解成本超支和时间的延后（如有），以及工程合同约定其导致的影响

4、营运资本

- 分析2015年3月31日及2016年3月31日应收账款账龄，与管理层进行讨论，评价长账龄或有争议的应收账款的可收回性
- 询问历史期间目标公司对长账龄、不可收回金额及计提坏账的相关政策
- 获取2015年3月31日及2016年3月31日存货账龄表（包括存货和备件）
- 评价存货的会计及估值政策，包括了解存货和用于更换的备件计价
- 对借款、预收款项和其他流动资产的账龄进行分析，同管理层讨论长账龄余额的其可收回性
- 询问对无法收回款项和核销金额的减值计提政策
- 询问应付账款条款，付款过程和周期
- 获取并分析历史资产负债表日预提费用和其他流动负债汇总。了解其账户的性质，其余额重大变动原因
- 分析目标公司做出的减值，对员工福利包括准备基金、养老金和休假计提的金额

5、人工成本

- 了解目标公司按照职级划分的用工总量、以及签订劳动合同员工人数等数据
- 获取尽职调查期间月度工资发放表、工资总额报表，了解公司各职级的薪酬(包含工资，社保，福利费及培训费用)情况
- 了解目标公司依法为全体员工投保险种的情况，并请说明是否存在欠缴保费情况
- 对离退休人员的管理和养老金发放情况（如适用）

6、现金和银行存款余额

- 取得金额重大的银行账户的对账单，评价重大对账项目
- 询问并汇总银行授信的性质款

7、有担保和无担保的银行借款

- 与管理层讨论违约事项（如有）和还款义务

8、关联方交易

- 评价关联方交易合同的期限及条件，如有

第10/16页

合同的排版：标题、段前都有充足的留白，不紧促、不拥挤，透出美感。这种文书“上留天，下留地，中间留文字”，看似浪费纸，但会让读者感觉轻松。

再看这份合同中的文字字体、标点符号，都好像经过了专业设计。由此，

建议大家好好学习一下 Word 里的排版技巧（网上有课程），以便能够制作精美的文书。

定义不准确、逻辑混乱

首先说一个观点描述和事实描述混同的问题，简而言之，就是指法律文书中描述的事实与作者认为的事实不能清晰区分。

举个例子，山水公司已与黄河公司达成委托代理协议。这可能是一个事实描述，也可能是观点描述。事实描述就是双方认可签订委托代理协议；而观点描述就是一方认为双方已经达成委托代理协议，但该事实上并没有获得对方认可。这种情况下，通常需要在该句子前加限定语用以区分。如果是观点描述，就应该加上“认为”的字样，如果是事实描述，通常是有证据证明或双方认可的证据证明，可以有“双方认可”“生效判决文书认定”等字样，如此便于读者区分。

前期我跟一位律师合作一个案子，合作律师写的答辩状内容很混乱，却振振有词：答辩状应该写得简单，这样不容易让对方摸清我们的思路。我认为，不要把简单当成敷衍，答辩状可以写得很简洁，但是也要逻辑通顺、观点明确。千万不要觉得，从业十多年一直这样写就是对的。混乱的答辩状扰乱了对方律师，也会扰乱法官，最终伤害的是自己。法律文书是写给聪明人看的，所以，要有条理地写明事实和理由，否则，会聪明反被聪明误。

恳求法院采纳自己的意见

在很多诉状中，往往出现“本律师认为”如何如何，“恳请”法院如何如何，这是不正确的写法，法官往往会略过这些无用的部分。律师应把笔墨用在正确的事实论证和严密的法律推理上，这样才能使案件得到一个自然而然的结果，使法官信服。

目前，“本律师认为”这类字样往往出现于引用了法律法规、案例之后和做出结论之时，这容易让法官认为这个结论是你自己的观点。实际上，在引用了这些法律渊源之后，那些结论本应是自然推导出来的，是顺理成章的结论。如果说了“本律师认为”，就使你前面的工作显得软弱了，使自己一方的论点失去了应有的力量和强度，这一点应引起注意。少使用这些词语，将使自己的论证更有力。

诉状的结尾应该是一段短小、精悍、精彩的推理。我们现在多数诉状结尾是恳求，这种恳求是没有用的。法官不会为之所动，也不会以之定案，也许法官对结尾的段落看都不看。

诉状结尾的段落也一定要注意这两个问题：一是不能表示律师的个人观点，二是不能煽情和恳求。而我们看到的许多诉状的结尾恰恰就是犯了这最不该犯的错误，经常出现的词是，“综上，本律师认为”或“综上，恳请法庭支持我方的请求，维护我方当事人的合法权益”。由此建议：删除这些“无用”句子。

为什么会出现这样的情况呢？一是无人关注这个问题，二是关注这个问题的人不知道该遵守哪些规则，三是我们习惯于给领导打报告来汇报或请示。习惯性地将这些请示汇报的结尾套用了过来，这多少也有些悲哀，必须尽快意识到并改过来，否则既不能达到文书的目的，也有失专业水准。

有些朋友参加过 iCourt 训练营，有个课程叫庭审证据的可视化，可视化的核心是什么，就是审判的便利化，让谁便利，当然是法官。什么是便利化，就是律师提交给法官的材料，让他看起来省心，用起来方便。比如，数据对比表格、法律依据、证据清单、质证意见等，方便阅读查阅。有些客户对法律的理解不如律师，但他的文字功底不见得比我们差，所以，他会从我们的文字里读懂我们的水平。

或许你会说，我虽然写的文书水平低，但案子也赢了。我觉得，那可能不是因为你“优秀”的文书起了作用，而是因为法官根据法律而做出的正确判决。

法律文书的基本要求

法律文书应遵循下列基本要求：

第一，法律文书是写给聪明的外行人看的，所以千万不要去糊弄别人。粗制滥造的文稿，很多人一眼就会看穿，只不过人家不告诉我们，只会“用脚投票”。

第二，要想写给外行人看，就不能够“文绉绉”。自恃学富五车，学成为法学博士，就喜欢用冗长或拗口的句子写文书，以此玩高深，其实并不能赢得客户的好感。

第三，要客观、真实地就案件事实和适用法律展开论述，别乱“搅合”，有理别猖狂，无理别轻浮，剑走偏锋，容易伤着自己。分析法律关系是不是到位，关键是你用不用心，你不用心去研究，总是以“胜诉为王”其他不重要的说辞，恰恰说明你对自己的业务能力不够自信。

第四，法律文书呈现的内容要便于阅读，重点突出、不啰唆。让读者知道要传达的意思，千万不要随意堆砌法律条文或者掺杂不相干的陈述。比如：经常有这样的条款，“根据双方签订的合同第10条第1款……”读者读到这里，就会停下来，去查找第10条第1款的内容，这就是一种干扰。如果写成“根据双方签订的合同第10条关于违约责任的第1款……”至少可以让读者直接读下去或稍后再去翻阅第10条的具体条款了。

我曾看到一位律师引用法律条文，满满的半张纸，除了其中一款适合本案，其他条款与本案无关。正如前述代位权诉讼的答辩状中引用的法律条款那样，读者只有在读完全篇（或全部条文）后才明白其中某一款与本案相关，阅读其他条款不是浪费时间吗？为什么不用省略号一笔带过那些无关的条款呢？

再如，描述双方签约，签约日期与要描述的事实没有关系，为何还要写上签约的日期呢？写上虽然没有错，但对读者就是一种干扰，除非要强调时间或区分同一名称的合同的特殊需要，否则，能省略的，要坚决省略。

举个例子：甲方、乙方双方于2016年7月1日在北京签订《房地产开发协议》正式文本。如果可以，可简写成：甲方、乙方双方签订了房地产开发协议。除非时间和地点是需要强调的事实，否则，就没有必要加入该信息。为了让读者读起来容易，尽可能屏蔽掉与要传达的信息无关的信息。

请记住：把关键的、重要的信息传递给读者，无关就无用，无用的文字出现在文稿中就是对读者的干扰。

另外，法律文书除了要体现法律特色外，还应多学学政府公文的精华。党政机关对文书写作都有详尽的规定，如《中国共产党机关公文处理条例》《国家行政机关公文处理办法》《最高人民法院关于试行法院诉讼文书样式的通知》，这些规定自成体系，而律师的职业教育中却没有这些“老皇历”，这就需要律师去汲取精华并形成律师特有的法律文书写作风格。

比如，新华社社论中关于撮要（前缀小标题）的运用就很值得学习。优秀的社论大都是观点明确、用词准确、对仗工整，读起来非常顺畅。让我们看看新华社的社论文章，如《人民日报》2015年10月1日的社论：《向着我们既定的目标继续前进》。

社论：向着我们既定的目标继续前进

——热烈庆祝中华人民共和国成立六十六周年

今天，当五星红旗又一次在天安门广场升起，伟大的人民共和国迎来了自己的66岁生日。

节日的阳光普照大地，时空中辉映着当代中国阔步向前的足印。人民英雄纪念碑前，人们仰望金色碑文，回首一个民族从屈辱到奋起的历史，感受一个国家由贫弱走向富强的自豪。在陕北梁家河村，正在修建的高速公路不断向前延伸，这个四十年前“几个月吃不到一块肉”的小村庄的变化，随着共和国主席的讲述成为中国梦的一个缩影。在纽约联合国总部，习近平主席向世界传递的中国声音，久久在人们心中回荡……

66年风雨前行，充满了奋斗的艰辛，也记录下岁月的荣光。一代又一代人艰苦卓绝的努力，为饱经沧桑的祖国赢得了自立于世界民族之林的资格。从2005年中国经济总量占世界的5%，到2015年这一比重超过12%，进步之大、变化之快，就如外国观察家所言，“在世界的任何一个角落，人们都能感受到中国给地球带来的震动”。

通往梦想的道路从来都不平坦。过去的一年，摆在我们面前的，有经济下行的压力，有改革深水区的攻坚，有反腐败斗争的进取……以时不我待的紧迫感全面建成小康社会，以蹄疾步稳的节奏全面深化改革，以抓铁有痕的力度全面依法治国，以刮骨疗毒的勇气全面从严治党，“四个全面”战略布局的协调推进，坚定着人们战胜困难的信心。我们成功主办APEC峰会、启动“一带一路”战略、推动亚投行成立、隆重纪念抗战胜利70周年，一项项务实有力的行动，将中国的世界观、历史观、发展观清晰地向世界传递，凸显出一个全球大国的责任担当。

一个国家、一个民族，回答好时代命题才能开创新的历史。今天的中国，正攀行在登顶前那段最险峻的上坡路。让现代化与13亿多人口全方位结合，让超过10万亿美元的经济规模保持中高速增长，让环境与发展相协调、先富与共富相统筹、增长与转型相兼顾，东方巨轮前行的每一程，都不会是“愉快的郊游”。越是这个时候，越要坚定信念、焕发激情、保持韧劲，在锲而不舍中改革发展，在坚忍不拔中成就梦想，向着我们既定的目标继续奋勇前进。

向着我们既定的目标继续前进，需要高扬信念的风帆。新旧发展动力的转换难免带来颠簸，利益结构的调整必然遭遇矛盾，一个经济规模位居世界第二的新兴大国要继续向前，离不开百折不回的勇气、坚如磐石的信念。历史已经证明，中国人民有志气有能力战胜各种艰难险阻。我们将以行动进一步证明，“中国人是世界上最没有理由对自己国家的前途感到悲观的”，因为我们正阔步迈进在正确的道路上。

向着我们既定的目标继续前进，需要保持实干的韧劲。面对7000多万生活在贫困线以下的人口，中国最大的挑战依然是发展不足；肩负十八届三中全会确定的繁重改革任务，我们还远没到可以歇歇脚的时候。“凡是有利于党和人民事业的，就坚决干、加油干、一刻不停歇地干；凡是不利于党和人民事业的，就坚决改、彻底改、一刻不耽误地改”，只有这样，以“钉钉子”的韧劲一锤一锤接着敲，以“三严三实”的精神一步一步朝前走，既当改革促进派，又当改革实干家，才能提升改革的含金量、增强人民的获得感。

“不经巨大的困难，不会有伟大的事业”。当年担心被开除“球籍”的中国，今天已成为地球村中举足轻重的成员。正是无数中华儿女无私无畏的奋斗和奉献，将中华民族的伟大复兴推进到今天的高度。无论前进道路上还有多少艰难与挑战，保持“乱云飞渡仍从容”的战略定力，砥砺“不到长城非好汉”的进取精神，中国人民一定能够无愧今天的使命担当，不负明天的伟大梦想。让我们紧密团结在以习近平同志为总书记的党中央周围，意气风发地开创新的时代伟业。

只看每段第一句中心句就能了解本篇文章的中心思想。第一段中心句：节日的阳光普照大地，时空中辉映着当代中国阔步向前的足印。第二段中心句：66 年风雨前行，充满了奋斗的艰辛，也记录下岁月的荣光。第三段中心句：通往梦想的道路从来都不平坦。第四段中心句：过去的一年，摆在我们面前的，有经济下行的压力，有改革深水区的攻坚，有反腐败斗争的进取……

建议大家有时间多阅读一些公文，找找感觉，学习它们的用词、辩理，尽可能不要使用前面提到的“站不住脚”“手机不关机”等口语化词语。比如，手机不关机，可以说保持手机通信畅通。诉讼保全，可以说财产保全或证据保全。

法律文书的用语

关于法律文书的用语问题，建议大家多使用三类用语：

第一类是法律术语，比如，行贿罪、诉讼时效、承租人等术语，这些术语通常都在法律条文中有明确的定义，读者一看就明白，通常不会发生歧义。当然，用此类术语要自己先搞明白，别自以为是，特别是法律有特殊定义的术语要研究明白，避免用错。

第二类是专业术语，不同行业都有一些专业术语，比如，进度款、名义对价，是行业约定俗成的用语，一般也不会出现歧义。

第三类是定义用语，在合同中双方当事人对于特定事项进行约定或定义的用语。比如，本合同提及的甲方，包括大野上海公司、大野华盛顿公司、大野首尔公司及其分公司。

法律文书的结构

优秀的法律文书应该是结构清晰、层次分明、逻辑性强，即文书要有布局。很多律师写的东西，声东击西，没有脉络，让读者难以抓住作者的表达重点。

比如，第一段关于诉讼时效的论述，第二段就转向恶意欺诈的论述，第三段上半部分又转回诉讼时效的论述上。好像是 Word 编辑中不小心将文字粘贴错了地方，让人摸不着头脑。

在此建议，巧用标题，使文章布局清晰可见。先按论述逻辑写一份提纲，再根据提纲确定主题句，再围绕该主题句写段落，这样就不会出现论述“飘忽不定”的情况。当然，论述“飘忽不定”实际上是自己的逻辑混乱所致，说到底还是自己的法律分析的功底不够扎实。冰冻三尺非一日之寒，这确实需要一个长期的执业训练和学习过程，这点请大家重视并慢慢去提高。

关于标题或中心句的使用。标题或中心句的出现，正是前面讲到的，是为了便于读者阅读或选择，读者可以根据自己的需要去选读你文书的内容。

比如，代理词中写到：（1）原告与被告之间不存在买卖合同关系。（2）原告提交的货运单不能证明已向被告交货。这两个问题，法官可能对第一个问题已经有了自己的主见，对第二个问题还在思考之中，那么法官就会跳过第一段关于合同关系的论述，而直接去看第二段关于交货的证明问题。

结构平衡

优秀的法律文书应注重结构平衡，什么叫结构平衡？就是从文字结构上看讲求对仗工整，编章节、条款目逻辑分明。有些文书写了两个标题后就不分或不写标题了，乍一看，以为是第二个标题统领全篇，实际上最后一段并不是第二个标题项下的论述，但给人的感觉就是结构失衡。也就是说，如果你分为三部分，在第一二部分已经有标题的情况下，第三部分就不要省略标题，否则，就会出现结构不平衡，发生标题指代不明确的现象。

文章中加入标题或路标式词语，可使文章对仗工整，看起来清晰且有冲击力。特别是在复杂的合同中，我们会通过设定模块或标题形式去建立层次结构。比如，第一条合同标的以及价款，第二条卖方提供产品质量标准及服务，第三条产品的质量保证，等等，作为标题，标题下再细分 1.1、1.2、1.3 等条款。更详细内容在后面的合同起草中详细讲述。

下面看一下社论《用法治守护国家安全》，关于周世锋颠覆国家政权案件的时评。这篇社论虽然没有分标题一二三，但是在每段前使用中心句（撮要），使文章条理清晰可见。

用法治守护国家安全

法庭之上，国徽高悬。8 月 2 日至 5 日，天津市第二中级人民法院陆续开庭，分别对翟岩民、胡石根、周世锋、勾洪国等颠覆国家政权案进行公开审理，并当庭宣判。通过庭审，翟岩民等人有组织、有策划地煽动制造事端，实施颠覆国家政权的图谋暴露在公众面前。案件的依法公开审理，有力显示了党和政府依法打击犯罪、通过法治守护国家政治安全的坚定决心。

系列案件的公开审理，既是一堂生动展现依法治国决心的法治课，也是一堂关于国家政治安全的警示课。庭审通过扎实严谨的证据展示，向公众清晰揭露了近年来一些热点事件“神秘推手”的真容及其背后的真实企图。周世锋等人的行为绝不是所谓“维权”，而是有组织有策划的颠覆：从接受境外培训到加入非法宗教组织，从网上到网下，从“策划者”到“中间人”再到“行动派”，完整的犯罪链条清晰可见，实施颠覆国家政权的行径展露无遗。国家安全、制度安全、政权安全不容挑战。上述被告人的行为，是对我国社会主义制度和宪法法律权威的严重破坏，必须坚决依法严惩。

公开更能守护公正，也最能体现自信。将危害国家安全的案件，公开公正展现在公众面前，让法治过程清晰可见，审判更有说服力。本次庭审，司法机关公开审理，包括律师、境内外媒体记者在内的各界人士参加旁听，法院官方微博发布庭审文字实况，当地设立新闻中心为更多的新闻媒体提供庭审详细信息。这种出乎一些人意料的审判公开，让司法公正成为公众看得见的过程，充分体现了我国推进全面依法治国坚定不移，充分展示了中国特色社会主义司法的制度自信。

法治社会，法律是全体人民的共同信仰。法律面前人人平等，法治面前没有例外，法律工作者更应尊法守法。在这一系列案件中，有的被告人的“法律人”身份格外引人关注。法律工作者的舞台，应该在法庭上，在法律的轨道内，而不是打着法律工作的旗号实施破坏法治的行为。法治中国决不允许任何人蔑视法律、玩弄法律。个别人身为法律工作者却知法犯法，最后被绳之以法，这极少数人的所作所为不但代表不了法律工作者，还受到了广大法律工作者的唾弃。事实充分说明：任何人逾越宪法法律的边界，都要受到法律的惩处。

中国特色社会主义制度是中国人民根本利益所在，国家安全事关广大人民群众福祉。我国宪法旗帜鲜明指出，“中国人民对敌视和破坏我国社会主义制度的国内外的敌对势力和敌对分子，必须进行斗争。”对于每一个公民而言，维护国家安全，既是宪法义务，也是法律底线。让我们坚定信仰法治，坚决维护法治，用法治捍卫国家安全，守护我们和平安宁的幸福生活。

第二段中心句：系列案件的公开审理，既是一堂生动展现依法治国决心的法治课，也是一堂关于国家政治安全的警示课。第三段中心句：公开更能守护公正，也最能体现自信。将危害国家安全的案件，公开公正展现在公众面前，让法治过程清晰可见，审判更有说服力。第四段中心句：法治社会，法律是全体人民的共同信仰。法律面前人人平等，法治面前没有例外，法律工作者更应尊法守法。第五段中心句：中国特色社会主义制度是中国人民根本利益所在，国家安全事关广大人民群众福祉。中国宪法旗帜鲜明指出，“中国人民对敌视和破坏他国社会主义制度的国内外的敌对势力和敌对分子，必须进行斗争”。虽然没有明确标题标号，但上述的主题句使文章的脉络清晰可见，读中心句就能了解社论的观点。

但要注意，不要为了凑标题而加官话、空话，比如，原告的诉讼请求没有法律依据，原告的诉讼请求没有任何道理。让人一看就是凑数的话，无病呻吟，希望大家尽可能不要用这些空洞的话做标题，可以根据案件的事实去说得细一点，言之有物。例如，被告已如约付清货款，所以原告起诉要求支付货款没有事实依据。让人看后知道为何没有道理。即便非要用这些空话，至少也不能每个标题都写成“缺乏法律依据”，可以写成“于法相悖”“与事实不符”之类的词语。

另外，建议大家使用一些成语或约定俗成的四字词组，如众所周知、综上所述、情势变更，这些语句短小精悍、言简意赅，读起来也朗朗上口，也使文书显得较为简练。

法律文书的文字也不是冷冰冰的，严谨不失文采才是最美的。关于这一点，建议大家多读读最高人民法院的判决书，或者像我们学生时代那样多背诵范文或佳句，多模仿优秀法律文书的范文，自己的写作水平会在不知不觉中得到提高。俗话说，熟读唐诗三百首，不会写诗也会吟，法律文书的写作也不例外，从模仿开始。

写作基本技巧

只有掌握写作技巧，知道句子怎么写、标点怎么用，才可能写出好的文章。关于这些基础知识，希望大家找语文课本看看，甚至需要找找小学课本看看。不要以为自己是大学生、大律师就对那些知识不屑一顾，其实，那些课本中关于这些内容讲述的都很详细，希望大家静下心去复习一下，应该会有收获。

关于句法要素，如主谓宾定状补、省略句等，大家都懂一些，但在写法律文书时却不一定能够运用自如，特别是在合同起草中，为了用词严谨，会大量使用限定词或句，但有时候为了简练又要使用省略句，如果拿捏不好，就容易产生歧义。

因此，除了要去仔细研究语文知识外，建议大家多借鉴法律法规条文的写法，特别是经典法条的写法。

比如，乙方出现下列情况之一的，甲方有权解除合同：（1）擅自改变房屋主体结构；（2）擅自改变使用用途；（3）拖欠租金达两个月以上的。这种写法（三种情况的描述均省略了主语乙方）在法条中就司空见惯，简单明了，言简意赅。法条中有很多种类似结构方式值得大家仔细回味、学习，在此就不赘述。

主体称谓在文书中注意要保持一致，且尽可能不要来回切换，否则会干扰阅读。正如电影中不能来回切换人物的镜头，否则观众会感到眩晕。所以，建议大家：对同一个主体，不要在一些段落称原告，在另一些段落又称答辩人，在另一些段落又称某某公司，否则，读者读到不同的称谓时会短暂停顿，回想是在说哪位主体，特别是涉及主体较多的时候，就会干扰阅读。

举个例子，大家在读国外小说时最烧脑的事情是，很容易搞混人物的名字，需要不时去查阅人物的名字。他们的名字很容易混淆，且不容易记住，所以，读这些小说很累。

另外，尽可能以一个主体的视角去写作，避免不停切换。比如，某代理词中写到：一审法院认定原告已经按照合同约定交付的货物是错误的，原告交付的货物数量不符合合同约定，被告已经付清了货款。这三句话通过三个主体视角讲述事实，是不是感觉有点晃眼？如果修改成：原告未按照合同约定交付货物，故法院认定事实错误；原告交付的货物数量不符合合同约定；原告已收到被告全额货款。统一以原告的视角来写，会更符合阅读习惯。

关于长句和短句的使用。对于不同的法律文书，长句和短句会有不同的适用场合。长句用得最多的场合是哪里？涉外合同。通常来说，合同中要大量使用的长句，因为长句会有很多的限定词语，不仅仅有主语、谓语、宾语，还会有定语、状语、补语。为了严谨不发生歧义，就要对句子、特定事项等做出解释、限定，句子成分增多，句子就变长。而涉外合同因为书写习惯、法律背景、外语表达等原因，使用长句表达的情况比较普遍。

在文稿中多次出现同一名称时，尽可能使用统一简称，如甲方或者乙方。但当出现多份协议时，就不能笼统地称本协议，让读者搞不清是哪份协议。也有些情况下要注意名字全称的使用，比如，在使用书名号的情况下，应写成《民事诉讼法》而不应写成民事诉讼法，因为民事诉讼法不是一个专业名称。

为了表达严谨，在合同中需要大量使用长句，以此增大意思表示的内涵而缩小其外延。比如，不仅乙方的项目管理人员，而且乙方的现场派驻人员、临时聘用人员也均需负责施工现场的安全防范工作。对比用短句的效果：乙方的项目管理人员负责施工现场的安全防范工作，而且乙方的现场配备人员、临时聘用人员也将负责施工现场的安全防范工作。长句中前半句主语，与第二句主语构成复句的形式，强调了哪些人要对安全防范工作负责。

再如，《合同法》第 54 条第 1 款规定："下列合同，当事人一方有权请求人民法院或者仲裁机构变更或者撤销：（一）因重大误解订立的；（二）在订立合同时显失公平的。"① 对比：对因重大误解订立或者在订立时显失公平的合同，当事人一方有权请求人民法院或者仲裁机构变更或者撤销。

第一种句子写法，重点强调了两种可变更或撤销的情形，单独列出来，显而易见。当然，第二种句子写法也可以通过下划线或字体加黑的方式去强

① 可参考《民法典》总则编相关内容。

调两种情形，但从视觉上不如第一种句子写法易于识别。

再看一个句子：甲方保证所提供的材料内容不涉及国家秘密，不侵犯他人商标、专利及版权，不触犯国家法律，由此造成的一切法律责任由甲方自负，乙方不负任何连带责任。对比句子：甲方保证所提供的材料内容不涉及国家秘密，不侵害他人商标、专利及版权，不触及国家法律，否则自行承担法律责任。

第一种写法的问题：一是，甲方责任自负，就与乙方没有关系，也不会出现连带责任，故乙方不负任何连带责任系多余语句。二是，这里的“由此”系错误使用。由此的前后应是相反的意思，不可能出现顺承，所以，这个连接词是明显错误，正确的词语应该是“否则”。

这些看似细微的瑕疵，交给客户就可能严重损害律师形象。为什么这么讲？天热了，大家去大排档吃烤串。如果你发现烤串上沾染一污点，你通常不会计较，可能会继续吃下去（举这个例子，感觉有点恶心）。但是，如果你去五星级酒店吃饭，发现餐盘有点灰渍，你恐怕会对这家酒店整体的卫生状况产生怀疑，甚至会让服务经理过来解释一番。为何反应不同？是因为大家对这两个地方的期望不一样，所以对就餐环境的要求不一样，法律文书的写作也是这个道理。客户花了高价聘请律师，且是知名律师事务所的“大”律师而不是普通律所的“小”律师，客户的期望值当然很高，所以，就不容的你犯这种低级的错误。这个时候，真的应了那句话，细节决定成败。也就是说，你写得漏洞百出的文书，挣点小钱也就罢了，想挣大钱，就要出手不凡，就不容得有瑕疵。

关于书面用语的规范。建议大家要使用一些书面用语，避免口语化：这“显然是没有道理的”，应该使用“显属无理”；如不按合同办事，不如用“违约”显得严肃而凝练；乙方是具有弱电安装专业资格的企业，不如用“乙方系具有弱电安装专业资格的企业”更为正式；乙方送货到甲方指定仓库，不如用“乙方送货至甲方指定仓库”更具专业味道。

另外，还要注意有些短语的复杂化及可能引发的歧义。比如，最新技术信息、设备及工艺品模具，到底是最新的技术信息还是最新技术的信息；设备及工艺品的模具，是设备模具和工艺品模具呢，还是设备、工艺品模具；甲方分乙方 5% 利润，甲方分给乙方 5% 利润，还是乙方分给甲方 5% 利润；张三借李四 4000 元，是张三借给李四 4000 元，还是李四借给张三 4000 元。这些双向词意，要注意通过标点或断句进行区分，否则就容易产生歧义。

在主语省略（承前省略和蒙后省略）中注意省略的主语是否引起指代不清的问题。省略主语的句子在法律文书中常见，如逾期交货的，买方有权通知卖方解除合同。逾期交货的主体虽然省略，但是一看就知道是卖方，因为买卖合同中交货的义务就是卖方，且被通知的对象也是卖方，所以这句话就不容易发生歧义。

但是，在多数主语省略的句子中确实容易出现指代不清的情况，比如说，《合同法》（已废止）第 127 条规定，工商行政管理部门和其他有关行政主管部门在各自的职权范围内，依照法律、行政法规的规定，对利用合同危害国家利益、社会公共利益的违法行为，负责监督处理；构成犯罪的，依法追究刑事责任。那么，问题来了，构成犯罪的，是工商行政管理部门和其他有关行政主管部门还是其他？当然，此处应该是指利用合同危害国家利益、社会公共利益的人。但这种情况需要进行体系解释才能明白所指或省略的主语。

有些时候，即便是使用了代词，也可能会出现“疑似”指代不清的情况。比如，《民法典》第 126 条规定，建筑物、构筑物或者其他设施及其搁置物、悬挂物发生脱落、坠落造成他人损害，所有人、管理人或者使用人不能证明自己没有过错的，应当承担侵权责任。根据该条规定，如果张三的花盆放到李四家窗台上坠落砸伤王五，谁承担责任，如何解“它”是谁？是建筑物或者其他设施，还是搁置物或悬挂物？

当然，静心研究一下，根据后面的“倒塌、脱落、坠落”几个词的对应关系，它应该是指张三。因为这个“它”容易导致指代不明，所以在《民法典》第 1253 条关于该事项的规定，就去除了“它”。（注原文：建筑物、构筑物或者其他设施及其搁置物、悬挂物发生脱落、坠落造成他人损害，所有人、管理人或者使用人不能证明自己没有过错的，应当承担侵权责任。）

但是，除合同之外的法律文书恰恰相反，长句使用的比较少。使用太多长句，读得来就特别累，太长还需要拆分才能明白其中的意思。

比如，我们的顾问单位中国大唐公司拥有一家从事电力生产、销售业务并拥有多家从事清洁能源开发运营的上市公司——大唐清洁能源公司。改为：我们的顾问单位是中国大唐公司，其拥有大唐清洁能源公司。大唐清洁能源公司是一家从事电力生产、销售业务并拥有多家从事清洁能源开发运营的上市公司。这样一拆分就感觉不再拗口，也就很容易理解主体之间的关系。

关于状语准确度的描述问题，尽可能少用及时、有效、严重等词语，虽然这些词语在法律条文中有大量的使用，尽可能使用“在5日内”、何种有效措施等准确用语，避免发生纠纷时纠缠不清。

根据强调的重点内容选择句子的表达方式，省略无关内容。比如，四个句子的不同表达有不同的强调点。（1）2016年6月10日，A公司与B公司在北京签订《筒仓建筑合同》；（2）A公司与B公司在北京签订《筒仓建筑合同》的时间是2016年6月10日；（3）A公司与B公司2016年6月10日签订《筒仓建筑合同》的地点是北京；（4）2016年6月10日，A公司于北京与B公司签订《筒仓建筑合同》。

如果要强调一个诉讼时效起算点，时间是一个重点强调的点，怎么办？当然不能少了时间，且应该重点强调时间，如：上述第2个例句。如果强调的是约定管辖地（合同签订地），就应该使用句子3的写法。在诉讼文书撰写中，要根据不同的侧重点选择句子表达方式，因为诉讼文书虽然要客观全面地去讲事实辩明理，但是相对于非诉讼文书来说，它毕竟是一种带有意见对抗性的文书，就不得不通过带有偏重描述的方式去发表意见。

复句关联词的使用

我们读有些文书的时候，总觉得不顺畅，感觉到两个句子的意思似乎有联系，但又说不出什么联系。其实，这多数情况下就是复句的关联词没有运用好造成的。

前面我们讲过的代位权诉讼的答辩状就是一例。答辩状读完后会让人感觉缺点什么，其实就是少了一个关联词，法院为什么要驳回被答辩人的诉讼请求？写法应该是，代位权诉讼的要件之一应该是债务人对次债务人享有到期债权，而本案的债务人的到期债权已经消灭，故被答辩人作为债权人已不能行使代位权，由此法院应该驳回被答辩人代位主张债权的请求。但该答辩状中并没有因果关系的连接词，就如同珠子没有主线的串联，只能是零散的，未能成行。

再如，代理词中常用的让步复句：即使是这样的，也不能说明怎么样，退一万步说就怎么样。你如果没有使用这些让步关联词，句子就没法理解。比如：甲方施工，乙方供料。这两个句子怎么理解？关键就要看这两个句子之间使用何种关联词。只有甲方施工，乙方才供料。这是一个条件复句。言外之意，除甲方外的别人施工，乙方不供料。假设甲方施工，乙方要供料。这是一个假设复句，所以说，律师应根据表达的需要选择适当的关联词，否则会词不达意。

再就是要对某些特定事项的定义多揣摩，避免发出歧义。

举例说明：合同约定，双方按照“设计洞口据实结算”门窗面积。有一现实状况是：为了美观，房屋建设时就需要将窗框提前埋置在外墙中，等建设施工完成后安装门窗。在竣工结算时双方发生争议。建设方认为，窗框内的面积不应作为门窗面积，按洞口据实结算，就应该是指施工完成后的实际洞口结算。而门窗制作方则认为，设计洞口就是按照施工图纸的洞口，按洞口据实结算，就是应该按照施工图纸的洞口面积进行结算。

类似这种情况，律师应该充分理解行业惯例和双方当事人的真实意思，对某些重要事项进行详尽的说明，必要时还应附示意图予以说明。对这种专业领域的合同或用语，建议律师多向行业专业人士讨教，避免根据自己的错误理解起草合同而给当事人带来巨大的潜在风险。

句子的基本写法

关于“的”“如”“但”“之一”“包括但不限于”句子的写法。为何要关注这些句子的写法，主要是因为这些专业语句运用到合同书中去，不仅能体现律师的专业水准，也能使合同条款简洁易懂。

举一个“的”字句的例子：当事人互负债务，没有先后履行顺序的，应当同时履行（详见《民法典》第525条）。企业法人未经清算即被撤销，有清算组织的，以该清算组织为当事人；没有清算组织的，以做出撤销决定的机构为当事人。

举一个“之一”和“的”字共同运用的例子（《民法典》第36条）。如乙方逾期不交还车辆的，甲方有权解除合同，追究乙方的违约责任。在上面“的”字句中，意思表达清楚，且意思层次分明。如果不这样写，比如：《民法典》第36条也可以写为如下方式：实施严重损害被监护人身心健康行为或怠于履行监护职责，或无法履行监护职责并且拒绝将监护职责部分或者全部委托为他人导致被监护人处于危困状态或实施严重侵害被监护人合法权益行为的监护人，人民法院根据有关个人或组织的申请，撤销其监护人资格，安排必要的临时监护措施，并按照最有利于被监护人的原则依法指定监护人。虽然也能表达清楚，但看起来头重脚轻，语句过长，内容烦琐。

“包括但不限于”句子是为了举例说明前述定义的内涵和外延，防止挂一漏万。比如，某协议第15条约定，甲方应在本协议签订10日内向乙方交付设备使用文件，包括但不限于说明书、验收合格报告等。

标点符号的正确使用

标点符号是法律文书的重要组成部分。很多律师写文章用标点符号喜欢凭感觉，根本不按标点符号的规则使用。文章写得洋洋洒洒，标点符号始终如一，一个“逗号”坚持到底，最后一句以句号结尾。

标点符号的重要性，在一些合同条款中尤为明显。建议大家认真学习下文中标点符号的使用规则。

比如，本协议自签订之日起生效并从签订之日起有效期为五年，并且从此以后每五年期连续有效，除非由任何一方以书面形式提前一年提出终止协议而失效。

如何理解上面这句话？是不是第一个五年是锁定的，超出五年后可以提前一年提出解除合同？法院最终认定是可以在任何时候撤销协议，甚至就在头一个五年内，只要提前一年通知就行。

问题出在第二个逗号上，就在“除非”前面，第二个逗号使“并且从此以后每五年期连续有效”成为断句之处：本协议自签订之日起生效并从签订之日起有效期为五年除非由任何一方以书面形式在一年前提出终止协议而失效。如果没有这个逗号，撤销条款只会在头一个五年结束后才生效。它只会适用于“并且从此以后每五年期连续有效”这一段，而不是头一个五年。

有一些经常容易出错的标点符号用法，提请大家注意：

问号（?）

1. 在多个问句连用或表达疑问语气加重时，可叠用问号。通常应先单用，再叠用，最多叠用三个。

例：这就是你的做法吗？你这个经理是怎么当的??你怎么敢这样欺骗消费者???

2. 问号也有标号用法，即表示存疑或不详。例：马致远（1250?—1321）

叹号（!）

1. 表示声音巨大或声音不断加大时，可叠用叹号；表达强烈语气时也可以叠用叹号，最多叠用三个。

例：我要揭露！我要控诉!!我要以死抗争!!!

2. 当句子包含疑问、感叹两种语气且都比较强烈时，可在问号后再加叹号。

例：这点困难就把我们吓倒了吗?!

顿号（、）

1. 相邻或相近两数字连用表示概数通常不用顿号。

例：飞机在6000米高空水平飞行时，只能看到两侧八九千米和前方一二十千米范围内的地面。

2. 标有引号的并列成分之间、标有书名号的并列成分之间通常不用顿号。若有其他成分插在并列的引号之间或并列的书名号之间，宜用顿号。

例：《红楼梦》《三国演义》《西游记》《水浒传》是我国长篇小说的四大名著。

引号（“”和‘’）

独立成段的引文如果只有一段，段首和段尾都用引号；不止一段时，每段开头仅用前引号，只在最后一段末尾用后引号。

例：我曾在报纸上看到有人这样谈论幸福：

“幸福是自己喜欢什么和不喜欢什么。……

“幸福是自己擅长什么和不擅长什么。……

“幸福是在正确的时间做了正确的选择。……”

分隔号（/）

1. 诗歌接排时分隔诗行（也可用逗号和分号）。

例：春眠不觉晓/处处闻啼鸟/夜来风雨声/花落知多少。

2. 标示诗文中的音节节拍。

例：横眉/冷对/千夫指，俯首/甘为/孺子牛。

3. 分隔供选择或可转换的两项，表示“或”。

例：动词短语中除了作为主体的述语动词之外，还包括述语动词所带的宾语和/或补语。

4. 分隔组成一对的两项，表示“和”。

例：T13/14 特别快车。

5. 分隔层级或类别。

例：我国的行政区划分为：省（直辖市、自治区）/省辖市（地级市）、自治州/县（县级市、区）/乡（镇）。

连接号（短横线 - 一字线—波纹线 ~）

1. 以下情况均用短横线（占半个字的位置）：

标示化合物的名称或表格、插图编号；连接号码，包括门牌号码、电话号码，以及用阿拉伯数字表示年月日等；在复合名词中起连接作用；某些产品的名称和型号；汉语拼音、外来语内部分合等。

例：安宁里东路23号院3-2-11室。

2. 标示下列各种情况，一般用一字线（占一个字的位置），有时也可用波纹线（占一个字的位置）：

（1）标示相关项目（如时间、地域）的起止。

例：沈括（1031—1095）。

（2）标示数值的范围。

例：25~30g。

括号（圆括号、方括号等）

1. 标示下列各种情况，均用圆括号：

（1）标示注释内容或补充说明。

例：我校拥有特级教师（含已退休的）717人。

（2）标示订正或补加的文字。

例：建筑工程全部达到优良工程（的标准）。

（3）标示序次语。

例：思想有三个条件：①事理；②心理；③伦理。

（4）标示引语的出处。

例：他说得好：“未画之前，不立一格；既画之后，不留一格。”（《板桥

集·题画》)

(5)标示汉语拼音注音。

例:“的(de)”这个字在现代汉语中最常用。

2. 标示作者国籍或所属朝代,可用方括号或六角括号。

例:[英]赫胥黎《进货论与理学》。

3. 报刊标示电讯、报道的开头,可用方头括号。

例:[新华社南京消息]。

4. 标示公文发文字号中的发文年份时,可用六角括号。

例:国发〔2011〕3号文件。

5. 标示被注释的词语时,可用六角括号或方头括号。

例:[奇观]奇伟的景象。

书名号(《》〈〉)

1. 标示书名、卷名、篇名、刊物名、报纸名、文件名等。

例:《全国农村工作会议纪要》(文件名)。

2. 标示电影、电视、音乐、诗歌、作品名称及简称。

例:《渔光曲》(电影名)。

3. 标示全中文或中文在名称中占主导地位的软件名。

例:科技人员研制《电脑卫士》杀毒软件。

4. 不能视为作品的课程、课题、奖品奖状、商标、证照、组织机构、会议、活动等名称,不应用书名号。下面均为书名号误用的示例:

(1)下学期本中心将开设《现代企业财务管理》《市场营销》两门课程。

(2)明天将召开《关于“两保两挂”的多视觉理论思考》课题立项会。

第十八讲　框架法写作要点是什么

框架法写作，并非专业意义上的典型写法，仅是作者本人根据自己的摸索而命名的写作方式。通俗地讲，主要是关于法律文书结构搭建、层次分设、表述方式的解决办法。

所谓的“框架法”写作，既然是作者本人总结的一种写作“方法”，并不“放之四海而皆准”，以此也不一定能写出完美的法律文书，只可供大家借鉴。年轻律师写作法律文书不知如何下手，“框架法”就好比给你一把尺子，让你把持，照此写出的文书不见得精彩，至少看上去像那么回事。

一份好的法律文书要有三个最起码的要求：主旨明确、脉络清晰、语言通顺。

先说主旨明确的问题。有些人写的法律文书，让人读不懂，或者读完不知道作者要表达的意思，之所以出现这种情况，主要是作者本人在写之前没有想好该怎么写。正如案件研讨，律师没有形成自己的看法，就不要指望他能谈得头头是道。归根到底，无论是说还是写，都是基于律师对某事项要有清晰的认识。法律文书写作或口头表达的基本目的是信息传递，如果律师没有思考好要传递的信息，写出来的法律文书也必然没有感染力。

当然，法律文书的灵魂在于写作者的思想，没有相当的基础，即便生搬硬套了“框架”，法律文书也不可能出彩。

律师也好，法务也好，面对任何法律事务，第一步要解决的就是要把法律关系拎清楚，拎不清楚就确定不了法律责任。就法律文书的写作而言，法律文书主旨就是法律责任问题，法律关系梳理不清楚，就没有切中法律文书的要害，法律文书自然就写不好，进而言之，即便拎清楚了，也不一定写得好，因为还需要作者的写作能力。只有先把事情的来龙去脉搞清楚，把法律关系分析透彻，然后才可能落笔如有神。

框架法写作的基本方法

如何能把主旨表达清楚是个大课题，绝不是一蹴而就的。先把有些问题的实质提出来，告诉大家把功夫用在哪些地方、重点是什么、先去做什么、后去做什么。框架法写作就是告诉大家，在写作法律文书时，要围绕什么，用什么结构，如何展开阐述。有了这些结构，脉络就清楚，再在这些结构中添加内容即可。

比如，常见的起诉状的结构包括：当事人的地位、诉讼请求和事实理由、落款，这些部分都要有，缺一不可，从先后顺序、结构组成上都有其章法，而这种章法成了大家的共识，照此结构写，读者看着顺眼，符合大家的阅读习惯。

下面让我们举个例子，这个案子很简单，涉及职务作品纠纷。被告是某公司的员工，为公司开发了一套软件，争议的焦点是，被告是不是侵占了职务作品并许可另一公司使用构成侵权。因此，本篇文书的主线就是该软件属于不属于职务作品，如果是职务作品，被告是不是构成了侵占？如果构成侵占要不要返还？其许可别的公司使用，是不是构成侵权？

代理词

审判长、合议庭：

某某律师事务所接受A公司（以下简称原告）之委托，就原告诉张某（以下简称被告）职务作品侵权纠纷一案担任原告的委托代理人。现结合庭审情况以及本案的争议焦点，发表补充代理意见如下：

一、在原告委派被告开发“B85”期间，原被告之间存在合法的劳动关系，被告关于双方劳动关系已终止的观点没有事实依据。

1. 原告于2004年8月与被告订立《劳动合同书》（见原告提交证据1），聘用被告担任测试工程师职务。双方约定的劳动合同期限自2004年8月16日起至2005年9月30日止。

在此期间，原告从未收到被告任何关于辞职的口头或书面申请，被告在庭审中提出曾于2005年3月向原告总经理提出辞职请求的说法纯属捏造，没有任何事实依据。

被告于2005年4月22日发给原告的邮件（见原告提交的证据），从内容上看并非一份辞职申请。在该邮件中，被告请求由坐班工作制改为住家工作制，并希望原告采取计件工资方式或固定工资方式来支付报酬。原告认为，被告工作场所的变更与原告采取何种方式支付工资报酬均不能改变原被告之间劳动法律关系的存在。

被告提出自2005年5月1日后再没有到原告公司上班的观点与事实严重不符。（注：篇幅原因细节省略）

2. 在原被告劳动关系存续期间，原告一直向被告连续支付工资并购买社会保险。（注：篇幅原因细节省略）

二、被告在原告任职期间，接受原告公司的工作任务，为原告明确指定的开发目标所开发的“B85”全部有效的计算机软件及其说明文件属职务作品，其著作权归原告所有。

1. 关于“B85”全部有效的计算机软件及其说明文件范围说明（注：篇幅原因细节省略）。

2. 被告开发“B85”是履行其工作职责，原被告间不存在委托开发关系（注：篇幅原因细节省略）。

3. 被告在开发“B85”期间，利用了原告提供的主要物质条件（注：篇幅原因细节省略）。

根据上述事实，本代理人认为，被告开发“B85”的行为完全符合我国《著作权法》以及《计算机软件保护条例》所规定的关于职务作品的法律特征。因此，被告在原告任职测试工程师期间，接受原公司的工作任务，为原告明确指定的开发目标所开发的“B85”全部有效的计算机软件及其说明文件的著作权应归原告。

三、被告实施侵权行为的事实清楚、证据确凿，已经构成对原告计算机软件著作权的侵犯。

1. 被告非法占有有效的“B85”计算机软件及其说明文件，拒不交还原告（注：篇幅原因细节省略）。

2. 被告向原告提交的“B85”成品始终未能调试成功，而与此同时，被告为获取非法利益，串通C集团另一供应商——B公司，将本属于原告所有的、有效的“B85”非法许可B公司使用（注：篇幅原因细节省略）。

3. 被告与B公司恶意串通的侵权行为，致使原告最终失去了C集团的该项系列订单，给原告造成了严重的经济损失和商誉损失（注：篇幅原因细节省略）。

代理人：某某律师事务所

律师：×××

二〇〇六年某月某日

本篇文书按照“框架法”的方法来说系两层框架，也就是说，至少要有两大段，在大段下面细分（一）（二）等两小段，或者直接写一二三四的段落都可以。如果要分两层框架，最好用大标题一，然后小标题（一）（二），再然后接下来应是阿拉伯数字的1、2。

下面以本篇代理词为例说明，它主要围绕上面提到的主线展开，第一层框架讲了三个方面的问题。

第一方面问题：在原告委托被告开发软件期间，他们之间存在劳动关系。大家看到这个标题的时候基本上就会明白，实际上是在说被告实施的是职务行为。

第二方面问题：被告在任职期间开发软件，应当属于职务作品，著作权应该归原告所有。

第三方面问题：被告实施侵权行为事实清楚，证据确凿，已构成了对原告软件著作权的侵犯。

这三段都是紧紧围绕着主线：职务行为——侵占——许可别人使用存在侵权。三段之下又分了一层，比如：第一段分两小段，第一小段讲劳动关系项下的职务行为；第二小段讲原告一直为被告个人缴纳保险且有凭证证明。这两小段支撑第一段的论点：双方存在劳动关系的事实。第二段分三小段，第一小段讲案涉的软件是什么，第二小段讲被告履行的职责是什么，第三小段讲被告使用原告的器具材料。这三小段都是支撑被告在任职期间利用原告公司条件进行开发，应当属于职务作品。第三段分三小段，第一小段讲被告是非法侵占了软件，第二小段讲被告与B公司恶意串通并许可B公司使用软件，第三小段讲许可使用的软件造成了原告对外销售的订单损失。这三小段都是支撑被告侵权给原告造成损失。

综上，上述文书先是一层框架分三段，然后又做了二层框架分了几个小段。每一层框架的一二三标题段，可能是大前提、小前提和结论的写法，也可能是平行式的框架写法，这样的写法有结构、有顺序、有脉络，读起来清晰可见。但是，如果该文书的框架被打乱了或者框架之间的逻辑错误，那肯定也是一篇非常糟糕的法律文书。

结合我们框架法写作的有关知识，看看下面这篇起诉状的框架是否清晰、语句是否通顺、主旨是否明确。我们一起来做分析，体会一下框架法写作的实务经验。

民事诉状

原告（信息省略）

被告（信息省略）

诉讼请求：

1. 请依法解除原告与被告签订的《货场租赁使用合同》；

2. 判令被告支付拖欠的租赁费750,000.00元（截至2016年6月底）；

3. 判令被告支付租赁货场维修费用15,814,558.98元；

4. 判令被告向原告支付违约金75,000.00元；

5. 本案诉讼费用由被告承担。

上述2、3、4项合计16,639,558.98元。

事实和理由：

2003年11月25日，原告与被告签订《货场租赁使用合同》，合同约定：原告将42,993.55平方米的货场及附属设施租赁给被告使用；租赁期限20年，自2003年11月1日起至2023年11月1日止；租赁费每月25,000.00元；租赁期间，租赁场地设施发生的维修费用由被告承担。

合同签订后，原告即将货场交付被告使用。但被告不按合同条约定履行义务。

1. 无法实现合同目的。当初原告将货场租赁给被告使用，一方面是为了方便被告经营，另一方面是增加原告收入，靠租赁费解决内部退养职工生活保障的资金来源。签订合同时，土地使用税为每平方米2元，2005年提高为每平方米4元，2007年提高为每平方米8元。合同约定的租赁费为每年租赁费300,000.00元，2007年土地提高土地使用税后，原告每年需缴纳的土地税高达343,948.40元，超出租赁费4万余元，即便是被告按照约定支付租赁费，原告还要多支付4万余元补足土地使用税，造成原告失去解决职工生活资金来源的局面，失去了租赁土地的初衷。更为严重的是，自2014年以来，被告一直拖欠原告租赁费，虽经原告多次催要，被告以各种理由拒绝交纳。

2. 破坏租赁设施。原告租赁给被告使用的货场，为砼路面。被告自2003年11月租赁原告货场以来没有履行合同约定的爱护租赁设施的义务，从未对货场砼路面进行任何维修，采取掠夺式使用租赁设施的行为。由于被告不当使用租赁设施，造成原告货场砼路面严重损坏；特别是近七八年来，被告进入货场的车辆载荷重量达高达60~80吨，严重超过货场砼路面载荷能力，致货场砼路面全部损坏，原告为此多次提出异议并要求被告对货场砼路面进行维修，但被告置之不理。为此原告于2012年3月提出终止合同，遭被告拒绝；无奈，原告于2012年4月16日强行关闭租赁场地大门，后经多方协调，被告承诺进行维修，才允许被告开门经营。但是，被告一再爽约，至今未对货场砼路面进行整修，使原本平整的砼路面变成沙砾，路面破烂不堪，雨天遍地泥，晴天一路沙，尘土飞扬，必须尽快整修，经委托专业机构预算，约需维修费用15,814,558.98元，该费用由被告支付。

综上所述，被告长期拖欠租赁费拒绝交纳和不正当使用租赁设施的行为，已经构成违约，给原告造成巨大的经济损失，被告应当交纳拖欠的租赁费，支付货场维修费用，并承担违约责任，根据《合同法》《民事诉讼法》等相关规定，特具状人民法院，请判若原告所请，维护原告合法权益。

此致

某某法院

具状人：（信息省略）

2016年6月30日

上述诉状中的诉讼请求包括：（1）依法解除租赁合同；（2）判令被告支付拖欠的租赁费75万元；（3）判令被告支付租赁物的维修费1581万元；（4）判令被告支付违约金75,000元；（5）本案诉讼费由被告承担。

简单介绍一下案件背景：原被告双方签订了租赁合同，合同履行过程中因为土地的使用税提高，出租方收取的租金不足以支付国家税收，意欲解除合同。在实务中，对此类事项，出租方往往会通过合同变更的方式要求承租方提高租金；承租方不接受的，才会对簿公堂，而不会径直要求解除合同。因为请求法院解除合同相对于请求变更合同的难度要大，且合同解除后尚需要重新招租，对出租方而言并非最佳选择。

一般来说，中国律师普遍喜欢把起诉状写得很简单。就本案而言，一般会写双方签订租赁合同，后因为国家税收政策变化，税收提高了多少，远超出租金，导致合同目的不能实现。另外，被告不当使用租赁物，严重损害租赁物的使用性能，根据合同法的规定，要求解除合同，并要求被告支付拖欠的租金，赔偿租赁物损失、支付违约金。很多律师就这么简单地写就行了，因为这种事实往往很简单，大家一看就能猜得八九不离十，无须费太多笔墨去铺垫或说理。

我们来看一看诉状里的事实和理由部分。首先，从起诉状的框架结构上看，当事人的地位、诉讼请求、事实理由、落款，一应俱全，似乎没有问题。但是，这一部分的分层存在问题。

起诉状中的两种主要诉讼请求实质上是并列式的，一种是要求解除合同，另一种是要求支付拖欠租金并赔偿损失。从框架搭建来说，可分两大段，一段写解除合同的事实和理由，一段写赔偿损失的事实和理由。

事实和理由部分可以写合同签订的基本情况（时间、合同租金），合同签订后，原告将货场交付被告使用，但被告不按合同约定履行合同，导致原告要解除合同并要求赔偿。

按照框架写作法，第一大段就要写为什么要解除合同，主要原因在于：一是租金太低，国家税费太高，对外出租不能实现盈利的合同目的；二是因为被告不正当使用场地，导致租赁物损害。

第二大段写损失赔偿。损失的事实可以下分三小段，一小段写拖欠的租金，一小段写需要支付的维修费用，一小段写承担违约责任的依据及金额。

前述诉状，在介绍合同签订的情况后，称被告不按照合同约定履行义务，紧接着以1、2、3的标题方式展开描述。标题分别是：1. 无法实现合同目的。2. 破坏租赁设施。

如果起诉状要用框架写作法写的话，应该在大标题“被告不按照合同约定履行义务”的总框架下围绕被告不履行合同义务展开描述。即描述原告全面履行合同，而承租人（被告）履行合同与约定不符，用分层（小段）去讲述才没“跑题”。

但是，这篇诉状的写法却不是如此：1. 无法实现合同目的。姑且不说这一句话是个半截话或者表达不准确，单看该标题段下所讲的内容：文书中写每平方米多少钱，后因土地使用税提高，已远远超出了土地的租赁费，所以没法达到当时出租土地的目的。这不是大标题“被告不按照合同约定履行义务”框架下应有的内容，这种情况的出现，不是因为被告不履约而是因为外界发生变化导致，所以，将土地税提高超出租赁费的事实放在这个大标题下面属于“文不对题”。

继续往下看，更为严重的是，2014 年以来被告一直拖欠租金，经多方催要拒绝交纳。这属于被告不符合合同约定履行义务的范畴，可以放在这一段中。不履行合同义务和国家的土地税提高是两种不同的事实，土地使用税提高的事实不应该放在大标题“被告不履行合同义务”项下，应该另行独立一段。

因为土地税提高的事实与被告不按照合同履行义务的事实属于同一层面的问题。虽然政策发生变化（土地税提高）也是引发无法实现合同目的的可能原因，但是，该事实不属于“被告不履行合同义务”的范畴，在这一段里写该事实就会造成段落的混乱，不符合通常人的阅读习惯。

看第二个标题“2. 破坏租赁设施”。该标题下的内容放在“被告不按照合同约定履行义务”的总框架下是合适的。

我们继续往下看。最后一段：综上所述，被告长期拖欠租赁费拒绝交纳和不正当使用租赁行为构成违约。从这一段描述来看，这是《民法典》第 563 条关于法定解除合同的理由。因为土地使用税提高的事实属于情势变更的范畴，而不属于承租方违约的范畴，虽然在情势变更情况下出租方也可以要求解除合同，但是，与前述合同解除的事由不同，该内容不应放在“被告不按照合同约定履行义务”的大标题下。起诉状没有把情势变更的事实与“被告不按照合同约定履行义务”事实作为同一层面问题单列一段，而是放在第二层的小段落里，打乱了两层的基本框架。

严格地说，该起诉状的框架混乱、条理不清，从写法上讲是失败的。

或许，大家会说，反正所有的问题都说到了，法官也能猜测出来原告的意思不就行了吗？管它是不是葫芦搅茄子了。如果基本章法都不讲究，那法律文书也就没有研究的必要了。

为什么要有这种层次或框架呢？一事项涉及情势变更，一事项涉及被告违约，以此解除合同的法律依据不一样，应该属于“花开两朵，各表一枝”的写法，不能混在一起写，否则会让人感觉混乱。

好了，我们再来看答辩状。

民事答辩状

答辩人：滨州A公司，住所……

被答辩人：滨州B公司，住所……

答辩人因原告滨州B公司提起租赁合同纠纷一案，现答辩如下：

一、答辩人与原告于2003年11月25日签订了《货场租赁使用合同》，与原告所述相符。但自签订该合同后，答辩人按照合同履行义务至今已近13年，原告称答辩人不按合同履行义务是完全站不住脚的。

二、原告诉称无法实现合同目的，其认识是错误的。双方签订的《货场租赁使用合同》的目的，是原告将货场出租给答辩人占有使用，答辩人向原告支付租金。对出租人而言，合同的目的是收取租金，与出租人的租金使用目的是两回事。租赁合同目的是双方真实意思的一致表示，原告不能以单方目的而否定双方的合同目的。另外，土地使用税是出租方对国家的法定义务，即便货场不对外出租也需交纳，与租赁合同目的无关。土地使用税调整后高于租金，也与租赁合同目的无关。所以，原告以收取的租金扣除税费后不能支付职工工资为由解除合同，缺乏法律依据。

三、答辩人并未拖欠原告租金。答辩人曾于2003年出借180万元给原告用于偿还贷款。原告向答辩人出具还款承诺书：承诺自2004年度起，逐年以合资公司股本红利用于偿还借款；2007年起，以答辩人支付给原告的货场租赁费全额用于偿还原告借款。答辩人虽然有权自2007年起无须向原告支付货场租赁费，但基于原告资金困难而一直向原告支付租金至2013年12月。原告至今尚欠答辩人借款本息2,485,656.76元。

另外，答辩人上级公司中国C公司与原告在2013年7月17日签订了《国有建设土地使用权和建筑物所有权转让协议》和《收购支付流程》，原告将货场（包括出租给答辩人的货场）土地使用权和地上的建筑物所有权作价转让给中国C公司。同时，原告与中国C公司签订协议书，约定原告同意中国C公司在向原告支付第三笔转让款时，从中扣除原告拖欠答辩人的欠款。因此，答辩人自2014年1月起已无向原告支付租金的必要。这也是原告从2014年1月至今未向答辩人要求支付租金的原因。后因原告在与中国C公司履行转让协议和支付流程中严重违约，中国C公司申请仲裁解除该协议。北京仲裁委员会于2016年4月13日裁决解除该协议，要求原告返还已支付转让款1927万元，违约金378万元。答辩人得知无法从转让款中扣除后，于2016年6月发公函给原告：我司已多次通知贵司，行使不安抗辩权停止支付租金，并就双方的借款和租金（2014年以后计付的租金）行使抵销权，直至租金数额达到我司借款本息数额为止。因此，原告称答辩人自2014年以来一直拖欠租赁费是完全不符合事实的。

四、答辩人没有破坏租赁设施。原告诉状中称破坏租赁设施，而说明中确是指货场路面严重损坏，而租赁设施并未损坏。第一，原告向答辩人交付货场时，货场路面并非完整的砼路面，与现状差不多。第二，现货场路面没有严重损坏，答辩人至今正常使用该货场路面，没有给答辩人的使用造成任何影响。第三，货场作为租赁物，其使用的性质就是被运输车辆碾轧或重物堆放，即便货场地面被压烂，也是正常使用情况下的自然磨损。根据双方签订的《货场租赁使用合同》第5条和第6条之规定，答辩人仅对租赁的设施非自然磨损造成的损坏负有赔偿责任和维修义务。而货场路面显然不属于设施，不属于答辩人维修义务范围。根据《合同法》的规定，原告为保证答辩人正常使用货场对路面负有维修义务，而不是答辩人负责维修。第四，原告在2010年10月20日和2012年3月30日的两次发函中，均以租金太低尚不能足额缴纳土地使用税的理由要求提高租金和解除合同。从未因货场路面损坏而要求答辩人维修和解除租赁合同。第五，退一步讲，即便地面有损害情况发生，并未构成对租赁物的实质性破坏，完全可以修复，不构成根本性的合同违约，不符合合同解除的基本要件。

五、货场路面维修费用应由原告承担。如上所述，货场路面并非货场设施，其维修义务属于原告。而实际上，现货场路面并非如原告所述，损毁严重。现场路面与交付时区别不大，完全能正常使用。退一步讲，货场路面需要维修和恢复原状，也无须如此高额的费用。更何况，答辩人作为承租人有权要求原告予以维修以保证正常使用。因此，从货场路面维修义务和是否能够修复来讲，都不构成根本性合同违约，不符合合同解除的基本要件。

综上所述，双方签订的租赁合同，不违反法律法规的禁止性规定，一经签订，对双方具有法律约束力。合同履行过程中，答辩人正常使用货场、交纳相应租金，没有出现法定解除合同的事由。根据《合同法》第94条的规定，原告的诉讼请求缺乏事实和法律依据，依法应予全部驳回。

在用框架写作法分析该答辩状前，我们首先说一下该答辩状中的问题，比如，在答辩状中滥用答辩人与上诉人的称谓。法律文书中的答辩人和被答辩人是对应的称谓，原告和被告是对应的称谓，上诉人和被上诉人是对应的称谓。

再如，原告称答辩人不按合同履行义务是完全站不住脚的。“站不住脚”这种俗语要尽可能少用，而尽可能使用法言法语，写成：被答辩人称答辩人不按合同履行义务与事实不符。其他问题不一一列举。

下面，用前述“框架写作法”来分析该答辩状的框架搭建问题。

答辩状主要是为驳回原告或上诉人的诉讼请求提供充分的理由，由此，律师应该仔细研究起诉状、上诉状的诉讼理由是否成立，并提出相应的对策。起诉状或上诉状的基本观点决定法庭审理的方向，所以律师应该有针对性地对诉状中的问题一一反驳，不要遗漏。

现在按照上面的方法分析一下该答辩状。从形式上看，答辩状与起诉状的框架是一一对应的，标题设置也保持基本一致。如上所述，该答辩状的框架也是混乱的，虽然答辩状通常要与起诉状的观点针锋相对，但是不应只简单地追求样式的“对顶”，更应该按照正确的框架准确表达。

第一段没有设立小标题，大致意思是答辩人没有违反合同的约定，笼统地讲，签订合同后已经履行了 13 年，不存在违约；第二段标题：答辩人认为不能实现合同目的系被答辩人的认识错误；第三段标题：答辩人并没有拖欠租金；第四段标题：答辩人并没有破坏设备设施；第五段标题：维修的费用应该由原告承担。

个人感觉，该答辩状的框架搭建实际上比前面起诉状写得还乱。大家看第四段和第五段，在说一件事却分立两个标题、用两段叙述，这就是框架的混乱。因为这两段都在围绕“租赁设施破坏”的问题，只不过是从不同角度来讲，一方面讲“没有破坏”的事，另一方面讲“破坏后谁来承担费用”的事，这完全可以在一个标题下分成（一）、（二）的标题段或者不分标题段直接分两个自然段来写。

写法律文书不是文学创作，能用一句话、一个词表达清楚的，绝对不用两句话、两个词去表达。让读者阅读啰唆冗长文字就是对读者的不尊重，徒增读者的阅读反感，所以，能用标题说清楚的问题，不必再用段落去啰唆。不停地啰唆不代表该信息更重要，有些事实很简单，直接说清即可，没有必要去解释。比如，“四、答辩人没有破坏租赁设施”应该是事实描述，说明即可，无须长篇大论，甚至假想性的辩驳，因为事实客观存在，不必附加辩驳。

综上，上述起诉状和答辩状，虽然出自不同的律师之手，但实际上都没有掌握好框架搭建方法，出现了层次不清的状况。

再来看看答辩状的主线。本文书的主线应该是能否解除合同。围绕解除合同的主线，就拖欠租金、破坏租赁物以及土地税提高等问题展开论述。这几个问题可被作为段落的路标性标题列出来，让读者一目了然。

最后看看句子是否通顺，逻辑有无错误。答辩状第一段与其他的段不同，其首句不是第一段的主题句，也没有主题句。在此，本人建议应该有主题句，这样从框架上看，对仗工整，段落意思自然呈现。

就和我们报纸的醒目标题一个道理，看标题就知道文章的大致意思，如果对某个标题感兴趣的话，再深入去细读，否则，读完文章才知道不是自己喜欢的内容，就会浪费时间。

第一句话：答辩人与原告于2003年11月25日签订了《货场租赁使用合同》，与原告所述相符。这是一句无病呻吟的废话，与争论的问题无关，且双方均已无异议。

答辩状是否定对方主张的一种对抗性的文书，被告应该在答辩状中围绕双方有争议的事实，发表有利于自己的意见。在答辩状里写双方当事人没有异议的事实，于案件争议无关，只会是一句多余的废话，徒增读者阅读负担。

比如，张三骑自行车去了国贸的办公室。如果为了强调搭乘的交通工具，可以写“骑自行车”，如果不为强调“骑自行车”的搭乘方式，就要省略“骑自行车”。同样的道理，如果不为了强调何办公室的位置，“国贸”都不需要写，写成“张三去了办公室”即可。

人们常说，捡重点说，就是要把重点表达出来，别啰唆。如果你要炫耀你的自行车好，当然还可以说自己骑某品牌的自行车，但法律文书是不需要炫耀的，只有能把需要的知识点表达出来即可。如果前述案例中的自行车关系到案情或者作为作案工具，有特定意义应该写明；否则，没必要去写明，这样只会增加读者的阅读量。就和引用法条一样，为什么要引用《民法典》第160条而不把《民法典》所有的法条都写上，是因为只有第160条与案件有关，而其他的条款与案件无关。

再往下看，自合同签订后，答辩人按照合同履行义务至今已13年。原告称被答辩人不按合同履行是完全站不住脚的。我们先不说完全站不住脚是不是法言法语，单说这句话的逻辑问题。过去13年都依约履行了合同，也不能推论出第15年时不会违约。如果逻辑关系讲不通，那么第一段就是多余段，只会徒增读者的阅读量，且让读者觉得是在强词夺理。

我们再说第二段的第一句话的标题句，看样子是针对原告的起诉状里面提到的“无法实现合同目的”而写的，但句子“原告所称无法实现合同目的，其认识是错误的”是一句废话，为了凑标题而写上去的。原告认识是否错误与案件事实和法律没有关系，被告只要讲自己的“理”即可，对方到底错误在哪里？不要只写空话凑字，最好写明是无法实现什么合同目的而导致这个错误认识。

第三个层面的问题：语句通畅。很多语句不顺畅或句不达意，是因为写了半截句，关键的意思没写出来，读起来感觉憋得慌，那个感觉就像“扔鞋子”的那个相声段子，都等着另外一只鞋子落下，一晚上忐忑不安。作者自己心里知道要表达的意思，但是却没有把要传递的意思传递给读者或者给读者造成误解，就是失败的表达。

下面再看第四段第一句话“被告并没有破坏租赁设施”，接下来从五个方面论述被告没有破坏租赁设施，其实，破坏还是没破坏就是一句话的事，这是一个客观事实，不是一个需要讲道理才发生的事实。正如说张三生病了，这是一个事实，无须讲道理推理出他生病。

法律条文援引

最后一段中有一句话涉及法律条文的援引，在此讲一下。“根据《合同法》第 94 条的规定，原告的诉讼请求缺乏事实和法律依据，依法应予全部驳回。”

首先，这种写法很难让读者直接明白《合同法》第 94 条[①]规定的意思，可能需要停下来去查找《合同法》第 94 条的规定才会明白其中的意思，这样就会造成阅读中止，建议：条文较短的可以直接引用，条文较长的可以节选引用。如上例可写成：“根据《合同法》第 94 条第 4 项：‘当事人一方迟延履行债务或者有其他违约行为致使不能实现合同目的’的规定，原告的诉讼请求缺乏事实和法律依据，依法应予全部驳回。”

---

① 可参考《民法典》第 563 条，下同。

几年前，很多法院判决书的写法也是如此，读者需要自行查找判决书中引用法律条文的具体内容，出现过因为笔误而写错条目的情况，都成为当事人上诉的理由。现在法院判决书多数都在判决书尾部写明本判决引用的法律条文原文，便于读者阅读时参考。

其次，引用时要用“三段论”进行说理过渡后得出结论，不宜引用法条直接得出结论。比如说，不要写成，根据《民法典》第146条第1款的规定，代管协议应当认定为无效。而应该写成：根据《民法典》第146条第1款的规定，行为人与相对人以虚假的意思表示实施的民事法律行为无效，代管协议系双方虚假的意思表示，应认定为无效。

最后，律师提交的答辩状、代理词中说理部分可以援引最高人民法院会议纪要等文件的原则和精神，并可附指导性案例增加权威性。最高人民法院《人民法院民事裁判文书制作规范》第7条关于裁判文书引用裁判依据的规定，个人建议可以借鉴：

一是，引用多个法律文件的，顺序如下：法律及法律解释、行政法规、地方性法规、自治条例或者单行条例、司法解释；同时引用两部以上法律的，应当先引用基本法律，后引用其他法律；同时引用实体法和程序法的，先引用实体法，后引用程序法。

二是，不引用宪法和各级人民法院关于审判工作的指导性文件、会议纪要、各审判业务庭的答复意见以及人民法院与有关部门联合下发的文件作为裁判依据，但其体现的原则和精神可以在说理部分予以阐述。

三是，指导性案例不作为裁判依据引用，但不妨碍律师在代理词、答辩状中引用其裁判原则。

第十九讲　法律文书写作实训

律师的法律文书要准确地反映商业目标，体现委托人的商业意思表示。前面讲到的就是优秀法律文书技术层面的要求，其实最核心的应该是要准确地反映商业目标。律师写法律文书，内容要紧紧围绕客户的商业目标展开。

围绕商业目标写作

上学的时候，老师提醒学生说作文别跑题，跑题实际上就是没有按照出题人的目标去组织材料。对律师来说，很多文书也会出现这个问题，比如，我看过一份关于劳动争议的法律分析意见，只对法律关系做出分析，根本不去考虑或回应客户的目标，分析了老半天，净做无用功。不明白客户的目标是什么，律师分析的再细致，也不是客户所需要的，你写的法律文书就没有实用价值。

所以，律师首先要了解客户的目标：客户到底要律师解决什么问题，需要出具什么样的法律文书。比如，客户发给律师一份一审判决书、一份上诉状，需要律师帮着做法律分析。该怎么办？首先，要与客户沟通，搞清楚客户要律师做什么，是让律师就本案出具代理方案，还是论证上诉的思路，还是让律师投标参与本案的代理。客户的要求不同，律师出具的文书内容就不一样。如果让律师参与竞标代理，那律师就不仅要分析案件还要介绍律所情况、代理律师情况、收费方式等问题。你没搞清楚，就急匆匆地写代理方案，费了很大劲，最后客户却告诉你，他们仅是让你根据这些材料写个情况汇报给集团公司，不需要具体的代理方案。那不就是浪费时间了吗？

当然，即便律师清楚客户的商业目标或要求，但写起来也可能跑题。文不对意的法律文书交给客户，客户不会感觉有价值，这是一个大问题。建议大家写完文书后多读几遍，如果时间允许，写完后再放置一下，再思考再读，看看是不是存在挂一漏万或离题万里的情况，或者是还有哪些问题没说清楚，总之，文章不厌千回改，精益求精，才会精彩。

比如，律师函的写法。律师函又称律师信，是指律师接受客户的委托就有关事实或法律问题进行披露、评价，进而提出要求以达到一定效果而制作、发送的专业法律文书。

律师函是一种非官方文件，主要表达当事人对事件的某种看法，并不具备任何法律效力。但其隐含一种“我已经通知律师，准备用法律手段解决问题”的意思。

律师函是律师对某一事实进行法律评价和风险估计，目的在于以法律尺度和律师的判断，对送达对象晓之以法律事实，动之以利弊得失，让送达对象得出自己的“法律评价”，即“传法达意”。因此，律师函的本质是一种委托代理进行意思表示的法律行为，存在两层法律关系：一是律师与委托人之间的授权委托关系，这一层面是核心的法律关系；二是律师与受送主体之间的代为函告的法律关系。律师函应根据委托人的合理要求而给予对方通知或在适当的范围之内向送达对象解释事由，以便送达对象做出决定。

律师函是督促相对方接受或改变委托方提出的要求，即使不能直接解决纠纷，实现委托人目的，也要为日后的诉讼争取主动，别“惹火烧身”，引起对方的警觉，积极防备，甚至组织反击，后发制人。蹩脚的律师函，甚至还可能会授人以柄，为日后的诉讼留下隐患。比如，对某事实的确认，可能成为委托方的“致命坑”。某律师函中承认，2018 年 2 月委托人已经知道相对方对争议房地产进行了抵押。后在提起撤销之诉时，相对方向法庭提交该律师函，证明委托人撤销权超过了撤销权的除斥期间，让委托人防不胜防。

起草律师函时，要围绕委托人的商业目标进行分析，先从法律上论证是否有理，有理部分重点强调，没理部分要一笔带过，但不要强词夺理。

律师函的最后部分要清楚、明确且正式地将委托人的要求告知相对方，让收函方知道委托人“要什么”。发送律师函的目的之一就是要给收函人心理预警提示，使之从心理上具有约束力和紧迫感，迫使其为或不为一定行为。因此，在给予收函方履行期限时一定要短，否则就无法达到好的效果。

看下面的一份律师函。出具该律师函的背景很简单，某单位的员工把职务发明带到别的单位申请发明权，原单位委托律师出具律师函，要求新单位停止侵权。

律师函

致：某电机电器有限责任公司

某律师事务所受某电气公司的委托，就专利申请权的变更问题，根据相关法律法规，出具律师函：

据某电气公司称，贵司所申请两个专利：一种磁钢组件结构（申请号：2015×××），一种磁钢组件式结构的直驱永磁转子（申请号：2015××7），申请日为2015年8月31日；两种专利的发明人（王某、周某、朱某）系某电气公司前员工，均于2015年2月28日申请辞职。因此，某电气公司认为，贵司所申请的专利系发明人的职务发明，申请专利的权利应属于某电气公司，期望贵司尽快配合办理相关的变更手续。

另外，根据贵司的工商信息：(1)贵司分公司——无锡研发分公司（以下简称无锡研发分公司）成立于2015年3月26日，王某、周某、朱某等人向某电气公司申请辞职日为2015年2月28日；(2)无锡研发分公司营业范围为：电机产品的设计、研发、技术咨询、技术服务（依法须经批准的项目，经相关部门批准后方可开展经营活动），这与某电气公司的营业范围高度概括。根据专利局官方网站信息，某电气公司申请三项专利：一种永磁电机V形斜极的转子结构，一种永磁风力发电机内风路结构，一种永磁电机转子的单元磁极结构。与贵司申请的两项专利属于同一技术领域。综上，某电气公司有理由相信，贵司申请专利非善意。

我们认为，根据《中华人民共和国专利法实施细则》第十二条第一款第三项规定：职务发明包括退休、调离原单位后或者劳动、人事关系终止后1年内做出的，与其在原单位承担的本职工作或者原单位分配的任务有关的发明创造。贵司申请的专利属于：发明人调离原单位一年内做出，所作发明与原职务相关。另外，根据《中华人民共和国专利法》第六条：职务发明创造申请专利的权利属于某电气公司；申请被批准后，某电气公司为专利权人。我们建议，贵司尽快配合某电气公司办理专利申请权变更手续。否则，某电气公司将会通过法律途径追究贵司的违约责任，这样必将增加贵司的诉累，也将损害贵司及无锡研发分公司的行业信誉。

特此函告。

某律师事务所

律师：×××

二〇一六年七月二十日

律师函应将事实及双方的争议焦点总结出来，做到不夸大也不缩小，不捏造事实也不无中生有，不主观臆断，尽量使事实情况清楚、完整，以便让对方收函后能够马上了解真实的事态。

上面的律师函比较清晰地交代了事情的来龙去脉和诉求，但是，从逻辑上讲似乎有点“强词夺理”。律师在不能确定某电气公司陈述事实是否属实或者在不确定某电机电器公司是否知情的情况下，认为某电机电器公司非善意有点“武断”。所以，从谨慎的角度讲，应该先把职务发明的事实说清，再稍做延伸，认为某电机电器公司可能受其蒙骗，对此并不知情，即新单位并未有“恶意”，让对方感觉到律师函“客观”“有理有据”。

突出最核心的内容

就上述问题，以下面的答辩状为实例进行分析。本案的大致情况是：债务人免除了次债务人的债务，主债权人向次债务人提起代位权诉讼。

答辩状

答辩人：A有限公司

因B公司诉我单位债权人代位权纠纷一案，答辩如下：

答辩人对本案的管辖权有异议，某法院无管辖权，答辩人在法定期限内已向法院提起管辖权异议申请书，至今尚未收到法院裁决文书。原告起诉状中的陈述与事实不符，债权已不存在，不符合法律规定代位权主张的条件，请求人民法院依法驳回原告的起诉，事实和理由如下。

一、根据合同法有关规定，原告起诉的债权3100万元已不存在。

2012年3月9日，A公司与D公司、C公司签订《股权转让协议》，约定A公司收购山东某公司100%股权（其中D公司持有51%股权、C公司持有49%股权）。

在上述股权转让协议中，A公司收购山东某公司股权的先决条件是D公司无条件豁免山东某公司欠D公司的债务3100万元及其全部利息。D公司于2012年3月19日在《债务豁免承诺函》明确向山东某公司承诺：根据D公司与C公司、A公司于2012年3月19日签订的《股权转让协议》的约定，D公司同意自即日起豁免山东某公司应付D公司的3100万元债务及其全部利息。该债权2012年3月19日已经消灭，不存在了。

二、原告代位权诉讼的债权已不存在，代位权诉讼行使的前提是债务人对次债务人享有债权，根据法律规定，依法应当被驳回原告B公司的诉讼请求。

《合同法》第73条规定，因债务人怠于行使其到期债权，对债权人造成损害的，债权人可以向人民法院请求以自己的名义代位行使债务人的债权，但该债权专属于债务人自身的除外。

《合同法解释一》第11条规定，债权人依照《合同法》第73条的规定提起代位权诉讼，应当符合下列条件：（1）债权人对债务人的债权合法；（2）债务人怠于行使其到期债权，对债权人造成损害；（3）债务人的债权已到期；（4）债务人的债权不是专属于债务人自身的债权。

根据以上法律的规定，代位权诉讼行使的前提是债务人对次债务人享有债权。目前原告代位权诉讼的债权已不存在，不符合代位权诉讼的法定条件，故原告B的诉讼请求应当被驳回。

三、答辩人对B与C、D公司、单某民间借贷的真实性有异议，法院应当对借款交付事实进行调查核实。

1. 法律依据：

根据最高人民法院、山东省高级人民法院关于民间借贷纠纷审理书面指导意见，这些文件均强调要查明借款交付的事实，出借人应当对存在借款合同关系以及已经履行给付借款义务的事实承担举证责任，要求开庭时对原告主张的借款交付事实进行调查核实。

法释（2015）18号最高人民法院《关于审理民间借贷案件适用法律若干问题的规定》第2条规定，出借人向人民法院起诉时，应当提供借据、收据、欠条等债权凭证以及其他能够证明借贷法律关系存在的证据。

最高人民法院民一庭庭长张勇健在全国高级法院民一庭庭长座谈会上的总结讲话指出，“关于民间借贷纠纷案件的审理。一贯以来，我们就是单纯以欠条、借条作为现金交付的凭证，但是现在我们强调要查明交付的事实，与我们以前坚持的思路相比，有所调整、有所变化。这种调整和变化主要是因为近年来的审判实践中出现了一些问题。比如在分组讨论时我提到的莫少军案，该案中主审法官仅凭一张借条认定了借贷关系的存在，后来债务人自杀，承办法官也被检察院以渎职罪提起公诉”。

山东省高院关于民间借贷案件意见规定，“审理民间借贷纠纷案件中举证责任问题。出借人主张其享有要求借款人偿还借款本息的请求权的，应当对于其与借款人之间存在借款合同关系以及已经履行给付借款义务的事实承担结果意义上的举证责任”。

2. 虽然B与C、D公司、单某达成（2014）德中民初字第某号民事调解书，主要内容为：2011年11月7日至2012年2月8日，C、D公司向B公司借款共计本金人民币1580万元，利息为月息2%。借款期限1年（以借款凭证最后一笔款项注明时间起算），借款到期后，C公司仅偿还170万元。答辩人对该借款的真实性有异议，对B公司是否实际支付借款存疑，法院依法应当进行调查核实。债权于2012年3月19日转让股权时已经无条件豁免；调解书载明的时间为2014年10月15日，为豁免该债权2年之后；调解书与原告的起诉主张完全一致，原告与第三人串通、故意损害答辩人的权益。

四、原告起诉状中所称德州D公司放弃了对山东某公司的到期债务3100万元与事实不符。

《股权转让协议》第四条先决条件规定：股权交割前，目标公司（山东某公司）欠甲方（D公司）的3100万元债务及其相应利息已经由甲方全部无条件予以豁免并出具书面债务豁免承诺函。D公司根据《股权转让协议》已履行合同约定的先决条件义务，豁免了该债权，并非放弃到期债务。原告无权主张代位权。

综上所述，本案某区法院无管辖权；原告主张代位权的债权已不存在；法院应当调查核实B与C、D公司、单某民间借贷的真实性，查明该借款是否实际发生。避免原告与第三人恶意串通，损害答辩人的合法权益；原告起诉状中的陈述与事实不符，依法不应采信。请求法院依法驳回原告的诉讼请求。

此致

某区法院

答辩人：A有限公司

2016年7月10日

附：答辩书副本伍份。

其他证明文件　　份。

首先，在答辩状中提出管辖权异议显然不妥，管辖权异议应该以管辖权异议书的形式单独提出，而不是在答辩状中提出，且管辖异议应该在答辩期内提出，通常在管辖未确定前，不应进行答辩。

接着往下看："根据合同法有关规定，原告起诉的债权3100万元已不存在。”本人曾经看到类似表述：根据《中华人民共和国婚姻法》的有关规定，原被告的夫妻感情确已破裂。此类问题在年轻律师写作中经常发生。注意：事实情况与法律依据没有关联，不必将两者扯在一起，正如天下雨的事实与你心情好不好没关系。就本标题而言，直接陈述事实即可，应该改成：“一、D 公司已经免除答辩人的 3100 万元债务。”

再看第二标题：“原告代位权诉讼的债权也不存在，代位权诉讼的前提是债务人对次债务人享有债权，根据法律规定，依法应当驳回原告的诉讼请求。”

就该标题的写法，在此最好使用三段论的表达方式：代位权诉讼的要件之一是债务人对次债务人享有债权，原告代位权诉讼的债权已不存在，根据法律规定，依法应当驳回原告的诉讼请求。

但严格说来，即便是上面“三段论”式的表述，也存在衔接或转承问题。“依法应当驳回原告的诉讼请求”是诉讼程序下的后果，而此句之前的论述是实体权利之原因，两者之间的转承并不匹配，即因果关系并不对应，应该加入一句：“所以，代位权诉讼主张不成立”，继而“驳回其诉讼请求”，就通顺了。也就是说，应改为：代位权诉讼的要件之一是债务人对次债务人享有债权，原告代位权诉讼的债权已不存在，所以，代位权诉讼主张不成立，根据法律规定，依法应当驳回原告的诉讼请求。

这些看似小问题，如果你不用心揣摩的话，资深法官一看就知道你的业务水平。

继续往下看，法条的烦琐罗列：《合同法》第 73 条全文、《合同法解释一》第 11 条全文、最高人民法院以及山东省高级人民法院关于该问题的审理意见、最高人民法院民一庭庭长张勇健在全国高级法院民一庭庭长座谈会上的总结讲话，等等。罗列这些法条和讲话，暂不说是不是切题，只是简单堆砌没有结合案件的适用做出阐述或分析，最后突然就冒出一条结论：代位权不成立，没有展开说理，只是简单“粗暴”地喊口号，可读性差。这如同盖房子，工人将砖瓦、泥土准备好，对着房主说，自己看着办吧，反正盖房子的材料都全了。

如果认为法律文书的写作就是把案件涉及的法条全都列上了，让法官看着办，那么律师充其量算个剪切手，没有任何意思表达，算不上一个负责任的作者，法官不会对这样罗列法条的文章感兴趣。律师的职责是把自己脑子里的东西放到法官脑子里，律师自己没有思路，拿什么放到别人脑子里？

再往下看，“答辩人对B与C、D公司、单某民间借贷的真实性有异议，法院应当对借款交付事实进行调查核实”。该标题存在什么问题？在法律文书中遇见或使用长句时，建议大家先按“主语谓语宾语”顺序划分一下句子成分，再看有没有问题。就这句话的字面意思看，句子的主体意思是：答辩人对借贷的真实性有异议，法院应当审核。法院因为答辩人有异议就应当调查核实，这没有法律依据，也没有道理。

其实，这句话的本意应该是，因为借贷的真实性关系到主债权是否存在，最终关乎代位权行使的要件是否具备，所以，法院应该对借款交付事实进行调查核实。建议改成：B与C、D公司、单某民间借贷的真实性关乎代位权主张的成立与否，法院应当对借款交付事实进行调查核实。

下面是另一位律师的仲裁代理意见（节选）。字体为楷体，小四号，段间距较大，内容翔实，面面俱到，洋洋洒洒30页（篇幅所限，仅截取部分）。为了把问题讲透，让仲裁员接受自己的意见，律师也是用尽了“洪荒之力”。

案号：V2011223

被申请人庭后综合陈述意见（节选）

尊敬的仲裁庭：

关于第一申请人、第二申请人与被申请人之间的中外合资合同争议仲裁案（以下简称本案），仲裁庭于2015年3月11日组织了庭审。被申请人现针对申请人提出的仲裁请求以及被申请人提起的仲裁反请求，结合本案庭审情况，发表如下综合陈述意见，恳请仲裁庭采纳。

一、本案的基本背景介绍

本案被申请人系由华然公司与山东某机关共同出资设立的企业，其中华然公司持股51%，山东某机关持股39%，剩余10%股权由员工持有。本案申请人系自然人杰克先生实际控制下的两家公司。

天然气作为一种高效环保的清洁能源在山东地区得到较好的推广，被申请人作为山东地区天然气供应的龙头企业，承担天然气供应的民生保障责任。

2007年年初，山东地区天然气气源极度紧张，由于申请人的实际控制人杰克先生能够从中石油公司获得气源指标，第一申请人、A公司与被申请人决定成立合资公司，由第一申请人持股40%，A公司持股35%，被申请人持股25%。2008年11月，A公司将其持有的合资公司35%的股权转让给了第二申请人，此后至今，两申请人合计持有合资公司75%的股权，被申请人持有合资公司25%的股权。

合资公司的基本经营模式是，根据两申请人的安排，合资公司从中石油公司购买管道天然气，然后再将管道天然气销售给被申请人。

2008年3月，合资公司开始正式向被申请人供应管道天然气，此后至今，合资公司始终正常、平稳运营，CNG母站的安全性具有充分的保障。且作为股东的两申请人及被申请人均已按时获得合资公司分红。截至2013年，两申请人从合资公司获得分红共计人民币7263万元，被申请人从合资公司获得分红共计人民币2421万元。

虽然合资公司在经营过程中出现了个别问题，即合资公司CNG母站未取得用地规划许可证、建设工程规划许可证、建筑工程施工许可证（以下简称建设规划三证），但是这是由合资公司CNG母站建设在租用的被申请人的土地上所导致的。就此，山东省政府相关主管部门已明确表态支持合资公司CNG母站的规划建设，并为完善规划许可手续提出了建议。合资公司CNG母站暂时未取得建设规划三证不构成影响合资公司继续经营的法律障碍，也不会给申请人或合资公司带来损失风险。被申请人为保证山东地区天然气供应的稳定性，始终对申请人坦诚相待，亦提出了各种合理且可行的解决方案，但申请人均不予接受，反而提起本案仲裁，试图终止合资合同，解散合资公司。

被申请人认为，申请人关于被申请人存在违约行为的主张，没有事实、合同及法律依据，合资公司经营过程中存在的问题并非被申请人的原因所致，也不足以对合资公司的继续正常经营产生实质性影响，而合资公司的继续经营则不仅有利于申请人与被申请人，而且还有利于山东地区天然气供应的稳定性；根据有约即信守的原则，合资合同不应当终止，合资公司也不应当解散。

下文中，被申请人对申请人的主张进行详细反驳，恳请仲裁庭支持。

二、关于本案的仲裁范围

申请人主张，被申请人存在的违约行为包括：（1）合资公司 CNG 母站建设未取得建设规划三证，违反了合资公司与被申请人 2008 年 6 月 6 日签订的《山东太源 CNG 母站工程建设项目管理合同》（以下简称《项目管理合同》）和 2008 年 4 月 1 日签订的《委托管理协议》的约定，违反了合资合同第二十条第（1）项、第（2）项、第（5）项和第（9）项的约定；（2）被申请人于 2013 年未足量向合资公司采购天然气，违反了被申请人与合资公司 2008 年 2 月 21 日签订的《天然气销售协议》，违反了合资合同第二十条第（6）项的约定。

被申请人认为，关于被申请人是否违反《项目管理合同》《委托管理协议》及《天然气销售协议》的问题，并不属于本案的仲裁范围，该等合同项下的争议应通过其他途径解决，本案仲裁庭无权对此做出裁决。具体理由如下：

首先，合资合同的签约当事人与《项目管理合同》《委托管理协议》及《天然气销售协议》的签约当事人不同。合资合同的签约当事人是申请人与被申请人，而《项目管理合同》《委托管理协议》及《天然气销售协议》的签约当事人均为合资公司与被申请人。

其次，《项目管理合同》《委托管理协议》及《天然气销售协议》中约定的纠纷解决方式与合资合同中约定的纠纷解决方式不同。《项目管理合同》第十一条约定的纠纷解决方式是“向甲乙双方所在地人民法院起诉”，《委托管理合同》第十七条约定的纠纷解决方式是“向受托方所在地人民法院起诉”，而《天然气销售协议》第十三条约定的纠纷解决方式则是“提请山东省仲裁委员会仲裁”。上述三份合同（协议）中约定的纠纷解决方式，均不同于合资合同第七十一条约定的纠纷解决方式，即“交由中国国际经济贸易仲裁委员在北京解决”。

再次，《项目管理合同》《委托管理协议》及《天然气销售协议》调整的是合资公司与被申请人之间的委托合同法律关系（《项目管理合同》和《委托管理协议》项下）或供气合同法律关系（《天然气销售协议》项下），而合资合同调整的则是申请人和被申请人之间合资关系，两者具有明显的区别。因此，因该三份合同（协议）直接产生的争议并不能归为合资合同第七十一条所约定的“因本合同引起的或与本合同有关的任何争议”的范畴。

因此，就《项目管理合同》《委托管理协议》及《天然气销售协议》项下的争议，合资公司与被申请人或申请人未达成通过中国国际经济贸易仲裁委员会仲裁解决的仲裁协议。《中华人民共和国仲裁法》第四条规定，“当事人采用仲裁方式解决纠纷，应当双方自愿，达成仲裁协议。没有仲裁协议，一方申请仲裁的，仲裁委员会不予受理”。据此规定，被申请人是否违反《项目管理合同》《委托管理协议》及《天然气销售协议》的约定并不属于本案的仲裁范围，仲裁庭无权对此做出裁决。

申请人进一步主张，《项目管理合同》和《委托管理协议》只是其用来证明被申请人违反合资合同第二十条第（9）项约定的“办理合营公司委托的其他事宜”的证据，被申请人是否违反该等合同（协议）属于本案的仲裁范围。

被申请人认为，与合资合同相比，两份合同（协议）除主体不同之外，达成的时间更晚，约定的内容也更详细，如果被申请人违反该两份合同（协议）中的任何约定，符合法律逻辑的做法是由作为相对方的合资公司直接基于该两份合同（协议）详细约定的权利义务内容，根据该两份合同（协议）中约定的争议解决程序，向被申请人主张权利。因此，申请人前述主张的实质是要求本案仲裁庭审查被申请人与合资公司实际履行该两份合同（协议）的情况，如果申请人的主张成立，则被申请人及合资公司在该两份合同（协议）项下约定的权利义务内容以及争议解决程序都将毫无意义，这显然是不符合法律逻辑和商业逻辑的，也不是被申请人与合资公司在缔结该两份合同（协议）的真实意思。因此，申请人的前述主张不能成立。

三、对本案重要争议事实的澄清

在不影响被申请人前述关于本案仲裁范围主张的前提下，由于申请人在本案仲裁中歪曲基本事实，在其“仲裁申请书”“代理意见”“质证意见”等文件及在庭审中对本案事实所作陈述不断发生变化，为了方便仲裁庭查清本案事实，被申请人特此将本案基本事实及其他重要事项做如下澄清。

（一）被申请人每年应从合资公司采购天然气的量是4000万立方米，而非6000万立方米

虽然申请人主张被申请人每年应从合资公司采购天然气的量是6000万立方米，但是无论根据合资合同第二十条第（6）项的约定，还是根据被申请人与合资公司的实际履行情况，被申请人每年应从合资公司采购天然气的量均是4000万立方米，而非6000万立方米。

1. 根据合资合同第二十条第（6）项约定本身，被申请人每年应从合资公司采购天然气的量为4000万立方米

合资合同第二十条第（6）项约定，被申请人“保证每年向合营公司购买的天然气不少于6000万立方米/年，具体规模和条件应符合天然气供应合同的规定，并受制于（西气东输管道销售公司）与合营公司之间的气源供应协议”。

根据合资合同第一条“定义”中的界定，前述约定的“天然气供应合同”是指，“合营公司与丙方（即被申请人）签订的、按照其规定的条件和条款由合营公司向丙方（即被申请人）供应、丙方（即被申请人）向合营公

司购买三方约定数量的天然气的合同”；“气源供应协议”是指，“合营公司从（管道公司）获取的管道天然气气源的协议”。（注：节选至此）

针对上述代理意见是否围绕本案争议的焦点展开，在此不做评述。本人对如此面面俱到代理词的写法并不完全认同。理由如下：

大家都有这样的感觉，比如，你对足球规则烂熟于心，你不会对与足球规则有关的文章感兴趣，除非它有新意或新规则。人们阅读的目的都是有所收获，即获取未知的知识。上述代理词的阐述，对读者（法官和仲裁员）来说，就如同那个烂熟于心的足球规则（因为开庭后已了解整个案件事实），可能很难提起仲裁员的兴趣去静心阅读，所以，与其这样，不如针对案件的关键问题进行阐述，简明扼要，切中要害，更有说服作用。

现就这篇代理意见进行简单分析。第一部分介绍案件背景、目标公司成立时间、经营范围等，而这些内容其实与案件本身没有关系，与案件争议焦点更没有任何关系，这些文字只能增加读者的畏难情绪，浪费读者的时间。

当然，这篇文章全部读完，确实也是一篇不错的文章。排版精美、语句通顺、分析细致，但这么长的文章，确实考验读者的注意力和耐力。这也是为什么给领导的汇报材料最多不超过两页纸，文字太多，领导没耐心看完。

总之，篇幅是应该注意的问题，并不是越长越好，除非为了按字数挣稿酬。

书面语言和口语表达的最大不同是，后者交流往往基于双方共知的背景，由此一方就很容易理解对方的意思，但书面语言不同，如果没有背景铺垫就很容易产生歧义。

比如，夫妻两人出门，对面来了一位美女，丈夫盯着多看了两眼，妻子说：“看什么看，看你个头。”如果不了解这个现场实景，单是说“看你个头”，相信很多人不会明白什么意思，是看头型还是其他，丈二和尚摸不着头脑，但在这个场景中的丈夫肯定知道是妻子的一句气话，因为丈夫知道妻子此时的心情。

举这个例子就是想告诉大家，文书写作是一种书面沟通方式，必要时要对背景做铺垫，特别是结合有关证据材料进行说明，不要侥幸地认为，简单介绍，别人一定会知道。当然，如果案件已多次开庭审理，法官已经对案件情况了如指掌，律师的代理词还对纠纷背景事无巨细地解释就显得“啰唆”了。

第二十讲　如何起草和审查合同

西方谚语说，财富的一半来自合同。合同与我们的生活工作息息相关，给我们带来无限财富。作为法律人，大家学习《民法典》合同编，掌握了合同法的知识，但并不意味着就会起草和审查合同。因为合同法和合同不是一回事，前者是一种法律规则，后者是意思表示一致的产物。

鉴于合同的内容千变万化，各有各的特点，很难通过一堂课就能学会起草和审查。律师起草和审查合同的技能，需要通过长期实践总结才能练就。

合同起草的准备

合同的起草是合同“诞生”的关键过程，律师需要掌握一些基本常识和方法，然后在实际工作中不断总结才能驾轻就熟。

在起草合同之前，律师应该对合同的大致结构和要点有所了解，但年轻律师往往缺乏这方面的知识和实践，因此，在起草合同时，可以从模仿典型合同模板开始，逐步积累经验。

合同范本随处可见，年轻律师可以先列出合同应该包含的主要条款以及每一条款下的主要内容，然后填充到合同范本中，照着葫芦画瓢，通常也会大差不差，最终再交由主管合伙人修订定稿，一份合同也就形成了。经过这样的日积月累，你就可以慢慢脱离范本，自如地起草合同了。

年轻律师可在律所的合同范本库或自己电脑中找到想要的合同范本，这些类似的合同范本要么是同事给其他客户提供的，要么是你和其他的律师共同协商起草的，使用这些旧合同范本可以为你节省时间和避免打印错误。

另外，可以从专业合同库中下载使用，比如，法天使合同库、威科先行文书模板库。你可以把这些范本当成原始资料，并将其中某些典型的条款和措辞下载下来，以备未来起草合同时使用。更为方便的是，法天使的律师助手产品可作为 WPS、Word 软件中的插件将合同文本插入文档直接使用。

通常一份合同的结构是：当事人，合同标的（交易事项）、数量、价款、质量，履行程序（时间、地点和方式），违约责任/救济手段，法律适用/争议解决/合同语言。

以买卖合同为例，《民法典》第 596 条规定，买卖合同的内容除了一般应具备《民法典》第 470 条规定的条款外，还可以包括包装方式、检验标准和方法、结算方式、合同使用的文字及其效力等条款。

但律师起草的买卖合同条款涵盖的范围应当更广，条款的细节应更深入。例如，你需要向客户了解，是否提供维修服务、是否有保质期的约定、是否有所有权保留、是否存在分期交付的情形、如何确定交付的标准、运输和保险条款如何、是否涉及知识产权的保证。无论客户是否特别说明，律师都应就上述条款内容与客户确认。

在法律文书写作部分已讲过，为了让合同结构更明晰，可以按逻辑顺序列出合同段落的标题词。合同的段落是按一定的逻辑顺序组织起来的，当然，你并不需要一下子列出所有段落的标题词，且要力求总结出每个段落或相关段落的内容。比如，在股权转让协议中，可以将承诺与保证、股权状况、转让价格、交割安排、违约责任等作为标题词。

另外，需要注意的是，律师起草的合同通常还会设计好某些特定条款。这些条款通常是为了更加明确地界定权利义务关系（如陈述与保证、先决条件、承诺事项、免责条款、违约救济），或者为了使合同的体系和结构更为完善（如鉴于条款、定义条款），或者仅仅是一些非交易实质内容的通用法律条款。

充分了解交易背景与合同目的

起草合同前，必须了解交易的背景、合同的目的和已商定的商业条款。除了合伙人及资深律师交代的背景之外，年轻律师需要在起草合同之前和过程中有意识地搜集所有与合同起草相关的所有来往邮件和文件。

如果起草合同所必需的信息不完整，你应当准备一份合同必须明确事项的清单与客户沟通，寻求其确认，并留存好客户洽谈的工作底稿。

了解交易的背景应当面面俱到。比如，要求客户列出合同交易的要点、要求、目的，并提供一些假设可能发生情况以及违约赔偿数额，另外可让客户提供类似的合同可供自己参考。通常情况下，客户都保留过去的交易记录或者类似合同。如果有已商定的主要条款，就应将这些条款写进合同。如果感觉这些条款会产生法律风险，则应向客户及时提出。

对于已经商定的商业条款，应防止自作聪明地对其进行增删，甚至改变原有的含义。如果因某种原因无法与客户进一步澄清其含义模糊之处，也应提请客户注意。在完成起草工作后，应再次核实是否将所有的商业条款和客户要求的合同要点放入合同。

除了了解交易的大致背景和合同的目的之外，还需要了解客户对该交易的基本立场，比如双方的谈判地位、交易阶段、合同相对方的公司性质甚至合同的相对方负责审阅合同的人员的背景。这些可能不会影响你决定合同的结构和基本条款，但会影响你设计合同的语言、篇幅和风格。

合同起草准备工作中最重要也是最难以把握的是客户的需求，必须考虑到客户需要合同的样式，比如，复杂程度、对客户的保护程度，在了解客户的期望后，从客户的角度出发去设计一些条款，充分保护或者在商业谈判最可能的范围内保护客户的利益。再如，很多客户喜欢“一页纸”的合同甚至大白话的合同，写明关键条款即可，无须太多像不可抗力的“套话”条款。

总之，在开始起草合同的时候，尽可能最大限度地将保护客户利益的条款放到合同里去，最后再根据客户需要由繁到简进行删减。

如果是常见的合同类型（《民法典》合同编典型合同分编中的19类有名合同）且合同交易比较典型，一般不需要特别的法律研究。但是，对于特别的交易涉及特别的合同架构，需要根据交易的情况先定位这个方面的法律规定，比如，起草建设工程施工合同，就要对《建筑法》《房地产管理法》及其司法解释等进行深入学习，并考虑这些法律法规对合同的影响。

合同鉴于条款的使用

在过去很长一段时间里，"中国式"合同开头一般是"甲乙双方就某某事宜，根据有关法律法规的规定，本着互惠互利的原则，经友好协商，达成如下协议，以期共同遵守"，然后就是正文第一条开始切入正题。

也有部分合同使用"鉴于条款"，但也都象征性地介绍一下合同签订背景就切入正文，没有充分发挥"鉴于条款"的作用。

鉴于条款，又称"叙述性条款"。在国际许可证协议中，鉴于条款是由双方当事人就双方签约的目的、背景、希望和意图所做的陈述性说明。例如，供方就供方的职业背景、转让技术的合法性和实际经验等做的说明，接受方对其接受标的的要求和目标所做的说明等。一旦发生争议，鉴于条款对于双方订约的目的与意图以及解释某些具体条款会起一定的作用。

首先，合同中的鉴于条款，主要是明确缔约双方签订合同的初衷或借此想达到的目的，或签订该合同所依赖的事实状态。该条款多出现在一些涉外合同和重大资产收购、合作开发等合同中，多数国内合同并未将其视为合同的一般条款。

《民法典》第563条规定，有下列情形之一的，当事人可以解除合同：（1）因不可抗力致使不能实现合同目的；（2）当事人一方迟延履行债务或者有其他违约行为致使不能实现合同目的。在当事人因不能实现合同目的而解除合同时，法院首先要了解合同目的是什么，而鉴于条款对判断当事人的合同目的具有重要的参考作用。就以本讲后续的“借壳上市”案例来说，如果使用鉴于条款明确签约的目的，可能不至于在7家太阳能发电项目没有被收购时无法解除股权收购协议了。

其次，鉴于条款还能起到承诺或保证作用。在鉴于条款中写明一方签订合同时所依赖于对方提供的材料或陈述的内容，作为双方缔约的前提或信赖的基础，如果对方违反了这种承诺或保证，导致己方利益受损，则可据其追究对方违约责任。

例如，在技术转让协议中，鉴于条款通常要写明转让方拥有某项专有技术（不受第三人追索），基于该前提受让方才签约并支付转让款。如果哪天真有第三人站出来说，这是他的专有技术，转让方是窃取他的技术，实际并不是专有技术的权利人，受让方可要求转让方承担违约责任或解除协议赔偿损失。

最后，鉴于条款还是损失赔偿的衡量依据。《民法典》第584条规定：当事人一方不履行合同义务或者履行合同义务不符合约定，给对方造成损失的，损失赔偿额应当相当于因违约所造成的损失，包括合同履行后可以获得的利益，但不得超过违反合同一方订立合同时预见到或者应当预见到的因违反合同可能造成的损失。那么，该法条中的“订立合同时预见到或者应当预见到的因违反合同可能造成的损失”在司法实践中如何认定？

一方面，要看看合同的违约条款中是否对损失做出明确的约定，有约定的从约定；另一方面，通过考察合同签订时的背景、目的，认定违约方是否能够预见违反合同可能造成的损失。

举例来说，同样是水泥买卖合同，水下施工用水泥和地面上施工用水泥特性要求可能有所不同，但如果不在水泥买卖合同中特别指明是水下施工用水泥或者特定使用环境（水下施工），一旦造成损失，双方可能会对签约时能否预见损失产生争议。在这种情况下，法官只能根据自己的生活经验来认定卖方能不能预见到损失发生，从而认定卖方的责任。但如果用鉴于条款对施工背景做出叙述，损失的认定也就容易了。

总之，在稍复杂的合同中，由于双方不一定对可能出现的风险都做详细约定，为避免今后发生争议或举证上的困难，最好在合同中加入鉴于条款。

合同条款的准确用语

文字符号不是数学符号，它的天然缺陷就是词不达意。由文字写成的合同同样逃脱不了这样的命运。当合同出现歧义或漏洞的时候，就需要对此做出说明，这就是合同的解释由来。

文字的多义性和标点符号的特殊用法，都会使合同条款发生争议。例如，“还欠款20,000元”，这里的“还”，既可理解成“归还”的“还”，还可理解成“还有”的“还”。

再如，我们在商场常见的“小心地滑”的提示牌，这里的“地”，既可理解成“地面”的“地”，还可理解成状语“小心”后、动词“滑”前的助词“地”，表明滑动时要小心。

根据两种不同的理解，就会得出截然不同的结论，真可谓“一字千金”。而这些不同的结论，可能关乎当事人的行为和切身利益，这就需要法律对此做出合理解释。

再如，某公司与甲签订劳动合同，约定“经公司许可：甲可以使用单位车辆”。后甲使用车辆发生车祸，某公司主张甲系盗开车辆。甲却认为，根据合同其有权使用车辆，不存在盗开一说。

笔者认为，“许可”之后为冒号，而冒号通常用于提示下文或总结上文，所以，“甲可以使用单位车辆”应该是“许可”的具体内容。甲开车是合同赋予的权利而非擅自使用。

但如果“许可”之后为逗号，因为逗号主要表示停顿，一般情况下不表示解释或说明，则该条款就应理解为，甲使用单位车辆需经过公司许可，否则，属于擅自使用。

有个词语叫百密一疏，说的是，智者千虑必有一失。用到合同上，就是说即便合同研究得再仔细，也可能会出现纰漏或者出现不同理解和认识，由此引发的争议诉至法院或仲裁委，就要由法官或仲裁员依据一定的事实，遵循有关的原则，对合同内容和含义做出准确的说明，这就需要对合同进行解释。

合同陷入僵局，多是对某事项未有约定或约定不清造成。这个时候，双方会各执一词，需要法官或仲裁员“拨云见日”做出最终的认定。

例如，笔者曾经处理过一起装修合同争议。装修工程合同总造价298万元，其中一条款内容是：单份在总工程造价5%范围内的设计变更，属正常设计变更，发包方对变更不另外支付工程款，超出总造价5%的新增工程，由监理单位和发包方确认工程量，签订追加协议另行支付工程款。

后来，追加单份工程（新增的粉刷墙面工程），造价超出总造价的7.5%，并经签证确认工程量。

施工方认为，应按约定7.5%另行计付工程款（22万元），但发包方认为，应在7.5%基础上扣除5%后（即按2.5%）计付工程款（7万元）。

那么，到底是应额外支付22万元还是7万元？双方对此产生争议。

让我们看看正常设计变更的是什么，工程量还是新增工程。

综观该条款，应该是新增工程而非工程量。本案中单份工程是新增工程，又属于超出总造价5%的工程，且这项工程已由监理单位和发包方确认，所以，施工方要求按7.5%另行计付工程款（22万元）是合理的。

如果合同约定“超出总造价5%新增工程量，由监理单位和发包方确认工程量，签订追加协议另行支付工程款”，那就应该在增加工程量基础上扣除5%工程量后计付工程款（7万元）。

所以，合同用语既要准确、凝练，又要言简意赅、通俗易懂，这样才能最大限度避免发生歧义，进而不需要通过合同解释去探求双方的合意。

比如，为解除此前签订的奥迪轿车买卖合同，双方需签订一份新合同，约定：如果解除合同，奥迪牌轿车必须交回卖方，卖方要一次性给买方补偿费用30万元；不然，不同意解除合同。如修改成：如果解除合同，奥迪牌轿车必须交回卖方，卖方要一次性补偿买方费用30万元（后附30万元构成明细），否则不同意解除合同。这样修改可能更准确、庄重，且明确了30万元的构成，避免买方以其他名目另行主张费用。

笔者的体会是，合同用语要尽可能使用法律专业术语。法律专业术语是众所周知的概念用语，也是司法界公认的用语，不易产生歧义。如授权代理、不可抗力、诉讼管辖地，法律人一看便知其意。

另外，要准确运用通用词语。词语本身不会有准不准确的区分，主要是在特定的语言环境中，词语运用就存在是否恰当的问题。运用得当，自然准确，反之，则不准确。

例如，在车辆销售合同中约定“2012年款红色福特2.0L排量”一部，如果卖方不是通过“样本颜色卡”来确定红色的标准，只是在合同中笼统约定“红色”，“红色”汽车的用语就容易产生歧义，因为没有“红色”的准确定义，就会缺乏衡量“红色”的标准，出现色差，就很难分清责任。

在日常生活中，我们所称的红色，主要是为了区分一种对象，一般不会去严格区分是橘红色还是暗红色。用作交通信号灯的红色灯，因为与绿色灯有强烈对比，无须仔细区分，也不会混淆。

但在对颜色有很高要求的情况中，如车辆外观、照相机、电子显示器，色谱仪器，颜色的技术指标将异常重要。在这种情况下，就需要对此做出准确的定义，例如，可在合同中约定“红色”为“总是也只能是适用于发射波长为700～750纳米辐射的客观对象”，以此为颜色验收标准，否则，产品偏色了，就无法追究卖方责任。

最后，在合同中要注意模糊词语的使用，使用模糊词语不能影响到描述事实的关键问题，且尽量能限制模糊的伸缩性，或者说要有一定的相对性。模糊词语在合同中也会经常使用，例如，租赁的厂房面积大致有130,000平方米。“大致”就是一个模糊词语。在这里，可能是没有必要用确切词语，或者是无法用别的确切词语描述。

就拿上述租赁厂房的例子来说，租赁双方通常是看中了厂房的实际现状，租赁费并非直接对应厂房面积计收，所以至于132,200平方米还是129,000平方米，并无实质性影响，或者承租方并不会计较。

但如果是租赁费用是按面积收取，双方就有可能斤斤计较。在这种情况下，上述合同就需要明确具体面积。这就要考虑以实际面积为准，或以房产证面积为准，或以某范围内面积误差为限等方式来约定租赁面积。

合同审查准备

合同审查是律师最基本的工作之一，不论是诉讼律师还是非诉讼律师，对合同审查都不会陌生，也会有自己的一些经验和方法，这些经验和方法也基本上都是自己摸索总结的结果，因为不论是在法学院读书还是律师执业培训中，几乎都没有合同审查方面的专业培训，也正是出于这种原因，律师审查合同的水平参差不齐。

另外，合同审查业务不像诉讼等业务结果立现，同时也因为缺乏客观的评价标准，大部分客户对律师合同审查水平的高低难以分辨，律师界似乎并不重视合同审查技能技术的研究，整体水平难以提升。

对于大多数律师而言，审查合同最难的不是不熟悉《民法典》等一般性法律法规，而是缺乏对相关行业、相关业务的经验，说白了，律师最大的困难就是律师不懂客户的业务。对那些通过生活经验就可以接触了解领域内的合同，律师审查起来应该是没有难度的，但如果审查的合同是日常生活无法触及的领域的，就会存在一定的困难。

比如说，让律师审查一个普通货物的买卖合同，应该很容易。但如果审查的是成套工业设备（比如大型锻压设备）的买卖合同，可能就没那么简单了，原因就在于律师可能对“大型锻压设备”相关方面的细节或标准不了解。

律师对一个领域内业务的熟悉程度，通常也是衡量其在这个领域内专业程度高低的标准。当然，律师的精力和能力有限，不可能熟悉所有的业务领域，也不可能要求自己做全能型的律师。比如，不能要求一个房地产律师去高标准审查一个海商业务合同，同时，即使是在我们所从事的业务领域范围内，也并非一下子就能熟悉所有业务，总是存在我们不熟悉的事务。一旦遇到不熟悉的业务合同，工作态度就很重要，律师不能因为自己不熟悉这方面的业务，而只审查一下法律条款应付了事。

本人结合自己的工作经验，认为合同审查可以从如下方面着手：

合同审查依据

合同是当事人之间意思表示的载体，意思在先，合同在后；意思为本，合同为标。

由此而言，合同的审核当然不能离开当事人的真实意思。律师应该结合双方当事人意思表示的实际情况制作、审核合同，否则就会出现“两层皮”，意思与合同内容不符，或者难以实现当事人的合同目的。

合同的审核好比是产品的检测，首先要给出检测的标准，让检测机构根据该标准对比产品检测的实际数据，得出合格或不合格的结论。

举一个例子：你想送朋友一双漂亮的皮靴，结果遭到朋友的婉言谢绝，原因是他穿不上。为什么出现这种情况，大概是你只注重了鞋子的外观，而没有考虑人家的脚码。拿到合同审查上也是这个道理，一份合同可能看上去很完美，交给当事人却不能用，通常也是只注重合同的文本而忽略了当事人的真实意思（现实需求）所致。

拿律师的合同审查来说，律师单从合同书内容是很难发现一些关键问题的，因为他不了解当事人的真实意思，不了解真实意思就好像检测没有标准，就很难知道当事人是什么意思，合同是否反映了当事人的意思，或者说，不知道什么样的合同模板可能最接近当事人的实际情况。

更深一层地讲，律师审核合同还应考虑客户的合同目的和背景，只有了解了客户的底细和底线，才能帮助客户策划出正确的合同签订方案。例如，当对方占优势地位时，己方要注意防守，在小处放手，大处坚守。当对方占劣势时，己方当然要寸土必争，只要能争取的寸步不让。

对于专业性很强的一些合同，审核的目标是，既要把行业的特征体现出来，又要把应该避免的问题通过违约责任条款加以警戒，从正面防范可能发生的纠纷。

看似很简单的道理，但要想通过审核环节避免所有的风险，确实不是很容易的事情。最有效的办法就是合同相关的部门和人员应该充分理会每个环节和节点可能的风险，并提出防范措施。律师的作用不仅是帮助签约方明确已有的意思表示，并将该意思表示反映到合同条款上，更重要的是，对此类合同的未尽事宜做出提醒，让签约方补充意思表示，至少让他们认识到意思表示的欠缺可能带来的合同履行障碍。

在现实工作中，企业合同审查人员因专业素质和工作态度等原因难以发现合同文本中的不当内容和条款，律师作为专业人员应该通过审核发现问题并提出适当的修改意见。

合同审查目的

合同审查，是对合同的真实性、合法性、公平性以及合同的争议性和可操作性等方面进行审查，以达到化解合同风险和纠纷的目的。

合同签订是为交易服务的，所以合同审查就不能成为交易的掣肘，不能一味强调风险而被捆住手脚，应该在法律许可和商业风险可承担的范围内有所作为。

举例来说，笔者曾处理过一起委托持股的案子。

2011 年 8 月 11 日，甲公司与乙公司签订合同约定，甲公司委托乙公司在海外投资一大型铜矿，于 2012 年 4 月 12 日前办理海外投资公司股权变更（铜矿投资公司股东由乙公司持股变更为甲公司持股）。但因众多原因，截至 2014 年 2 月，双方仍未办理股权变更手续。

后双方需签订一份新合同，用于在有关行政审批部门办理手续，并就股权变更及其他事项做出安排。原本履行手续的事应该很简单，但结果是，双方又对新合同性质和个别词语产生分歧，僵持不下。

甲公司认为，股权变更系委托持股项下的合同义务，新合同只是原合同的续延。

乙公司却坚持，股权变更系股权收购项下的合同义务，签订的合同应该是股权转让合同即一方转让股权给另一方，乙公司替甲公司对外投资的投资款转为股权转让金的合同。

怎么办？双方意见几近水火不容，一方试图说服另一方，但都无济于事。

笔者认真了解了双方各执己见的背景，甲公司系央企，如按照股权收购模式签订合同，必须按照收购模式进行，程序烦琐，并不一定能够获得上级主管部门的批准。而委托持股原本是客观事实，基于这个事实而办理有关手续，符合央企按程序办事的原则，这是“正路子”。

而乙公司系民营企业，当初海外项目申报时是以自己的名义在当地政府申请，从未披露替他人持股的事实。现以股权收购的模式操作，可以自圆其说，是“卖掉”了海外项目而不是替人做一回“嫁衣”欺骗政府相关部门。可见，双方采用何种合同形式，关系到乙公司看重的“面子”问题。

怎么办？去诉讼，以法院的最终认定来评判双方的法律关系，这样耗时耗力，而且容易伤了和气，引发双方对峙情绪，不利于后期股权变更登记手续的办理，且国内判决在国外法院很难获得承认，将面临异域司法不能强制执行的障碍。难道要不顾名分只求结果，以最终股权转至甲公司名下为目标？

如果律师只站到甲公司的立场上“坚持原则”，这件事可能就会僵持不下。夜长梦多，一旦海外项目出现股权质押、铜矿抵押或出售，造成国有资产的流失，那就不是坚持原则的问题那么简单了。

笔者首先帮助甲公司梳理了几个问题：最终目标是安全收回铜矿股权，当下问题是合同名义是收购还是代持，客观事实是委托持股（代持）。接下来，律师认真论证相关合同履行的证据资料，并就上述问题与乙公司达成共识后，建议同意按乙公司的方案办理。但应该在“股权转让”合同中明确甲公司无须向乙公司额外支付任何款项，乙公司应该在规定期限内办理股权变更手续。

这样，即便双方就该合同性质发生歧义，也不至于给甲公司造成损害，且能完成最终目标，将股权变更登记至甲公司名下。最终，双方顺利办结股权变更登记。

说到底，合同审查是为实现商业交易目的服务的，审核者应该在法律法规的框架下，领会商业交易的实质，权衡商业收益与现实风险的关系，大行不拘小节，解决好法律限定与商业需求的关系。

在这里还要谈谈一个认识上的误区：合同在履行过程中一旦发生纠纷，就认为合同没签好。正如前文谈及的合同风险，再好的合同文本也不一定能避免所有的风险或纠纷的发生。

笔者认为，只要合同的内容与签约方的共同意思表示高度一致，这就是一份很好的合同。有些所谓的合同“风险”，其实不过是签约一方不愿诚信履行自己的义务时想免除责任的借口而已，属于“占了便宜又卖乖”的背信行为。

举例来说，A 企业向 B 企业借款 2.1 亿元，年息 10%，B 企业要求在合同中约定逾期还款的违约金为年息 36%。双方签约后，A 企业得到借款。后 A 企业因资金短缺无法如期偿还借款。A 企业负责人认为该合同对其不利，埋怨工作人员在合同签订前没有审核出高额违约金给企业带来的巨大“风险”。果真如此吗?

合同是双方意思表示一致的产物，合同的权利与义务是相伴而生、相柔相克的。就本案例来说，违约金为年息 36% 是 B 企业的借款前提，如果 A 企业不同意接受该违约条款，B 企业是不可能出借 2.1 亿元的，这是 B 企业防范风险的最后一道防线。

对 A 企业来说，不可能不知道 B 企业如此约定的目的以及该约定带来的后果。既然 A 企业用 B 企业的借款缓解了自己的资金压力，就该付出相应代价，及时归还借款或承担违约责任，而不应再在合同签订上找一些无理的“借口”，将自身的责任视为别人对自己加载的“风险”。

合同审查，要跳出提供方的“圈套”

客户提交给律师审查的合同，往往都是由交易对方提供的合同版本，这样的合同版本往往是有利于合同提供方的，甚至还有很多陷阱，遇到这样的情况，就需要审查律师展现出专业水平了。如果对方在合同中挖“坑”，年轻律师往往只会在现有条款上审查内容是否合理或者简单地修改文字符号，不会从宏观大局角度来把握合同，这样就容易落入对方的陷阱。

遇到这种情况，我的建议是：在看完合同现有条款后，并不着急立即做文字上的修改，而是从宏观角度先看合同的架构。笔者认为，所有的合同都是当事人所做的交易安排，这种安排既包括交易顺利时的安排，也包括交易不顺利时的安排，转换到法律上的表现是：交易顺利时，双方各自需要做的事情，就是双方的权利义务；而交易不顺利时的安排，体现在合同中就是违约条款。

如果你能从这个角度去审查合同，把双方各自权利义务、违约责任进行一个列表对比，你就容易发现合同现有条款是否存在遗漏、缺失重要或必要内容。

注意合同安排与交易目的衔接

合同审查还应注意另一个问题，在充分理解交易目的的情况下，要将合同内容与交易目的进行比对检查，看两者是否达到一致，避免出现意思表示的“遗漏”。

本人曾代理一宗“借壳上市”的合同纠纷案件，因意思表示的“遗漏”而无法提起诉讼。后追问公司负责人：如此巨额交易为何不在合同中设立交易不成时的退出条款呢？答曰：当时形势一片大好，谁也没想到交易会不成。

故事的发生是这样的，甲公司名下有7家太阳能发电项目公司，拟通过“借壳上市”方式，将太阳能发电项目“装进”上市公司。于是，甲公司就与上市公司控股股东的控股股东（A公司和B公司）达成协议，先通过股权转让方式收购A公司、B公司股权，尔后间接利用上市公司的控股地位通过董事会或股东会决议收购7家太阳能发电项目公司。

一系列合同签订后，甲公司先支付了11亿元收购了A公司的全部股权，并办理了股权变更登记，大踏步走在了收购上市公司控股股东的路上。而另一边，7家太阳能发电项目公司的股东与上市公司签订的股权收购协议因未通过上市公司股东会决议而搁浅，也就是说，7家太阳能发电项目未能“装进”上市公司，上市公司终止收购7家太阳能发电项目。

甲公司急了，这什么意思呀，说好要收购7家太阳能发电项目的，怎么说不买就不买了，这不是骗子吗？上市公司的控股股东让自己花了11亿元买股权，却不买自己的太阳能项目公司股权。甲公司一气之下就给对方发函，要求解除协议，这笔买卖不做了。

对方也不依不饶，要求甲公司继续履行收购B公司的义务，并要求支付该合同项下股权收购款15.6亿元，否则就与甲公司对簿公堂。

甲公司赶紧请来律师梳理合同：7家太阳能发电项目公司与上市公司分别签订了《股权转让协议》，协议约定了项目名称、项目名下资产、收购价格、交付时间、违约责任等，内容具体翔实，没毛病呀，约定得这么清楚，上市公司为何还敢翻悔呢？

且慢，原来“坑”在后面——协议末尾两个条款：18.1本协议自双方签字盖章且甲方（上市公司）就本次交易获得董事会、股东大会的批准同意即生效。18.2若出现18.1条约定的条件未实现或满足的情形，甲方不承担责任，在这种情况下，双方均有权终止本协议。

明白了吧，只要董事会或股东大会不批准本次交易，其他的都白搭，合同不生效。合同不生效，甲方（上市公司）就不承担任何责任。

接下来，再看看甲公司与A公司、B公司签订的股权转让协议的生效条款：本协议自双方签字或者盖章之日生效。也就是说，A公司、B公司的协议只要签字盖章，不违反法律法规的禁止性规定，一经签订就发生效力。该协议生效不附任何条件。现在甲公司与A公司的股权转让协议又履行完毕（转让款付清、股权变更登记完成），想解除合同要回11亿元，凭什么呢？

甲公司负责人不服气了，这太坑人了吧？当初跟对方就是这样谈的，上市公司收购太阳能发电项目是交易的真正目的，如果这个目的实现不了，甲公司就不买上市公司股权。

但问题是，律师翻遍所有书面材料（合同、备忘录），根本就找不出7家项目公司收购与A公司、B公司股权收购的必然联系，或者说，没有任何证据证明：如果7家项目公司不能被收购，甲公司就有权解除对A公司、B公司的收购协议。

既然双方当初就是那样谈的，那为何不在合同中增加一项条款明确约定：在7家太阳能项目不被收购的情况下，甲公司有权解除与上市公司控股股东签订的股权收购合同呢？因合同缺乏这样一项条款而导致的“漏洞”要以26.6亿元来弥补，代价也太高了吧？

审查合同时发现不熟悉的业务问题，通过研读法规来了解熟悉业务，反过来再进一步审查合同，这样的方法虽然耗时比较多，客户也基本不大知道律师所做的努力，但这样的效果是，一方面保证审查合同结果不出现重大问题，另一方面也是律师提升自身业务水平的好途径。

合同审查的具体内容

交易主体是否合格

在交易中，如果企业自己不具备应有的交易主体资格，很容易导致合同无效并承担过错责任或成为对方违约的借口。即使合同最终仍被认为有效，也有可能因违反行政法规而受到行政主管部门的处罚。如果交易相对方主体资格不符，则有可能并不完全具备签订及履行合同的合法资格及实际履行能力，影响交易目的的实现及交易安全。因此，主体是否合格是企业从事长期、稳定的正常生产经营活动所不可逾越的界限，不具备完全合法的主体资格，企业随时处于法律风险的严重威胁之下，并随时有可能由于法律风险事件而引发不利后果。

合同主体资格是否合法问题涉及许多方面，如法人资格、经营资格、经营资质、生产及经营许可，有时还要涉及当事人是否有权处分标的物、签订及履行合同是否有违上级企业的管理制度、代理人是否完全有权代理、实际执行合同人员是否具备相应资质等问题。

虽然合同主体问题是企业经营过程中无法回避的问题，但在某些特定的交易中可以通过一定的方案设计来回避相关法律风险，使经营行为合法化。如果某些交易无法实现主体的完全合法但又不得不进行，则必须将法律风险控制在可以承受或可以控制的范围之内。

合同内容是否合法

即使合同主体完全合法，在某些情况下也会存在内容是否合法的问题，这是影响交易合法性的另一重要问题。这是因为合同的签订及履行不仅要遵守《民法典》的规定，还应该遵守与交易标的相关的一系列法律规范的要求，甚至是必须先遵守相关法律规范的要求，然后才遵守《民法典》的规定。

如果某些单行法律对相关合同有更为具体的规定，还要优先执行相关的单行法律。这是《民法典》第 11 条的规定，即“其他法律对民事关系有特别规定的，依照其规定”。

约定条款是否实用

合同条款的实用价值并不在于约定了标的是什么，以及数量、金额等交易所必需的内容，而在于审时度势约定“个性化”条款以避免不利后果的发生。当事人的不同、标的的不同、交易背景的不同、交易条件的不同，都会使只具备基本条款的合同无法有效地确保交易的安全性和交易利益的实现，只有针对具体交易中的具体风险有针对性地设置应对措施，才能完成这些使命。为此而增设的这些针对性的条款则正是条款实用性之所在。

要提高约定条款的实用性可以从许多方面入手，如从交易标的特点、交易方式的选择、交易所涉及的行业特点、同类交易中的常见争议类型、交易相对人的特点、争议管辖地的确定、违约的识别标准及违约责任设置，结合交易目的去考虑这些问题，就能设置出能够充分提高交易安全性及实现合同利益最大化的实用性的条款，使合同摆脱泛泛而谈、具体事项约定不清的缺陷。而在比较极端的情况下，正是由于缺乏实用性条款而套用那些空洞的基础性文本，使某些合同从其条款来看根本无法实现目的。

在合同审查时经常发现一些约定不明确的条款，或许是起草者将他人的合同模板生搬硬套过来，纯粹为了凑数，但其实一些合同条款毫无意义，或者合同条款本来应该有实质内容但却是虚空的条款、没有具备本来应有的功能。根据《民法典》第472条的规定，要约要具体明确，否则就不会发生法律效力。

比如，最常见的空洞条款是违约条款。例如，当事人应当诚实守信履行合同。任何一方违反合同约定应当向守约方承担违约责任、赔偿损失。因本合同当事人的违约行为造成本合同不能履行或者不能完全履行的，由违约的一方承担违约责任；如属本合同当事人双方或多方当事人的违约，根据实际情况，由违约方分别承担各自应负的违约责任。

再如，管辖条款的空洞表述或者无效表述。例如，凡因执行本协议所发生的一切争议，双方应友好协商解决，如果协商不能获得解决，则可向人民法院通过诉讼解决。又如，凡因执行本协议所发生的一切争执，双方应友好协商解决，如果协商不能获得解决，则可选择北京仲裁委仲裁，或者向合同签订所在地的人民法院通过诉讼解决。

权利义务是否明确

权利义务是否明确方面所要讨论的，是双方当事人在交易中的各项权利义务边界是否清楚，能否凭借条款清楚地判断是否违约及违约应当承担的责任，但泛泛而谈的条款无法依照交易目的的需要而锁定权利义务，会使履行面临不确定性。在理想状态下，一份严谨的合同应当包括了合同履行中可能出现的各种情况，并约定了相应的解决方法。如果合同履行中出现了某种情况，只需按合同约定解决即可。但事实上这种境况只有那些重大的投资项目及长期合作的项目中才有可能出现，一般的交易很少能使合同细化到这种境地。

当合同条款严谨到只能在法律及条款允许的范围内履行，任何影响交易目的的实现的违约行为都会明白无误地被识别出来，并对相关的违约责任有明白无误的约定时，是非曲直已经无须多谈，争议的解决也就变得非常简单。

要实现这一点，就要使权利义务的范围、权利义务履行的标准可识别、违约的标准及责任可识别等。如果每种情况都有约定并有了处置方案，就可以避免在争议发生后由第三方按是否“合理”来解释某项权利义务的归属，避免无谓的争议并使违约行为付出足以补偿另一方损失的应有代价。

语言表述是否精确

任何合同条款都需要通过语言表达以文字的形式加以固化，语言文字也是合同最为基本的组成单位，失之毫厘则谬以千里。要完善一份合同需要诸多的努力，而要毁掉一份合同，一个关键字甚至一个标点符号已经足够。相对来说，合同中存在的表述问题比比皆是，出现的概率远远超过法律问题。而且，对于文字表述功底如何，并不需要多少语言文字知识就能发现和判断。因此，合同语言文字的精确性问题，不仅仅影响着企业的对外形象、律师的对外形象，也直接影响权利义务的意思表示、影响交易目标的实现。

在合同表述问题中，对合同权利义务影响最大的莫过于语言歧义现象。存在这种现象的合同，由于某些语句中的句子成分可以使用不同的语法规则做出不同的解释，因而影响了权利义务的唯一性。只有熟悉与语言歧义有关的语法知识后，才有可能在设计条款时通过变换句式等方法加以避免。

第二十一讲　如何进行法律检索

法律检索，是律师研究法院判决思路和法律适用的有效途径。我国虽然不是判例法的国家，但是，为统一案件的裁判标准，同案同判，促进审判学习，加强案件审判指导，各级法院都要上网公开判决书，对律师来说，是难得的学习研究法律实务的好机会。

法律检索能使案件研讨得到及时准确的实务验证，代理律师可以通过案例检索，了解办案法官的审判思路、法院的倾向性意见、法律条款的适用，并为己所用，在案件代理中有的放矢地主张或抗辩。

另外，因业务范围所限接触诉讼案件少的律师，特别是实习律师及年轻律师，可以通过案例的检索了解案件的争议与最终判决结果，积累代理经验。对非诉讼律师而言，可以通过案例检索对法律条文的现实适用做深入理解。

比如，《民法典》第445条关于应收账款质押后再转让的规定，如果对此不理解或者认识不深，可以通过案例检索相关案例，看法院的剖析和认定，进而加深对该法条的理解。

对律师助理或者年轻律师来说，为合伙人做得最多的工作可能就是法律检索。

法律检索的目的

一是确认请求、抗辩主张的法律依据。接手一件案件，不知如何下手，就可以通过案例和法律法规的检索，学习法律知识点，模仿成功案例的思路和方法，作为原告如何起诉，作为被告如何答辩。对已经确定诉讼思路的案件，也可以通过法律检索，复核或验证案件思路是否正确。

二是预测裁判结果。前有车，后有辙，虽然我国不是判例法国家，但同案同判是司法追求的社会效果。特别是最高法院的判例或者同一法院的在先判例，通常来说，如果案件类似，判决书对待审案件的参考价值就非常高。

三是进行行业或专业分析。很多专业机构以及专业律师，通过大数据分析某类案件或某法院审理案件的趋势，为行业或专业案件提供参考。比如，分析民间借贷纠纷案件的数量和管辖法院的地域分布，可以反映民间资本的规模和流向，为融资市场提供可靠数据。

法律检索常用工具

第一，中国裁判文书网案例数据库自带搜索功能，网址：http：//wenshu. court. gov. cn/，这是全国法院指定的判决上网公开的官方网站。其中的裁判文书数据库是其他网站、软件检索引擎的权威标准库。在2015年之后，它的数据库管理水平发生质的飞跃：数据更新及时、数据量猛增，用户体验有所提升：检索速度快、关键词检索命中率高，其受到越来越多用户的欢迎。我相信，作为国家级的重点司法数据库，背后有财政的强力支持，必将是未来中国最强大的法律数据库。

第二，法信。全称为“法信——中国法律应用数字网络服务平台”（http：//faxin. cn/），是中国首个有法院官方背景的法律知识和案例大数据融合服务平台，2016年3月31日在中国最高人民法院上线。该法律数字平台为法律人提供一站式专业知识解决方案、类案剖析、同案智推服务，并向社会大众提供法律规范和裁判规则参考。

“法信”平台囊括“案例要旨、法律观点、法律图书、法律文件、司法裁判、法律期刊”六大资源库，是号称目前中国规模最大、体系最全、覆盖最广的法律知识导航体系。

该平台的建设目的号称是“智能断案”。传统的法律服务平台局限于法律文献检索，而法信则通过知识组织体系和大数据剖析，给法律职业群体提供一站式的知识解决方案和类案参考体系，给不懂法律条文的老百姓提供近似案件的预判参考。

它是由人民法院出版社创办的一个综合数据库检索网站，它的一个特点是可以分段检索，就是有 18 个段落检索。

我相信，官方背景的检索引擎未来都会是免费的（或者在中国裁判文书网中增加相关功能）。这就和国家图书馆一样。既然法院提倡判决书公开，就不应该设置包括收费门槛在内各种门槛，这样才便于普通老百姓、专业法律人去检索学习。

第三，北大法宝（网址：www. pkulaw. cn）。做律师的可能都比较熟悉，北大法宝是一个老牌的综合性法律数据库，它内含法律法规、案例、期刊。它的优势是数据库比较齐全，且部分可免费使用。

第四，威科先行提供的法规数据库及案例数据库（网址：law. wkinfo. com. cn）。威科先行法规数据库是荷兰威科集团旗下专为中国市场打造的一款专业的法律信息查询工具。威科公司在法律、商业、税务、会计、金融、审计等领域提供法律内容和技术服务。

威科先行法律法规库的分类筛选标签和检索做得不错，针对律师的实务模块比较有特色，把问答、案例、实务、指引打包提供服务，包括境外投资、反垄断合规、反商业贿赂、劳动法实务、网络安全合规、税法合规、金融合规实务等，借鉴了很多国外数据库的做法。比如，威科案例库中有一个行政处罚案例库，汇集了 400 多万件行政处罚案例，筛选做得很清楚，这个比较有参考价值。

第五，无讼案例数据库（网址：itslaw. com）。源于从前天同律所的“天同码”归类概念，注册后使用可以形成检索报告，界面友好，看上去也比较简洁，关键是条理清晰，内容涵盖：案由、案号、审理法官、审理等级、代理律师等，注册后免费使用。

第六，openlaw的案例数据库（网址：openlaw. cn），这是一家上海网络公司开发的网站，网站界面相当简洁，看上去有点像“百度”的搜索引擎，搜索速度快，命中率高。近一两年，随着其他搜索引擎的发展，其优势不再那么明显。

第七，法天使律师助手（www. fatianshi. cn），法天使的主打是合同库（写合同、审合同），该产品可作为WPS、Word软件中的插件，一站式查阅法律法规、案例、合同参考文本、工商登记信息，同时可以插入编辑的文档中。比如，企业工商登记信息可以在WPS、WORD文档中直接导入，这对写法律尽职调查报告类的文件非常方便。

上述推荐的法律检索工具，大家可尝试并根据自己习惯选用，建议不要只用一种工具，可以结合其不同优势，选用两种检索工具，捡漏补缺，防止有些数据库更新不及时而检索无果。

法律检索技巧

首先，要结合自己的检索目标展开检索。也就是说，就争议焦点中涉及的法律适用问题，通过法律检索获取全面的规范性法律文件及案例数据信息，形成一个完备的法律适用体系。具体检索目标包括：获取有关确定法律关系性质和效力的规范性法律文件和案例，获取有关确定可以补充合同漏洞的规范性法律文件和案例，获取有关明确法律解释的规范性法律文件和案例，获取有关证据和事实认定方面的规范性法律文件和案例。

只有明确检索的目的，才能知道应该如何去检索，否则，就如同大海捞针，找不到需要的合适案例。

比如，本人代理的一起案件讲的是，2018年8月，A公司与B公司签订《应收账款质押反担保合同》：以B公司应收C公司4500万元货款做质押提供反担保，并在中国人民银行征信中心进行了质押登记。

B公司与D企业达成《债权转让协议书》：B公司将对C公司的债权全

部转让给D企业，并通知了C公司。后来，D企业起诉C公司，请求确认债权转让有效，并立即支付到期债权。

《物权法》（已废止）第228条第1款的规定是：以应收账款出质的，当事人应当订立书面合同。质权自信贷征信机构办理出质登记时设立。应收账款出质后，不得转让，但经出质人与质权人协商同意的除外。出质人转让应收账款所得的价款，应当向质权人提前清偿债务或者提存。

问题来了：法律检索从何处开始？检索的目标是什么？此处的“不得转让”是否为效力性强制性的规定，D企业要求立即支付到期债权的诉讼请求是否能得到支持？

首先，通过百度搜索引擎检索获得规范性法律文件检索线索和案例检索线索，以及就案件涉及的焦点问题的各方观点，然后依据该线索完成最终的检索方案设计。为何要先通过百度搜索引擎而不直接通过法律专业搜索工具进行检索？因为检索应从大范围“着眼”小范围“着手”，即先从大范围找方向、线索，再在该方案的基础上慢慢收紧检索范围，最终“命中”目标。

比如，通过百度可能搜索到介绍案情和结果的新闻稿，还可能搜索到关于“效力性强制性”认定的博客里的文章，还可能是上市公司关于质押效力与债权转让效力的仲裁裁决内容公告，等等。在这些内容基础上，律师可以找到搜索的关键词、关于“效力性强制性”认定的文章中引用的文献出处，可以顺藤摸瓜，找到全国人大法工委、最高法院专家的倾向性意见等。

就前述案例而言，可在百度中以下列关键词组合进行搜索：债权转让合同有效、质押、案例，可以查到搜狐网、百度文库、新浪博客等平台相关文章，再在搜狐网“最高法院：未经质权人同意合同是否有效？附典型案例”文章中扩展阅读：中国工商银行股份有限公司玉溪分行、李海艳合同纠纷再审民事判决书［最高人民法院（2017）最高法民再409号］，中国民生银行股份有限公司武汉分行与广州金邦有色合金有限公司、深圳市核电工程建设有限公司等金融借款合同纠纷申诉、申请民事裁定书［最高人民法院（2016）最高法民申3454号］，天津市北辰区致远化工厂、义乌市久府房地产开发有限公司质权纠纷二审民事判决书［最高人民法院（2017）最高法民终 158 号］。

其次，利用上述法律专业数据库执行详细的检索方案。先检索相关法律文件条文、法院判决，确定法律适用体系。在设定关键词时，应当遵循如下原则：先模糊后精确，即可以宽泛一点检索。比如，应收账款转让合同纠纷，可先以“债权转让合同”为关键词进行搜索，再增加“应收账款”为关键词一同进行搜索。关键词越多，筛选条件越苛刻，所以，关键词要慢慢增多，层层筛选，不要一开始就以多个关键词为条件同时进行检索。

按“先程序问题后实体问题”的顺序进行检索，即债权转让合同没有约定管辖，被转让的债权的基础合同中约定仲裁管辖，检索时要先以“管辖”为关键词，再增加“转让效力”为关键词一同进行检索。

另外，为了通过法律检索获取大数据分析所需的案例或法律规定等数据，应当准确选定关键词。在选择关键词时应当坚持唯一性原则，保证利用该关键词获取的基础数据符合大数据的分析需要。在设置大数据分析关键词时首先考虑如下因素：裁判文书用词表述、适用法律的唯一性，即要使用法言法语，且要尽可能使用法律文书的惯用语，比如，用“怠于行使”而不使用“不积极行使”。

以题述案例为例，通过 openlaw 检索工具，输入：合同效力、债权转让、质押。检索到第一条：大唐保定热电厂、保定市三丰生活锅炉厂确认合同效力纠纷再审民事判决书［最高人民法院（2017）最高法民再 5 号］；第五条：湘潭企业融资担保有限公司、湖南大工重机有限公司二审民事判决书。

再次，利用法信、无讼等案例库，对锁定的案例数据进行分析，确认为最高人民法院指导性案例、受理法院公布的案例、上诉法院公布的案例、再审法院公布的案例、该合议庭或经办法官审理的案例、最高人民法院发布的案例。

在此基础上，律师可以根据自己的经验、最高法院指导案例系列丛书相关案例文章，认真细致地对比相关案例与题述案例的差异点、相同点，进行汇总和复核，一一拆解分析，并制作检索报告。

就题述案例而言，大唐保定热电厂、保定市三丰生活锅炉厂确认合同效力纠纷再审民事判决书［最高人民法院（2017）最高法民再5号］的切合度最高。该案件的观点可以援引到题述案件：

《物权法》（已废止）第228条第2款规定，应收账款出质后，不得转让，但经出质人与质权人协商同意的除外。本条第2款是应收账款出质后对出质人权利的限制，即出质人不得随意转让应收账款，只有在取得质权人同意的情况下才能转让应收账款。此处的“不得转让”是否属于效力性强制性规定？

法院最终认为应收账款质押不影响债权转让合同的效力。主要理由是：

第一，现行民法规范中的“不得”二字不是识别效力性强制性规定的标准，它有多种解释可能性，有的是指不发生物权变动的效果，有的是指转让合同、设立物权的合同不发生效力或者无效。例如，《城市房地产管理法》第38条规定的不得转让的房地产，目前的司法实践均认为，违反该条规定，转让合同并不无效，但是否发生物权变动或者受让人能否请求转让人继续履行，则需要根据该条规定的各项分别判断。

第二，将《物权法》（已废止）第228条第2款解释为转让设立质押的应收账款债权无效，在强调债权的流通性及价值的背景下，不利于应收账款债权效益的最大化。这是因为，应收账款债权设定质押与应收账款债权转让具有不同的功能和特征，前者旨在为主债权担保，质权是否行使取决于债务人是否履行债务，具有不确定性。在质权成立至行使质权这一段期间内，被担保的主债务人与应收账款债权人均有期限利益，这种期限利益涉及市场波动、商业交易等各种因素，有时对当事人利益影响巨大。同时，根据应收账款债权实现可能性的不同，应收账款债权具有不同的价值，在应收账款受让人认可该价值的前提下，限制该债权转让，将阻碍应收账款债权人变现其债权并进而损害其利益。另外，在应收账款债权受让人认可该债权价值大于其上设定的质权所担保的主债权并愿意受让该债权的场合，限制该债权流通，就更不具有合理性。

第三，将已出质的应收账款债权转让合同认定为无效，有时并不利于质权人的利益。根据《物权法》（已废止）第228条第2款的规定，出质人转让应收账款所得的价款，应当向质权人提前清偿或者提存。如果认定合同无效，则意味着质押人已经取得的转让价款的返还。对于质权人而言，已经实现的债权（转让价款）与尚未实现的债权（应收账款债权）相比，显然前者对于质权人更为有利。

第四，从登记制度上看，在登记生效主义的物权变动模式下，应当尽量贯彻登记的公信力，如此，不将应收账款债权转让合同归于无效，同时依照物权变动的规则确定质权的归属与效力，在逻辑上更加清晰。

最终结论：《物权法》（已废止）规定处于抵押或质押状态的标的物未经质权人同意不得转让，第191条和第228条规定原文用的都是“不得转让”，但是最高人民法院认为现行民法规范中的“不得”二字不是确定该条款是效力性强制性规定的直接标准，“不得”有多种解释可能性，有的是指不发生物权变动的效果，有的是指转让合同、设立物权的合同不发生效力或者无效。

对于抵押物转让未经过抵押权人同意的效力问题，最高人民法院曾有指导案例认为，买受人通过行使涤除权涤除转让标的物上的抵押权负担的，转让行为有效，同样该观点可参考适用在应收账款质押的情形。

接下来的问题是：上述案例与题述案例的差异点是什么，如何针对差异点继续检索。

题述案例不仅要解决基础合同的效力问题，关键是要解决“给付”债权的问题，而检索到的相似案例仅仅解决了基础的“合同效力”问题，并未涉及“给付”的诉求，这就需要进一步的检索和研究。

下一步检索的关键词，应该是给付、债权到期、质押、优先受偿。在此检索的基础上继续研究，并最终形成检索报告，确保检索结果可以再现和复核，可供律师团队或客户使用。

法律检索报告应当包括以下内容：检索目标、检索使用的数据库、检索基准日、检索流程、检索记录、检索结果。

要对检索的相关法律法规和案例，通过其他搜索工具进行检索复核。案例检索结果应当按如下顺序排列：案件名称、案由、案号、审理级别、裁判日期、裁判结果、法院观点以及裁判文书原文或相关文件全文、链接地址等必要信息。

检索应当做好记录，将每一步检索步骤都记录下来，以便于依据检索记录能够得到最终的检索结果。同时，分析检索结果的有效性，以便在检索结果存在问题时找到原因，并进行改善。检索记录系检索报告的组成部分，应当与检索报告一并提交检索报告的使用者。

检索报告的用途

检索报告除了供律师研究案件使用外，可提交法庭供法官参考，也可以提交客户参考。

递交法庭的检索报告，要便于法官阅读参考。虽然我国不是判例法国家，但是同案同判将成为一种趋势，同案不一定同判，但至少可供主审法官参考借鉴。由于法官每日工作繁忙，提交给法官的检索报告不要烦琐，要言简意赅、一目了然。如果要引用案例，一定要注意选择相关的、具有可比性的、对本案有借鉴作用的案例，但没有必要过多引用案例。

案例引用的重点不在多而在准，让法官感到无可辩驳的可比性。过多地引用案例不仅会引起法官的不耐烦，还可能使法官增加了去判断哪一个案例是最恰当案例的负担，如果法官最终采纳的并不是最直接相关和最有可比性的案例，这岂不是出现了画蛇添足的局面?

作为执业律师，在办案时查找和阅读相关的案例是对当事人的一项严肃的义务。阅读案例时没必要通篇阅读，任何案例与你所办之案都只是部分有关。这种阅读需要技能，技能的核心是快和准。“快”并不是说在单位时间内看的字数多，而是指在最短的时间内找出自己需要的内容。“准”是指找到的内容中既没有遗漏的部分，也没有多余的部分。

检索报告首页要写明判例与本案的异同点，并写明结论和依据，后附判例原文，并在判例原文的关键相关章节或字句用荧光笔标识，且表明出处。

比如，笔者列出自己代理的案件与检索到的相关案例，并制作了检索报告的简单说明。检索到的案例：中国建筑第二工程局有限公司申请北京普德瑞光自动化技术有限公司申请确认仲裁协议效力一案［北京市第三中级人民法院（2016）京03民特187号，以下简称中建二局案例］，主文如下：

申请人中国建筑第二工程局有限公司（以下简称中建二局）与被申请人北京普德瑞光自动化技术有限公司（以下简称普德公司）申请确认仲裁协议效力一案，本院于2016年7月18日立案后进行了审查。现已审查终结。

中建二局称，2012年2月13日，中建二局与天津市诺尔电气有限公司签订了《变频器柜设备采购供货合同》（以下简称《供货合同》），主要约定：天津市诺尔电气有限公司就中建二局“105号疫苗生产厂房等2项及X67F1地块围墙”工程向中建二局供应120台变频器柜；合同总价751万元；合同不能转让；因合同履行发生争议，可提请北京市仲裁委员会适用仲裁程序解决。供货合同签订后，天津市诺尔电气有限公司依约供应货物，中建二局亦依约支付货款。在供货合同履行过程中，天津市诺尔电气有限公司（后更名为“天津国源新能节能设备有限公司”，以下简称国源公司）欲将供货合同的有关权利义务转让给普德公司，为此，普德公司起草了三方转让协议（即编号为20150603的《协议书》），并同国源公司一道在该转让协议上签字盖章。而且，该转让协议并未约定仲裁条款。但是，中建二局不同意转让，故没有在该转让协议上签字盖章。2016年6月29日，普德公司依据供货合同的仲裁条款，以“债权转让合同纠纷”为案由，向北京仲裁委员会申请仲裁，要求中建二局支付其通过上述转让协议获得的债权（货物余款）。同年7月6日，北京仲裁委员会受理了普德公司的该申请，案号为（2016）京仲案字第1443号。中建二局认为，上述转让协议因中建二局未签字盖章而不具备生效条件，故供货合同的转让并未完成。况且，该转让协议并未约定仲裁条款。故普德公司不能就该转让协议项下的债权对中建二局申请仲裁。虽然供货合同约定有仲裁条款，但普德公司不是供货合同的主体，加之供货合同的转让并未完成，故供货合同的仲裁条款的法律效力不及于普德公司。因此，中建二局与普德公司之间无仲裁协议，北京仲裁委员会无权管辖上述1443号案。综上，请求法院确认中建二局与普德公司之间无仲裁协议。

普德公司称，普德公司不同意中建二局的诉讼请求和事实与理由，请法院确认债权人转让协议具有法律效力，及普德公司与中建二局之间仲裁协议转移、有效。

一、天津市诺尔电气有限公司，普德公司与中建二局三方之间的关系，天津市诺尔电气有限公司委托公司副总经理张云闪全权参加中建二局招标投标合同签订工作。张云闪还是普德公司的法定代表人、总经理。签订合同是天津诺尔电气公司，经手人张云闪。看具体提供货源。安装、调试验收时普德公司张云闪领导的团队是两个名字，一套供货、安装班子。天津诺尔与普德公司是一种经营管理模式。张云闪领导一班人供货、安装、调试得到中建二局肯定，业务上没有任何不良现象，按时按质按规定完成任务。合同签订前后，履行合同任务的、和中建二局交往的都是张云闪，这一点中建二局心知肚明。债权转让没出中建二局了解知情的圈子，没什么影响，只不过由于中建二局不按合同规定支付供货款，后来天津诺尔电气公司出现了债权等结算困难，才发函给中建二局协助将债权转让给普德公司，这就是三方关系和债权转让原因。

二、中建二局诉状称：供货合同签订后，天津市诺尔电气有限公司依约供应货物，中建二局亦依照约定支付货款。中建二局只说对了一半，供货方确实按约供货、安装、调试，也充分表明中建二局对供货是满意的。但中建二局从来没有一次按照约定支付货款。2013年11月25日合同约定供货全部完成。当时一笔597万余元应支付95%，即567万元，拖欠146万元未支付。至今合同约定质保期24个月已过，5%保证金亦应支付。实欠176万元未付。另一笔供货款222万余元，2013年12月16日货到工地，合同约定应支付

85%，即189万元。至今零支付。由于中建二局无理由拖欠货款，国源公司于2014年1月9日发催款函，申请中建二局支付货款未果。至2014年10月14日，上述欠款仍不支付。此时，国源公司遇到担保法院执行程序，中建二局未付货款涉及国源公司与普德公司的债权债务结算不能问题，故国源公司提出将本单位与中建二局债权转让给普德公司。这说明中建二局如按约支付货款就不会遇到国源公司结算困难，也就不会有债权转让的出现。综上，中建二局按约支付货款是谎言，是不诚实的表现。

三、国源公司与中建二局所签采购供货合同第20条（1）确有“采购合同不能转让”的规定，但合同20条（2）又规定：经采购人同意，中标供应商可以将合同项下非主体、非关键性工作分包给他人完成，说明合同签订并非绝对不可变更。正由于合同有不能转让的规定，国源公司关于债权转让和第三人达成共识后，并没有以债权转让通知形式送达中建二局，而是发出一份和中建二局建立债权转让合同的要约，也是请求合同变更的函，当事人协商变更合同符合法律规定，合同法77条当事人协商一致可以变更合同。该要约2014年10月14日快递邮件送达，后张云闪电子邮件通知中建二局查收。后核实中建二局收到该件。

四、中建二局收到国源公司债权转让要约后，做要约的准备工作，并提出把非实质性债务一并转让，当时中建二局、第三人做了如下工作：1. 2015年6月1日，要约收到七个半月，中建二局单位孙亮、李国明两位副经理邀请张云闪到中建二局处约谈，张云闪携工作人员李明到中建二局处，在孙亮、李国明带领下去中建二局法务部咨询债权能否转让，法务部答复可以转让。孙亮、李国明明确答复同意转让，给出了承诺，并要求第三人普德公司起草一份债权转让三方协议，第三人接受要求。2. 普德公司根据中建二局同意转让的答复和提出将中建二局债权、国源公司债务一并转让第三人的要求，第三人同意。2015年6月3日14：20和14：48分别发送给中建二局副经理孙亮的邮箱，中建二局提出的债权转让并非实质性改变，因为供货已经于2013年11月25日完成。变频控制柜调试，售后服务技术培训义务，中建二局扣除15%和5%资金为保障。因此不影响中建二局对债权转让承诺的完成。况且中建二局债权转让首先和第三人达成共识，后通知国源公司同意完成要约和承诺的。6月3日两份协议稿无大区别，只是后边的把设备总金额819万余元数字去掉，其他未变。3. 中建二局受到第三人协议书后，考虑20多天，于2015年6月24日电话告诉第三人工作人员李明，把甲乙双方签订的天坛生物105号疫苗生产厂房等2项及X67E1地块围墙变频器柜设备采购合同中，涉及乙方的权利和义务自2015年2月起由丙方承担。孙亮看到将自己意见已加入协议中，说内容就这样了，并要求国源公司和普德公司盖章后送中建二局。这里要说明的一点，天津在协议上盖章说明中建二局同意债权转让合同建立给出中建二局承诺，国源公司收到了，承诺完成。中建二局要求国源公司转让债务和第三人达成共识的要约亦收到了。且送到中建二局生效。

……

五、国源公司和第三人普德公司盖章后，2015年6月30日第三人遣工作人员李明给中建二局送去两份，地点是丰台区科技园水务大厦三层，收件人是孙亮。孙亮收到后认为中建二局应盖三份章，各当事人一份，于7月1日李明再送一份给孙亮。中建二局收到国源公司、普德公司盖章协议，说明债权转让通知已受到，也说明中建二局债权转让协议国源公司已同意给出了明确承诺，双方要约、承诺都收到，各自债权内容没有改变。双方承诺生效、合同成立。况且合同法第88条规定当事人一方经对方同意可以将自己合同中的权利义务一并转给第三人。

六、法律规定（合同法第80条）债权人转让权利的应当通知债务人，债权人转让权利通知不得撤销。中建二局同意让与人债权转让后，债权人、第三人盖章的文件视为债权转让通知，中建二局的债权转让给第三人国源公司，国源公司盖章视为收到转让通知。法律规定债务人收到债权转让通知后，债权转让合同成立。且债权通知债务人后，且债权通知不得撤销。显然中建二局认为协议没盖章债权没完成是站不住脚的。

七、中建二局以协议里没有仲裁条款就是无仲裁协议，进一步否定仲裁依据是于法无据的，是非分无理的强加，站不住脚，观点不能成立。合同法第81条债权人转让权利的，受让人取得与债权有关的从权利。合同权利由让与人转让给受让人，如果是全部转让的，则受让人作为新债权人成为合同的主体，中建二局认为普德公司不是转让合同主体是不对的。在转让合同权利时，从属于主债权的从权利也随主权利的转移而发生转移。经查，从权利包括担保物权、利息债权、违约金、定金债权，也基于合同债权产生的权利，如请求权、诉权等。这就是说原合同双方签订的仲裁条款亦随债权转让而转移。另外，仲裁法第19条规定，仲裁协议独立存在，合同的变更、解除、终止或者无效，不影响仲裁协议的效力。上述法律规定，签订债权转让协议不需要新签订仲裁协议。以协议设仲裁条款予以否定是站不住脚的。

八、中建二局2015年7月1日收到债权转让协议的同时期，即2015年7月13日前后，就将107号厂房电气任务直接交于普德公司供货、安装、调试，说明在没盖章的情况下，事实认可债权债务已经转移给了受让人，如果要排斥受让人，不可能把项目给受让人来做，足以证明中建二局是同意转让的。综上所述，原采购供货合同双方当事人把各自的债权自愿转让给了第三人，即受让人普德公司，且双方均已收到债权转让通知，具有法律效力。应予法律保护，请法院判决债权转让协议有效，且仲裁随债权转让而转移，仲裁协议亦有效。

经审查查明：2012年2月13日，中建二局（采购人）与案外人天津市诺尔电气有限公司（中标供应商）签订了《105号疫苗生产厂房等2项及X67F1地块围墙变频器柜设备采购供货合同》（以下简称《供货合同》），合同约定货物为变频器柜，数量为120台，总合同价格为751万元（补充条款约定：合同价款调整，结算按图纸和洽商中的数量为准。投标清单中数量为暂定数量）。2012年2月28日，张云闪作为天津市诺尔电气有限公司授权代表，在合同上签字确认。《供货合同》第17条第1款约定，因合同履行中发生的争议，合同当事人双方可通过协商解决，协商不成的，可提请北京市仲裁委员会适用仲裁程序解决。《供货合同》第20条转让和分包约定：20.1招标采购合同不能转让。20.2 经采购人同意，中标供应商可以将合同项下非主体、非关键性工作分包给他人完成。接受分包的人应当具备相应的资格条件，不得再次分包。分包后不能免除中标供应商履行本合同的责任和义务，接受分包的人与中标供应商共同对采购人连带承担合同的责任和义务。中标供应商可以将合同项下非主体、非关键性工作分包给他人完成。但必须在投标文件中载明。

普德公司称案外人天津市诺尔电气有限公司现变更名称为国源公司，在合同履行过程中，因国源公司不能正常履行与其他单位的债权债务职能，遂于2014年10月14日快递致函中建二局，将双方合同涉及的债权债务转让于普德公司，得到中建二局同意后，三方协商一致起草了《协议书》，约定《供货合同》中涉及案外人国源公司的权利和义务自2015年2月11日起由普德公司承担，剩余货款由中建二局与普德公司直接结算。案外人国源公司、普德公司在协议书上盖章、签字，中建二局未盖章、签字。中建二局对于普德公司的上述主张不予认可，认为《供货合同》约定招标采购合同不能转让，且无证据证明案外人国源公司、普德公司签订的《协议书》得到了中建二局的同意和认可，因此，没有产生合同变更的效力，有关合同约定的仲裁条款对普德公司无拘束力，其也不能依据该条款提起对中建二局的仲裁申请。

本院认为，《中华人民共和国仲裁法》（以下简称《仲裁法》）第二十条规定："当事人对仲裁协议的效力有异议的，可以请求仲裁委员会作出决定或者请求人民法院作出裁定。一方请求仲裁委员会作出决定，另一方请求人民法院作出裁定的，由人民法院裁定。当事人对仲裁协议的效力有异议，应当在仲裁庭首次开庭前提出。"根据上述规定，人民法院有权对仲裁协议是否有效进行审查确认。而本案争议的焦点在于案外人国源公司、普德公司签订的《协议书》效力是否及于中建二局，该问题实质上是审查《供货合同》是否发生了债权债务转让，以及是债权债务概括转让还是单独的债权转让。对于合同履行情况的审查，不属于人民法院审理范围，应由仲裁进行审处。

律师提交法院的检索报告意见如下：

关于中建二局案例与太华物质案件的检索对比意见

第一部分　中建二局案例与本案案情一致

中建二局案例的基本情况：

1. 中建二局与诺尔公司签订《供货合同》约定：合同不能转让；因合同履行发生争议，可提请北京仲裁委员会适用仲裁程序解决。

2. 诺尔公司（后国源公司）欲将供货合同的有关权利义务转让给普德公司。

3. 普德公司起草了《协议书》，并由国源公司签字盖章。该转让协议并未约定仲裁条款，但是，中建二局不同意转让，故没有在该转让协议上签字盖章。

4. 普德公司依据《供货合同》的仲裁条款，以“债权转让合同纠纷”为案由向北京仲裁委员会申请仲裁，要求中建二局支付其通过上述转让协议获得的债权。

5. 北京仲裁委员会受理了普德公司的仲裁申请。

6. 中建二局向法院提起仲裁协议无效的确认之诉。理由：《协议书》中建二局未签字盖章而不具备生效条件，且并未约定仲裁条款。虽然供货合同约定有仲裁条款，但普德公司不是供货合同的主体，故供货合同的仲裁条款的法律效力不及于普德公司。

7. 法院认为，根据《仲裁法》第20条的规定，法院有权对仲裁协议是否有效进行审查确认。

本案争议的焦点：国源公司、普德公司签订的《协议书》效力是否及于中建二局，该问题实质上是审查《供货合同》是否发生了债权债务转让，以及是债权债务概括转让还是单独的债权转让。对于合同履行情况的审查，不属于人民法院审理范围，应由仲裁进行审处（注：驳回确认，由北京仲裁委仲裁）。

本案的基本情况：

1. 太华物资与华同公司签订《供货合同》约定：合同不能转让；因合同履行发生争议，可提请项目所在地仲裁委员会适用仲裁程序解决。

2. 华同公司欲将供货合同的有关权利义务转让给中地公司。

3. 华同公司与中地公司达成协议（《债权转让通知书》），华同盖章、中地公司认可。该转让协议并未约定仲裁条款。但是，太华物资不同意转让，故没有在该转让协议通知书上签字盖章。

4. 中地公司依据《供货合同》的仲裁条款，以“债权转让合同纠纷”为案由向大同仲裁委员会申请仲裁，要求太华物资支付其通过上述转让协议获得的债权。

5. 大同仲裁委员会受理了中地公司的仲裁申请。

6. 华同物资向法院提起撤销仲裁裁决，主张仲裁协议无效。理由：债权转让通知书未经华同物资同意对其不具备生效条件，且并未约定仲裁条款。虽然供货合同约定有仲裁条款，但中科公司不是供货合同的主体，故供货合同的仲裁条款的法律效力不及于中地公司。

7. 法院应该如下认定：

本案争议的焦点：华同、中地公司达成的债权转让效力是否及于太华物资，该问题实质上是审查《供货合同》是否发生了债权债务转让以及是债权债务概括转让还是单独的债权转让。对于合同履行情况的审查，不属于人民法院审理范围，应由仲裁进行审处（注：大同仲裁委有仲裁管辖权）。

第二部分　中建二局案例与《仲裁法解释》第9条的适用

以下分析供参考：

1. 在中建二局案例中，法院认定部分缺省一句法律条文，全面应表述为：“该问题实质上是审查《供货合同》是否发生了债权债务转让，以及是债权债务概括转让还是单独的债权转让。对于合同履行情况的审查，不属于人民法院审理范围，应根据仲裁法司法解释第九条的规定，应由仲裁进行审处。”

北京仲裁委的仲裁受理依据肯定是《仲裁法解释》第9条。

2. 在中建二局的案例中，如果三方达成《协议书》约定，“因本协议产生纠纷，提交法院管辖”。就属于《仲裁法解释》第9条的“当事人的另有约定”，本案就不能由北京仲裁委管辖。正是因为原供货合同的当事人以及协议书的当事人（假设中建二局认可该协议）没有对仲裁条款另有约定，故本案北京仲裁委有管辖权。

我们认为，《仲裁法解释》第9条的“当事人另有约定”既包括原合同的当事人以及受让人三方达成新的管辖条款，比如，约定法院管辖或其他仲裁委仲裁，可以排斥原合同约定的仲裁管辖；也包括三方或两方明确约定原合同的仲裁条款对受让人无效。这两种情况都是“当事人的另有约定”，只不过，现实中第一种情况可能更普遍而已。

另外，在案件代理的招投标过程中，如果将检索报告加入投标书中，会让当事人感觉到律师工作专业、细致、值得信赖，中标的希望可能更大。

第二十二讲　如何进行法律尽职调查

法律尽职调查，简称法律尽调，是指律所接受客户委托后，指派本所律师运用专业法律知识，对相关法律事项进行审慎、适当核查和法律分析后向客户提交书面法律文件的过程。

法律尽职调查主要解决两部分问题，一部分是公司自身运营的法律问题，另一部分是交易所涉及的法律问题。律师参与法律尽职调查，可以协助当事人判断该业务是否具有可行性、是否具备实现的可能性以及存在的法律风险，从而为当事人参与谈判提供筹码，也为当事人决策提供依据，是交易过程中必不可少的前置程序。

相对于传统的法律尽职调查而言，合规方面的尽职调查逐步纳入法律尽职调查范畴，特别是中兴通讯公司在美国受到处罚后，合规尽职调查成为很多大企业必须开展的工作。

虽然传统的法律尽职调查能够对目标公司的整体治理情况和基本法律风险予以评估和提示，但其关注点往往侧重于整体合法合规性以及合同担保、关联交易等民商、证券等法律事项方面，对目标公司的刑事以及行政、商业贿赂等合规尽职调查关注程度不够，从合规角度讲，有效识别目标公司的隐患也显得尤为必要。

在律师职业生涯中，法律尽职调查是一项基本工作。在合作方资信调查、项目收购、公司上市等经常需要聘请律师进行法律尽职调查，供交易、收购或上市时参考使用。

律师法律尽职调查的执业风险

笔者认为，法律尽职调查是一项律师冒着风险帮助客户发现风险的工作。

法律尽职调查主要作用有二：一是调查，即全方位调查目标公司历史事实和现实情况，标准是全面、可靠；二是诊断，即评估目标公司是否有潜在的法律风险及诉讼案件，标准是专业、审慎。所以，律师在法律尽职调查时，应对法律尽职调查的“全面可靠调查”和“专业审慎分析”的双重作用有清晰的认知，凭借法律基本功有的放矢开展工作，并根据自身经验敏锐判断出尽调对象存在的法律问题和风险、解决思路和方案，从而为客户的交易决策提供最有价值的帮助。

但在传统尽调过程中，一般多由目标公司先行披露，再由尽调律师根据披露数据逐一进行核实，如果目标公司披露信息不足、不实等，则往往造成相关法律信息不对称，从而导致尽职调查结果不完整或不准确，继而导致项目的终止，甚至给相关机构和投资人造成巨大的损失。

从这种意义上讲，律师的尽职调查是冒风险的工作，为了帮助客户发现风险，自身也要承受未能“尽职”的风险。人在江湖飘，哪能不挨刀。就拿公司上市的尽职调查来说，因为引用其他中介机构资料或结论而未进行独立核查，或者审慎度不够，未进一步核查和验证相关资料或者未发现潜在的重大债权债务风险，最终导致被证监会处罚的律所和律师已不在少数。

2004年12月13日，北京市第二中级人民法院一审判决，因为律师失职导致客户被骗走1亿元资金，3名律师事务所合伙人被判令赔偿客户800万元损失，并返还100万元律师费。这是国内律师行业迄今为止遭遇的最为高昂的赔偿。

2001年7月，河北三河燕化公司准备与北京金晟房地产开发有限公司合作开发紫宸苑住宅小区项目。为查清对方底细，燕化公司聘请北京市某律师事务所作为法律顾问展开调查。在一番审查之后，律师所得出了结论：项目确实在金晟公司名下。燕化公司以此结论向金晟公司支付了1亿元项目转让费，买下了紫宸苑住宅小区项目。作为对法律顾问的回报，燕化公司向该律师事务所支付了100万元的律师费。可到了2002年5月，燕化公司惊讶地发现，在紫宸苑住宅小区项目的土地上，另一家公司已开始施工建设。燕化公司展开了紧急调查，发现金晟公司根本不是紫宸苑项目的所有人，燕化公司拱手交出的1亿元被人凭空骗走。

这个亿元骗局其实并非天衣无缝，但燕化公司花百万元请来的法律顾问律师却没能识破。按规定，从事房地产开发，首先要取得房地产开发用地的土地使用权；房地产开发企业也要按照资质等级，承担相应的房地产开发项目。但某律所既没对紫宸苑项目用地的土地使用权状况进行审查，也没对金晟公司是否具有资质等级进行审查。在燕化公司被骗之前1个月，组成金晟公司的三家股东公司就一致声明退出紫宸苑项目，并已向朝阳区计委递交了终止项目开发的请示。而律所仅仅依据失去效力的市计委批复，就认定了金晟公司仍拥有紫宸苑项目。

上述案例为律师的尽职调查以及其他业务敲响了警钟，律师的工作事无巨细，稍有闪失，后果不堪设想。在尽职调查工作中，律师的最大风险是，没有查清或没有写明，没有尽到职责。

尽职调查律师的风险点在哪里？项目的法律风险没有被发现，而项目却发生了交易，这种情况最危险。如果项目虽经过法律尽职调查，但最后因为其他多种原因而没有交易，这通常不会有风险，因为法律风险没有显现，项目因为终止而问题没有暴露，律师反而没有风险。这好像买房子一样，只要你交纳了房款，房子的风险就过来了：产权问题和房屋质量问题；但是，如果不买房，有问题也与你无关。

有些律师做了大量的尽职调查业务，从未出现风险，可能与项目最终没有做下去有很大关系。尽职调查报告在项目收购以后，就是对项目的背书、保证，一旦出现问题，尽职调查报告就是追究律师责任的有利证据。

比如，前述800万元赔款的案例，律师认为产权没有问题，等客户支付转让款后发现问题，必然会来找律师索赔，这也是律师不得不投职业险的原因，一旦造成损失，不用说规模小的律所赔不起，就是规模大的律所也赔不起。

所以，律师接手尽职调查的业务后，要认真细致地去做，不要以为以前做得多，没有出问题，就盲目自信永远不出问题。魔鬼往往藏在这细节里。俗话说，买的不如卖的精，就是说，被调查的目标公司肯定要极力地去“伪装”自己，让收购方感觉其“物有所值”，必然要隐藏公司不利的事项，夸大公司有利的事项。在这种情况下，律师的尽职调查就要穿破“伪装”，披露真相，但是，律师在明处，被调查的目标公司却在暗处，你要想发现目标公司的“坑”，你就要怀着“挖地雷”的心态，挖不好随时有献身的可能，才会慎之又慎，而不仅仅是派几名年轻律师去查查工商登记、涉诉信息就万事大吉。

现实工作中，有一个让人担忧的现象，很多尽职调查工作是由年轻律师甚至是实习律师、律师助理完成的，资深律师只在尽职调查报告上签字但并未实际参与。我觉得这是很危险的工作方式，提请各位年轻律师在做尽职调查时要多向资深律师请教并提交资深律师审核，而且要多向资深律师汇报调查中发现的可疑情况，由资深律师来分析风险。

我个人认为，为了防范风险，到目标公司的现场进行常规调查还远远不够。针对不同行业的尽职调查，要尽可能了解该行业特点以及交易事件，要跟客户面对面交谈了解他们关注的问题以及对尽职调查的要求。

隔行如隔山，毕竟客户会比较了解行业状况，律师要向客户虚心学习，了解行业收购中容易发生的问题，然后，律师再去调查的时候就会有的放矢。比如，关于保险公司的股权转让，保监会审批原则是什么，允不允许保险公司的股权代持，允不允许企业借钱投资保险公司股权，这些都是投资保险公司的“坑”。如果不了解这些特殊情况而按照传统的尽职调查方法进行调查，可能就发现不了问题。

错误报告可能酿成恶果

尽职调查报告的事实描述和法律结论错误，可能误导客户，最终导致交易失败。比如，有律师在某在建电厂项目的尽职调查报告中写到：“因该项目未取得《电力业务许可证》，故该项目不符合法律规定，不能从事电力业务。”如果该电厂不能从事电力业务，那么客户肯定不会收购该电厂。但实际情况是，在建电厂尚未竣工，还没有到申请《电力业务许可证》的时候，而不是不能申请到《电力业务许可证》，故该错误结论可能误导客户放弃对项目的收购。好在这种误导只会让客户对项目望而却步，总比误导客户直接投资危险项目要好一点。

再如，保险公司股权转让合同效力，按照保险法的规定，超过5%股权转让需要经过保监会的批准。超过5%股权转让合同效力应该是成立而未生效。如果尽职调查报告写成股权转让合同不违反法律法规的强制性规定，体现双方当事人的真实意思表示，合法有效，这就可能让客户认为双方签订的合同没有任何问题，从而忽略保监会审批不能的风险。

还是以保险公司股权转让举例说明，A保险股份公司业务发展不错，拟增资扩股，B公司想参股，通过A公司的发起股东C公司名义购买可以享受内部价，可以便宜点，一股1元，外部价格购买一股1.2元，B公司就通过C公司的名义购买了1.5亿股，并支付2200万元给C公司作为好处费。两家皆大欢喜。交易之前，需要做简单的尽职调查。

经调查，A保险公司存续，且经营状况良好，增资扩股的事项有保监会的批文批复为证，确有其事。C公司确是A公司的发起股东，且拥有大量公司股份，于是，双方签订了股权转让协议。

2014年，B公司起诉C公司要求将股份变更至自己公司名下，但截至2020年1月，B公司仍未持有A保险公司的股份。

尽职调查的问题出在哪里？按照A公司的章程，发起股东享有增资扩股的优先认购权，且股份转让需要经过董事会决议；按照保险法的规定，超过5%股权转让需要经过保监会批准。律师尽职调查时并未认真研读A公司章程，并按章程的规定向发起股东以及董事会就B公司认购的股份可行性进行求证，也并未就保监会《保险公司股权转让管理办法》关于保险公司股东准入规定的“用非自有资金购买公司股份、不代持保险公司股份以及其他条件”进行评估。

出乎意料的是，除C公司之外的其他发起股东起诉C公司，并列B公司为第三人，要求确认B公司与C公司的股权转让协议无效，理由是，以合法形式（假借发起股东名义购买）掩盖非法的目的（以内部价购买股份）变相地侵犯了其他发起股东的优先认购权利。

另外，保监会因C公司违规代持B公司股份而撤销保险公司增资扩股的股份，即转让的股权因履行不能而搁置至今。虽然当事人没有追究律师尽职调查的责任，但是当事人在支付1.87亿元后，既没有得到股份，也没要回投资款，造成了重大投资风险。

再如，某房屋租赁项目的尽职调查时，承租人提供了房屋租赁合同，并提供了向出租人支付了5年租金的发票。律师并未就房屋权属进行调查就认定房屋租赁合同合法有效并实际履行。后来，因为承租人翻悔，起诉法院要求确认房屋租赁合同无效，理由是根据最高人民法院《关于审理城镇房屋租赁合同纠纷案件具体应用法律若干问题的解释》第3条的规定，出租人就未经批准或者未按照批准内容建设的临时建筑，与承租人订立的租赁合同无效。案涉房屋系违章建筑，但是律师没有调查清楚，最终损害了客户的利益。

尽职调查的通常内容

法律尽职调查一般应涵盖如下内容：

1. 核查目标公司是否具备相应资质。基于所属行业的不同，目标公司可能需要不同的资质。例如，网络游戏公司应办理游戏版号和《网络文化经营许可证》，餐饮公司应具备食品经营许可证，化工贸易公司应具备《危险化学品经营许可证》，电力企业应具备《电力业务许可证》。

2. 核查目标公司是否符合行业监管政策。医药、生物技术、金融、信息技术、能源（煤炭、光伏、风电）等行业，都需要接受严格的政府监管。例如，互联网支付平台公司必须接受央行的监管，安防科技公司应接受安防行业协会的监管和中国安全技术防范认证中心的公共安全产品认证。

3. 核查目标公司业务模式的合规性。例如，对互联网公司，应落实网络安全监管的主体责任和数据隐私保护的合规要求，在内部信息系统、数据处理流程等过程中注重控制“注册用户数据的收集、管理和流通”风险。再如，互联网金融公司或私募机构，应按照合同约定进行项目投资或基金运作，如果发现没有按照合同约定运作，甚至虚构投资项目或者操纵成立空壳公司转移侵吞投资人募集款或基金资产，则面临非法集资、合同诈骗、挪用资金或者职务侵占等刑事法律风险。

4. 核查目标公司具体业务活动的合规性。对于采购活动，应符合《招标投标法》的规定，不存在商业贿赂、串通招投标等违反行为；对于销售产品，应不存在产品责任纠纷及反倾销；对于广告业务，不应存在虚假宣传、不正当竞争抑或侵犯其他企业商标、商号、商誉等行为；对于融资贷款、财务结算等，也都应重点关注其业务合规性及相应的刑事法律风险。

5. 排查目标公司的涉罚涉诉涉罪隐患。

查询目标公司是否有接受工商、税务、环保、金融、证券等监管部门行政处罚的情况，调阅相关行政处罚决定书或证明文件；已发生的诉讼情况和将发生的诉讼风险，根据证据情况和案件进程评估波及的影响面；特别是已生效的判决书的执行情况，以免引发信用风险。

查询公司高管人员和核心骨干等的背景情况、舞弊嫌疑以及涉犯罪调查的情况等。在排查目标公司的涉罚涉诉涉罪隐患时，必要情况下应采取非公开调查的方式，特别是在对有关高管、实控人等做背景调查时应秘密进行，通过走访其任职公司、关联企业、商业伙伴、竞争对手等合法方式获取相关信息，避免因高管涉罪风险带来的企业动荡。

法律尽职调查的方式

书面审查

法律尽职调查方式多种多样，最主要的方式为书面审查。书面审查主要是核查资料来源、资料形成时间、资料之间的内在联系、书面资料之间是否存在冲突以及资料与待证明事实之间的关系等。

另外，对于某些重要的资料需要核对原件，如证件类资料（营业执照、业务资质许可证等），权证类资料（不动产权证、著作权证等），合同类资料（借款合同、担保合同等）等其他核心类文件。

实地考察

在尽职调查中，对一些至关重要的实物资产进行实地勘察非常必要。要求律师必须实地走访，确定资产的实际状态，弄清事实真相。例如，2018年出台的发改办财金（2018）194号文明确规定，企业债申报企业严禁将公益性资产及储备土地使用权计入申报企业资产。这就需要我们实地核实土地、房产等容易混为公益性资产的资产的真实用途，分清资产性质。

又如，未决诉讼案件、环保情况等相关事实无相关信息佐证时，律师应当走访法院、环保部门等查询、了解相关信息。

需要特别注意的是，律师在实地考察过程中重点在于拍照，将调查事项拍照留存。照片需要尽可能清晰、完整，并将走访经过形成文字记录放入底稿资料。

公开渠道查询

通过公开渠道查询相关信息。在实务中，通过出示相关证件及授权委托书，经过特定程序，向公共机构查询相关信息。例如，向工商行政管理机关调取工商档案资料，向不动产登记中心调取不动产权属信息、抵押情况，向中国人民银行征信中心调取公司信用信息等。向公共机构查询的内容，需经查询机构盖章（查询章）确认（征信报告除外）。

除此之外，还可以通过查询网站、App方式查询相关信息。例如，企查查、天眼查、国家企业信用信息公示系统等可以查询企业的基本情况、行政处罚等信息，巨潮资讯网、上交所、深交所等可以查询上市公司公告、年报等信息，国家工商行政管理总局商标局“中国商标网”可以查询注册、申请商标信息，中国人民银行征信中心可以查询个人信用信息等。

上述公开网站无法获得而又必须查询的信息，可建议委托方委托专业机构查询，如境外专利、商标等信息可委托境外公司进行查询，以便补充丰富律师的尽调报告内容。

访谈

作为书面审查的补充调查方式，律师可以通过与相关方高管、部门负责人、基层员工等进行访谈，进一步了解全部事实。律师在访谈前应根据不同的访谈对象制订访谈提纲；访谈应当进行书面记录，访谈后律师应及时整理出访谈笔录，访谈人和被访谈人在笔录上签字确认，作为工作底稿的组成部分。

需要注意的是，律师开展法律尽职调查业务，其调查方式也并不限于此。律师应发挥主观能动性，利用自身资源等，多渠道、多角度、多方面核实材料是否真实、完整、准确。

法律尽职调查的主要文件

保密承诺函或保密协议

律师事务所受委托方委托，对委托方拟收购或合作的目标公司进行法律调查，因调查内容往往会涉及目标公司的商业秘密，为保障目标公司及其股东的合法利益，防止目标公司核心业务、资产信息和交易信息外泄，目标公司一般会要求律师事务所签署《保密协议》或出具《保密承诺函》，要求律师事务所和办案律师保密。特别是一些炙手可热的项目，可能很多投资方都在争抢，对委托方来说这就是商业机密，所以也希望能够保密，要求律师获得相关材料后，要妥善保管，不得对外披露。

此外，委托方与目标公司于意向合作阶段所签署的意向协议亦会就尽职调查的时间、工作方法以及该期间相关人员的保密义务等进行安排和约定。

目标公司基本情况分析书

律师在尽职调查前应当对目标公司进行初步的查询与分析。如目标公司的工商基本情况、股权架构情况、历年受处罚情况、历年涉诉情况、专利、商标情况、行业情况分析，出具目标公司情况分析书，为进场尽调提供前期准备，便于项目成员迅速熟悉公司情况，切中要点。

法律尽职调查清单

在律师进入目标公司现场调查前，可发送《尽职调查清单》要求目标公司先行准备调查材料。以问卷清单方式向目标公司提出收集文件的要求，是尽职调查最重要的一个手段。

尽职调查清单须具备“准确性”，即清单内容须明确指向律师所要调查的文件和信息。一份指向明确、方便阅读的尽职调查清单，可以减轻目标公司工作人员的负担，缓和工作人员的对抗情绪，提高材料搜集效率，帮助律师能够快速获得目标公司信息。

举例而言，目标公司是一家房地产开发公司，毫无疑问，土地、房产和在建工程是其核心资产，那么包括土地使用权的取得情况，建设用地的规划情况，在建工程的立项、规划、施工许可及验收等情况，以及建成房屋的权属情况、销售经营情况等，都是需要我们重点关注和核查的，这也是委托方最想了解的信息，因此在尽职调查清单里面就必须详细罗列涉及的文件和材料。

律师核查并收集材料，核对复印件与原件，制作《查阅资料清单》

资料查阅是尽职调查工作中的重中之重。实践中，可能基于目标公司保密工作要求，其所提供的相关资料和文件不得复制和带走，要求现场查阅，因此就更有必要制作《查阅资料清单》。

《查阅资料清单》一般包含文件名称、文件形成时间、文件主要反映法律事实以及文件真实性等项目，记录了律师在尽职调查中主要审阅了哪些文件、复印件是否与原件一致、哪些文件无原件，以及该等文件所显示的法律事实，是未来《尽职调查报告》的内容基础和工作底稿，也是律师查漏补缺、确保调查到位的参考。

对所有文件资料整理归档，制作必要的工作底稿

律师在尽职调查过程根据工作内容，制作项目日志，记录工作时长、进度，一方面便于检视工作动态与尽调计划的出入，及时调整工作动态或相关计划，另一方面便于查询工作成果，应该制作详尽的工作底稿。公司上市的尽职调查中，工作底稿是证监会抽查的重要资料，也是律师工作轨迹的再现，应该认真记录。

业内备受关注的欣泰电气 IPO 造假一案，将律所和律师在证券业务尽职调查中的高风险展现得淋漓尽致。

2011～2013 年，欣泰电气通过外部借款、使用自有资金或伪造银行单据的方式虚构应收账款的收回，在年末、半年末等会计期末冲减应收款项，每期虚构收回应收账款约 7000 多万元至 2 亿元不等。

其在 IPO 申请文件中相关财务数据存在虚假记载，最终被认定为欺诈发行，成为国内证券市场第一家因欺诈发行而退市的上市公司。

其后，证监会对欣泰电气 IPO 申报的三家中介机构开出“罚单”。作为中介机构之一的律所，认为自己没有能力也没有义务审查会计师出具的审计报告，故而不服证监会的行政处罚决定，将其告上法庭。

在这一点上，大家要格外注意：要留存好证据证明自己已经尽到相当的审核义务，且要留存好工作底稿，工作底稿要真实记录工作流程，尽可能具体细致。

比如，2018 年 12 月 4 日，去房产交易中心查询青岛市长江路 ×× 号房产登记情况，负责查询的工作人员为蔡某某，其称该宗土地拖欠土地使用税 2300 万元。

访谈提纲

法律尽职调查不可缺少访谈，访谈则不可缺少访谈提纲。访谈提纲主要根据前期资料核查情况、主要问题、接受访谈人物的级别、所在部门等因素确定，没有一成不变的提纲，也没有永久使用的问题，不断更新提纲与提问方式是尽职调查不断精进的重要方式。

在法律尽职调查过程中，通常会与评估机构、审计机构同时进场工作，律师必要时要与审计师、评估师进行沟通，共同确认有关事项的真实性。比如，在审查某重大合同的履行状况，可以通过向审计师核对付款情况、发票开具情况、质保金回收情况等，与评估师核实库存情况等，核实与自己调查情况是否一致。另外，也可以倾听其他各方在工作中发现的疑点、问题，进行讨论并向目标公司相关人员进行访谈。

为了明确责任，建议访谈要制作笔录，并要求受访人签字确认。

文件真实性承诺函

律师出具的尽职调查报告，主要依赖客户提供的资料及信息，由此，资料本身的真实性、完整性及准确性也尤为重要。为了避免客户提供不真实、不完整的资料，或者反复提交多次修正的资料导致尽职调查报告反复修改，致使工作效率低下，本着对客户负责、对项目成员负责的态度，要求客户就相关事项出具承诺十分必要。

律师对所获资料进行研究、判断和核查，制作问题清单

律师基于初步核查结果，访谈相关工作人员，公司出具《不存在事项的说明》。

律师在尽职调查结束后，将依据尽职调查结果出具报告，或出具法律意见书，并对其中的内容承担责任，其内容的真实、准确、完整不仅有赖于律师尽职调查的严谨和细致、法律专业知识的准确把握，也依赖于报告、法律

意见书所依据的资料本身的真实、准确和完整性。

律师作为资料索取方，处于被动地位，对部分尽调资料是否存在、是否真实难以判断，往往要取决于目标公司是否愿意提供，尽管报告或法律意见书中往往会对资料本身的真实、准确和完整性的责任做豁免说明，但为避免目标公司提供不真实、不准确、不完整的资料或者对所提供资料屡次修正而使尽职调查工作的效率大打折扣，为防范执业风险，要求目标公司就相关事项做出说明和承诺就显得十分必要。

要根据收购方和被收购方的地位，巧妙地推进尽调工作。比如，委托方是收购方，目标公司期待委托方收购，在这种情况下，律师可能就会处于主导地位，可“强硬”地给目标公司提出工作要求。反之，如果委托方处于弱势地位，“求着”目标公司与自己合作，律师与目标公司配合起来就没有那么“顺畅”，甚至可能会拒绝提供一些材料。在这种情况下，要及时让客户协调目标公司尽可能地提供配合。如果目标公司不提供相关重要材料，我们要及时向委托方反馈，由委托方协调推进工作。

还有一些法律尽职调查是因为委托方不方便直接调查目标公司，委以第三方中介（律所或审计师事务所）去做，名正言顺，且专业高效，由此，律师应该本着认真负责的态度展开工作，同时又要处理好跟目标公司之间的微妙关系，千万不要因为律师的服务态度惹恼目标公司而导致交易终止。比如，执意要求目标公司提供某项交易的相关资料，而目标公司可能因某种特殊情况而不愿提供。在这种情况下应该向委托方反映，由其直接联系目标公司索要或在尽职调查报告中披露该情况。

比如，针对目标公司的诉讼、仲裁及行政处罚情况，律师可通过全国法院被执行人信息查询网站查询，但由于案件漫长的周期性以及网站录入信息的滞后性等缺陷，部分案件的信息并不一定能够通过查询获得。

如目标公司反馈的答复是不存在诉讼、仲裁及行政处罚，则需要其做出特别说明和承诺。例如，本公司及其各子公司不存在尚未了结或者可预见的诉讼或仲裁的情况，不存在尚未了结或者可预见的被有关部门行政处罚的情况，也不存在尚未了结或者可预见的被行政机关或司法机关采取强制措施的情况。该份承诺和说明应由单位负责人签字、目标公司盖章后提供给律师，并作为尽职调查报告的附件。

一次完整而优秀的法律尽职调查，不单是将目标公司真实情况和信息如实披露，而是要帮助委托方发现目标公司存在和潜在法律风险和问题，并提供可行的解决方案。

在审阅目标公司文件资料过程中，在提取出主要法律事实的基础上，研究法律、法规及政策规定，利用律师法律专业知识分析可能涉及的法律问题，最终得出基本结论，是制作问题清单的主要思路。

举例而言，初创公司创始团队的股权结构较为分散，不利于集中决策，因此该问题有必要向委托方提示，并建议在投资前要求由其中一人统一代持并变更股权登记，或由创始团队各方签署一致行动人协议，约定其中一人作为团队代表人，各方在处理有关公司经营发展及需要由公司股东会、董事会做出决议的事宜时，与该团队代表人保持一致行动。

在并购交易中，问题清单更重要的一个作用是，在投资前给投资方增加谈判筹码，降低交易对价，或相应调整、剥离部分并购标的；给予目标公司充分的空间和时间进行重组和整改，以求达到委托方的并购条件。即使暂时未能整改完毕，也能将该等问题列入交易协议中，作为被并购方的义务，在协议签署后安排履行。

由此可见，问题清单并非刻意找碴，而是揭开公司面纱，客观、合理地披露目标公司的真实面目，使投资方站在一个视野清晰、风险可控的地位上确认真正的并购标的，与被并购方进行沟通、磋商，达成解决方案，最终推动和促成交易。推动和促成交易最能体现律师在并购项目中的价值。

法律尽职调查报告

法律尽职调查报告是尽职调查成果的展现，是交付委托方的官方文件，也是检验尽职调查是否充分、完整的最终结果。在完成上述几个阶段的尽调工作以后，《尽职调查报告》的素材已经准备妥当，撰写一份合格的《尽职调查报告》亦可谓顺理成章、水到渠成。

《尽职调查报告》一般可以按照目标公司主体与股东、财务与资产、业务与合同、管理与人事四个板块进行划分，每个版块提炼出几个关键事项，以“法律事实—法律问题—解决建议”的逻辑思路进行撰写。

如果说法律事实的撰写注重于摘录的过程，则揭示存在的法律问题，则更关注分析的过程，最后，尽可能提出必要的解决建议，体现的是律师解决实际问题的思维和能力。

举例而言，根据目标公司提供的文件资料、有关工作人员陈述，目标公司的对外投资公司及项目共计 15 个，对外投资金额合计 2 亿元，其中大部分项目均为委托第三方进行投资并代为持股，并已履行投资款支付义务。

对于目标公司委托第三方代为持股的问题，律师建议，为避免委托手续缺失所带来的权属风险，应督促目标公司撤销相关对外投资的授权委托，直接将其对各对外投资单位所持有的出资份额和比例工商变更登记至目标公司名下，需补充完善对外投资单位的章程、股东名册、出资证明书等必备法律文件，使目标公司的对外投资权益形成公示信息并受法律保护。

总而言之，尽职调查报告的撰写其实与一般的法律问题分析并无太大区别，无非是围绕目标公司的人、财、物的合法性、真实性、适法性展开调查与论证。

第二十三讲　如何让案件“绝处逢生”

应喜马拉雅听众的要求，笔者要介绍一起因为“认真”使案件“起死回生”的真实故事。

哪个案件具有代表性，这个问题太难了，因为每件案件如果少了律师的认真都可能一败涂地。如果非要找一个案例，不涉及太多法律问题，因为认真而取得胜利的案子，还是讲讲东营发生的一起传统的买卖合同纠纷吧。

去东营接案

东营是一座伴随胜利油田开发而兴起的沿海城市，又随着石油的枯竭以及石油大学的东迁，“石油之城”“黄河明珠”的光环似乎也不再耀眼。

东营的这家客户为何如此神秘，不能将有关诉讼材料提前交由律师而选择面谈?

当带着助理到达客户会议室时，六位领导正襟危坐于会议桌对面。在主持人隆重介绍了各位领导的职务后，公司负责经营的于副总开始介绍案件的重要性，随之，销售部张主任开始介绍案件的实际情况。

“这件案件标的额有三千万元左右，虽然是我们下属单位（环保公司）的官司，但是，因为可能涉及某些领导不正当履行职务行为给公司造成重大损失，所以该案的成败对集团来说事关重大。为了查证案件的事实，我公司也曾向公安机关报案，公安机关也进行了侦查。希望律师能够充分认识到本案的重要性。目前该案件一审败诉，二审反败为胜对我们很重要，我们真的输不起。”

销售部张主任通过PPT继续介绍案件的具体情况：

2015年3月，原告山东某经贸有限公司（以下简称经贸公司）在东营市中级人民法院起诉被告东营某环保技术有限公司（以下简称环保公司）、第三人东营市某燃料有限公司（以下简称燃料公司），要求环保公司支付煤款26,772,479.1元并支付相应的利息。

原告诉称，2011年3月10日、7月20日双方分别签订《煤炭买卖合同》，约定经贸公司向环保公司出售煤炭，同时对价格、质量、运输等事项做了约定。合同签订后，经贸公司向环保公司指定的收货人交付了36,998.1吨货物，合计货款51,882,479.1元。环保公司只支付货款2511万元，尚欠部分货款，经多次催要，一直推诿。

环保公司辩称，其没有授权公司之外的人作为收货人，根据双方签订的《煤炭买卖合同》，经贸公司的供货量仅为13,500吨，实际收到的煤炭数量为25,694.73吨，而非36,998.1吨，其仅欠煤款10,834,727.4元，并非26,772,479,1元。经贸公司称向环保公司指定的收货人交付了价值51,882,479.1元的36,998.1吨货物，与事实不符。请求依法驳回经贸公司的诉讼请求。

东营中级人民法院一审认为，关于供煤数量的认定，经贸公司送的煤炭为28,117.11吨，其提交了901份地磅单予以证明；送的水煤浆为12,334.71吨（折合煤炭8880.99吨），提交了344份货运单予以证明；两项合计煤炭为36,998.1吨。对于上述两宗证据，环保公司均未提出充分的反驳理由和确凿的反驳证据，一审法院予以采信。

最终，一审法院认定环保公司共收到煤炭36,998.1吨，应向经贸公司支付煤款26,564,012.8元及其利息。

环保公司不服一审判决，决定上诉至山东省高级人民法院。

本案的争议焦点问题是，经贸公司向环保公司销售的煤炭数量是多少。

笔者边听边思考，初步感觉该案二审改判的难度极大，但并未急着将这种感觉告诉客户，既来之则安之，在充分论证后再下结论不迟。

本案焦点在于煤炭的准确数量，煤炭价格双方已有约定，只要确定了煤炭数量，欠款数额就显而易见。从一审判决来看，原告提交了901份地磅单证明供煤数量为28,117.11吨；344份货运单证明水煤浆数量12,334.71吨（折合煤炭8880.99吨），前述两项合计煤炭数量为36,998.1吨，按煤价1380元/吨（其中部分单价为1410元/吨）计算的煤款总额为51,882,479.1元，与原告起诉的数额一致。

而从环保公司提交的上诉状看，上诉的事实和理由主要是围绕公司的业务经办人是否有权决定订货或接收煤炭问题提出的异议，并没有针对煤炭数量的证据提出充分理由和反驳证据。

笔者根据自己的办案经验认为，这种传统的买卖合同纠纷其实没有错综复杂的法律关系，只不过是怎么对账的问题，法院认定的事实通常不会出现问题，二审上诉要从中找到重大瑕疵，无异于“鸡蛋中挑骨头”。

没有任何一位将军愿意开始一场不可能胜利的战役，律师也是。笔者并没有急着表态，要控制节奏，认真倾听各位“领导”的发言，并时不时在笔记本上做一些记录。

认真倾听各位“领导”的指示，既是对客户的尊重，也是想从中获得更多有用的信息，以便尽快找到案件的突破口。

轮到笔者讲话了，除了表达感谢和信任外，案件的分析并未展开，需要客户给两天时间来论证案件，并决定是否接受委托。

铁证如山，找出破绽

两天的时间内，笔者安排两名助理收集与本案有关的所有证据，其中包括：一审诉讼中经贸公司提交的由燃料公司制作的901份地磅单、344份货运单，还有燃料公司直接提供给环保公司的672份地磅单。皇天不负有心人，总算有了新发现，环保公司采购经贸公司的煤炭直接交由燃料公司接收并加工成水煤浆；同时，燃料公司也在同期采购了经贸公司的煤炭及水煤浆，且地磅单的样式和接受媒碳的经办人与前者相同。

经过对上述近2000份证据进行认真细致地梳理核对，经仔细对比燃料公司直接提供给环保公司的地磅单（用于结算加工水煤浆加工款）与提供给经贸公司的地磅单（用于结算煤款），发现地磅单记载的运输车辆信息、吨数等相互矛盾。

更为重要的是，经贸公司在一审阶段提交的901份地磅单、344份货运单证明的煤炭数量和实际主张的数量差异巨大。其称901份地磅单（证明煤炭数量为28,117.11吨）、344份货运单（证明折合煤炭数量8880.99吨）合计36,998.1吨，但实际上，901份地磅单所载煤炭数量为35,136.12吨而非28,117.11吨，与344份货运单两项合计数量为44,017.11吨，而非经贸公司主张及一审法院认定的36,998.1吨。也就是说，经贸公司的证据与其主张的事实不符。

至此，笔者告知客户：同意接受委托，准备证据积极应对上诉。

在二审阶段，山东省高级人民法院某法庭，笔者紧紧围绕供煤数量以及相关证据的真实性展开辩驳，以燃料公司提供的672份地磅单和已结算的煤炭数量统计表一一对应证明其真实性，以原告在一审阶段提交的证据（901份地磅单与344份货运单）与其主张的数量相互矛盾证明其虚假性。

另外，对由燃料公司提供给经贸公司的901份地磅单与提供给环保公司的672份地磅单进行了统计对比，其中901份地磅单的情况是：3月47车、4月47车、5月52车、7月198车、8月126车，与672份地磅单完全不相符，相差157车近6000吨，而9月101车、10月253车、11月77车与672份地磅单车数相差悬殊，仅有459份相同合计19,326吨。

另外，燃料公司庭后提交书面的情况说明以及其法定代表人与工作人员在公安机关笔录中也承认，提供给环保公司的过磅单是真实的，而给经贸公司的过磅单是伪造的。

由此，经贸公司提交的证据不能证明其主张的煤炭数量或水煤浆数量，其应承担因举证不能而败诉的结果。

二审法院认为，根据上诉人环保公司二审提交的新证据（672 份地磅单），关于经贸公司向环保公司销售煤炭的数量及价格，一审法院认定有误。故判决：撤销东营市中级人民法院民事判决；环保公司支付经贸有限公司煤炭款 11, 626, 371. 9 元及利息（注：这一部分款项系环保公司认可的欠款）。

至此，案件完美收官。

证据的准备和质证是律师代理工作的重中之重，证据审查的丝毫闪失都可能导致案件的功亏一篑。其实，有些案件的代理功夫并不在于法律问题的精密论证，而是在于律师对待证据审查的严谨态度。本案就是其中较为典型的一例，其二审诉讼能获得成功，无关法律问题的艰难论证，只是律师在繁杂的证据背后发掘破绽予以推翻，最终使对方的主张因缺乏证据支持而被驳回。

虽然本案绝处逢生，最终胜诉获得当事人的高度认可，但是掩卷遐思，又心生唏嘘，如果没有稍稍严谨点的工作态度，在两天的时间里对近两千份证据进行逐一梳理核对，发现证据的矛盾、伪造或虚假之处，这个案件的结果极可能就是“维持原判”了。

由此可见，很多案件的成败是律师严谨与疏忽的结果。很多时候，案件的真相深藏在细节里，律师稍有疏忽，当事人便跟着律师承受“蒙冤”的后果；相反，律师严谨一点，可能就会让真相浮出水面，使当事人的合法权益得到充分保护。作为律师，只有秉持战战兢兢、如履薄冰的态度对待每个案件的细节，才可能不错失每个胜诉的机会。

一字千金，为“和”而战

讲完上述案件，笔者意犹未尽，又讲起曾代理一起涉及债权债务转让的效力的仲裁案件。大致情况是，案涉合同第 16. 8 条特别约定：“未经一方当事人同意，不得将合同的权利和义务转让给第三人。”但一方当事人 A 公司将对另一方当事人B公司的债权转让给了第三人C公司，并通知B公司。后C公司提起仲裁，请求确认债权转让有效并由B公司支付欠款近2亿元，而B公司以债权转让未经其同意为由抗辩。

C公司咨询了众多律师，大家的结论近乎一致：权利和义务转让需要经过B公司的同意，意思应分解为：权利转让、义务转让、权利和义务的转让，统统要征得B公司的同意。未经B公司的同意，债权转让无效。

C公司眼睁睁地看着自己辛苦求来的债权转让通知因为A公司与B公司之间的合同第16.8条的规定而归于无效，讨债的梦想化为泡影，黯然神伤，他们抱着试试看的想法找到笔者。

问题来了：第16.8条的约定是否意味着债权的转让、债务的转让、债权债务的概括转让全都要经过B公司的同意才有效？该条"权利和义务转让"与《合同法》（已废止）第88条"合同中的权利和义务一并转让"有"一并"两字之差，意思是否大相径庭？

经过整整一下午的思考，笔者提出了一个非同寻常的观点：第16.8条是《合同法》（已废止）第88条的援引，仅是权利义务概况转让的约定，并非对债权转让的另外约定，理由如下：

首先，《合同法》（已废止）第79条规定："债权人可以将合同的权利全部或者部分转让给第三人，但有下列情形之一的除外：……（二）按照当事人约定不得转让……"如将该条款省略的句子成分补全，应该是："债权人可以将合同的权利全部或者部分转让给第三人，但当事人约定'合同的权利全部或者部分不得转让给第三人'的除外。"该约定应该只是指"权利"，而非指"权利和义务"。案涉合同第16.8条的约定，实际上是《合同法》（已废止）第88条（注：权利义务概况转让）的援引，该条是对合同"权利和义务"转让的约定，并非针对"权利"转让的禁止性约定。

其次，合同转让的情形有三：一是合同债权的转让，二是合同债务的转让，三是合同债权债务的一并转让，不存在第四种情形（如第16.8条），即包括前三种情形的情形。前述三种情形（单独的法律行为）分别对应第79

条、第84条和第88条的法律规定。不能以第三种情形（第88条债权债务转让）的约定推导出第一种情形（债权转让）也需要“对方同意”，否则，就与第一种情形下（第79条）债权转让无须“对方同意”的法律规定相矛盾。

最后，合同第16.8条的真实意思表示是B公司为防止A公司更换合同履行主体（概括转让）做出的特别约定，并非为了限制A公司将应收款转让（债权转让）给第三人。

上述代理意见最终得到仲裁委的支持，C公司为此欢呼雀跃。

关于上述两个案件，笔者的体会是：当一件疑难复杂的案件摆在律师面前，在弄清案件的关键障碍后，要学会跳出“固有”“传统”的观念，独辟蹊径，在未充分论证自己的想法之前，不要轻言放弃任何的“观点”，要从别人的思路里“憋”出新方法。

在东营买卖合同案件中，如果律师“想当然”地认为送货单铁证如山，欠款数额不容置疑，就不会一一核查每份证据的真实性，就不可能取得二审的胜诉判决；在债权转让的仲裁案件中，如果律师也仅凭语文课上掌握的“和”的意思，而不去深研法律语境下的“特殊”意义，也就不会帮助当事人赢得胜利。

危机化解，需要艺高、胆大

律师只有对自己充满信心，当事人才会对你充满信心。当事人在见律师之前会有许多顾虑和担心，有些当事人在见律师时非常紧张，他们有时不知道自己碰到的问题有多严重，也不确信眼前的这位律师是否具备救自己于水火的能力。当事人需要在律师那里获得一种信心：眼前的危难是可以化解的。

若是当事人对律师没有好感和信任，他绝不会请律师为其办案，因为律师的工作常常涉及当事人的隐私，不管当事人是公司还是个人，律师吸引当事人的要诀之一，就是要给当事人以信任感，让当事人有安全感。律师的谈吐、举止、着装乃至办公室的装饰都要以达到这一目的为核心。律师的一切活动和安排，都要给当事人一种自信的感觉，给人一种老成持重、稳操胜券的感觉。

任何时候都不要忘记：律师职业是一个依赖专业技能的职业，法律技术的复杂性不亚于工程和医疗专业的技术。除非一个人已经完全掌握了一部复杂机器的原理与性能，完全了解如何开动和操纵这部机器，以及在紧急情况下（如发生故障时）如何来应付，否则，任何人都不会把操纵这部机器的任务交给这个人。因此，一名优秀律师的专业技能必须能让人信赖。

不管面临多么棘手的情况，请不要绝望，律师过人的智慧，屡屡创造神奇。律师要证明自己，向当事人证明自己，向同行证明自己，这是一个艰苦但美妙的过程，技能不仅是证明的手段，而且会在证明的过程中不断地升华。

面对难度极大的案子，律师要有创造奇迹的勇气。当事人都没有放弃，且对你充满信任，律师更应义无反顾。常言道，谋事在人，成事在天。事不人谋，何以天成？律师必须秉持积极进取的态度。

奇迹的发生不能失去勤奋的支撑，没有忘我的工作，一切都将停留在梦想的阶段。律师应绝对关注所办的案件，关注是一种“神功”，当律师凝神于手头的案件时，头脑便失去了对时间的知觉，而进入一种新境界。

律师营销篇

人脉真谛，重在价值

第二十四讲　人脉如何拓展

无论在哪个行业，人脉的拓展都是业务拓展的关键一环。

有一位律师（曾在某政府重要机关中担任领导）说，辞职做律师前，“求”他办事的人应接不暇，但辞职做律师之后，委托他做法律事务的人却寥寥无几。他说没想到这些人这么势利，求他办事时毕恭毕敬，现在找他们就变得冷若冰霜。

还有律师说，自己做过很多项目，在做项目的过程中结识了很多“说了算”的重要领导，对自己非常客气，每次见面也都盛情款待，但当自己做了律师，再去找这些领导时，他们都顾左右而言他。

有位年轻律师说，自己加入了很多的圈子或微信群，比如，加入律师协会合同法专业委员会、北京市狮子会等组织或者某某法律论坛群等，但并未从中获取业务。

大家的共同痛点是，认识很多人，总觉得这些人会委托自己做业务，但是却大失所望。为何那些“好朋友”都不找自己做业务呢？

在回答这个问题之前，我们先举一个看病的例子。

假如你的好朋友是某医院的医生，你知道他医术平平，如果你生病了，你会去找他看病吗？当然不会，你肯定会说，谁能治好我的病我找谁，命比感情重要。为什么不能激活已有的人脉，形成自己的案源呢？其实和上面看病的道理是一样的。对你的朋友而言，他要考虑：你是不是有价值，是不是可以帮他办事的人、可以托付的人。如果不是，那么你就应该知道其中的答案了。

交换价值，是打造人脉的根本

每位学生家长都希望自己的孩子跟学习好的孩子坐同桌，期望跟着别人学习。大家都懂“近朱者赤，近墨者黑”的道理，但是大家想过没有，学习好的学生家长会怎么想，他当然也希望自己的孩子与学习更好的孩子同桌。考试成绩第一名学生的家长至少会希望成绩第二名的同学与自己的孩子同桌，绝不会希望与学习成绩最差的同学同桌。为什么会出现这个现象？因为每位同学及家长都希望从别人身上学到好的习惯，进一步提升自己，而不是被拖累。

同样的道理，你没有交换价值，你想跟有价值的人在一起也是不可能的。你可以认识上万人，但是你却得不到自己认为是“朋友”的人的帮助，因为他们并没有把你当成朋友。

2004 年，华谊兄弟公司董事长王中军到武汉参加“东湖论坛”。那时他还没有什么知名度。当他走上演讲台时，大家对他不以为然，会场只有稀稀拉拉的掌声。看到这种情况，他做起了自我介绍：“我是华谊兄弟太合影视公司总裁，投资拍摄了电影《手机》《大腕》《甲方乙方》《不见不散》《没完没了》，陆川的《可可西里》、冯小刚的《天下无贼》、周星驰的《功夫》也是我投资的。冯小刚、陆川是我公司签约导演，陈道明、范冰冰等是我公司签约演员。”他话音刚落，会场就响起雷鸣般的掌声。掌声中还夹杂众多惊讶声，“原来是个人物呀”。至于那些想和影视投资公司建立合作关系的单位和个人，更是打起精神，竖起耳朵聆听他的发言，并准备会后结交他。大家怎么都这么势利呢？势利源于实力也。

要想改变自己的人脉困境，就要明白律师人脉拓展的基本逻辑：没有交换价值，就不会有深度交际。

我曾提出“漏斗理论”，形象地比喻律师的人脉拓展原理。有一只漏斗装满了豆子，豆子在重力的作用下慢慢地向下流，流下去的豆子就好比律师的案源，漏斗越大好比律师潜在案源就越多。最容易形成案源的部分是漏斗最下部，漏斗下部愈加密集的豆子，就最有希望形成案源。而漏斗的最顶端是律师潜在的案源。通过形象的比喻才告诉大家，要想形成最终漏下的案源，就必须扩大漏斗的体积，即加大交际，不停地认识人，还需要把漏斗里的豆子压实，即甄选有潜力的人，加强密切交往。

关于如何密切交往的问题，我将一部电视剧里的桥段分享给大家，供大家学习参考。

当年有部很火的电视剧叫《蜗居》，其中，张嘉译饰演的男主是一位市长的秘书叫宋思明，他有个女友叫郭海藻。其中有个情节是，单位解聘了郭海藻，拖欠她三千元的工资。这个事传到了宋思明的耳朵里，他找到了某沈姓律师，让他去找找劳动局的周局长，请他帮忙协调一下要回三千元工资。

沈律师很疑惑，说，这么小的事还值当找周局长，自己给她三千元不就完事了吗？宋思明说了如下这段话，包含了人脉交往的深刻道理。

他是这样说的：关系这个东西你就得常走动。越走动，它就越牵扯不清，越牵扯不清，它就混在一起了。要总是分清你和我，反而就生分了。要么每一件事你都得花时间去摆平，要么就是经常的欠，欠多了也就不愁了。他替你办一件事是办，办十件事儿也是办，等办到最后，他一见你就头疼，那你就赢了，要风得风，要雨得雨。

说的就是，找一件小事让朋友去办，他不会为难，反而轻而易举地完成，他办成了，你就欠他的。未来他有事就会理直气壮地找你，你给他办了，他又欠你的了，这样相互拖欠，就分不清你我，关系也就慢慢地紧密了。

在这里，我谈谈微信群交际的效果。经常有律师问：自己有很多微信群，微信好友有三千多人，自己的人脉圈规模是否足够强大？

微信，确实是互联网时代交际的新途径、新方式，使人们的交往便捷、高效。但是，大家要知道，越是容易或者短时得到的东西，就越没有黏性。通过扫码认识的人，只是字面上或者软件里认识的人，很多只是萍水相逢的“露珠”朋友，并没有任何深入交往。真要建立深厚的友谊，就需要面对面、心贴心、手拉手的交际，动动手指不会触动彼此的内心。所以说，不要迷信微信群友的友情，也不要浪费太多时间与微信群的“朋友”聊天交友。

关于人脉开拓的时间安排，应该把80%的时间投入可能形成案源的交际中，不要把过多的时间投入认识新人的交际中。朋友往往不仅是你认可他的人，而且是对方也认可你的人。也就是说，你认为对方是朋友的人不一定能帮到你，只有对方也认可你是他的朋友的人才会帮你。暂且不说他能不能帮上你，至少他才可能有帮你的心意。

我还要分享一种价值理念，与其每天急匆匆地拎着包跑市场，不如把工作重心放到业务能力的提升上。前面，我给大家举了学校里的学生争同桌的故事，就是要告诉大家，求人不如求己。

打造自己就是打造人脉，用心打造自己、提升自己、学习专业知识，才可能获得别人的赞赏、认同，最终才能走进“朋友”的内心。否则，在他心中你没有交换价值，即便是你跟他一起吃饭、一块爬山、相约去打羽毛球，他都不会把案源交给你。这就如同说，我们可以一起玩，但是我们工作不交集，这也和刚才我讲的医生和病人的故事一样，再好的友情也抵不过命重要。案件对客户来说就是疾病，即便你是他熟悉的医生，他不信任你，也不会把案件交给你。

优秀的人容易赢得有效的人脉资源。为什么要争做优秀的人？因为你优秀了，别人觉得你有能力，才愿意与你结交。俗话说，物以类聚，人以群分。优秀的人会找优秀的人做朋友。人们为什么愿意结交有名气的人？因为事实证明有名气的人有能力、有魅力，可以帮助你并满足你的虚荣心。

有句老话说，富在深山有远客，穷在闹市无人访。这句话道出了现实生活中的“势利”现象。同样的道理，说得残酷点，你没有价值，你的门庭前就可罗雀，即便是邻居、同事也不会去跟你产生交集。如果你真有才，再远的朋友也会来找你，这是现实，虽然很残酷。

所以，做一个优秀的人，自带“光环”（有效价值），就容易获得有效的人脉。谁不希望与有资源、有价值、有情怀、有品德的人结交朋友呢？

有人问我，自己感觉有很好的人脉资源，做律师应该很容易吧？我给他回复说，你认为的资源和你能够利用的资源是两个不同的概念，试试后就会理解得更深刻。

我建议大家做一下自我测试：在一张纸上画一道竖线，左边列自己的长处、价值，右边列朋友的长处、价值。站在局外人的角度，看看你对朋友有多大价值或亮点，就知道自己的朋友圈的真实状况了。

举个例子：你教育背景深厚、待人真诚，擅长诉讼代理，成功代理过很多大案、要案。李某在公司里是法务总监，法律科班出身，见多识广，热情好客，把这些一一列明分析：你能帮助李总监做什么，在什么情况下可以一起合作。如果分析后感觉李总监与自己的切合点比较多，结交他对你的业务发展有好处，就应投入更多时间交际、了解、合作。如果你觉得切合点少，高攀不上，你就要从长计议，拿少部分时间去维护或者去争取即可，因为人家不是你的“菜”，你也不是人家的“菜”，不可强求。

照上述方法，逐一分析可能对你有所帮助的朋友，你就会知道在拓展人脉的时候如何交往了。

人脉拓展的技巧

第一，要努力提升自己的专业能力。专业能力是律师的立身技能，也是最能体现自己交换价值的根本。为此，我们要不懈地深入研究专业知识，包括再次深造，写更多的专业论著，要学习并拥有更多、更强的技能。

收听“喜马拉雅”App 上我的《大律师锤炼计划》节目的年轻律师，我为你们点赞。你们不但渴望成为大律师，而且在努力寻求成为大律师的办法，懂得借鉴他人的经验为己所用，说明你们是有想法、有信心、有行动的践行者。

俗话说，艺多不压身。技能学习的范围很广，站在律师的角度讲，学无止境，不应局限于专业知识，也包括交际、策划、管理知识。对年轻律师而言，要从基本技能开始，慢慢做起来。

第二，要成为一个值得交往的人、受人欢迎的人。

互联网时代，认识一个人很容易，一张名片、扫一下微信就可以。但是，认识仅是一面之交，要成为朋友还有很远的路要走。如果对方觉得你不是一个受人欢迎的人或者没有价值的人，估计交往的路也会瞬间堵死。

人们愿意结交一位懂医学的人做朋友，可能不一定让他治病，但遇到一些健康问题可以向他咨询。同样的道理，很多人也需要律师朋友，他们遇到法律问题需要向他咨询。医生懂医、律师懂法，就是值得交往的原因所在。

你的朋友可能也有很多律师朋友，他遇到法律问题时去问李律师、张律师而不来咨询你，他可能认为别人比你能力更强且人品更好。所以，一定要做有价值的律师、受欢迎的人，与人为善、亲切随和且专业能力强，要让对方觉得你不招人烦，愿意跟你在一块玩、一块商量事，愿意把事交给你。

第三，除非有特殊的原因，从事业发展的角度讲，律师应尽量回避那些连物质上都不能够独善其身的人。

还要远离那些精神层面不能独善其身的人，这些人人品有问题，他们不但不会帮上你，甚至有可能会损害到你，所以离远点为好。

第四，多结交愿意把时间花费在你身上的人。也就是说，对你好的人，如果能力也很强，就可能是你的人生贵人。因为你是被他关爱的人，他就会用心帮助你。关爱我们最多的人是谁？父母。在人生中无论遇到什么样的挫折，最终不舍不弃的永远是自己的父母。因为父母能无私地把更多的时间和爱放在子女身上。同样的道理，在我们事业发展过程中，如果我们的领导、老师、同学愿意把时间花费在我们身上，必然是自己的福分，我们也同样应把更多时间花在他们身上，只有这样，你来我往才会结下深厚友谊，在任何时候双方都能相互帮助。

第五，应真心地去结交一些“落难英雄”。落难英雄，说白了，就是有能力，但因为特殊原因没有发展起来或暂时遇到人生挫折的能人。结交那些没有能力的人，他不会帮上你，因为他没有能力帮你，而“落难英雄”就不一样，他们只是遇到暂时困难或者还在艰难前进的路上而没有发达，你真心与他交往，未来他发达起来定会助你一臂之力。

友情需要时间来加深，所以要经常联络。我们经常听说，我跟某人都二十多年的交情了。为什么要强调时间的长短，就是因为对友情来说，时间是建立信赖的强力融合剂。虽然有一见如故的友情，但多数友情还是需要时间来加固的。因此，在律师人脉交际过程中，希望大家注意要用时间去维系友情。特别是年轻的律师，在你刚开始从事律师工作之际，你很难有广泛的人脉，认识的人不多，而且愿意跟你交朋友的人也不会多，其中大多数还是没有发展起来的职业新手，你要注意与他们真诚相待，经历一定年月，帮助你的人可能就是他们。

虽然高攀有能力的人很难，但还要努力争取未来可能会帮助你的人。为什么说大学同学未来对自己的事业可能帮助最大？就因为在纯真的年代里，大家建立了真挚的友谊，这些人无论未来如何发达，都会尽力相互帮助。

有句话说，未成佛道，先结人缘。也就是说，广结善缘，才能获得善果。无论是初次交往的人还是以前已经交往过的人，一定要用心地对待对方，让对方感觉到你是一个受人欢迎的人、热心的人、有能耐的人，长此以往人脉资源才能水到渠成。

本人在从事律师工作之初，有市场拓展的巨大压力，恨不得从朋友那里立刻得到案源来解燃眉之急，但是正如上文所讲，人脉拓展需要时间、能力等综合作用，短时间内是很难有所突破的。

在这里，我也谈谈个人成长的一些想法。对我来说，本科是学电力系统自动化的工科专业，没有法学院的同学和校友，能助我事业发展的人脉资源少之又少，这是我不可回避和无法弥补的弱项。我只有通过不懈的努力提升自己，写作专著、成功代理案件、用心结交人脉，让更多的人了解自己，并让别人感觉自己有情怀、有能力、有担当、对法律有独特的见解，从而愿意与我相识相交，让我能在律师行业中立住脚跟。

可能很多人会说，我是北大法学院的，我是清华法学院的，我人脉宽广，我的校友在政府担任要职、在公司做 CEO，自己不用担心案源问题，校友给点业务就够了。笔者认为，不要那么乐观，一个班级里的同学，有最亲密的同学，也有比较疏远的同学，即便是最亲密的同学也不见得他有能力帮助你，比较疏远的同学也不见得因为同学关系而帮助你。把这些问题看得悲观点或者是更客观点，对自己的发展没有坏处。千万不要拿同学不“当”同学，认为同学一定会帮你。这个世界上没有谁一定要帮助谁，感情不到位、能力不到位，凭什么帮助你呢?

冰冻三尺非一日之寒，感情需要慢慢培养。一些在体制里当过领导现在做律师的朋友，辞职前提拔了很多人，以为被提拔的人肯定念你的好，现在肯定会帮助你。我个人感觉，也未必，你担任领导的时候，下属敬重你、言听计从，有可能不是对着你，而是对着你所处的职位以及你掌管的提拔权力。提拔别人是你做领导的分内工作，并非你的恩赐，所以，别太自作多情，认为老下属一定帮你介绍法律业务，不要把看得见的资源想象成一定可以得到的资源。

人脉拓展的方式

大律师吕良彪曾总结律师人脉拓展的几种方式，供大家参考:

第一，课堂营销模式：一是同学类营销，如律师花钱参加总裁班、MBA、EMBA 班等各种培训，与各种老总结下“同窗之谊”，赢得信任、获取商业机会；二是讲课类营销，如律师自办论坛、培训班等给企业家授课，或是想方设法成为大学的“教授”进入大学讲堂，以此结交人脉。

第二，媒体营销模式：通过频频在媒体“露脸”——所谓报刊有字、电台有声、电视有形——赢得公众的关注而“出名”，再借“名气”结交人，求得商业机会，帮助别人办理法律事务。

第三，产品营销模式：律师针对市场需求，开发设计出相应法律产品。例如，资产证券化的问题解决方案；针对国内民营企业家财富传承的需求，设计出家族资产海外信托类法律产品，创造和占领市场，拿着产品去推销，结交人脉。

第四，“同好”营销模式：通过与他人尤其是潜在客户共同的爱好交朋结友、交流感情，如高尔夫，登山，户外驴友，驾车出游，品红酒、喝老茶。

第五，“权威”营销模式：一是律师通过成为律协“领导”，担任不同层级的人大代表、政协委员，成为相关协会负责人，做知名大学教授、研究生导师，以及获得其他种种“头衔”的方式，将自己打造成所谓“权威”，以展示“职业能量”；二是通过出书、授课等方式展示“专业能力”，律师出书或研究企业相关法律风险、法律专业问题面对企业家营销，或研究相关领域律师业务，既向社会营销也在律师业内赢得“江湖地位”以寻求商业机会。

当下的律师，既要会做事、做人，也要学会“作秀”以赢得公众支持。

有个“千金买骨”的故事，出自《战国策·燕策一·燕昭王收破燕后即位》，说的是，古代一位侍臣为君王买千里马，却只买了死马的骨头回来，君王大怒而不解，侍臣解释说，如果大家看见君王连千里马的骨头都肯用重金买回来，就会认为君王是真正想要高价买千里马，就会自然而然把千里马送上门来。后来果真如侍臣所言，不到一年就有几匹千里马被呈送上来。

我给大家讲这个故事，就是想借此说明人脉拓展中的示范作用。如果你对身旁的普通人做到热情好客，对小案件能认真对待，就会让客户感到，你对他和他的案子也必然认真对待，建立客户信赖就会水到渠成。

综上，大家也不要灰心，临渊羡鱼不如退而结网，好好提升自己的能力和个人品质，才更容易赢得别人的信赖。

律师人脉的打造，首先从打造一个优秀的自己开始。

第二十五讲　律师如何自我推销

每位律师都面临拓展案源、开拓市场的现实困境。特别是对刚刚起步的年轻效益律师来说，案源是自己的头等大事。如何通过推销获得案源和客户成为律师的永恒话题，本讲将围绕律师的自我推销、客户维护等问题展开讨论。

业务推销，从推销自己开始

作为一名律师，如何推销自己，并最终达到被客户认可的目的呢？

说到推销，不能不提一个人——戴尔·卡耐基。卡耐基是著名的人际关系学大师，也是美国现代成人教育之父、西方现代人际关系教育的奠基人，他利用大量普通人不断努力取得成功的故事，通过演讲和书籍唤起无数陷入迷惘者的斗志，激励他们取得辉煌的成功。大家耳熟能详的可能是他的书如《语言的突破》《人性的弱点》《如何停止忧虑开创人生》。在世界各地有很多卡耐基推销训练班引导人们沟通和营销。卡耐基的作品在世界各地非常畅销，但国内很多营销人员并不认同他的观点，主要是感觉他的理论在国内不实用、不接地气、不被消费者接受，这可能与文化差异有关系。

比如说，在美国推销是一种非常普遍且易被接受的销售方式。美国很多涉及汽车、保险、银行产品推销的书成为畅销书，这从另一个侧面说明推销在美国的普及性。

在国内，大家对推销就比较排斥，认为推销的产品往往是不受市场欢迎的产品。中国人的传统观念是“酒香不怕巷子深”，从内心深处，很多人都认为，好商品不愁卖，坐等客户上门的商品才是好商品、紧俏商品，凡是上门推销的，肯定不是畅销品。“谢绝推销”成了很多小区、写字楼的醒目标语。防偷、防盗、防推销，推销落了个“老鼠过街人人喊打”的悲惨场面。

在这样“恶劣”的环境中，律师如何成功推销成为值得研究的课题。律师推销自己的最终目的，当然还是营销自己的法律服务，而不是律师自身。

在我国，律师的个人品牌有时候胜过律所品牌，所以，律师推销自己比推销律所更重要。

有一个奇怪的现象，很多客户对律师的个人非常熟悉，但可能不知道律师所在律所的名称。大家习惯介绍律师时说，这是赵四律师，擅长商事争议解决，随后可能会说赵四律师所在律所的名字。而其他行业的人自我介绍的时候，往往是先介绍自己所在单位，后介绍自己。比如，我是中国农业银行北京分行的刘能，任投资部经理，东北人，人们就容易记住，刘能是农行北京分行的一位经理。

律师为何不直接推销自己的专业而先推销自己呢？因为法律服务除了专业之外，还需要律师其他方面的品质保证。也就是说，客户委托律师不仅仅要看重其专业能力，更看重律师的人品。客户为什么要把案子交给律师？当然是基于信赖。但信赖不仅仅是建立在法律服务水平上的，还要考虑律师的人品、执业精神、职业背景、执业年限等，甚至还包括律师的为人处世的方式，所以说，从这个角度上讲，在推销服务或者去承揽业务的时候，让客户了解律师个人尤为重要。下面几点提请大家注意：

第一，好口才是有效沟通的基础。律师交流的对象多且交流频率高，准确适当地表达自己的观点是律师的看家本领。律师每天不停地与法官、客户、对方律师等沟通交流，通畅交流是高效工作的基本前提，如果词不达意、话不投机引发误解甚至冲突，往往会使工作陷入被动。站在客户的角度讲，认识律师首先从说话和外在形象开始，在多数情况下是律师的口才给对方留下深刻的印象。

但是，好口才不是与生俱来的，是需要后期的艰苦训练而生成的，包括美国总统林肯的口才都是大量训练的结果。

第二，笑容能广结人缘。笑容这么重要吗？微笑是最好的营销，是很多的营销课里面反复提及的课题。众所周知，在很多航空公司，刚入行的空姐都要嘴里咬一根筷子去训练职业“微笑”。既然大家都知道这种“笑容”是人为训练出来的，为何还要这样“虚伪”地去训练呢？因为谁都不喜欢与“板着脸”的人交往。微笑，是打开对方心灵的钥匙。

就拿我自己的感受来说，遇见一个人，无论其面相是否像自己一样的冰冷，只要见面时对方脸上挂着微笑，我就会有与他继续接触的愿望和好感。

我们是专业的法律工作者，初次与客户接触时，不可能上来就急着推销自己的专业服务，别人也不可能一下子就认识到你的法律服务能力，只有慢慢地接触才会有深入了解，有了深入了解才能建立信赖。但是，如果一方是冷若冰霜，不苟言笑，拒人于千里之外，那别人怎么可能继续与他交流下去呢？

在很多的时候，交际是以传统的自然方式进行的，即通过彼此的话语、微笑、气质、礼貌以及穿着传递彼此的信息，在此基础上相互认识、认同。有时候，感觉与客户交流不错的案子反而没有接下来，而感觉没有发挥好的面谈反而获得客户的信赖，这可能说明客户并不仅是看律师的专业知识，或许你的品格打动了他。

第三，踏实、忠诚配得上专业技能。在目前的律师行当，大家都强调律师要专业化，但是现实中很多的法律服务并非只有极个别的专业律师才能操办。“专业”与“非专业”律师之间的差异并非那么大。比如，在代理买卖合同纠纷案件中，很难看出张律师比李律师更专业。因为这种传统的业务并不能够显现出律师之间的巨大差异。这个时候，客户可能更需要一位踏实诚实的律师来代理，而不问他是否是大牌律师。

因为信赖，所以简单。这是支付宝最初的宣传口号。其实，在律师的服务中也是这个道理。正如我们去医院去看病一样，很多的病，即便是特别资深的专家，他的诊断或者开的药方跟普通医生也没有区别，但是，我们为什么要去找专家看病呢？是因为我们对专家更信赖。

本人曾经代理过一起执行案件的被执行人，申请执行人找到我说，能不能帮忙提供一下被执行人的财产线索，事成必有重谢，我义正词严地说，你希望你的律师这样做吗？如果你不希望你的律师是这样子，你应该清楚我也不会那样做。

而恰恰因为我拒绝了对方，反而赢得了对方的敬重。后来，他们有其他案件委托我处理，我跟这位客户负责人说，在《三国演义》中，曹操那么喜欢吕布，为什么又杀掉了他？其实，是刘备那句“明公不见布之事丁建阳及董太师乎”的话让吕布命丧黄泉。刘皇叔劝说曹操道：吕布虽是英雄，今天成为你的俘虏，屈尊称臣于你，但他的主子可没有活下来的呀。因为吕布容易被买通，所以曹操杀了他。如果律师能被买通，谁还敢委托你办事。在我们这个行当，律师对客户的忠诚比金子还贵重。

第四，兑现每一次的承诺。律师是以责任赢信任的行业，所以，律师必须处处表现出让人信赖，并成为一种习惯。这种信赖包括答应客户准时提交成果、汇报案件、准时开庭、及时认真地提交相关材料，等等。每个细节都会让客户产生信赖才行。有人说，细节决定成败，但也有人说，成大事不必拘小节。但我认为，一个小的细节失误就可能失去客户对律师的信任。虽然做律师很累，但是，既然选择了这个职业，就要努力做好，让客户完全信赖你。

第五，表现出自己的责任感。做律师时间越长，就越会战战兢兢、如履薄冰。因为知道很多案件在某些细节上稍有不慎就可能被对方乘虚而入，进而一发不可收。而年轻律师因为经验所限认识不到案件的机要反而无所畏惧、满不在乎。

这么多年，我做过一些重大疑难案件，也取得胜诉的结果，但是，说实话，很多案件都是险中取胜。有的时候，即便拿到了胜诉的判决，其实回想起来也还唏嘘不已。掩卷遐思，假如自己在某一点上，没有更深的研究，收到败诉判决的必然会是自己。如果是因为自己研究不深导致案件败诉，客户会因为我的过错而失去最后的自救机会，那么我将会深深自责。

我们这个行当真的很累，累就累在“要睁着眼睛睡觉”，不敢有丝毫的懈怠和自负。在没有能力帮助客户的时候勇敢地说出来，并把案子交给有能力的律师去做，敢于向客户说“对不起”。

我曾代理一起案件，在开庭前通知客户在开庭时带上某证据原件，结果第二天开庭时，客户说，自己疏忽没带来。法庭为此休庭，让其回去取。事后客户说是自己的责任。我赶紧说，我也有责任，在开庭之前，我应该把你带来的东西先核实一遍的。也正是因为自己和客户代表都“争着”去承担这个责任，反而加深了我们的友谊和信赖。

我认为，在做了错事之后找一百个理由去狡辩，既无济于事，也不会让人感觉舒服，是完全没有必要的。愿赌服输，其实做律师也应该如此，案子没有做好，无论是因为举证不全面、观点不深入，还是研究不精深，既然是律师的错，就应该为此自责，甚至向客户道歉。这种道歉并不会有损律师的形象，反而是让当事人更为感动，更愿意继续委托律师，因为你认识到了自己的错误，你会“戴罪立功”，会做得更好。

第六，要表现出自己的工作热忱和认真。工作热忱是具有感染力的。有些律师觉得一好遮百丑，只要案子做赢了，其他事情不重要，提不提交答辩状、代理词没有什么区别，只要自己对案子结果有信心，一切都满不在乎。但这样的律师会让客户感觉不靠谱，很难建立委托，谁敢将自己的案件交由这样的律师去尝试呢？

我们去医院看病，如果医生迷迷糊糊或者马马虎虎，我们能放心吗？所以说，律师应该保持对工作和生活的热忱，要表现出不懈努力前行的精气神，只有这样，让人觉得自己是一个朝气蓬勃的人，客户交给你案子才放心。

第七，比推销更重要的是客户的维护。很多年轻律师总喜欢拎上包，到处去开拓业务，俗称“扫马路”。“扫马路”不是真正意义上到马路上去扫地，主要是指“挨家挨户”去推销自己的业务。

很多年轻律师为了生存急于挣钱，业务功底不深就急着上手承揽案件，但难以如愿以偿。越是这个时候越应该静下心来，做好手头现有客户的案件。你急于去承接案件，却没有能力把它做好，到头来反而伤着自己，让自己无法收场，伤了自信心，又给客户造成经济损失。无论是律师还是客户“心里都有一杆秤”，客户终会知道你做了什么、能做什么。到那个时候，当你拿着败诉的判决书送给客户，客户的一个鄙视的眼神都会让你无地自容。即便收得高额的律师费，五味杂陈的滋味也不会好受。这会抹杀自己继续做律师的信心，那个鄙视的眼神也会淹没他对你的所有信赖。

所以，没有金刚钻不揽瓷器活。再急着挣钱，也要知道放过客户的案件，让客户去找一位能把案子办好的律师，要懂得拒绝接案或将案件转介给有能力的律师去办理。比如，对自己没有把握的案件，即便标的额再大，律师费再高，也应明确地告诉客户，这个案子做不了。对客户来说，案件好比他的命，关乎他的重大利益。图财害命，不为我们所倡。

大家知道，没有推销就没有市场，推销是必需的、不可缺失的业务开拓手段。只不过，我们在推销的时候应该有章法。

老客户已经与律师建立了基本的信赖，在此基础上发掘新业务，比一家家敲开陌生人的门推销要容易得多，因为老客户的门已经敞开，只需要律师推开得大一点。也就是说，在倡导勇敢地去推销的同时，请大家珍惜现有的客户。

精准推销急不得

第一，要适当评估潜在的客户，不合适的客户要敬而远之。律师可通过网络了解潜在客户的基本情况。有些客户，无论从专业和其他方面权衡，并不适合自己，就应该巧妙地与其解除委托关系。比如，有些公司经常提出一些非法的想法要求律师去做，拿律师当“枪”使。对律师来说，要照客户的要求做，不但违背职业操守，而且自己也不受敬重，我们应该断然拒绝与这样的客户交往，否则你会很痛苦、很危险。

第二，在推销中要发挥暗示的作用。有时候，律师不能直接地讲述自己能干什么，避开“王婆卖瓜，自卖自夸”之嫌。推销也需要一点心理学，你急着让客户认可你，反而难以走进客户的内心，所以，最好要用旁敲侧击的方式，慢慢灌输你的业务所长，让客户慢慢地接受你。

比如说，你可以给客户讲，最近自己代理的一起特别疑难的案件完胜，在讲述过程中，“塞一点私货”介绍一下自己出奇制胜的情节。虽然讲述了其他客户的案件，但是却向面前的客户展示了自己的业务能力，这比直接“吹嘘”自己有多大能耐更巧妙，更容易让人接受。

第三，积极应对或者预防客户的拒绝。律师在承揽案件的过程中，经常会遇到不成功接案的情况，这是一个很正常的现象。客户委托律师或者不委托律师的理由若干，所以，律师没必要纠结“一城一池”的得失，真可谓萝卜白菜各有所爱，每一单的委托都是诸多因素和机缘的巧合。每一个案件都值得总结，但没必要纠结。

一旦出现客户拒绝委托你，千万不要斤斤计较，失掉自己的风度。不要觉得自己为客户投入很多时间，出具了法律服务方案，到最后对方也不聘用自己，就一定要讨个说法，要泰然处之，有时候失去一个案件，反而得到一个客户。

举个例子，曾经有一个客户有一起股权纠纷案件，涉案标的额巨大，找我咨询，希望我能代理并要求出具服务和报价方案。我分析后认为，客户要求解除股权转让协议、退还转让款的诉求很难得到法院支持，并以此出具了法律意见。

客户收到我的意见之后，很惊讶地打电话问我，您认为我们的诉求得不到法院支持，我们还会委托您来代理吗？如果您不能代理，为何还出具法律意见呢？

我说，你不必惊讶，既然你们信赖我，把材料交给我分析，我就要根据自己的经验来分析你们的诉求能否得到法院支持，但分析的结论不一定要迎合你们的意见。我的分析结论可能与你们的诉求相左，但至少可帮助你们从另一个侧面审视本案，我是不会为迎合你们的期望而接这个案子的。我只想让你们看到案件的最终结果是否与我的分析一致：如果一致，未来我们可以考虑合作；如果不一致，我的能力有限，也不必希冀未来合作。宁可失去一起案件，也不应骗取客户信赖，最终搞砸客户的事，这应该是律师的本分。

站在客户的角度，他们对选择律所或律师有何顾虑呢？以下是某外资客户的体验描述：

> 我感觉自己是在冒险，必须把自己和公司的一些事务交给律师来处理，而且不得不放弃一部分控制权，这些都在我的责任范围之内。尽管从理性上我清楚自己需要使用外部专业服务，但是把自己的事务交给其他人处理仍然会让我担忧，即使只是常规事务，我也需要确认工作会得到及时、认真、严肃的对待。
>
> 我有时候忐忑不安，很难判断哪个律师最出色，哪个律师又是能说得过去的，所以我对自己的决定没有十足的把握，而且，我也不知道自己所面临的究竟是一个简单的问题还是一个复杂的问题，这就是我需要外部律师来帮助我解决问题的原因所在。但是，我不确定是否可以相信，律师不在故意骗我，让我觉得事情很复杂。

笔者认为，客户作为法律服务的消费者，如同我们去医院看病一样，需要服务，但在接受服务时，由于不了解服务的质量是否可靠（律师或医生的水平是否称职），心里总会惴惴不安。

准备话题去拜访，才能谈得深入

去拜访客户前，提前了解客户公司包括法定代表人、总经理的基本情况，这样跟客户交谈的时候会让对方感到你的诚意，容易找到共同话题。

拜访客户最好选择下午四点左右。大家上午通常会忙一些比较重要的事情，忙到下午，一天的工作基本完成了，而且稍微有所放松，这种情况下拜访客户，客户能坐下来认真地倾听你的发言。

客户只是为了应付某个朋友引荐的面子而接待你，往往收不到建立合作的拜访效果，所以，最好有针对性地去拜访。比如，你了解到客户准备上市或要发行债券，针对该项目去交流拜访，客户有现实需求，这样的拜访会很受欢迎。

初次见面，最好问清楚引荐人与客户之间的交情以及客户的基本情况，比如，张总给你介绍认识李总，你去拜访李总以前，首先要跟张总了解一下李总是个什么性格的人、什么样的教育背景、有什么兴趣爱好，等等，这样见到李总就能找到相关话题，开始一场融洽的交谈。如果张总跟李总关系特别好，张总又愿意引荐，张总就是你最好的信用背书人，你获得李总的认可也就简单多了。

接下来的问题是，何时推销自己的法律业务？人和人之间的信赖，首先从认识开始，然后经历一段时间的交往和了解，最后才能慢慢建立。初次见面就建立信赖的，通常来说少之又少。

在人情社会里，信赖和友谊的建立都是需要特定的环境的，比如，同学关系是同窗共读多年建立的，战友关系是在军营甚至战壕里紧密相处建立的。这些关系的建立需要时间的沉淀，不像亲属关系是因为血缘而自然形成的。孩子从出生那天起就是父母的心肝宝贝，不需要时间的加深，也必是血浓于水。所以，初次见面，不宜过多推介自己的业务，不要急不可耐地让受拜访的人把业务交给你，强人所难，以后可随着友谊的加深，慢慢地“兜售”自己的法律业务。

总之，案源开拓不容易，但是我们别无选择，不能回避这个难题，只能努力前行。业务拓展，让我们从推销优秀的自己开始吧。

第二十六讲　原单位是否适合做客户

离职的单位是否适合发展成客户，困扰着很多刚辞职的律师。从老东家“逃”出来，怎么又要去老东家“讨饭吃”，这是个问题。

有朋友问，在建筑工程公司工作了好多年，而且是公司法务部的业务骨干，现在辞职做律师了，要不要把原单位发展成为自己的客户；还有朋友问，自己在政府法制处做副处长，现在辞职了想做律师，根据国家要求，政府各级部门要配备法律顾问而且有相应的财政拨款，这是巨大的新市场，自己要不要把原来就职的政府下属的局机关都发展成法律顾问单位；还有朋友问，自己从民营企业辞职，主要是因为跟自己部门的领导搞得不愉快，但跟公司老板关系还不错，是不是还适合把原来的公司发展成客户。

上述问题具有一定的代表性，我在此发表一下自己的看法。

这些人为什么要把原来的老东家发展成为自己的客户？说实话，非常理解这些朋友的处境和想法。俗话说，好马不吃回头草，要不是“情势所迫”，估计多数人都不愿去开拓原单位做客户，或者不愿再“受雇”于原单位，之所以回头去发展老东家做客户，总会有些难言之隐。

从原单位辞职的人，突然失去了原来的生活保障，跳到了一个要靠自己开拓业务赖以生存的行业，内心一定纠结。我本人也是辞职后改行做律师的，非常理解这些朋友的迫切心情：想尽快地去抓住一根熟悉的“救命”稻草或者找到一个赖以生存的平台安顿下来。其实，每个辞职的人都必须经历这个阶段，且要从这种困境中脱颖而出，这才是有志于做大律师的正道。

为什么要把原单位发展成首要客户？主要原因可能是对原单位比较熟悉，

在一个“熟人经济”的社会里，去开拓熟悉的人脉效率高，驾轻就熟，不再需要认识、交往、沟通的漫长过程，老东家多少会念一些老感情，不会像新客户那样冰冷。相比开发一个新客户，开发老东家更容易，至少进门要容易些。我个人觉得，也不尽然。理由主要有三个：

一是，从原单位辞职，你与原单位之间已有隔阂。辞职就是与原单位解除劳动合同关系，在今天市场经济状态下，本是一件再正常不过的事情。但就个体而言，毕竟是员工把单位给“炒”了，无论是什么原因提出的辞职，都是与原单位的分离，分离就会有隔阂。如同多年的朋友分手，分手就会伤感情。在这种情况下，你从原单位走出去，又转身回来把它发展成客户。从感情上讲，确实让人难以接受。

二是，原来的同事非常熟悉你的能力，轻易不会交办案件给你。昨天你还在公司或者政府的办公室工作，今天就“摇身一变”成为律师来揽业务，他们非常了解你的底细，知道你不可能三两天就成为资深的、有能力的律师。所以，本着对本单位业务负责的态度，也不敢将业务托付给你，说白了，了解你，对你当前的能力不信任。在这种情况下，你想去开拓客户，这就是一个现实的障碍。

即便给你一单业务，你也很难高收费。为什么呢？你在原单位为何要辞职？大多数情况下是因为嫌得薪酬不如做律师赚得多。你在原单位一年的薪酬就10万元，你希望把原单位发展成客户后，一宗案件收费都要10万元以上。原单位的领导和同事肯定接受不了：你还是你，相隔没多少日子，收入就翻天覆地的变化，这怎么可能？

三是，为了避嫌，没人敢把案件交给你办理。无论是原单位的法务部、企划部还是其他部门的人，大家都会为了避嫌，不敢将案子交给你，除非单位的“一把手”同意。因为一旦将案子交给你办理，立马就会暴露单位的某个人与你的关系，也可能会有利益交换的流言蜚语。很多人都会忌讳，这是一个社会常识，我们无须详细解说。

你辞职之后立即把老东家发展成你的客户，可能面临刚才所讲的三个障碍。你去开拓一个陌生客户可能还不存在上述障碍，因为新客户并不知道你的底细，你当场表现得好，说不定就能签单且收费不菲，所以，我有如下建议供参考：

第一个建议是，客观反思与原单位之间的关系。你是不是因为跟单位领导同事相处不融洽而离开，如果是，可能有两个原因：一个原因是你为人差，天天受气，忍无可忍辞职；二是工作能力差，总是受领导批评，单位同事也看不起你，实在没办法混下去而辞职。如果是这种情况下的辞职，建议还是别惊扰老东家吧，不要想再把它发展成客户了，成功的概率极低，即便能发展成你的客户，你去面对原来同事的时候，也很难愉快合作。所以，这些朋友跟原来单位分手就算了吧，彼此安好，不再惊扰。

如果你并非因为混不下去而辞职，那就另当别论。如今，从单位中辞职、入职都还是常态，单位也能坦然接受员工的正常流动。既然原单位对你的离职也能理解，把离职单位发展成客户也应该可以。

如果你曾是单位的“台柱子”，单位待你也不薄，也真心挽留你，但因企业发展状况所限，薪不配才，只好与你惜别，这种情况下最适合把原来单位发展成客户。

第二个建议是，不要迫不及待地将原单位发展成为客户。你会说，我等不得，等米下锅呢。即便你非常渴望将原单位发展成为客户，你在职时也很受单位领导器重，现在辞职了，也不要急于求成，要跟原单位保持一段时间内的“冷静期”。为什么要这样呢?

有一部电影叫《大圣归来》，我套用这部电影的一个桥段，等你学成归来时，当仁不让。

等到你学成归来时，你就会很容易把原单位发展成客户，而且原单位也会支付较高的律师费。《三国志》中介绍吴下阿蒙，士别三日，刮目相看。你被刮目相看时就容易赢得别人的信赖、尊重，你的身价也会随之飙升，这个时候才是最好的时机。

急于求成摘下的果子，不见得是甜的。比如，法律顾问费仅能按照当地市场最低价收取。为何这么低？原法务部的员工和你拿差不多的薪酬，在当地三四线城市五六万元，你现在兼任公司法律顾问，一单收取四五万元以上，原单位就不能接受。他们觉得你就是换了个“马甲”，怎么立马就超越他们的薪酬？所以，需要较长时间的过渡期，让原单位的人和自己的薪酬拉开距离。

第三个建议是，如果承揽案件，让有经验的同事承办，自己不要直接成为承办律师。有人会说，我等着米下锅，把原单位发展成客户赚取第一桶金，有案子委托给我，我怎么能不亲自“操刀”？

隔行如隔山。你毕竟刚辞职做律师，即便在原单位做过法务工作，即便在政府部门法制处做过副处长，跟做律师还是不一样，虽然读的法律书是一样的，但是实际操作的经验是不一样的。你直接操办案件可能因缺乏经验而做砸并因此失去客户，会让交办给你案件的人无法向公司交代。

另外，你直接成为承办律师，会让帮你的原同事“浮出水面”，案件做好就罢了，如果做砸了，就让原同事扯不清责任。因为一宗案件的失利，让原单位关闭了长期与你合作的大门。

正如我们花钱雇人做保洁，一方出钱，一方出力，看似是平等的关系，但从心里感觉上雇主和雇工的地位是不平等的。雇主会认为自己花了钱，有“高高在上”的感觉，也就会对保洁员指手画脚。

同样的道理，哪怕是你收原单位的两万元律师费，前同事也是雇主，你也要听从他“客气”地指挥。双方的距离感被打破，尊重感也会渐渐消失。

比如，你给他回复邮件延误了，他的说话语气可能会透出不耐烦。当这种不满意积累多了，工作上的抱怨会产生，人靠得太近就容易失去必要的敬重。所以，我建议，如果你非要把原来的离职单位发展成你客户的话，最好把这个事情交由你所在律所的资深律师去做，避开这种面对面的非平等的关系。如果律师在承办案件过程中出现问题，你也可从中协调，这样既避开了与原单位同事之间的利益“勾兑”嫌疑，又形成一种形式上的隔离。等哪一天你大圣学成归来，已经成为一位非常有名的律师，你的能力强了，再承办原离职单位业务的时候，那你的感觉以及收费都会发生质的飞跃。

我希望大家一定要客观分析你与原单位的关系，不要存在幻觉，感觉自己与原单位关系不错，而原单位却不以为然，去原单位试试就可以明白。只有让原单位认识到你能力强、做事踏实，才可能接纳你成为他们的律师。

对年轻律师来说，如果在原单位工作时间短暂，就不要抱幻想，将原单位发展成自己的客户。你没有任何资历和办案经验，想求得原单位给你一次机会或一单业务并不现实，所以，不要在这个问题上浪费太多时间。

我本人是在企业里工作九年后辞职做律师的，非法本，没案源，经过几年不懈努力，成为律所合伙人之后，我才承接了原单位的法律顾问业务。非常感谢原单位对我的信赖和支持。我也理解，在特定的时期，特别是刚刚离开这些单位的时候忐忑的心情。

不要急于求成，欲速则不达，临渊羡鱼，不如退而结网，练好自己的内功，华丽转身后再回到原单位，相信更容易赢得他们对你的信赖。市场很大，只要有能力，不一定非要紧盯着你的原单位，而且，原单位也可能没有太多法律需求，也没必要围着原单位打转。

第二十七讲　律师如何为客户讲课

为客户讲课是律师工作的一部分。定期为客户进行法律培训也是法律顾问协议中的必备内容。如何给客户上一堂精彩的法律课，是很多律师经常思考的问题。

讲课的好处

毋庸置疑，讲课成为律师树立专业形象、进行自我营销的重要方式。为了准备一堂精彩的课程，律师需要集中精力深入研究相关知识、总结自己的办案经验，无形中强化了自己的专业知识。

另外，讲课可锻炼口才、树立自信，对提升口才和文采都是很好的途径，从长远看，对庭审的口头表达、与客户的语言沟通都大有裨益。

律师圈最典型的模范要数朱树英大律师（建纬律所的主任、创始合伙人），他本人每年讲课几十场。另外，他也笔耕不辍，写了大大小小四百多篇文章，在建设工程领域建树了得，圈内律师同行无不刮目相看。知识产权出版社专门为朱律师出版过两本书：《苦寒磨砺筑方圆——律师演讲技能提升之道》《苦寒磨砺筑方圆——律师写作技能提升之道》，一本是教律师如何说，一本是教律师如何写，经验之道、肺腑之言跃然纸上，无不让人叹为观止。

北京大成律师事务所袁华之大律师这样评价朱大律师的著作，朱律师此书，完全从律师的操作实务出发，着重阐述了演讲的魅力。于律师而言，演讲能力是律师职业的核心技能，是律师完善自我修养和进行高雅营销的重要途径；演讲水平的不同将从专业技能、市场拓展能力、业务收入水平、执业传承等各个角度决定律师不同的层级。于行业而言，演讲与写作是律师群体将理论沉淀和实践经验相互分享最高效的方式之一，是行业内部自我培训和传承的重要机制。

用老百姓的话说，只有肚里有，才能讲出口。也就是说，律师去给客户讲课，首先自己“肚里”得有货，否则，你讲得不深，也不会受到客户的欢迎，你的营销效果当然也不会很好。所以，我想对那些急着出去讲课的律师，特别是年轻律师说一句话，最好对某方面的法律业务有所沉淀、有所研究，加上有意识的训练后，再去给客户讲课比较稳妥。

从公益讲课开始练习

年轻律师想给客户讲课可能机会不多。客户通常会找比较有名的律师去分享，比如，律所主任、高级合伙人、其他有“名头”的专家，很少会去找一些刚参加工作不久的年轻律师去讲。

那么，年轻律师如何获取讲课机会呢？我建议大家可以从公益讲座开始。

比如，先从街道、学校的公益普法教育课开始练习。因为这些公益讲座通常是免费的，也不会产生案源，所以大律师们可能不愿意参加。在这种情况下，恰恰是年轻律师很好的介入机会。

年轻律师要始终关注这种机会。在每年的全民宪法宣传日，很多单位会邀请律师做普法讲座，平时也会有一些小微企业邀请律师做免费讲座，这些讲座恰恰是年轻律师锻炼的最好机会。年轻律师如果能去讲的话，一定要珍惜这些机会，不要以为是公益讲座就敷衍了事。因为你本身也没有太多可讲的，如果再不充分准备，估计到了现场也不会收到好的效果，甚至可能“漏洞百出”让听众笑话。

通过多次公益讲课，你会不断积累经验，终有一天会侃侃而谈、游刃有余。

可能有些年轻律师会说，我不敢讲。为什么不敢呢？一是紧张，面对许多人的时候有演讲恐惧症，且经常会忘词。二是怕听众提问。比如，讲到合同无效时，有人问采矿权转让没有经过行政机关批准合同是不是无效，我不知道该怎么回答，显得太尴尬。说实话，有这些顾虑非常正常。大律师都是从年轻律师、没有经验的职业人成长起来的，都经历了“青涩”的成长阶段，所以说，大家无须担心，在这些场合下，生疏或疏漏也是很自然的事情，遇到当场不能回答的问题，可以以问题复杂为由，告诉提问者待讲座结束研究后予以答复。在这些小的场合下出“丑”，是为了在大场合下不出“丑”，所以，你必须从心理上接受这样的训练，让自己从内心先强大起来。

美国总统林肯年轻时经常到法院旁听开庭，用心训练演说技能，最终成为美国知名的演说家。

举这个例子是要告诉大家，首先要接受刚开始“磕磕绊绊”甚至“结结巴巴”的发言和大兵压境般的恐惧这样一个现实状况，然后有意识地去训练，认真地准备，勇敢地去讲，才能成为合格的演讲者。

为了克服紧张，可以从小课题开始。比如，讲一下合同和公章的问题，或者讲一下用人单位违规解除劳动合同的问题。这些话题在网络上可以找到很多成熟的讲课资料。对于考过“法考”的人来说，讲得再不对也不会错到哪去，只要你认真地去准备。

在这里，我也毛遂自荐自己的专著《企业合同管理33讲》，这本书里面有很多现成的真实案例，大家可以把那些案例引用到你的讲座里，讲给客户听。虽然你没有承办过这些案例，但是这些案例是在企业经营中真实发生的，且有一定的普适性，你可以拿来稍微调整，直接用于你的讲座。

讲课吸引力：有趣、有料、有用

我觉得律师做讲座要做到“三有”：有趣、有料、有用。为什么要做到这“三有”？任何一场讲座缺少任何一项都没有意义。比如说，给大家灌“心灵鸡汤”，有趣也可能有料，但是没有用或者用处不大，听众就会感觉没有实际收获，听不下去。

律师作为专业人士给客户做讲座，首先要把专业知识灌输到公司员工的脑子里，并最终贯彻到他们的实际工作之中，而不是给他们讲传奇的故事。也就是说，律师的讲座首要的目的是“有用”，而不能“剑走偏锋”，偏离了这个目的。客户最关心的是实际工作中法律风险的防范，而很少关注法律理论是怎么演变而来的。比如，律师给客户讲代位权诉讼，就不能仅讲法条如何规定、立法本意是清偿“连环债”。客户最关心的是，该制度是否能应用到他们公司的债权清偿中去。对其他的理论和规定，客户不见得感兴趣。

如果脱离客户关注的“有用”，全面展开讲代位权诉讼过程中应收账款质押以及债权转让冲突等问题，你就会看到多数听众会摸起了手机，沉浸在另一个世界了。

但如果你跟他们讲“代位权诉讼”对他们有什么用处、好处，他们立马就会竖起耳朵，认真倾听。比如，你讲代位权诉讼胜诉后会有什么样的结果，在债务人濒临破产或无力偿还债务时，可绕开债务人直接起诉其债务人，通过代位权诉讼直接向实力雄厚的次债务人追偿。讲述这样的内容，客户自然愿意听。

什么是“有料”？律师讲座时不能只读条文，而要向客户展示条文的应用场景。律师讲条文，客户完全可以从手机直接查阅，只要认识汉字，就能读懂法条的意思，但是客户可能很难想象法条的应用场景。比如说，合同中关于撤销权的规定。《民法典》第538条规定，因债务人放弃其到期债权或者无偿转让财产，对债权人造成损害的，债权人有权请求撤销。如果仅看条文，大家能明白其中的意思，但很多人可能不知道该法条的应用场景。律师要给客户讲的是法条的适用具体场景，再对接客户的场景教客户如何应用，就达到了“有料”的效果。

第三要做到“有趣”。有趣，就是通过声音变换、身体语言运用、修辞方法借鉴等手段，寓教于乐，让听众感觉到轻松愉悦。说相声、演小品要讲究有趣，律师的讲课为什么要讲得有趣呢？良药苦口利于病，但太苦难以下咽，并不能治病。再好的专业知识，讲得晦涩难懂，传达不到听众大脑里，也只能“滞留”在主讲者的脑海里。

曾有位律师跟我说，本以为只要给客户讲干货大家都会认真听，其实不然，将枯燥的专业知识讲得有趣确实是一门学问。

他说，去某机关做过一场民间借贷纠纷的讲座，讲座前，他梳理并仔细研究了民间借贷有关法条，购买了专家专著，就最高人民法院关于民间借贷的司法解释中的每一条进行了归纳总结并制作了精美的PPT，给听众一板一眼地进行了讲解，结果是，让他越讲越没有信心：有些人在睡觉，有些人在看手机，有些人假借接电话溜出会场，他感觉在“对牛弹琴”。本是专业实用的讲座，因为无趣而没有取得良好效果。

有些律师会认为，律师的专业形象就是要保持矜持、严肃甚至不苟言笑。专业知识用法言法语去讲述才显得“深奥”，那种“油腔滑调”“有说有笑”的讲述方式会“拉低”自己的专业形象。

而我觉得，讲对专业知识很重要，但讲述方式同样重要。很多的律师去讲课的时候，往话筒前面一坐，打开笔记本，对着电脑“播报”已制作好的PPT，效果几乎和播放录音差不多，没有抑扬顿挫，没有手势，没有演讲者与听众的问答互动，也没有穿插有趣的故事和通俗易懂的释解。最后，只会听到邀请方礼貌地“称赞”，讲了这么久，辛苦啦。

如何做到有趣、有料、有用

如何做到有趣、有料、有用呢？大家要注意以下几个方面：

第一，要充分准备。一是全面收集权威材料，二是反复训练。精彩的电视节目，都是充分准备的结果。在现实生活中，敢给大家唱歌的人，他事前都是充分准备的，否则他不敢在大庭广众之下毛遂自荐。现在你去给别人讲课，当然要充分的准备和训练，必要时也可邀请父母朋友坐在旁边，听你试讲，并让他们指出问题。特别是年轻律师，千万不要高估了自己的能力，训练是非常有必要的。俗话说，文章不厌千回改，讲座亦如此，练习会让你讲课更自如。

第二，要针对客户的关注点设计讲课内容。我在“喜马拉雅”上分享的《大律师锤炼计划》的节目内容，是根据年轻律师在成长过程中面临的众多问题而设计的，因为这些问题是大家的关注点，容易引起大家的收听兴趣。抓不住听众的兴趣点，就“抓不住”听众的耳朵。

比如，邀请方某公司最近有一起赔偿事件，是因为公章管理不严在对外担保承诺书上盖章，最终被法院判令承担责任。这个时候，你去讲公章的管理、公章效力等内容肯定会引发客户的兴趣。

再如，某央企在收购某重大项目时，没有通过“班子会”研究决策，由公司“一把手”一人拍板确定，后来“一把手”因为决策程序不合规受到处分。这个时候，你讲国有资产管理的合规可能就会引起公司的关注。

又如，去劳动密集型的企业做讲座，劳动争议解决的话题可能是他们的急需。当然，讲座前，也可以与客户沟通了解他们的关注点，只要讲座抓住听众关注点，就不用担心听众注意力不集中了。

第三，要多学习一些讲座临场发挥的经验。

在此，我分享一下自己的经验。

首先，讲座语调要抑扬顿挫。有些律师的讲座，就是读条文，信息量很大，讲座时间很长，但自始至终只有一种语调。说实话，我们每个人都从小听老师讲课、听领导讲话，只要是发言者照本宣科，节奏像和尚“念经”一样单调，大多数听众就会走神。人有视觉疲劳，也有听觉疲劳，消除听觉疲劳的方法，就是语调要抑扬顿挫。

所以，讲课时要注意声音、语调的变化。年轻律师讲课时心里会紧张，很难做到游刃有余。努力尝试：讲一会儿稍微停顿，讲一会儿声音变大，再讲一会儿语调降低，这样不易让听众听觉疲劳。

其次，讲课风格力求风趣。开场可以通过轻松方式暖场。比如，非常感谢大家捧场来听我的课，为了表达感谢，我给大家发一个微信红包，算是一点见面礼，大家说好吗？这样会让讲座的气氛活跃起来，赢得听众的好感。

讲到一些难懂的法律概念时，要用身边的生活实例，通过打比方、设定法律适用场景等方式解释。中央电视台的《今日说法》栏目为什么受到老百姓的欢迎？它的套路是，开场先播放一个真实故事，然后引申出本期关注的法律问题。看似是在讲“东家的狗咬了西家的鸡”的鸡毛蒜皮的事，实际上是通过那些家长里短的生活场景演绎法律问题。这种方法我们也可以套用。

比如，讲“阴阳合同”的问题时，笔者列举了一个例子。现在北京有位“白富美”的“房姐”，名下拥有十几套房子，有一天心情不错，想卖掉二环内的一套二手房换一处大宅子，二手房的售价是1600万元，但为了少缴纳一些所得税，在房产中心办理房屋产权过户时，签了一份房屋买卖合同，故意压低房屋价格，合同约定房屋成交价为750万元，房子过户完，“房姐”向买家追讨房款尾款时，对方拿着750万元合同说房款付清了。问题来了：一宗房屋买卖，签订两套合同，这宗买卖到底以哪份为准？这就是日常生活中常见的“阴阳合同”问题。这种场景很常见，很多听众买卖二手房时也都如此办理，代入感很强，再去理解“阴阳合同”就容易多了。

再如，针对某个法律问题需要征求大家的意见时，我会让大家举手示意：认为合同有效的，请举手；认为合同无效的，请举手。总有一些始终不举手的人，这个时候我就会说，我知道“双11”购物节刚刚过去，那些没有举手的人是不是刚被“剁”了手，无手可举？大家就会哄堂大笑，那些走神的听众，突然听到身边人大笑，也会回过神来探个究竟，又回到听课状态，听你讲下去。

在大学里，同样是讲民事诉讼法的课程，同学们为什么愿意听张老师而不愿意听李老师的课？就是因为张老师讲得更风趣。

再次，要在讲座中引述大量案例，“以案说法”效果好。我给大家分享课程时经常引入案例。因为听众都喜欢听案例，案例有代入感、有故事性。

很多人的演讲精彩纷呈，让听众不愿分神，是因为主讲人所讲的内容触到你的痛点或兴趣点。罗振宇或吴晓波的跨年演讲，既有“心灵鸡汤”滋补你的心田，又有科学预见鼓舞你的期盼，所以容易产生共鸣。为何取得这样的效果，就是是因为他们的演讲中植入了案例：大数据和新闻故事。

律师讲法律也可以如此。案例就是讲座的最好调料。如果你讲述的案例正好是客户发生过或者即将发生的案例，或者正好是长期困惑客户的难题，你的讲座就会触动客户的痛点和关注点。无论多复杂的法律关系，如能通过通俗的案例去演示，那再好不过。

我在《企业合同管理 33 讲》就通过很多通俗的实例来讲解法律关系。比如，通过债权转让解决“三角债”的问题，我就拿打麻将为例，张三欠牌友李四的 15 元，牌友王五欠牌友张三的 12 元。怎么办？张三对王五的债权转给李四，李四向王五要 12 元，李四再向张三要 3 元，三方清账，这就是典型的合同权利转让的生活案例。

又次，要脱稿讲课，不要过分依赖 PPT。有些律师讲课，几乎是参考电脑上做好的 PPT，照着自己准备好的稿子读，没有眼神和手势的互动，听众第一反应就是，你是一台“播放机”，只会照本宣科，不会讲课或者讲不出什么有价值的东西。

脱稿的另一个好处就是便于互动，你可以边讲边观察听众的反应。发现听众低下头看手机或东张西望，就说明他们没兴趣了，你需要及时调整语调或内容了。比如，你描述完案件事实，发现听众紧皱眉头，你就应该知道听众没有听懂，你应该重复一遍或换个说法再讲一遍。

在讲座中，PPT 有被过分利用的趋势。很多主讲者担心忘词，就把所讲的内容尽可能地堆积到 PPT 上，待讲课时照着 PPT 读，其实，这种 PPT 的展示效果会很差。

听众看到这种 PPT 会有两种反应：一种反应是用手机拍下来，等有时间后再去仔细看（实际上以后也不会看），拍照后就不听主讲者的朗读了；另一种反应是，能看清就自己看文字内容，不听主讲者的朗读，看不清的，才会听主讲者的发言。

所以，建议 PPT 上展示的内容要高度精练，既能提醒自己下一个问题讲什么，又不要让听众自己去读而不再听。罗振宇、吴晓波的跨年演讲的 PPT 就是最好的典范。

最后，讲和听的互动是讲座成功的关键要素。有些律师认为，讲座是主讲者的独角戏，能不能唱好，关键看主讲者的内容是否受欢迎。但我觉得，讲和听的互动是讲座成功的关键一环，没有听众的全面参与，讲座就难以达到良好效果。

耳朵是长在听众头上的，客户可以组织员工来听课，但不能保证每位员工一定会去听。主讲者只有与听众形成良性互动，让听众“愿意”听讲，才算是成功的讲座。

比如，我有的时候给听众发红包，让大家抢，这会让大家感觉眼前一亮，感觉我和别的主讲者不一样，会对我产生一定的好感。对主讲者没有好感，自然也不会喜欢听他的课。在讲座过程中，可以要求抢得红包数额最大的听众回答问题，并告诉大家会根据听课情况再发红包。让听众觉得好玩，他倾听的愿望就会增强，这就和很多晚会设计抽奖环节是一个道理，其实不在于抽到什么奖，关键是一种期盼，有期盼就会多一些注意力，有注意力就能听得入神，讲座的氛围就会好。

衷心地祝愿你，勇敢地开始你的第一课，用心训练，你可以讲得很精彩。

第二十八讲　律师要不要出书

《企业合同管理33讲》是继《企业产品质量法律风险管理实务指南》之后我的第二本书，第一版四次印刷8000册已售罄，第二版6000册已售罄，目前即将发行第三版，让这本书离“有趣、有料、有用的合同管理教材”的目标越来越近。从第一版的销售业绩来说也算是一本法律畅销书，笔者打算随后出版的本书及《公司法33讲》，仍然坚持“有趣、有料、有用”的写作风格，写大家喜欢读的法律书。

现在越来越多的律师在通过出书进行客户营销，说明每个律师的心中都有一个出书的梦。最近我就接到两位朋友的电话，告诉我最近他们也要出版一本书，并直言不讳地向我询问出版第二本书的“经验”。本讲重点给大家分享一下律师出书的话题。

律师出书，早已不是什么新鲜事。通过著书立说推销自己，也早被很多律师屡试不爽。看到同行出书，很多人往往会心生羡慕并跃跃欲试。那么，问题来了，我们如何写作一本专著，既展现自己的专业水平，又能引起客户的青睐呢？

开讲前，我们还是讲讲出书的态度。

有个朋友说，他用了三个月的时间就写完一本书，我甚是诧异，或者说是担心。短短的三个月里，能抽出多少时间来写作，又能有多少时间去查阅资料，一本书30万左右文字从何而来？会不会是网络抄袭或粗制滥造？我真的不敢想下去。

我认为，对律师来说，出书是一把“双刃剑”，如果你把自己的真才实学通过著书立说传达给读者，肯定是一份正能量，同时也是一次个人学识的充分展现。相反，如果是粗制滥造，如法炮制仅是为了求一本书的出版，不但不能赢得读者的认同，反而可能露了马脚，让读者离你而去，得不偿失。

律师出书的好处

律师写书，目的不外乎以下几项：为了实现自己的文学情怀，展现个人文采，如写诗集、小说；以此作为总结提升自己业务水平的手段，写书必须读书，而且要读大量的书，无形中提升自己的业务能力；以此树立专业权威，促进业务营销，这可能是多数律师写书的真正目的。

在今天这个信息碎片化的时代，浮躁的人们慢慢不习惯捧一本书去读，而恰恰是这个时候，如果你能静下心钻研专业并认真写就一部专著，会让人为你侧目，目光绝非嘲笑而是崇敬，而崇敬是叩开客户心扉的第一步。

笔者第一次出版专著时，一位客户老总曾经说，虽然没有时间读完全部内容，但是，看到你能写30万文字，已经足以让人钦佩。

一本专著，相对于一张精美的名片，必然会给客户留下学者型律师的印象，即便客户记不起书名，也不能读完这本书，但他可能会记住你曾写过专著。

笔者认为，律师服务的关键点是建立客户的信赖，而用心写一本书，就是建立这种信赖的婉约方式。所以，写一本专著，带上它，你会自信地敲开客户的大门……

律师作品的定位

为不同的读者写书，就会有不一样的创意和构思，这是作品的定位问题（要考虑风格、内容、深度等）。

律师是法律的实践者，最擅长的应该是法律实务而非理论研究，也就是说，律师写书应该“对症”法律的适用问题，有感而发，而不要一头扎到底，就某种学术论点揪住不放，将自己当成理论研究的学者。由此，律师著作的主要读者应该是律师同行、法学院学生，也可以是公司法务、非法律专业的公司职工，绝非法律学者或专家。

从目前律师出书分类或者定位来看，大致情况是：有些书的内容属于专业深邃型（如天同律师事务所关于最高法院案例分析的系列书），有些书的内容属于雅俗共赏型（如《法律稻草人》），有些书的内容属于大众普及型（如《创业者不可不知的法律常识》），有以律师同行为读者的专著（如《公司并购与重组操作指南》），有以企业法务或企业工作人员为读者的专著（如《完美的合同》），还有以刚入行的律师为读者的专著（如《思维的笔迹》）。

什么地方的人吃什么口味的菜，所以，首先要选对胃，才能做可口的菜，律师写书也不外乎如此。

内容原创，是一本书的生命。无论对什么样的读者，如果想赢得读者的认可，就必须抛弃拷贝和抄袭，用心码字，这是一件非常辛苦且要长期烧脑的苦差事，但这是写作的本分。

如果你是一名很有名又很忙的大律师，建议你远离这项苦差，一来是你已经不需要通过著书来展示自己的专业水平，二来是粗制滥造一本书，不仅不会提升你的名声，反而有损于你既得的名声。

专著的格调

理查德·克莱德曼，以古典音乐为基础，将古典音乐与现代音乐融为一体。虽然从音乐成就上看，克莱德曼并不是一个世界顶级的钢琴家，其用的是现代的技法和配乐去诠释古典钢琴曲，但在中国，正是不“纯正”的钢琴曲赢得了最广泛的听众。

知名经济学家郎咸平，以百姓经济为基础，以老百姓身边的现象与事件讲述晦涩难懂的经济学知识，深入浅出，抽丝剥茧，娓娓道来，深受观众好评。

以上鲜活的实例告诉我们，曲高和寡，律师写书，唯有对接法律实务，让法律走下孤傲的神坛，落地普通百姓，才能被大众所接受。让冰冷的法律遇上朦胧诗，才能唤醒法律实务书的灵性。

笔者在写作《企业合同管理33讲》时就深刻思考过这个问题，并由此想到医生治病。良药苦口利于病，但如果病人捧着药却因苦难以下咽，估计再好的药也治不好病人的病，而食疗则不然，甜贻到则身体健。

当下法律专业书籍以深为美，而于普通读者却苦涩难懂，读者没有耐心读下去，自然对学习法律于事无补。文似看山不喜平，让僵硬的法律有趣起来，如花飞舞，在跌宕起伏中尽展法律魅力，以喜闻乐见的形式让更多人认识她，应该成为更多作者的共识。

律师写书，应该让读者感觉有料、有趣、有用。简而言之，书的用语要活泼，内容要实用，要将自己的法律领悟植入书中，才能引发读者的喜爱和学习兴趣。

有两方面的动因促使我们去写作：一方面，通过写书“逼迫”自己阅读大量的专著、文章，让自己的法律功底得到提升；另一方面，通过写作能把自己的真本事展现出来，获得读者的认同，特别是获得客户的认可或者信任，对自己的业务拓展大有裨益。

本人写第二部专著的时候用了一年多的时间，只要是不参加庭审，几乎就与书稿的文字“死磕”——修正和校对，说实话，真的是一个备受折磨的过程。因为这个过程要不停地去查阅资料，担心观点误人子弟，又要不停地删改校对，写累了想放弃又不舍，就是这样，写写停停、停停写写，如此反复多少回，直至付梓才算松了口气，发誓再也不写书了。

大家可以想想，写一本30万字的书，至少需要看300万左右的文字，并把这些文字提炼、吸收到自己的著作里，能轻松得了吗？在一个互联网时代，如果你想攒30万字汇集成书，并非难事，你只要把看过的东西简单地复制，再粘贴一下，简单加工，可能一个月就可以出版一本所谓的书，但这样会蒙过忠实的读者吗?

当别人知道你能著书立说，一定会给客户留下学者型律师的印象。即使客户记不起专著的书名，也不会读完这本专著，但请你相信，他可能会记住你曾经出版专著，会记得你是一个喜欢钻研、喜欢学习的律师，而不是一个不学无术、专跑“江湖”的律师，而这一点对改变我们的律师职业形象至关重要。

最后，我建议大家，如果你有时间、有能力、有信心，请认真写一本专著，带上它，自信地敲开客户的大门，体面地出现在客户面前。

第二十九讲　互联网时代律师如何营销

未来律师业会是什么形态，未来自会有定论。今天我们的讨论只是一种展望或者预判，在律师业内进行这种讨论很有必要，本讲对律所以及律师未来发展做展望，便于大家提前做战略筹划和准备。

互联网时代的律师聘用

为了便于理解，我们先对比一下在实体店与网店上客户选购商品时的不同之处。

在实体店购物，客户是通过“货比三家”去权衡产品的价格、质量，只能通过自己的个人感觉或经验做出评价，并最终决定是否购买。这个过程中，其无法知道或借鉴别人对该产品或服务的评价或体验。产品在使用过程中出现质量纠纷，即便客户投诉，商家可能为了自身利益爱答不理，因为他知道顾客的投诉可以控制在小范围内，不会影响其他顾客的购买行为。

而在网络购物时，“货比多家”非常便捷，即便客户对某种产品不熟悉，也可以通过其他顾客对产品的评价或体验获知此类产品的消费经验，最终挑选出心仪的产品。网络购物中的产品评价体系的监督作用，将有效促进网店改善服务、提高产品质量，因为产品评价决定网店的盈亏甚至存亡。

网店对实体店之所以产生重大冲击，最关键的因素是网络购物的对比、评价体系使商家服务、产品质量透明化，让用户可以买到放心、质优价廉的产品或服务。

互联网对客户采购法律服务的影响

传统的律师展业模式：客户聘用律师的方式几乎都是单线的，多数客户是通过人脉（熟人）而聘用律师。其认识的律师多，其选择律师的空间就大，反之就少。

在这种模式下，客户是通过个人体验来决定聘用律师（或律师事务所），就是说，律师的业务能力、处事方式的评判完全取决于客户单方的感觉，其感觉好，就会聘用该律师，反之即更换律师。

这种聘用方式有一定的局限性，且与客户的个人好恶密切相关，所以，会出现一些与实际状况不符的情况。例如，即便律师业务能力很强，也很负责任，也可能会被不“识货的”客户抛弃掉。当然，很多律师业务能力不强，只要客户喜欢，蛤蟆看绿豆——对眼了，“差律师”也会被看成“好律师”。

在上述模式下，只要律师人脉关系好，很多水平低下的律师同样可以滥竽充数，快活地成长在自己的小天地里，而业务水平高的律师也没有机会让“伯乐”客户发现。

为什么会出现上述状况呢？这是因为律师传统展业模式缺乏对比和评价体系。缺乏对律师对比的机会，客户就很难发现律师的优劣。多数客户是在参加庭审见识对方律师的表现时，或者在一审案件败诉二审另行选派律师时，才通过对比了解到自己律师的实力状况。更有甚者，还有些客户对聘用多年的律师业务水平都不甚了解。

另外一个原因是，客户很难通过有效渠道获取自己律师的其他客户对该律师的评价，加之不了解好律师的标准，所以对律师的认知只能凭自我体验或听信律师的“一面之词”，这就使律师的实际水平难以客观展现。

正如莫泊桑的小说《项链》中的玛蒂尔德没见识过真正的钻石项链，只能凭自己的认识去认定钻石项链，以假当真，度过了十年凄惨生活。悲剧的发生与其自身对项链认识的局限性不无关系。

说到这里，可能有人会说，律师服务是专业性很强的服务，与传统的产品不一样，很难对比和评价。

笔者认为，基于今天的科技能力和行业发展共识，律师服务评价和对比并不难。

目前律师行业没有推行对比和评价，不意味着未来不能或不会去实施，这是未来互联网的优势和趋势。除非律师没有优劣之分或者无法区分，否则，就可通过技术指标进行对比和评价，虽然评判的结果可能与现实会有一些出入。

笔者认为，目前律师对比和评价模式尚未建立起来，主要原因除了客户、律师还需要一个适应的过程外，很多数据库端口尚未开放也是重要原因。数据库的开放是大数据分析的基础，例如，目前律师案件收费的信息，只有税务部门可以看得到，税务部门关于律师事务所收费数据库对外保密，如果这个数据库端口开放，就能分析出整个行业此类案件的市场价格、某些律师的收费状况、某位律师的收费水平，等等。

或许有人说，这涉及隐私和商业秘密不能开放，这种观点可能站不住脚。银行数据库涉及隐私和商业秘密且涉及资金安全，但还不是向支付宝等第三方开放了。因为大数据的开放，将关乎有效促进社会运营成本的降低和物流的透明的问题，所以，重要数据库开放和有效使用是社会发展的大趋势。只要重要的数据库开放了，有关律师的诚信档案、代理案件信息、收费状况、执业状况等信息都将成为对比和评价的指标。每个律师都将变成互联网下的“透明人”，优劣自现。借用巴菲特的话说，只有当潮水退去，才会知道谁在裸泳。

综上，笔者预测，律师对比和评价体系实施之日，必将是律师优胜劣汰的抉择之时，滥竽充数的南郭先生逃离之日，而这个日子为期不会远。

互联网对律师事务所平台的冲击

为了便于问题的理解，我们还是先对比一下实体店和网店的不同之处。

在实体店模式下，对比国美电器商场与其他名不见经传的电器商场看，两者运营模式不同，盈利水平各异。客户之所以选择大品牌商场购物，图的不仅仅是价格低，更重要的看好其商业实力、信誉和品牌，在这里购买的产品质量和售后服务有保障。

那么，问题来了，国美电器商场就一定比其他名不见经传的电器商场的产品质量和售后服务有保障吗？当然不是。那么，为什么后者却不能赢得客户的信赖？

正如前面所言，由于实体店缺乏对比和评价体系，所以消费者只能从其规模、投资人实力、品牌等外在“表象”去判断其经营的产品质量和售后服务。因为一般的生活经验告诉我们，经营时间长、实力雄厚的企业信誉较高，产品质量或服务有保障，反之则不然。所以，客户在购买产品前，只能通过这些外在的“表象”来获取对产品质量或服务采购的信心。

而互联网下的网购彻底颠覆了客户对于产品质量和售后服务的看法。互联网时代的产品已经透明化，通过价格对比、质量对比、服务对比，客户很容易了解产品或服务的真实状况，其无须再通过其经营期限、投资人实力、品牌等外在“表象”去评判产品质量和服务保障了。也就是说，客户的关注回归了本源：产品或服务的本身，这就是互联网时代的去品牌化。

小米手机、苹果手机都是新兴公司的新兴产品，上市即热销再次证明，客户关注的终极目标是产品与服务的质量，而非商品或服务的提供者，这也是很多人网购后很难记住商品的卖家或品牌的原因。

其实，我们的律师事务所与客户之间也是如此原理。

在传统的模式中，客户很难对律师的能力进行对比和评判，只有通过外在的表象（星级写字楼、办公设施、分支机构、人员规模等）去增强对律师服务的信心。

正如前文所述，互联网时代的律师服务将透明化，英雄不问出处的时代真的要到来了。客户选聘律师也将回归最终目标：律师的业务水平和职业操守，而非律师所在的单位。

下面我们就来说说“大所”存在的问题。

先拿京东商城电商模式分析一下。目前京东商城除自己经营电商外，也联合品牌公司进驻其平台设立官方旗舰店，最终由京东商城平台统一负责结算、派单、物流、售后等工作。通过平台整合，除京东商城以外的品牌电商俨然成了一个没有品牌只有代码的配货仓库。他们原有的财务、仓储、物流、销售等都统一整合至京东商城平台。再往深里说，“京东自营”也和其他品牌电商一样是京东平台的配货仓库，只不过是一个大仓库而已。

为何出现这种大融合，让原本独立经营的商家放弃品牌聚到一起？这是市场使然，也是消费回归了本源：产品或服务本身。原本商店与商店之间没有质的不同，卖的是同样的商品，提供同样的服务，只不过是由不同的经营单位运营而已。而这些并非是客户需要和关心的，所以，未来的京东商城、天猫商城、亚马逊商城整合成一个大平台也并非不可能。

好了，用同样的逻辑再来分析律师事务所与律师的关系。

虽然目前律师业强调专业分工合作，但专业之间并没有不可逾越的鸿沟，而且很多业务并非只有这些律师能做，那些律师不能做，只不过是由律师事务所或律师根据客户需求、个人喜好、执业经验等做出的执业安排。所以，不同律师事务所的律师并没有质的不同，虽然律师执业能力、职业操守会有差异，但该差异与在哪家律师事务所关联性不大。

虽然律师事务所对律师来说是一个“大学校”，但是与实质的学校不同，实质学校的老师授课水平直接关系到学生学业水平，而律师事务所根本不存在这样的老师。

综上，抛开性格原因、自由选择等因素，仅是从业务操作层面上讲，将全国律师事务所甚至全世界的律师事务所整合成一个大所，在互联网环境下也并非痴人说梦。

市场需要大平台整合

市场经济就是资源经济，资源合理搭配是市场的终极目标，所以，笔者认为，市场需要这样的平台。这种平台也将是律师事务所经营成本最低、利益最大化的平台。当然，整合能否归一还取决于“自由”惯了的律师意愿。

很多人可能担心，“强行”整合在一起，这个庞然大物怎么运行？利益冲突怎么解决？是否与律师制度相悖？

这个问题不因为互联网下的整合而存在，其实在一些超大型的律师事务所中早已存在，正是因为有了互联网，这些问题的解决才成为可能。

就拿现在的3000人的大的律师事务所来说，3000人之间互称同事，但很多人可能互不认识，或者即便认识但并不实际了解。刑事律师从内心里本能地认为自己揽到知识产权类型的案子可以放心交给本所知识产权律师办理，无论是财务结算还是业务控制都很方便。

但这其实是个伪命题，因为知识产权律师的业务能力、执业操守并不会因为其与刑事律师在同一家律师事务所而有所保障。即便他是别的律师事务所的知识产权律师，将该案交由他办理同样可行，只要解决业务协调和费用结算就行了。因为通常来说，每个律师都会努力将业务做好，以赢得客户或同行的信赖。

而互联网时代的律师透明化、结算便利化，使同一平台的律师之间合作成为可能。利益冲突、律师制度也会因为互联网革新和市场需求的倒逼而改变。

由上，笔者的观点出来了，互联网时代，现在的“大所”必将消失，随之而来的是，一批优秀律师脱颖而出，在同一个平台上同场竞技、坦然协作（因为这是一种趋势，而无法准确预测，所以何时到来笔者不敢臆断）。

客户新体验：服务过程透明化

互联网时代，客户将会有全新体验，主要体现为对产品或服务过程的了解以及结果的可预见性。对客户来说，对产品或服务过程的熟悉以及结果的可预见是最好的体验，客户只有获得这种体验，才可能产生黏性。

举个牙疼的人去看病例子。一种医生：不告诉病人诊治过程以及可能引发的疼痛就按部就班地动手术。另一种医生：在动手术前提前告知病人整个诊治过程和可能引发的疼痛。对病人来说，这两种做法的结果和遭受的疼痛是一样的，但病人的体验不一样，当然，病人更喜欢后一种方式，因为后一种方式让客户对手术过程和结果有了心理准备，即具有预见，后一种医生最容易赢得客户。

再举一个麦德龙大型商超与其他商超的例子，麦德龙商超的运营模式是会员制，真实打印购货清单，很受企业欢迎。其销售的产品并不比其他商超的产品价格低，但为什么受到企业欢迎？因为在麦德龙商超购物不会发生购货清单上写着办公用品而实际上是牛肉的现象。这种购物过程的真实反映，让企业购物很放心，经办人员也无法以此获取私利。网购基本都实现了麦德龙商超的模式，企业可以从网上看到下单时间、价格情况、物流情况等，用户体验真实可靠。

互联网，虽然是一个虚拟的空间，但为了提升客户的用户体验，很多环节都会增加对产品或服务过程的展现。例如，网购中产品物流信息的公示，就是让客户“看到”产品的订单、运输状态，虽然这种过程并不能改变产品的物流速度和结果，但会让客户有充分的心理准备，即获得良好的用户体验。

再回过头来说互联网时代的法律客户的新体验。在传统的法律服务模式下，相对于专业律师来说，客户是法律的门外汉，其无法看懂律师的业务操作过程，很担心自己的案子结果，却又不知道该如何下手，更不能不停询问或要求律师汇报案件细节，显露对专业律师的不信任。案子在律师那里，又不能天天看着律师在做什么，是否集中精力研究自己的案子。从商业服务的评价来说，这是一种很糟糕的用户体验。

互联网时代，服务透明化成为可能。门外汉的客户可以依靠互联网推开法律服务的神秘之门。比如，客户将一件民间借贷的案子委托给律师，他可以通过裁判文书网去查阅类似案例的判决结果，他可以在网络上搜索最高法院关于民间借贷的司法解释，他可以通过法院的平台查询案件进程，他可以通过企业信用系统查询被告的公司登记情况，未来还可能通过网络查看律师开庭现场、律师提交材料的状态，等等，客户对案子的事情不再一无所知，他对案子的过程有了基本的了解，他甚至可以预见未来的结果。

上述客户新体验也同样是互联网时代的必然，有了“明白”的客户，律师的服务就会被监督、被指正、被指导。在传统模式下的法律服务中，只要律师能够取得案件的胜利，一胜遮百丑，即便律师在案件中未能竭尽全力、未能为客户争取到最大利益，一切都不重要了。

但今天，那些“蒙在鼓里”的客户，可能不再以成败论英雄了，或者不单单以胜诉的判决作为最高要求了，他们不仅会需要律师争取一个胜诉判决，还需要律师给他一个更快、更周到的用户体验。此时的客户可以随时在心底为律师打分。

用户体验的案件结果可预见性还表现在不再盲目参加诉讼。当裁判文书数据库无限大的时候，客户可以找到与自己情形几近相同的案例，其差不多可以预见到案件的结果。在这种情况下，其就会根据这种结果采取行动，如提起诉讼，是否主动调解或自行承担责任，而不盲目地去尝试进行诉讼。这相应地会减少那些无法知道案件输赢而委托律师试试看的官司。

或许有人说，从目前的状况看，绝大多数专业律师不会让客户如此“指手画脚”，挑战自己的专业权威。也不尽然，客户自己茫然不知自然也不会指手画脚，但互联网让法律那些事门洞大开的时候，特别是，当更多律师或律师事务所开始向客户真实呈现办案过程的时候，想“暗箱操作”的律师还瞒得住吗？最终的结果自然是，真有专业权威的律师让客户竖起大拇指，而没有真材实料的律师可能在客户面前捉襟见肘，不得不接受客户的“指导”或被淘汰了。

互联网时代法律服务采购的变化

由单线通过人脉关系寻求律师，向参照互联网信息聘用律师转变

虽然目前关于律师介绍的资料还比较匮乏，仅有律师事务所网站律师介绍、公共信息中律师信息、裁判文书网中的判例信息、有关律师专业文章等，而且上述信息也是碎片化，但这毕竟是由单线的口头推介向通过第三方平台部分了解开始转变，以后随着互联网信息的丰富以及大数据的开放，公开、透明的律师信息将成为客户采购法律服务的主要参考。

律师聘用由客户“一把手”决定向公开招标转变

在传统的律师展业模式中，获取案源的关键手段就是“搞定”公司“一把手”或法务“一把手”。目前悄悄来临的变革是，上市公司、央企、大型集团企业开始在制度上要求法律采购经过招标程序。虽然很多招标程序存在人为操作的情况，但这种现象在慢慢被规范，选聘律师由“一把手”定乾坤的日子可能一去不复返了。

常年法律顾问服务可能消失

常年法律顾问服务实际上是一种“打包”法律服务，包括合同起草、审核、法律问题咨询、商务谈判、人员培训等。在过去，很多客户对法律一窍不通，图省事，多数会聘请律师事务所作为常年法律顾问，在经营过程中遇到法律问题，就求教于律师事务所的律师。互联网时代，随着法律信息的公开、“热心”律师的知识分享，客户自己可通过互联网查询解决，而非依赖律师的直接解答。

上述情况可用“拐棍”理论解释，拐棍与客户的实际需求有关，在一个食不果腹的年代，虚弱的人们需要拐棍支撑自己走路。在一个物质丰富的社会，健康的身体已经拒绝拐棍的支撑。

律师服务就好比那根拐棍，客户对法律茫然无知时，最需要律师服务支持，而在法律信息查询便利的时代，客户可以寻求互联网的支持而拒绝律师的日常服务，唯有相对复杂的大案，特别是诉讼案件，才会委托律师具体办理。

法律服务招标交由第三方网络采购平台完成

目前多数法律服务招标方式采用传统方式即专家组定标方式进行，人为操作空间较大，且投标人投标材料的真实性、客观性难以保证。比如，对于某律师事务所或某律师某类案件的胜诉业绩，投标人常常会提供胜诉案例材料而隐瞒败诉案例材料，甚至伪造一些案例材料，对此招标人很难验证，只能根据投标人的呈报资料“原件”内容进行评标。

随着互联网众多数据库的开放，第三方的网络平台可以提供大数据分析，完成对律师事务所或律师的综合评价，其真实性、客观性更强。由第三方网络平台开展的采购，可以通过客户评价、市场价格、资信验证、代理案件胜诉率等大数据分析，为客户提供全面、客观的评标方案，堵死专家组人为“暗箱操作”的可能，帮助客户采购法律服务。

综上，互联网时代，客户对律师服务提出更高要求，律师行业也必然要经历优胜劣汰的艰难过程，法律服务“品质为王”的时代必将到来。

第三十讲　律师参会忙什么

12 月 23 日，北京德和衡律师事务所办公地址乔迁银泰中心 11 层，举办了一个年终答谢会和韩国俄罗斯的油画展，大家玩得不亦乐乎，度过了一个非常开心的平安夜。

到了年底，很多律师忙着参加各式各样的会议，有律所年终总结会、同学聚会、客户答谢会、行业协会的年会，等等，还有如《民主与法制》总编辑刘桂明发起的“桂客年会”、法律新媒体如智合和 iCourt 等举办的各式各样的论坛，大家有没有想过律师为什么要参加这些会议，参会给律师带来什么？律师在参会的时候要关注什么？本讲就该话题做如下探讨。

在参会前，应认真考虑参会的目的或意义，包括作为会议的特邀嘉宾也要考虑这个问题，嘉宾参会可不是冲着主办方的几句溢美之词和会务津贴而来的，需要抽出时间和精力准备。有些会议在外地，车马劳顿不说，关键很多会议的议程除了领导讲话外，根本没有干货。

律师是法律实务工作者，参加专业会议、了解行业动态、学习专业知识，经常为自己充电确实很有必要。比如，你是刑事律师，应该多去参加田文昌大律师组织的关于刑民交叉的法律论坛，去听一听大律师做案子的经验介绍，了解一下当前刑事业务方面的热点、难点以及收费增长点等信息。

参加会议前的准备

第一，参会前，应该对主办方、出席嘉宾、议程等有初步的判断，看是否是有价值的会议，而不能冲着会议标题而参会。如中国区块链法律高峰论坛，名字够气派，标题够前卫，但是如果主办单位以及参会嘉宾名不见经传，你就应该知道会议的成色了。

很多的年轻律师想拓展人脉、学习更多知识，整天打听会议去参会，忙着拍照发朋友圈。个人觉得，没有目的参会纯粹是浪费时间。比如，你本人不做知识产权的业务，就不要去参加知识产权的会议，即便会议是在北京最知名的酒店举办，即便某国家领导人参加，会议规格高也没必要参加。因为越是级别高的会议，会议内容越是谈及宏观问题，形式胜过内容，实务性反而不强，去了后没有实际收获。

第二，被邀请做嘉宾或主讲的会议要积极参加。因为自己业务做得有名气，主办方邀请去讲课或做嘉宾，这是一种荣耀，也说明你在这个领域中的地位，所以，通常不要推辞，除非会议的层次太低（主办方、参加嘉宾名不见经传）。参会增加曝光率，是对自己最好的宣传。比如，每年一届的亚洲法律杂志 ALB 的中国知名律师、律所评选，如果你有幸获奖，当然要去领奖，一来可以展现自己的专业形象，二来也让更多的人看到你光辉灿烂的一面。如果你是特邀嘉宾去参与评选或点评，当然也应该积极参加，这更彰显自己是（候选者）专家。

参会不是拓展人脉的最好途径

参加这些会议，可以达到拓展有效人脉的效果吗？当然不会。

年轻律师参会能认识人，但不一定结交到你期望结交的人。有些律师说，我去参会可跟前几排的嘉宾、知名专家、大咖律师等混个脸熟，跟律协的领导等交个朋友。比如，我是地方律所的律师，到北京开会可以结识业界大律师，以后可能有业务合作；我是做矿业领域业务的律师，去参加矿产相关论坛可结交该行业的客户；我是做知识产权业务的律师，参加国际商标大会，可以结交知识产权的很多法务老总；我是做互联网业务的律师，去参加马云、马化腾等知名大咖参加的互联网大会，就有可能结交到阿里、腾讯等客户。

前面讲过，在此简单回顾一下，其实上述想法根本不现实。还是拿“漏斗理论”说这个道理。你认识的人越多，跟他交往地越密切，相当于流到漏斗下端的案源就会越多。我想通过漏斗的形象比喻告诉大家，你要结交足够多的人，而且要进行有效交往，才会获得客户，注意：有效交往是关键。

有些人说，我见人就加微信，手机里的微信联系人已有几千个，甚至上万个，认识的人真不少，但问题是，认识你、认可你、把你当成朋友的又有几个。

拿一个商场为例，商场的人流量和有效客户量是决然不同的概念。大商场里面闲逛的人多，但是舍得花钱买东西的人少，对商场来说并没有太大意义。对律师而言，如果不能形成有效案源，认识再多的人也没有意义。

因此，我们要做两件事情：第一，要尽可能多地认识人；第二，要以我们个人的魅力去吸引别人，让他们成为跟我们紧密交往的人，只有这样，才能获得有效的案源，否则，你认识的人再多也没用。

回到前面的问题，你去参会、交换名片、添加微信，与嘉宾们仅是一面之交，没有深入交往，就不会形成有效的人脉，当然也不会形成案源，所以说，大家不要“跑场子”，“跑场子”认识的人就如同商场里不断闲逛的人一样，他们是不会购买你的商品或服务的。

什么叫人脉？人脉，就是人际关系构成的社会网络。它的核心是什么？社会资本。什么叫社会资本？资本就是交换价值。我们认识的人中，只有喜欢、认可、佩服你并且觉得你有价值的人，才会跟你有亲密接触。这就是“物以类聚，人以群分”的道理。

一个普通的职工结交领导不容易甚至是不可能的，但领导之间的交往是很容易的，因为他们都在一个层面上，见识、阅历、生活背景以及价值理念相近，彼此就很容易结交。

你老是结交高攀比你强的人，但是比你强的人根本看不上你，所以他不会把你当成朋友。你可以邀请他合影、留微信、留名片、留电话，但是你走不进对方的心里，也成不了他的朋友。因为他不认同你、不赞赏你、不佩服你。总之，你没有交换价值，对他没有用处。

年轻的律师忙着去结交人脉，这很不现实。临渊羡鱼，不如退而结网，年轻律师刚入职场，没有经验、名气，去给人递交名片，大咖们只会礼貌性地跟你合影、握手、签名、留微信，但是不会记住你，因为你和他的心远隔千里。

如果你是会议受邀演讲嘉宾，想要结交另一位演讲嘉宾，可能就没有那么难。大家都是受邀嘉宾，社会地位、社会能力、影响力应该是大致相当的，所以就容易结交。但是，绝大多数的年轻律师去参加会议只会是坐在听众席上，最可能结交的就是听众席中与你阅历相似的人，虽然你并不一定愿意跟坐在你旁边的人成为朋友，因为你本来是来想结交大咖的。

年轻律师怀着结交朋友的想法参加会议不太现实，但是如果参加会议的目的是听资深专家讲座，那就另当别论。

但有些人参会的目的不是去求知，也不去求结交人脉，只是想到“高大上”的会议上去打卡、发朋友圈，以此炫耀。对此，我就不加评论了。我主要是想告诉大家：参会前一定要好好思考，是否能达到自己的目的，不要把时间浪费在看似“高大上”的会议上，除却浮华，空手而归。

很多“高大上”的会议，说白了，就是那些大咖们聚会的“秀场”，每个人都有露脸的机会，都穿得西装革履，站在演讲台上花香扑鼻，听台下掌声雷动，好不热闹。站到台上的，无论讲得好不好，毕竟在律师圈里也混了多年，大家出于礼貌或者为了捧场，都礼节性地叫好。你方唱罢我登场，舞台从来不寂寞。但说实话，想到这种会议上学知识很难。因时间关系，每个人的发言只是短短的几分钟，即便有料，也不可能深入展开。

我不建议年轻的律师去参加这种会议，你根本挤不进去，不是说你进不了会场，而是指你挤不进那些人的圈子。有些以脱口秀为主的会议，如果你对主讲人比较了解，也知道他有真材实料，可以去参加。其他的如“圈子会”“秀场”的会议，不建议大家参加，你学不到东西，也结交不了人缘，只会浪费时间。

很多会议搞得很奢华，葡萄美酒夜光杯，有乐队伴奏、舞蹈助兴，美不胜收，但我个人建议，去见识一下就够了，没必要穿着燕尾服去赶场子，因为你只是“打酱油”的观众。

总之，每个人都有不同的目的、不同的发展阶段，大家可选择适合自己的会议去参加，长长见识，开开眼界，感受一下就好，但是真的不要为了参会而参会。

年底总结比“跑会”更有意义

与其年底跑会场，不如静下心来做总结。

我赞成很多的朋友所说，听了吴晓波和罗振宇的跨年演讲，听完那些“高大上”的未来论断，“热血沸腾”之后，还要回到当下，总结自己过去工作的得与失，展望来年新希冀。

每到岁末年初，总是有人欢喜有人忧。大咖律师赚得盆满钵满，年轻律师还在贫困线拼命挣扎，这是一个很残酷的事实。对比这一年的努力工作，挣钱少的律师心里总不是滋味，这种扎心的现实也是生活中的常态。

我的观点是，虽然各个单位都在做年底的总结，但是律师的年底总结不是给单位看的，而应该是给自己看的，所以，应该让总结成为新年成长的“诊断书”，而不是应景的“表面文章”。

在此，我要讲一讲目前不同发展阶段的律师在年底的忐忑与困惑。律师行业中最忐忑和困惑的应该是那些在发展阶段的律师，已经做得比较成功的高级合伙人每年都在庆祝自己的收获，高级合伙人们考虑最多的可能是，如何更上一层楼挣得更多，他们获得了必要的技能、秘籍，也一劳永逸地享受通往成功路上的喜悦和自豪。

但是更多的律师像一些年轻的律师、执业不久的律师，还没有上路甚至还没有找到门道，所以就会有很多的困惑；还有一些老律师干了好多年，每年的起色也不大，越干越泄气，甚至因此退出了律师行业。

我个人的观点是，没有新举措，没有“倒逼”自己的计划，你永远是你。你之所以没有突破，就是因为你没有找到自己的问题，缺乏革新的决心和实际的行动。

深刻反思，才能看清自己

每位律师特别是上述在困惑中的律师，应该拿出半天甚至更长的时间跟身边的同事开诚布公地交流一次，征求别人对自己的看法和建议。知耻而后勇，不深刻反思，就不可能有所进步。

有位律师执业近十年，业绩一直不温不火，想换家律所发展，他跟我讲：“我个人觉得自己的能力没有问题，其实高级合伙人能做到的我也能做到，现在业绩不突出主要是缺业务发展机会，我觉得原来的平台有问题，是不是换家律所发展会好些?”

我告诉他：“平台确实能助力你的发展，但是最重要的还是自己要努力。到现在，你还没有认识到自己的不足，还归罪于平台，即便你换一家大律师事务所，也不可能躺在平台上就能发展起来。因为你还是你，你没有改变，平台不可能改变你。”这些也是我想跟大家说的话，总结就要“倒逼”自己，要把自己看得体无完肤，只有这样你才能够发现自己的问题，才能知耻而后勇。

有人说，我以前干过法官多年还是法院的“审判能手”，业务能力没问题；有人说，我之前是公司的中层领导，知名大学毕业，师从某某，我不比谁差。但是，这些人的业绩却没有起色。为什么?

我认为，一个人太过自负，就不可能有所改变和长进。业绩没有做起来的律师，恕我直言，多数是因为太自负。

律师需要独当一面，需要自我加压。任何一个行当做得优秀的人，都是因为他比别人付出更多的努力，在不断地改变自己。在现实生活中，很多人因为缺乏改变自己的动力，寄希望于外界来改变自己，最后却一事无成。

俗话说得好，世界不会拯救你，只有你能拯救自己，你自己都不想改变，别人推着你是没用的。当事实证明你做了好多年律师业绩都没有起色，就是因为你缺少改变自己的行动。

要想认真总结，先把你自己的内心放空，用批判的眼光去审视自己。思考为什么案子没有承揽到，为什么业务没做好？要客观地、深刻地剖析自己。

一方面，可以与相同发展阶段的同事进行对比，找到差距。比如，我和某位同事都是2015年领取的律师执业证，背景非常相近，都是“草根”阶层，同是大学毕业进入律所做律师，可人家仅用了四年，业绩就做到二百万元以上，而自己还只是五十万元左右。无须东奔西走，榜样就在身边，你应该向优秀的同事学习，学习人家的拼搏精神、研究态度，只有认识到与优秀者的差距，才能奋起直追，迎头赶上。

另一方面，与自己的过去比，拿2019年的自己与2018年的自己比。对比的指标很多，客户、收费、案件数量、学习时间、工作积极性等。我建议大家把这些指标都写到纸上，一一分析。比如，2019年接手的案件还是普通民事纠纷，是不是自己没有意识或能力做调整？单案收费没有提高，是不是因为自己办案能力也没有实质性提升？是不是工作态度太懒散，投入工作中的时间太少？最高法院的商事审判指导案例的书看了多少？年初计划写几篇专业文章写了吗？去年业绩下滑，是市场使然还是自己没有做好而失去市场……

将计划付诸行动

常听人说，只要路对不怕路远。但是，大家想想，多少人知道要走的路在哪里，但又有多少人不是因为路远而放弃的。经常听到很多律师同行说，我计划在新的一年里写三篇专业文章，但到年底问他时，他往往会遗憾地说，今年工作太忙了。谁不知道做一名优秀的律师要勤勉、好学、多写专业文章的道理，但又有多少人能够坚持下来呢？

上述问题如果梳理不清楚，就不可能改变自己，更不可能有所进步。比如，你的客户资源没有增加，今年计划再开拓 10 人，在纸上写明 10 个人的名字，在每个人的名字后面写明公司职务、公司业务，交往情况及计划，计划要细致可行。假如你是做基金业务的律师，因为市场形势不好，业务创收不理想，就要考虑：新的一年应该推出什么产品，为打造该产品应该如何去学习，上哪些机构学习，要读哪些书，要达到什么样的目标，如何去宣传等，要罗列清楚，并制订“倒逼”计划。因为人的本性都是懒惰的，只有把这个东西列出一个“倒逼”自己的计划，时常鞭策自己，才能促进自己进步。

我曾看过某位同事的 2017 年、2018 年、2019 年三年的年终总结和新年计划，几乎都是一个“套路”，唯一改变的是年份，这纯粹是应付。写总结不是为求哪位领导提拔而汇报功绩之用，是为自己反思之用，完全没必要糊弄自己。

世上没有成功的秘籍和捷径，只有自己的行动才能让自己到达成功的彼岸。当然，新年计划也不要好高骛远，应该切实可行，且能通过努力可以达到为好。年轻的律师可以写几篇论文，如果感觉写论文也很难做到，你至少写几篇法律文章，哪怕是小“豆腐块”文章，反正，你需要努力做些什么。

比如，你刚做过一起债权转让的案件并取得胜诉，那就尽快抽时间梳理出案件的焦点、法律问题，写一篇法律文章。在文章中，不一定非要提出“惊世骇俗”的法学理论才算是优秀作品，总结办案经验的文章本身也是最好的学习和分享。把这种能做到的事情设定为自己的目标，比较容易实现。让自己看到努力的每一点进步，才会增强自己的自信心，从写小文章开始，慢慢过渡到写大部头。

《曹刿论战》讲，一鼓作气，再而衰，三而竭。就是告诉大家，做任何事，都要乘胜追击，努力前行，自信增强了，你去做下一件事就会更顺当。也就是说，制订的计划不要“高不可攀”，一项完不成，就没有信心去完成第二项，久而久之，计划就形同虚设，没有作用了。比方说，去年完成 100

万元的创收，今年你可以考虑150万元或200万元，没有特殊情况，就不要设定500万元的目标。

总之，新年计划要切实可行，关键是自己要有实施的决心。对律师而言，也是同样道理，有很多的律师原本做着某公司的法律顾问，但是因为自己懒惰，把机会白白让给了那些更勤奋的律师，而更可悲的是，这些律师被客户抛弃了还蒙在鼓里。所以，我希望你能与客户同发展，跟上客户的发展步伐，这样你才能走得更远。

最后，我希望你通过年底总结发现真实的自己，新的一年，争取做一个不一样的自己、全新的自己，站在一个新起点上努力向前。

律师经验篇

漫道如铁，始于足下

第三十一讲　知识产权律师如何成长*

当年从中国政法大学毕业之后，我并没有明确的专业方向，那时比较流行的选择是做证券律师或者房地产律师。做证券律师，业务压力小且收入高，但当我了解到证券律师每年多半时间需要花费在企业调研上而且每次出差要长达三四个星期时，就果断放弃了证券专业，因为我需要更多的时间在北京陪伴家人。至于房地产专业，我认为刚毕业的学生缺乏客户资源，房地产入门业务只可能是处理小区业主维权这类琐碎的事务，很难体现自己的价值，而承揽到房地产大业务又遥不可期，于是，也就此作罢。

我本科读的是理工科，研究生读的法学，临近毕业有人提示说，我可以结合理工和法学的优势，从事知识产权方向的工作。我认为有道理就欣然从之。做知识产权专业也面临两种选择：一是去律师事务所做知识产权律师，二是去知识产权代理公司做专利代理人。

我当时选择的是在知识产权代理公司工作，但这很大程度上并不完全是我自愿选择的结果。当年的律所待遇跟现在有很大的差距，作为一个新人，即使通过了"司考"，在大型律师事务所月薪也只有一两千块钱，若是在小型律师事务所，还要自己承担社会保险费。虽然十多年前在北京的生活成本相对今天要低很多，但是一两千块钱也不足以维持基本的生活，所以我只能选择去知识产权代理公司工作。知识产权代理公司的收入相对于律师事务所要高一些，刚入行的平均收入能有五六千元，当年北京的房价才每平方米五

* 以下系北京德和衡律师事务所高级合伙人、知识产权律师陈浩的友情分享。

千元左右，所以说这个工资水平至少能维持我的基本生活，就这样，我踏入知识产权代理公司的大门，开始了我的知识产权法律职业生涯。

两项工作赢得信任

刚入职时我希望从事专利代理人工作，从最基础的非诉讼业务开始做起，也就是专利申请、商标申请和版权登记等入门业务。在此，有必要跟大家解释一下工作内容：自然人或公司完成一项发明方案后，需要把这个发明方案转换成专利局接受的专利申请文件方能提交，专利局审查后决定是否授予专利权。专利代理人的工作就是帮助发明人或者发明公司把发明方案转化成专利局可审查的文件，一般包括多个部分，比如，权利要求书、说明书、说明书附图，这个转化过程并不简单，因为发明人肯定希望被授予专利权后保护范围越大越好，但同时又会产生另一个问题，就是专利的保护范围越大，在日后的专利维权过程中就越不稳定。

此时，专利代理人就要完成两个目标：第一，让发明人的专利保护范围尽可能大；第二，保障后期维权过程中专利尽可能稳定。面对两个相互矛盾的目标，专利代理人必须具备较高的专业素质，寻求二者的平衡，因此，专利代理人是一项极具挑战的工作，能够充分体现知识产权法律从业者的价值所在。

然而，我实际入职以后半年内并没有从事专利代理工作，主要做了两件事，也正是这两件事使我赢得了领导的信任。

第一件事，当时我们知识产权代理公司刚好要搬家，搬家后要建立新的网站，领导交给我的任务就是跟 IT 部门对接来建立公司新网站。我认为领导如此安排可能是为了让我尽快了解公司，于是我怀着极大的热情投入这项工作当中。

首先我把知识产权代理公司分为大型、中型、小型三类，再从每类中挑选三至五个代表，然后把这些公司的网站进行分析并截屏，对比它们的优缺点，分析它们的网站设计架构、图片装饰风格等。

我们的知识产权代理公司是一个中型公司，经过之前的分析借鉴，再根据我们公司的自身特点，我写了一份详细的工作报告交给领导，然后花了一个多月的时间，跟IT部门共同制作完成了一个现代化的公司网站，得到了公司领导的认可。

第二件事，比较难。我们公司成立于20世纪90年代，到我入职时已经成立了十多年的时间，领导安排我把这十多年积累的案卷全部整理一遍，专利、商标、版权、商业秘密等案件分类整理。同样地，我又怀着极大的热情花了大约三四个月的时间把案卷全部整理好了。当时领导特别惊讶，因为他没有想到我会在这项工作上花费那么长时间，还那么有耐心。

在这个过程中，我学到了什么？有机会向公司内优秀代理人学习。当时许多代理人离职或者调换岗位了，他们的案件需要整理，通过整理案卷就可以学习到他们的代理思路，了解到专利申请、专利无效、专利诉讼以及各类商标案件处理的方式方法，包括：作为原告或无效请求方应该怎么申请、作为被告或者专利权人该怎么应对，在十多年的案卷中都有相应的答案。

整理完案卷后我才了解到，其实领导之前曾把这个工作安排给四五个代理人去做，但是大家都觉得：第一，放置了十多年的案卷很脏；第二，案卷本身很混杂，需要极大耐心和较长的时间才能完成，所以都没有人去接这个苦差事。确实是，案件承办人办结案件后，只把繁杂的材料放置在案卷中，既没有按照案卷的性质来归类，也没有按照时间顺序去排序，谁愿意去收拾这个烂摊子呢。

完成了这两项工作后，领导对我有了新的认识，他认为我对待工作有耐心、有激情，于是在后续专利代理过程中，他就有意识地把一些有挑战性的工作交给我。

犹记得，我撰写的第一份专利申请文件是一项关于催化剂的专利，刚拿到技术方案的我完全不知道如何着手去开展工作。领导专门安排了一位资深代理人来带我，但是以我作为新人的理解能力，完全听不懂前辈简洁又专业的教诲。前辈很认真地跟我说，认真看审查指南，因为审查指南是专利局审查是否授予专利权的部门规章。专利申请的过程中可能遇到的问题，比如，权利要求书、说明书应该达到什么样要求，以及在此基础上什么情况下专利被授权或驳回等，在审查指南中都有详细的规定。就这样，我白天工作，晚上学习审查指南，有不懂的问题及时向指导老师请教。

那个时期，我养成了一个虚心请教的习惯并且一直保持到现在，在工作中发现不懂的问题，我会及时向优秀的同事去请教。在我印象中，当时我们公司一百多人中，大部分人都给过我指导过。不懂就问的习惯对我成长很有帮助，因为只有自己最了解自身的优势和不足，如果遇到问题自己都不提出来问，别人不会主动帮你回答。

待我学习完专利审查指南后，指导老师告诉我，做专利撰写工作首要任务是了解发明人的技术方案发明点，也就是要搞清楚新的技术方案相对于原有的技术方案的创新点在哪里，然后围绕着创新点去撰写。这句话令我茅塞顿开，以此为基础，开始了我的专利代理工作。

一开始，我觉得专利代理工作枯燥又紧张，每天接触的只是许多不同的技术方案，并且要抢时间提交。专利申请时间很大程度上决定了这项专利是否能抢先授予，所以申请日期越早越好。代理人需要尽快把专利文件撰写完反馈给发明人，由发明人确认无误后递交到专利局，这样的话才能确保有较早的专利申请时间。

我记得刚开始学习撰写专利文件时非常狼狈，后来随着专利文书撰写数量的增加以及对审查指南的理解越来越深刻，我对专利申请工作有了新的认识，工作起来也越来越得心应手。

准备专利代理人资格考试

关注知识产权业务的朋友可能都知道，专利代理方面有个资格考试叫做专利代理人考试，每年一次，当时我是一边工作一边复习。开始准备专利代理人考试的时候，我的计划是花两年时间通过，因为我备考时工作时间短、经验少，两年能通过就算“烧高香”了。要知道，当时的专利代理人考试平均通过率很低，只有 7%，很多代理人考五六次都未能通过。

在备考的过程中，我遇到了很大的困难。考过“司考”的人都知道，考试结束后，“司考”的试题和答案都会公布，以便下一年准备考试的人去研究复习。但是，早些年的专利代理人考试却不是这样，专利代理人考试的答案不公布，且 2004 年之前专利代理人考试的题目也不公布。这就导致一个很大的问题，考生不知道历年试题而无法复习。

值得庆幸的是，当时有各种各样的知识产权论坛，我就到各论坛去收集之前几年的试题，此时又产生了一个新的问题：我不会做题。当时执业以后，虽然我对专利申请代理工作有了一定的心得，但是跟一个成熟的专利代理人相比还是有较大的差距，很多考试真题我连读懂问题都有困难。

当时我们公司大约有 30 个人同时参加考试，大家都没有搜集真题，于是我与全体备考同事共享了这些试题，并倡议成立一个考试复习的共同体，建议大家把最近几年的真题分成不同的部分，每人分担其中的一部分，负责做完并与其他同事分享，大家对此纷纷响应。

我们经过测算以后，确定每天大约复习十个试题，在前一天我们把第二天中午要讨论的试题分好。比如，将十道题分给五个同事，每个同事做两道题，然后在第二天中午的时候，大家不午休，在大会议室里研讨，把自己做的试题答案来跟大家分享，由大家判断是不是正确。

在这个研讨过程当中，前一两次可能听不懂大家在说什么，我便会晚上继续独自研究，有不懂的就在第二天向同事请教。

就这样，过了一个月以后，我感觉自己有了明显进步。复习了三四个月以后，我的水平有了质的飞跃。2006 年，我第一次参加专利代理人考试便顺利通过，当时我们公司报考的有 30 人，仅有 2 人通过。

分享就有收获

通过那次考试，我总结的经验是，无论是做知识产权代理人还是做律师，要懂得跟大家分享。因为自己了解的知识领域是有限的，只有跟大家分享，聚集大家的智慧，为团队所用，为自己所用，才能够更快地成长。

在我的执业过程当中，除了与客户相关的信息需要保密以外，其他的信息我都是跟同事及有志于从事知识产权的朋友来分享。

分享有时候会带来意外收获。在通过代理人资格考试后，我积累了几十斤的复习资料，觉得扔了很可惜，就想到把这些资料分享给其他准备考试的考生。于是，我联系了知识产权出版社的编辑，把自己的想法跟出版社进行了交流，正好出版社也有这方面的想法，双方一拍即合，2007 年，我把复习期间的资料整理出版了。

后来，出版社编辑跟我说："在你之前我身边已经有很多朋友跟我提出过类似的想法，但是他们只是提出想法而已。而你当时跟我们联系的时候，不仅提出了这种想法，而且已经撰写出来了一个方案，我们看了你的方案以后，感觉到这正好是我们需要的方案，所以我们很快就跟你签约了，这个机会才给了你。"

当时，身边人总说我很幸运，执业初期就在知识产权出版社出版新书。其实，我的感悟是，很多时候大家会有很多想法，但是可能仅是在脑子里一闪而过，并未付诸实施，最终也只是一个想法而已。要想成事，除了要有想法，关键要善于抓住机遇，身体力行。

经常有朋友跟我说自己想做律师，五年前这样说，三年前这样说，今天还是这样说，但实际上也仅停留在说说的状态，最后还是没有迈步。如果你对知识产权业务感兴趣，就大胆选择去做吧。在执业过程中遇到问题，再去想办法解决，无论如何，一定要行动起来。

综上，我的两点经验：第一是分享，赠人玫瑰手留余香，一个人手中获得的信息是有限的，必须要跟大家分享，我为人人，人人为我，你才能成长得更快；第二就是实践，有了好的想法一定要尽快落实，通过实践才能收获经验，无论是成功的经验还是失败的经验，都能够锤炼自己。

与客户保持合适的距离

对于律师行业，我个人建议，无论是在北京还是上海，在一线城市做律师一定要做专业的律师，因为“万金油”律师很难在一线城市立足，也很难获得长远的发展。

你选择做知识产权以后，要经过相对长时间的积累：第一，专业的积累；第二，口碑的积累；第三，资源的积累。三方面积累到位以后，当你独当一面的时候，你会发现处理各类问题慢慢变得得心应手。

很多律师曾问过我，开始执业时，谈客户应该注意什么？

俗话说，吃一堑长一智。我的经验就是从失败中总结经验。在我开始独立做知识产权律师的时候，前两三个月谈客户基本上是谈一个散一个。我有个“复盘”的习惯，就是每当我谈完客户以后，我会回顾：我跟客户谈了什么，客户说了些什么，分析客户最终没有委托我的原因可能是什么。如果分析不出来，就去请教资深的律师同事。在经过三个月左右的摸索后，谈客户的效果渐入佳境。

我的建议是，不要被客户“牵着鼻子走”。常常有客户有很多的话要说，有很多感情需要表达，但如果让他敞开说，可能三四个小时都不会停，而有效信息仅有 10% 。我的做法是，先跟客户聊 10 到 15 分钟，这期间可以由客户先去讲述案情，如果客户能抓住重点，就进入实质的交流，如果客户漫无边际地“海聊”，到 15 分钟左右的时候，我会直接打断客户的发言，按照自己对案情的了解，把案件归纳出四五个关键问题，让客户逐一回答，只谈事实就可以了。谈完事实以后，我就会形成基本解决方案，然后，我再跟客户去交流：是否有相应的证据，怎么收集证据等。

无论处理知识产权的诉讼或非诉讼案件，一定不要被客户的意见所左右。因为客户在谈案件时会掺杂感情因素，不能客观地看待案件存在的问题。作为专业律师，我们需要独立地、客观地分析案情，了解客户的诉求及证据，然后帮助客户从法律上做分析，这才是帮助客户解决问题的正确方式。

做律师难免遇到一类情况就是有些客户并不是想花钱找律师，而是来“蹭”咨询占便宜。经常有年轻律师同事跟我诉苦，说有些时候客户从网上找到他向他咨询，一次电话交谈两三个小时，多次咨询就是不委托、不付费，该怎么办?

我的建议是：跟客户只聊 15 分钟，15 分钟以后邀请客户来律所面对面交流。若客户是外地的，让他把案件材料的复印件或者扫描件发来，待律师研究后，再决定是否进一步交流。在这种情况下，确实是想委托律师的客户就会按你所说的方式来做，“蹭”咨询的客户既不会跟你见面，也不会把案卷的材料给你，你完全可以终止对他的服务。因为他们并不尊重我们的专业服务，他们只有当陷入纠纷时，才想到专业的律师的重要性。

在与客户会谈的过程中，我们要记住两点：第一，要保护好客户的利益；第二，要保护好自身的利益。为什么说保护自身利益呢？因为对律师而言，最大的伤害就是接到客户向司法机关或向律协投诉自己。

为避免投诉，应当做什么?

一方面，从你接客户电话或者跟客户见面的那一刻起，就假设当事人已经开始录音。在这种假定全程录音的情况下，你跟他交流就有所防范。因为投诉律师的通常不是对方当事人而是自己的当事人，如果律师连自己的风险都不能防范的话，还谈何帮助客户防范风险。

另一方面，与客户交接材料要有交接记录。记得有一次去法院开庭，开庭之前向客户索要证据原件，客户说交给律师了，亏得律师助理留存了客户收回原件的凭证，客户才无话可说，如果当时未留存交接凭证，律师可能就有口难辩了。那就不仅仅是被投诉的问题，甚至有被要求赔偿损失的风险。

就我本人的成长经历来说，先在知识产权代理公司工作再去律师事务所是比较稳妥的选择。如果你有志于从事知识产权业务，最好先在知识产权公司积累处理专利申请、商标申请等非诉讼业务的经验再去律所工作。虽然"道路"有点曲折，但知识产权公司三到五年打下的非诉讼的基础会对日后处理诉讼纠纷案件大有裨益。

知识产权律师，既要尊重自己选择的专业，又要让客户尊重自己的专业。这就需要我们依靠"专业"说话，不被自己客户或者其他第三方所牵引，能够独立地坚持自己对法律的理解，做好知识产权律师所应该做的工作。

最后送大家一句话，是我执业初期看到的一句话，是一位律师曾经对他的当事人说的话，大意是："你好，今天我们两个人在这里，我并不是要成为你的朋友，而是来帮你解决问题，所以，请尊重我的专业。"

第三十二讲　刑辩大律师怎么炼成*

挥法律之剑，斩人间之邪恶，护法律之圣杰。身为法律人，我们渺小又如此执着，在法律的行业内，我们不断地追求公平和正义。公平正义，既是我们在执业过程中树立的理念，也是我们在法学院教育中深植的法律意识。

说到这里，我以为，公平正义体现最明显的法律服务应该是刑事辩护。很多人说，在律师行业中，刑事辩护是传统业务，它传统到任何一位刚入门的律师都可以去做。任何一宗案件都涉及当事人的人身自由、财产权乃至生命权，对当事人来说都是大事，但律师参与辩护的门槛又很低。比如，一宗伤害案件、盗窃案件或交通肇事案件，它发生在我们身边，每位律师都可能去接触或代理，所以，从这个角度来讲，刑事辩护业务是最为传统的业务。

但是，伴随着近年来经济的发展，特别是互联网的发展，刑事辩护业务产生一些新特点、新机遇、新挑战。如果不跟上时代的发展，单纯地沉浸于传统的刑事辩护业务，恐怕难有大的作为。

接下来我结合自己的执业经历，从六个方面来谈谈对刑事辩护的理解和感悟。

悲天悯人之心

悲天悯人之心，也有人说，这是一种恕的精神，即宽恕人。也就是说，

* 以下系北京德和衡律所高级合伙人、刑辩律师徐红亮的友情分享。

当你接触任何一宗案件，无论是当事人还是其近亲属坐在你面前，要有悲悯之心。

为什么这样说呢？因为在你的思维里，你是要为当事人做辩护，因此你要认为侦查机关、检察机关的决定或许有不妥当的地方，都有值得辩护之处。所以，要做好刑事辩护，你首先要学会同情你的当事人，只有这样，你才能够发自内心地想帮助当事人，找到辩护的点子或思路。同时，通过这种悲悯赢得当事人、委托人对自己的信任。

如果没有这种理念和心理，就没有当事人会选择你做他的辩护人。经常听当事人说，某某律师水平很高，但是在他心里我就是"大坏蛋"，他不可能真心为我辩护，所以，我也不敢聘请他做我的辩护人。

在这种情况下，你根本就没有辩护的基础和可能。换句话说，从道德层面，你认为当事人罪有应得，你当然可以拒绝为他辩护，你可以不接这样的案件。只要是想接的案件，你就必须从内心里同情当事人，也只有这样，你才能够发自内心为他找辩护的切入点：发现无罪、从轻或减轻处罚的事实。

案件预判力，需要积累经验

当接手一宗案件之后，你首先要对案件做出初步预判。当然，这种预判对刚入行的律师来讲或许要求过高。为什么呢？因为法律经验源于实践，只有有经验的律师才能做出比较正确的预判。当然，只能是比较正确的预判，因为有很多案件，侦查机关刚刚立案，律师获得的信息渠道有限，很难根据有限的信息而做正确的判断。所以，从这个角度来讲，律师要尽量地凭借自己的专业知识、经验以及当事人介绍的情况做出预判。

比如，一宗暴力致死犯罪案件，最简单的预判就是除非犯罪嫌疑人身体不适合羁押，否则他不可能被取保。这种预判会为你和当事人洽谈案件奠定基础。如果预判错误（比如，律师认为尽管有人死亡也能取保候审），那可就麻烦了，最终犯罪嫌疑人不能办理取保候审，势必影响当事人对你的信任，律师甚至可能遭到服务投诉及索赔。

当然，律师对案件的未来预判得越精准，或者说对未来看得越远，对案件的把握性就会越大。预判能力需要律师不断地积累经验以及与办案机关之间不断沟通才能慢慢提升。

业务学习不放松

有几个人能把《刑事诉讼法》背下来，又有几个人能把《刑法》背下来？估计不会多，其实也没有必要全文背，因为有些条款在实际工作中几乎用不到，但在实践中常用的条款要背过。比如，申请变更强制措施的条件、取保候审的条件以及庭审中如何申请证人出庭、一审诉讼的审限、二审开庭审理的条件，这些你必须背下来，因为在实践中经常会用到。

还有一些常见的罪名，你要背下来，不仅要背刑法法条，还要背司法解释的条款。你掌握的法条越全面、越深刻，对你越有益处。举个例子，一个犯罪嫌疑人涉嫌寻衅滋事罪被羁押，其近亲属去找律师，去咨询专业人士、去查法律条文，在这种情况下，你来接待他，如果你弄错量刑幅度，说寻衅滋事罪应该判两年以下，不管后面谈得如何，当事人基本就把你给否定掉了。因为你对基本法律条款都不掌握，靠什么为当事人辩护呢。

再进一步来讲，律师到看守所第一次会见犯罪嫌疑人。第一次会见犯罪嫌疑人关系到能否取得犯罪嫌疑人的信任，让他同意是否委托你做他的辩护人，也就是说，他的信任是你行使辩护权的基础。

当事人通常都会问，他的情况是不是构成犯罪？如果构成，量刑幅度是多少？这个时候，你如果去查询书本，不但会跌份，而且可能会失去委托。因为犯罪嫌疑人会认为你不专业、不负责任或没有办案经验。因此，律师应该做到“有问必答”“对答如流”，这是刑事辩护律师的基本功，你不可能背诵全部条款，但对最常用的条款以及与案件密切条款，应该做到脱口而出。这既是对当事人心理的安慰，也是与司法人员交流沟通的基本知识。

刑辩律师除了学习法条和同类案例外，还需要学习相关领域的专业知识。比如，某刑事案件发生在期货领域，律师就要学习期货知识，包括头寸、爆仓、手续费、递延费等概念，否则就看不懂相关术语，无法判定嫌疑人的故意表现在哪些方面、造成的经济损失如何计算。比如，前几年本人做一宗海关进出口走私棉花案件的刑事辩护。对我个人来讲，就需要学习棉纺配额以及棉花加工流程：进口棉花和国内棉花配比以及山东棉花和内地棉花配比后能够形成什么样的产品。社会生活领域千差万别，几乎任何一宗刑事案件都有其独特的专业知识值得学习。

刑辩律师应当重视刑事案例研究。中国不是判例法国家，法律属于大陆法系，但是大家也看到最高人民法院、最高人民检察院近几年频繁在发布指导案例，这说明什么？说明大陆法系国家和英美法系国家的裁判规则在相互融合和渗透。最高人民法院和最高人民检察院所公布的指导案例，在具体的司法实践中，具有极强的指导意义，甚至说它的效力能类同于最高人民法院、最高人民检察院的座谈会纪要、批复、决定。任何一位法官办理与指导案例类似的案件，都会参考指导案例的处理方式。

所以，要多学习和掌握法院案例的倾向性意见，特别是最高人民法院和最高人民检察院发布的指导案例。现在案例公开已经成为一种趋势，可以通过中国裁判文书网查询同类案件的裁判结果，比如，河北某地某挪用资金罪案件，你可通过网络检索到同类发生在河北挪用资金案件，然后与自己承办的案件进行对比，看裁判观点、量刑考量、犯罪情节是否一致，如果巧合一点，可能检索的案件正是你承办案件的法院，那你承办案件更有的放矢了。

再如，我所在的团队承办新案件，首先要归纳案件涉嫌罪名及其构成要件，再由律师助理、秘书把所有类似案例从公开的案例库中提取出来，并将与承办案件的对比结果交给主办律师、合伙人进一步研究。每一位律师都少不了要对案例进行学习，随着时间推移，如此学习又能丰富办案经验。

刑事辩护工作前置

过去侦查阶段、审查起诉阶段的辩护都很虚化，这些年来，律师辩护工作确实发生了巨大的变化：检察机关对侦查机关的法律监督越来越全面，越来越深入。检察机关每年不批准逮捕的案件和不起诉的案件都在大幅度增长，检察机关在审查起诉阶段解决了大量的刑事案件。

请大家注意，《刑事诉讼法》的修订囊括进认罪认罚从宽制度，加大了检察机关对不起诉案件的处理力度。也就是说，检察机关审查起诉阶段对此类案件的处理权限增大了，它完全可以终结刑事诉讼程序，而在侦查阶段，往往会根据所掌握的案件信息，去甄别和遴选应该列谁为犯罪嫌疑人、应该逮捕谁。在这种情况下，作为辩护律师，有必要把刑事辩护前置。如果可能，前置到昨天案发今天介入最好不过。

如果把刑事辩护比做一条生产线，越往后端介入辩护，纠错的机会就越少；反之，纠错的希望就越大。生产线末端的产品几近成型，想改正就不容易。拿代理案件来讲，犯罪嫌疑人刚被拘留或还没有被逮捕，你及时地参与并提出律师意见，找出案件问题并向相关部门提出，效果显然比被基本“定型”后再去纠正好得多。

为什么会出现这种情况呢？是因为大量的案件可以不被定罪、可以免除刑事责任，在审查起诉阶段，检察院可以依法通过不起诉把这类案件终结，节约司法资源，这也符合当前以刑事诉讼为中心的审判制度改革大势，符合国家对司法改革的要求。如果认为刑事辩护的工作只体现在法庭上，那就大错特错了。很多案件提交法院公诉阶段基本上是木已成舟，为当事人争取权利的机会就更少了。

有些律师说，我不在乎一审法院的判决结果，到二审法院我再努力争取“一锤定音”。在此提请大家注意：现在有大量刑事案件二审是不开庭而是采用书面审理的，到时候二审法院不开庭审理，你靠什么“一锤定音”？作为刑事辩护律师来讲，应当尽量地把刑事辩护前置，这是落实全面辩护和有效辩护的唯一途径和方法。

当然，也有几类案件，按照法律规定，前期阶段是没法介入的，比如，纪检监察机关即现在的监察委办理的国家工作人员职务犯罪案件，是不允许律师介入，也就不存在律师的刑事辩护。

再如，危害国家安全的恐怖活动案件，虽然允许律师介入刑事辩护，但律师的会见权受到一定限制。在这种情况下，辩护前置很难在短时间内发生效用。除此之外，通常的刑事案件包括经济犯罪案件，律师提前介入是非常必要的。

用好国家政策，辩护顺势而为

北京大学陈瑞华老师说："律师是国家给了当事人一个和公权机关对话的桥梁和平台。"刑事公诉是国家公安机关、检察机关等司法机关在追究犯罪的公权活动。作为一名犯罪嫌疑人或者家属，缺乏和国家司法对话的能力，因此需要辩护律师去完成诉与辩的沟通工作，刑事辩护业务受国家的宏观政策影响最大。比如，我们看到当前的扫黑除恶专项行动，它属于国家的刑事政策，很快就反映到"黑社会犯罪"的刑事诉讼中。

再如，反腐败追责行动，就是要严厉打击贪污受贿等职务犯罪，并为此成立了专门的反腐机构——国家监察机关，很多政策举措随即就体现在职务犯罪的治理中。

因此，要做好此类刑事案件，就必须顺应政策的大势而有所作为。无论是高级官员的职务犯罪还是普通百姓的非法经营犯罪，律师只有关注国家的宏观政策、关注最高司法机关对此类案件处理的导向性意见，才可以做到事半功倍。

注重防范自身风险

律师行业有句话是说，做律师千万不要做刑事辩护，做刑事辩护千万不要取证。为什么呢？是因为刑事辩护存在法律风险。对此，我不以为然。

中国三四十万名律师里有大批刑事辩护律师，常年做大量刑事辩护业务，很少发生犯罪情况。律师只要能洁身自好，按照法律赋予律师的职责，依法行使辩护权，不会出现大的问题。做刑事辩护不去取证，刑事辩护能有力度吗？

我认为，法庭上的辩论观点之争永远不如证据之争那么直观。比如，一种行为体现出来的是否以非法占有为目的纯属理论的问题，极容易出现检察官、法官、律师各说各有理的现象，因为“非法占有为目的”没有具体的界限和标准，而证据之争就比较直观，如果有证据摆在桌面上，就很难辩驳。

再如，有关键证据证明当事人不在案发现场，这样的证据就不好否认。不去取证的刑事辩护风险会降低，但也会消减刑事辩护的有效性。我并不赞同在刑事辩护中不取证，但注意要在法律规定的尺度之内依法取证。

如果有新证人，你当然可以找他取证，给他做笔录或录像均可，只要他同意，这符合法律规定。但千万不要引诱他作伪证，不要帮助他销毁证据，只要不触碰“红线”依法辩护，就不用为此担惊受怕。

最后，我想用一句西方法学的名言做结尾：“在我看来，没有任何一个头衔比辩护律师更崇高、更可敬了。”送给大家，也送给我自己。

第三十三讲 合同审查能力如何提升*

过去一年，我可能是中国见律师最多的律师之一，受各地律师协会的邀请，给全国各地超过30,000名律师做了超过100场分享，主题是如何提高合同的起草和审查水平。

每次分享我都会向大家提一个问题：假如起草审查合同的水平满分是100分，你给自己打多少分呢？此刻，不妨你也暂停阅读，在心里给自己打个分。

根据超过70个城市30,000多名律师的真实数据显示，25.4%的律师认为自己的合同水平低于60分，72.6%的律师认为自己的合同水平低于80分。

可见，合同审查看似“低门槛”，其实做起来并不那么容易。

几年前，我自己和团队曾服务三十多家常年法律顾问单位，有内蒙古的煤矿、有长安街边上的五星级酒店以及服装制造企业，更多的客户是科技公司。这些客户的合同千差万别且缺乏统一的标准，于是，我决定与搭档一起创办法天使公司，尝试系统地研究合同的问题。

合同起草与审查的准备

如何快速提高合同水平，不妨把问题转化一下，即为了更好地起草与审查合同，律师要做哪些准备？

---

* 以下系法天使公司创始人、律师常金光为大家所的友情分享。

第一，学习法理基础知识。

具备较好的法理基础，是一个很重要但现实中很容易被忽略的问题。因为大部分的培训或者学习通常会关注“术”层面的知识，很少关注根本性的“道”层面的知识，而法理基础知识就是最需要关注的“道”层面的知识。

第二，熟悉基本法以及特别法。

合同法是基本但重要的基础法律，就我个人讲课的经验来看，有相当多的律师并不熟悉合同法。比如，我在讲课时谈到合同中的所有权保留制度，现场有一两百位律师，有很多人不了解该条款，实际上《民法典》第641条对所有权保留有明确的规定。

如果你想成为特定领域的合同方面的专家，除了需要掌握基本的合同法相关司法解释之外，还需要熟悉特定领域的法律法规，如建筑工程、医疗领域，否则，就可能挂一漏万。

第三，需要积累诉讼经验。

前些年，在我们这个行业中有一种误区，认为做非诉业务好像比较高端，做诉讼业务听起来似乎没那么酷。有的律师还会特别强调说，自己只做非诉业务。但对合同审查这样的工作，如果没有诉讼经验，没有在法庭上“真刀真枪”地为了具体的案件仔细研究条款的体验，要想做出名堂绝非易事。

合同的好坏，主要看能否在诉讼中经得起法庭的检验，反过来，具备一定诉讼经验的律师把经过检验的经验应用到合同的起草和审查之中，才能让合同更具实践性。

第四，了解交易背后的商业考量。

要擅长起草或审查某类合同，必然懂行业、懂商业、懂企业的实务，只有将法律与商业有效结合，融会贯通，才能帮助企业防患于未然。

法天使在做中国合同分类法，按照法律关系和行业对合同做区分，按照交易场景设定合同范本，也是基于将法律与商业结合的考虑而采取的行动。

第五，优秀的语言措辞能力。

合同的审查和起草本质上是法律语言的现实运用。如果一位律师不擅长写作或表达，通常也很难做好合同起草和审查工作。

我觉得，合同语言应该有一种特殊的风格，这种风格我称它为“无印良品风”。读者虽然看不见背后什么人起草的合同，但合同的语言应该是严谨的、凝练的、精确的“无印良品风”。

第六，要懂得一些人情世故。

人情世故，可以广泛地理解为一种社会经验。有时候跟当事人沟通，有些事情未必是法律的事情，也未必是商业的事情，而可能是人情世故。举个简单例子，合同的甲方和乙方，在中国通常会把付款的一方当作甲方，收款的一方作为乙方。当然，这在法律上是没有区分的，不管是谁做甲方乙方或者 A 方 B 方都无所谓，但从人情世故的角度设计，通常把付款方安排为甲方，以体现合同法律之外的“世故”。

第七，会使用必要的技术工具。

技术工具是一个广义的概念，它既包括法律检索、法律研究的网络工具，也包括基本的办公软件，比如说 Word 文档、WPS 文档以及像法天使律师助手这样的专用的合同软件。

擅长使用工具是人类区分于动物的一个重要特征，律师没有理由不使用这些工具。在我的观察中，有的律师在 Word 文档的操作中都不会用“Control + S”做文件的保存或者用“Control + Z”做录入的撤销，而是只会拿鼠标去点保存或撤销按钮。这种点滴的差别日积月累，在律师之间就会产生巨大差异，有的律师做事效率高，有些做事就慢吞吞且错误百出。

第八，学习储备诸如财税、外语以及写作等综合知识。

新的问题来了，当前法学教育缺乏对律师的系统训练，合同起草和审查又是一项综合能力，到底有没有一种办法可以帮助律师系统地提升合同起草和审查的能力？这是过去几年法天使一直研究的课题，到目前为止该课题取得了阶段性的成果。

法天使：帮助律师提升合同起草与审查能力

第一项工作就是中国合同库的建设。起初，建设合同库的想法很简单，律师需要法律法规库、学术论文库、裁判文书库，当然也需要合同库。目前合同库有10万多注册用户，绝大部分是律师和法务。中国合同库建设是一项系统工程，目前还不十分完善，还在与法律出版社以及全国各地优秀律师团队持续合作和推进中。

第二项工作是法天使推出“律师助手”产品。作为微软的战略合作伙伴，法天使把合同库、法律法规库、工商信息库以及其他条款库等嵌入到Word文档当中，让律师在写文档过程中可以很方便地调取相关资料。目前“律师助手”也开发了WPS版本、网页版、微信小程序版，供大家在不同的场景方便地使用。

第三项工作是“合同实训营”。刚刚过去的一年，本人在全国各地讲了很多次讲座，这是一项合同实训工程，包括八个模块，围绕合同工作能力提升设计了具体培训内容，目的是促进律师起草和审查合同的能力。

合同的理念方法：研究经济学需要数学基础，而研究民商法需要经济学基础，在该模块中加入了博弈论、科斯定理等经济学理念，让律师从内心深处真正地认同合同创造财富的理念。如何养成商业思维，如何像合同法律师一样去思考，这是理念方法模块要解决的问题。

合同的交易结构：交易结构设计是被广泛忽略的问题，但它是连接合同学术、法理和商业实践的关键一环，律师总强调要懂商业，但是没有提出懂商业的方法，合同的交易结构模块将帮助律师理解商业交易的关注点。

这部分又分上下两篇，上篇介绍原则性的思维方式，比如，是处分所有权还是使用权，是直接交易还是间接交易，是否需要设立新主体；下篇涉及常见的合同类别及使用，比如，担保类、劳动用工类、承揽类和承包类的合同。

合同的各类形式：包括常见的预约合同、阴阳合同、意向书、公证债权文书等合同形式，也包括合同的简单版、复杂版、合同模板和一次性合同、成套合同、合同和附件以及关联合同等，同时，将详细描述这些合同的效力及使用场景。

合同条款：该模块提出合同“三点一线”的方法，深入探讨合同的标题、鉴于、价款、标的、货物质量、违约责任等这些典型的条款的要求和技巧。帮助律师迅速地根据需求构架一份合同，由此构建的合同结构相对完善、逻辑比较严谨。

合同语言：前文提到“无印良品风”的合同语言，这种语言如何训练而得，在该模块中将介绍金字塔式的写作方法、合同语言的训练口诀、合同的句法和词语、合同的表达方式，等等。

合同起草审查流程：如何针对具体需求有步骤地完成合同起草和审查工作，即三观四步法：通过宏观、中观、微观三个层次和四个步骤有序严谨地完成合同。

合同工具：主要介绍如何使用 Word 文档、WPS 文档以及法天使律师助手提高合同起草和审查效率。

过去一年法天使共举办了 20 场合同实训营，有大约一千名律师参加课程，社会反响很好。刚刚出版的新书《合同起草审查指南：三观四步法》就是该课程的配套教材，该书接受了付希业律师、雷霆、陶光辉等合同领域专家给出的意见和建议。法天使将不断向全国知名专家、顾问讨教，不断提升合同教材水平和培训效果。

随着经济和法治环境的变化，企业越来越注重合规经营，合同起草和审查业务蕴含着巨大的市场机会。在过去两年里，越来越多的律所注意到合同服务市场的“刚性”需求，逐步设立“常年法律顾问服务中心”，通过分工、流程、方法和工具来提升合同起草审查服务的效率。而法天使持续在做的事，正是通过系统的合同课程和便捷的合同工具给律师和法务人员提供强有力的支持和帮助。

我相信，未来一定会涌现出一批律师相比其他律师更擅长审查合同，他们的名字可以称为“合同律师”，他们的“使命”就是，为“合同”提供更好的服务，为企业的“合同”保驾护航。

结语：向着大律师的目标奔跑*

这个世界真的很奇妙，你想活成什么样子，是我们每个人的选择，其他人无法干涉，包括生育我们的父母，只要我们肯努力、肯坚持，终如你所愿。

今天我给大家分享周国平的一篇文章《每个人都有最合时宜的位置》，为什么要分享这篇文章？是因为时常会有朋友给我发微信、留言，说自己的处境比较艰难，没有客户也没有显赫的文凭，去很多的律所求职却屡屡受挫；还有一些朋友说，在律师行业苦苦坚持了好多年，总难有突破，一年到头，自己还是那个样子，感觉自己很失败。

在这个行业里，每个人都有自己的辛酸和彷徨，但要经历的风雨，你我都躲不过。如同天要下雨，在雨中行走的人只能快跑，找一个地方避雨。有的人跑得快，很快找到避雨的地方，有的人跑得慢，就要经过很长时间才找到避雨的地方。

上面避雨的场景就是律师起步时都会面临的不可改变、不能选择的现实。我想对正在“风雨中行走”的年轻朋友们说，不必纠结，快点跑起来，找到你的位置，像成功的律师一样找到避雨处欣赏雨中风景。

我知道，很多朋友看过《中伦的秘密》这本书。想当年，中伦律所的创始合伙人张学兵和吴鹏在办公室度过多少日日夜夜，有时候，加班到深夜，裹衣睡在办公室；他们骑着自行车到处找案子，也曾那样的艰难。由此，请明白：一个再牛的大律师，也是从辛苦的生活开始的。

---

* 改编自笔者任喜马拉雅平台的演讲词。

成为大律师前的自我修炼，对每个人来说都是一场印象深刻的人生经历。那些大律师的今天就是我们的明天，但关键是，大家要坚持住，像他们一样执着努力。想成为大律师，向他们学习或者成为他们，除此之外，你别无选择。

我相信每一个人降生到这个世界上，一定有一个对于他最合时宜的位置，这个位置仿佛是他降生时就给他准备好的，只等他有一天来认领。

我还相信，这个位置既然仅仅对于他是最合时宜的，别人就无法与他竞争。如果他不认领，这个位置就只能浪费掉了，而并不是被别人占据了。

然而，一个人要找到这个对于他最合时宜的位置，却又殊为不易。

环境的限制，命运的捉弄，都可能阻碍他走向这个位置。即便客观上不存在重大的困难，但由于心智的糊涂和欲望的蒙蔽，他仍可能是在远离这个位置的地方徘徊，乃至折腾。尤其在今天充满诱惑的时代，不少人奋力争夺名利场上的位置，甚至压根儿没想到世界上其实有一个只属于他的位置，而那个位置始终空着。

我相信，从理论上说，每个人的禀赋和能力的基本性质是早已确定的，因此，在这个世界必定有一种最适合他的事业，一个最适合他的领域。

当然，在实践中，他能否找到这个领域，从事这种事业，不免会受客观情势的制约。但是，自己应该有一种自觉，尽量缩短寻找的过程。在人生的一定阶段，一个人必须知道自己是怎样的人，到底想要什么。

人的禀赋各不相同，共同的是，一个位置对于自己是否最合时宜，标准不是看社会上有多少人争夺它、眼红它，而应该去问自己的生命和灵魂，看它们是否真正感到快乐。

我们活在世上，必须知道自己究竟想要什么。一个人认清了他在这个世界上要做的事情，并且在认真地做这些事情，他就会获得一种内在的平静和充实。

在商场，有的人总是朝人多的地方挤，去抢购大家都在买的东西，结果买了许多自己不需要的东西，还为没有买到另外许多自己不需要的东西而痛苦。那些不知道自己究竟想要什么的人，就生活在同样可悲的境况中。

世界无限广阔，诱惑永无止境，然而，属于每一个人的现实可能性终究是有限的。

你不妨对这一切的可能性保持着开放的心态，因为那是人生魅力的源泉，但同时你也要早一些在世界之海上抛下自己的锚，找到最适合自己的领域。

一个人不论伟大还是平凡，只要他顺应自己的天性，找到了自己真正喜欢做的事，并且一心把自己喜欢做的事做到尽善尽美，他在这个世界上就有了牢不可破的家园。

于是，他不但会有足够的勇气去承受外界的压力，而且会有清醒的认识，来面对形形色色的诱惑。

一个人应该认清自己的天性，知道自己究竟是什么样的人，从而过最适合自己天性的生活，对他而言这就是最好的生活。明乎此，他就不会在喧闹的人世间迷失方向了。

好了，朋友们，我把这篇文章分享给你，也作为本书最后的心灵旁白，能够给你激励。

前面33讲所讲述的：你是不是适合做律师，做律师应该具备哪些能力、应该读哪些书、写哪些文章、揽哪些案件、怎样面对当事人，等等，希望这些对你做律师有所帮助。

做律师不要梦想着能赢得受人仰慕的地位，律师唯一可能达到的成就是受人尊敬。这种尊敬是对律师严肃认真、实事求是和审时度势判断力的回报。律师不要指望对手能真正从心底仰慕自己，只能期望人们尊敬我们的勇气、职业技能、忠诚、对司法正义的迷恋和对法律面前人人平等信念的执着追求。历史证明：律师想得到尊崇，只能凭本事自己去挣。

欢迎你加入律师队伍，希望你能朝着大律师的目标奔跑，同时也希望在律师路上，时常听到你的声音，看到你光辉的形象。

参考书目

［美］大卫·梅斯特：《专业服务公司的管理》，大龙等译，机械工业出版社 2009 年版。

［美］凯蒂·罗丝·格斯特·普瑞尔：《法律写作简明指南》，顾明译，北京联合出版公司 2018 年版。

［美］苏珊·奥尼尔、［美］凯瑟琳·斯巴克曼：《美国律师实务入门：从学生到律师》，北京大学出版社 1998 年版。

［美］维克托·迈尔－舍恩伯格、［英］肯尼思·库克耶：《大数据时代》，盛杨燕、周涛译，浙江人民出版社 2013 年版。

［美］艾伦·德肖维茨：《致年轻律师的信》，单波译，法律出版社 2009 年版。

［日］高杉尚孝：《麦肯锡教我的写作武器：从逻辑思维到写作方法》，郑舜珑译，北京联合出版社 2013 年版。

陈瑞林等编著：《律师法律文书范本与制作详解》，中国法制出版社 2006 年版。

朱树英：《苦寒磨砺筑方圆：律师演讲技能提升之道》，知识产权出版社 2018 年版。

朱树英：《苦寒磨砺筑方圆：律师写作技能提升之道》，知识产权出版社 2018 年版。

张勇：《远见：提升律师执业技能的 164 个细节》，法律出版社 2011 年版。

高云：《思维的笔迹：真实案例与写作进阶训练》，法律出版社 2009 年版。

高云：《律师专业思维与写作技能》，法律出版社 2008 年版。

吴江水：《完美的合同》，北京大学出版社 2010 年版。

薛晓蔚：《实习律师指南》，法律出版社 2013 年版。

蔡世军：《企业合同审查法律实务》，中国法制出版社 2012 年版。

何海波：《法学论文写作》，北京大学出版社 2014 年版。

君合律师事务所：《律师之道》，北京大学出版社 2010 年版。

李雨龙主编：《跨境投资并购法律实务》，法律出版社 2012 年版。

陈卫东、刘计划编著：《法律文书写作》，中国人民大学出版社 2007 年版。

谢长宇：《在路上：从律师助理到成功执业》，法律出版社 2010 年版。